坪本篤朗教授近影

言語研究の視座

言語研究の視座

深田 智　西田光一　田村敏広 ［編］

開拓社

は　し　が　き

　坪本篤朗先生は 2015 年 3 月をもって，めでたく静岡県立大学を定年退職なされます．長年に亘る先生のご研究の原点は，関西学院大学理学部時代に英語のペーパーバックに没頭されたことにあります．ペーパーバックを読むことを通して，ごく自然に，英語に興味・関心が向かわれた先生は，理学部を卒業後すぐに神戸大学教育学部に入学され，当時の文部省教員養成大学海外派遣制度に合格されて，一年間カリフォルニア州立大学（ロングビーチ校）に留学，本格的に英語学・言語学の研究を目指されることになります．1977 年に筑波大学大学院博士課程文芸言語研究科に進学，1980 年に言語学を修められた後，東海大学文学部，兵庫教育大学教育学部，静岡大学人文学部，静岡県立大学国際関係学研究科で，言語学や英語学の授業をされながら，研究，教育に心血を注いでこられました．この間，静岡日本語教育センター日本語教師養成講座の講師や国立国語研究所のプロジェクトの研究分担者などとして学外でも活躍されるとともに，所属学会においても要職につかれ，日本英語学会においては，評議員，*English Linguistics* 編集委員を，また，日本中部言語学会においては *Ars Linguistica* 編集委員，理事を歴任されました．

　先生は，1982 年に第 5 回日本英文学会新人賞（英語学部門）を受賞され，2001 年には筑波大学に博士論文を提出，言語学の博士号をお取りになられました．博士論文を提出後は，言語現象を通して見えてくる「世界内存在」としての人間の実存に焦点をあて，それまでのご自身の研究成果を再考察なさりながら，〈もの〉と〈こと〉をキーワードに，「語りえぬもの」，すなわち，前言語的，前概念的な問題をことばで表そうとしてきておられます．いわゆる主要部内在型関係節やト書きなどの言語現象に注目し，詳細な分析と深い洞察を加えた先生のご著書やご論文には，先生の視座の独自性が表れていて，学問的な興味をかきたてられます．

　このたび，静岡大学あるいは静岡県立大学で学生として先生のご学恩に浴し，先生と同じように英語学・言語学の道へと進んだ三人が編者となって，論文集を編みました．どの編者も，学生時代に，先生の講義や先生との 1 対 1 の対話を通して，英語学・言語学の何たるかを知り，ことばの世界を探究することの面白さと難しさを学びました．大講義では気難しい面持ちで授業をなさる

先生も，少人数の講義や1対1の対話では，時々「お笑い」をはさんでこられ，自由に意見を述べられるような雰囲気を作ってくださいました．また卒業後も現在に至るまで，折に触れてご指導・ご教示を賜り，公私に亘ってお世話になってきています．私たちが先生とは異なる観点から研究を行っている場合であっても，常に寛容な態度でそれを受けとめ，より深い論考となるよう，温かく見守ってくださっています．先生との学問的な議論の時間はとても貴重で，先生の言語研究に対する真摯な姿勢と内に秘めた情熱を感じずにはおられませんでした．先生が「縁」という言葉をお使いになるたびに，先生が私たちとの繋がりの中に，偶然性だけでなく運命とも呼べるような必然性を認めてくださっていることを強く感じ，励まされています．綿密な文法研究を基盤に人間の実存に迫ろうとなさっている先生の研究態度は，様々な形で編者一人一人の研究に反映されています．

　この論文集では，先生の恩師である中右実先生をはじめ，先生とご親交のある国内外の研究者の方々，同僚の方々にもご寄稿をお願いし，先生ご自身のご論考も掲載いたしました．異なる視座から研究を進めてこられた諸先生方の研究成果を，こうして一つの論文集にまとめられたことに深く感謝しております．この論文集が，研究者が意見を交換し合い，言語研究をさらなる高みへと導いていく契機となることを願ってやみません．極めてご多忙な中，貴重な論文をお寄せいただいた諸先生方に，この場をお借りして心よりお礼を申し上げます．

　最後になりましたが，本論文集の企画を快くお引き受けくださった開拓社，特に企画の段階からひとかたならぬお世話になりました川田賢氏に心より感謝申し上げます．

　坪本先生のご退職を祝い，また今後のさらなるご活躍をお祈りしながら，先生への感謝と敬意を込めて，この論文集を捧げます．

　　2015年　早春

　　　　　　　　　　　　　　　　　　　　　　　　　　　　編　者

目　次

はしがき　v

特別寄稿

非人称 it 主語と特異な構文 ……………………………… 中　右　　実　　2

拡張コピュラ構文の意味分析 ……………………………… 益　岡　隆　志　19

第 I 部　語彙と構文

A Paper the Length of an Office Memo
　──「記述の対格」の記述をめぐって── ……………… 福　安　勝　則　36

身体部位名詞句の意味機能について ……………………… 堀　内　裕　晃　54

語彙規則アプローチ vs. 構文アプローチ
　──どこが違うのか？── ………………………………… 岩　田　彩　志　64

コード化された意味と推論による意味
　──統語論と語用論の棲み分け── ……………………… 加　藤　雅　啓　77

可動性のパラメータ
　──日英語の借用動詞の仕組みをめぐって── ………… 大　橋　秀　夫　93

第 II 部　構文分析

叙述型比較と領域型比較
　　——比較構文の日英語対照研究——・・・・・・・・・・・・・・・・・廣瀬幸生　110

日本語被害受動文の成立について ・・・・・・・・・・・・・・・・・・・・・加賀信広　126

ト書き表現の直示性の起因：坪本説の再検討と新展開 ・・・・西田光一　140

動名詞から分詞への変化：動詞 spend の補部再考 ・・・・・・・・大室剛志　154

知りがたい情報の同定と判明を披瀝する英語の構文
　　——It is that 節構文と It turns out that 節構文の比較対照—— ・・大竹芳夫　172

いわゆる「アジア式関係節」について ・・・・・・・・・・・・・・・John Whitman　188

第 III 部　空所化，省略，削除

右枝節点繰上げと削除分析 ・・・・・・・・・・・・・・・・・・・・・・・・・木村宣美　206

日本語の目的語省略における有生性の影響
　　——量的データからの考察—— ・・・・・・・・・・・・・・・・・・・・・澤﨑宏一　220

空所化現象再考 ・・・・・・・・・・・・・・・・・・・・・・・・・・・・・・・・・・関　茂樹　235

省略の要因をめぐって ・・・・・・・・・・・・・・・・・・・・・・・・・・・・・内田　恵　249

第 IV 部　テンス・アスペクト

2 種類の「可能動詞＋テイル」構文 ・・・・・・・・・・・・・・・・・・竹沢幸一　266

補助動詞「てしまう」における「不可逆性」の意味基盤 ‥ 田村敏広　280

英語の単純現在形の分析再び ‥‥‥‥‥‥‥‥‥‥‥ 和田尚明　292

第 V 部　文法化，(間)主観化

懸垂分詞を元にした談話機能化について
　——granted の意味機能変化—— ‥‥‥‥‥‥‥‥ 早瀬尚子　310

副詞的「やばい」の公的表現志向性とその動機付け ‥‥‥ 今野弘章　325

(I'm) afraid の文法化とその動機づけ ‥‥‥‥‥‥‥‥ 大村光弘　342

第 VI 部　言葉と認知

〈いま・ここ〉の内と外
　——外の世界への注目と仮想世界への入り込みを中心に—— ‥ 深田　智　358

可能表現と自己の境界 ‥‥‥‥‥‥‥‥‥‥‥‥‥‥ 本多　啓　378

現代英語に観察されるラベリング現象に関する一考察 ‥‥ 武田修一　397

言語産出研究の「内」と「外」
　——言い間違い分析の視点から—— ‥‥‥‥‥‥‥ 寺尾　康　412

主要部内在型関係節とパラドクス
　——〈波〉と〈粒子〉の言語学—— ‥‥‥‥‥‥‥ 坪本篤朗　427

坪本篤朗教授　略歴・業績一覧 ………………………………………… 447

これからのために ……………………………………… 坪 本 篤 朗　453

執筆者一覧 ………………………………………………………………… 456

特別寄稿

非人称 it 主語と特異な構文

中右　実

筑波大学名誉教授

キーワード：状況の it，時間の it，非人称の they，非人称受身，無主語文

0.　定代名詞 it はもとより人称用法が基本で〈特定の実体〉を指し示すが，拡張用法に「非人称 it (impersonal *it*)」があり，〈非特定の実体〉を指し示す．ここで〈非特定性〉とは〈不特定性と総称性〉を合わせ含むカバータームとして用いる．広く非人称用法の実体を漁ってみると，知的興味をそそる生きた素材に満ち溢れていて，すぐにそれが語法的にも文法的にも特異な存在であることに気づかされ，その全体的な輪郭を鮮明に描き出すことが極めて難しいと実感される．

　ここで「非人称の it」とは，伝統文法で「状況の it (situation *it*)」「環境の it (ambient *it*)」などと呼ばれる部類の it を指していう．それが生成文法では「虚辞の it」などと呼ばれ，単なる〈文法的埋め草〉として扱われる．しかし特筆すべきことに，生成文法の隆盛期の渦中にあっても，非人称 it の〈有意味性〉と〈指示作用のありかた〉を広範囲な実証的探求によって解き明かした先駆的論考に Bolinger (1977) がある．その後，最近では，Bolinger の基本路線を継承しつつも，認知文法的再解釈を試みた論考に Langacker (2009) がある．本稿の立場もまた Bolinger-Langacker と基本精神を共有するが，ここでは中右 (2013) に引き続き，日本語との比較考量を視野に入れ，自由な発想の下に非人称 it 主語の〈慣習的に定着した構文型〉の発掘とその存在理由の解明を試みたい．

　非人称 it は，語彙論的には，中性の定代名詞で，非特定的実体を指し示す．そして文法的には，主語か目的語の位置に生ずる．以上が基本的な語彙文法的事実である．しかし非人称 it の真の姿かたちはそれをはるかに超えたところにある．ひとことでいえば，その用法の総体にこそ非人称 it の存在理由がある．それを探る最善の方策は，非人称 it の実態を構文レベルで精査分析するこ

とである．構文レベルの観察は非人称 it の文法的環境を現前させるだけでなく，談話的環境をも強く示唆するからである．そして実際，その気になって調べてみると，思いのほか〈慣習的に定着した構文型〉が数多く発見され，その結果，異なる構文型がそれぞれに特有な〈文法と語法の不可分な統一体〉として捉えられる見通しがある．

ここでは大きく二つの非人称 it 主語構文を中心に関連構文との比較考量を通してその特異性を考えたい．

ひとつの主題は，(1) で示すような，It was TIME and 構文である（ここで TIME は時間表現を指す）．特徴的なのは，前段の文が非人称 it 主語構文で，述部が広く時間的内容を含むことである．簡略的に「時間の it」構文と呼ぶこともできる．この構文と対比して (2) と (3) がある．(2) は普通の構文である．時間表現が前置詞句で生じ文法的には副詞的機能を担っている．また一方，(3) は it 分裂構文である．時間表現が it 分裂文の焦点位置に生じている．(2) や (3) の構文と比べてみると，(1) の構文型の特異性がいっそう鮮明になる．

(1) It was autumn, and the path was covered in dead leaves.
(2) In autumn the hard berries turn a delicate orange.
(3) It was in the early spring of 1886 that Amy met Vernon Lee.

もうひとつの主題は，伝聞情報の say that 構文である．say はあらゆる言語行為を表わす最も一般的な述語動詞である．定代名詞の非人称用法と結びついた say の実態を観察すると，大きく三つの構文型が浮かび上がる．典型例は以下に示すとおりである．(4) は They say that 構文，(5) は It is said that 構文，そして (6) は It says LOC that 構文である（LOC は位置表現を指す）．わけても (6) の構文型は，(4) や (5) の構文型とは違い，say だけに許容される特異性があり，それだけに，その存在理由を問うことには格別な意味合いがある．

(4) They say that you only ever use a small portion of your brain.
(5) It is said that two can live on less than one.
(6) It says in today's paper that gas prices are going up again.

1. It was TIME and 構文

1.1. 時間は，空間とともに，中核的な状況や出来事にとって背景的環境を構成する．しかしそれを言語的に顕在化する仕方にはいろいろある．広く談話的環境の中でどういう機能的役割を担うかによって異なる構文型で具現される．話し手は場面次第で，文字どおり背景的前提として提示することもできれば，それとは対照的に，ある一定の目的のために，前面に押し出して焦点化することもできる．提示の仕方は談話構成と密接に関係している．英語の談話構成をみると，英語話者が思考の流れを構造化する仕組みが透けて見える構文事例に少なからず遭遇する．そういった部類のひとつが，この「時間の it」構文である．

1.2. いろいろな実例を観察してみると，この構文型の輪郭が浮かび上がってくる．ここでは若干の用例を示すにとどめるが，時間表現は時刻，朝昼晩，季節，年月日，行事日程など，あらゆる時間的概念を含む．むろん「時間の it」は総称的な「環境の it」の範疇に帰属する．

(7) It was 2 o'clock in the morning and the streets were completely empty.
(8) It was the start of the new semester, and the campus was teeming with students.
(9) It was Friday, the day before the winter formal, and the tuxedo still wasn't ready.

さっと目を通しただけでも気づくことがある．第一に，この構文は〈状況の客観的描写〉がその本分とみられる．第二に，文法的な「等位接続」とは裏腹に，機能論的には共通して〈地と図〉あるいは〈背景と前景〉の認知図式があてはまる．前段文の状況は後段文の状況が起こる〈時間的背景〉としての役割を担っている．そして最後に，非人称 it 主語の特性である．その手がかりを仮に日本語に求めるとしよう．同じ状況を日本語ではどう言い表わすか，その自然な言い回しを考えてみても，正直，すぐには思いつかない事情がある．

試しに訳してみる．(7) で「それは朝 2 時だった」と直訳してよいかというと，そういうわけにはゆかない．せいぜい「時刻は朝 2 時だった．通りには人っ子一人いなかった」くらいしか思いつかない．(8) では「新学期が始まった」といえば簡単だが，これでは非人称 it の意味合いを汲み取ったとはいえない．が一方，〈無主語〉のまま「新学期の始まりだった」といえば言えそうであ

る．(9) では「今日はもう金曜日で，冬季舞踏会の前日だった．なのにまだタキシードは手元になかった」などと，主観的色合いを織り込んだ言い回しもできる．このように，時間的叙述のタイプや想定される状況に応じて臨機応変に適切な言い回しを探し求めるほかない．念のため言い添えるが，中心的な関心事は何も日本語の訳出法にあるわけではない．ただ，一般的・抽象的レベルで「時間の it」の機能的対応物を，できることなら，日本語の中に見つけ出したいという願望があるからにほかならない．

　接続詞は実際は and に限らない．とりわけ (9) の例でみたように，and は必ずしも無色透明な「順接」の意味に解されるとは限らない．むしろ，談話状況次第で「逆接」の解釈も許す．それこそ so, when, but, although と変わらない解釈の広がりがある．ここで例示する余裕はないが，実際，この種の接続詞の用例も散見される．

1.3. この構文は典型的に過去時制文である．にもかかわらず，now が共起する例が散見される．英英辞典を調べると，どれにも要するに now は then の意味であり，事象時点を指すというだけである．しかしその説明だけでは，なぜ，わざわざ now を用いるのか，その理由は判然としない．この構文の建前は，察するに，過去の状況の直截簡明な客観的描写である．しかし一方，過去文の中の now は紛れもなく〈語り手（話し手）の現在〉を指す．過去の出来事の中に語り手が割り込んだ格好になっている．それゆえに，語り手のいくぶん高揚した息遣いが伝わってくる．一連の話の流れに〈新しい展開の始まり〉を合図しているように感じられる．以下の若干の用例からも now の意味合いが読みとれる．

(10) It was <u>now</u> after 11 PM and we decided to make haste and get out of the 'security zone' before it got much later.

(11) It was <u>now</u> our second day of snowboarding and I was cruising down the bunny slope.

(12) Six months passed and it was <u>now</u> about the first of December and I finally received a response from an English woman who had a Durham quilt.

　たとえば (11) をみると，スノーボードを滑りに来て初日が過ぎたあと，2日目を迎えたのである．その時点こそが話の転調を感じさせる．「<u>今日はいまや2日目となって</u>，初心者用のスロープを順調に滑降した」というのである．

また (12) では，第 1 文が「半年が過ぎた」という．長い月日が知らぬ間に過ぎてしまったかのようだ．それを背景に第 2 文が now によって新しい展開を示唆する．「気づいてみると，いまやもう 12 月初日を目前としたところで，とうとうダラムキルト（イングランドのダラム州産の織物）を所有する英国婦人から返事が来た」という．いくぶん主観的要素を補ったが，語り手の側の高揚感を投影するものである．いずれにしても，「時間の it」構文が now の介在によって一段と，次に続く中核的事態への時間的背景を新しい話の転換点として整えているように感じられる．

1.4. It was TIME and 構文と対比すべき構文がある．it 分裂構文で，その焦点位置に時間表現が生ずる場合である．(13) で時間表現は名詞句であるのに対し，(14) では前置詞句である．

(13) <u>It was the 1960s, and</u> the military had become unpopular among academic and intellectual circles.

(14) <u>It was in the nineties that</u> women were truly emancipated from homework.

(15) <u>In the nineties,</u> women were truly emancipated from homework.

(13) の構文型では，the 1960s の代わりに in the 1960s を用いることはできない．こんなことをすれば，it はもはや非人称用法ではなくなり，むしろ人称用法になる．先行談話内で既出の〈特定の出来事〉を指し示すものと解される．「その出来事は 1960 年代に起こった」といった意味合いになる．

(13) とは対照的に (14) では，in the nineties を the nineties に置き換えることはもちろんできない．周知のとおり，it 分裂文は，それを解除すると普通の文に戻る．焦点化された表現は元の文と同じ文法的機能を保持しなければならない．そして実際，(14) の it 分裂文を解除すると (15) になる．

ただ，(14) と (15) はこのように文法構造の中核部分は共有するが，情報構造は異なる．端的にいって，(14) で in the nineties は焦点化されているのに対し，(15) では話題化されている．平たくいえば，(14) では「女性が真に家事から解放されたのは 1990 年代のことだった」というのに対し，(15) では「1990 年代に何があったかというと，女性が真に家事から解放されたのだ」というのが最優先の解釈である．このように，それぞれ異なる談話のコンテクストが想定されている．より大きな談話の流れに応じて情報の提示の仕方が変わってくる．

以上の議論を視野に入れて改めて (13) に戻ると，この構文型にはそれ独自の存在理由があることがはっきりする．and の前後で二つの異なる状況が提示されている．しかし，その意味関係は〈地と図〉すなわち〈背景と前景〉の認知図式で捉えることができる．前段の状況は後段の状況が発生する時間的環境をあらかじめ整える役割を果たしている．このように (13) には (14) とも (15) とも異なる談話機能がある．異なる構文型は，ただ統語構造が異なるだけではない．そこには異なる情報構造が張りついている．

　(13) の構文型で再度，問うべき課題がある．冒頭でもふれたが，もう一歩先に進めたい．「時間の it」にはどのような日本語が対応するかである．機能的に等価な的確な表現を見つけることは難しいが，状況を考え合わせていえば「時代は 1960 年代だった．そのときすでに軍隊は学界や知識層の間で評判が悪くなっていた」といった言い回しになるのではないか．ここで「時間の it」主語の日本語対応物は，せいぜい「時代は」といった総称的概念を話題として提示する構造である．さきにもみたように，類例はほかにもある．「季節は初夏だった」「時刻は朝 2 時だった」など．しかし常に総称的話題主語を指定することは難しく，むしろ無主語構文にして「初夏（の季節）だった」「朝 2 時だった」などというのが普通の表現法のようにも思える．

　このように英語の「時間の it」主語に対応する日本語を求めるとなると，〈無主語〉が典型的で，限られた場合に〈総称的話題主語〉が可能になる，というあたりに落ち着くのではないかと思う．

　日本語の文章から無主語文の実例をひとつ挙げるが，次は短いエッセイの冒頭部分である．冒頭文だから，読み手にとって所与のコンテクストはない．あるのはただ『朝日新聞』のコラム欄「天声人語」(1/07/2012) という知識だけである．

(16) 43 歳の晩夏だった．胃潰瘍を患う夏目漱石は，療養先の伊豆修善寺でひどい吐血に見舞われる．生死の境をさまよった後の一句が生々しい．〈腸に春滴るや粥の味〉．大病のつらさを押しのけて，生きる喜びが鮮烈だ．

　最初の文は間違いなく〈無主語文〉である．敢えて主語を補うとすれば，「時節は／時期は 43 歳の晩夏だった」といった言い回しにしかならないと思われる．補った部分は〈総称的な話題主語〉である．これには〈特定的実体〉の指示対応物はない．ただ〈話題の領域をあらかじめ時間的次元に限定しますよ〉といった合図を出しているだけである．

まとめると，日本語の〈無主語〉であれ〈総称的話題主語〉であれ，共通して〈特定的実体〉を指定しないので，この種の一般的レベルの主語こそが英語の非人称 it 主語の内在的特質の一面を共有しているのだと考えられる．

2. 伝聞情報の say that 構文三態

2.1. 英語の人称代名詞のうち，複数形の人称代名詞 we/you/they には非人称用法がある．いずれも〈不特定多数の人〉を指す．ただ，話し手と聞き手を含むかどうかで違いが出てくる．たとえば (17) は (18) 以上の情報を含む．

(17) {We/You/They} have a lot of earthquakes in Japan.
(18) There are a lot of earthquakes in Japan.
(19) Japan has a lot of earthquakes.

we の場合は話し手も聞き手も含む．you の場合は聞き手を含むが，話し手は含まない．そして they の場合は話し手も聞き手も含まない．この点を除けば，どれも不特定多数の人が地震経験者である．不特定多数の人といっても，現在日本に住んでいる人だけを指す．in Japan が we/you/they の適用範囲を限定しているからである．ちなみに (19) のように Japan を主語にしても，地震経験者はいるはずである．しかしもちろん無指定である．やはり同じく日本に住む人一般が想定される．

次の例も they の非人称用法である．どの文でも，位置表現が they の適用範囲を限定している．おそらく，各文で順次，店主・店員，映画館所有者・映画上映者，ブラッドフォード市当局者などが想定される．とはいえ，その正体は不明である．不特定の人を指すことに違いはない．

(20) They sell video tapes in that shop.
(21) At that cinema they show a different movie classic every day.
(22) In Bradford, they put special teachers in areas with a high percentage of immigrants.

そして最後に they say that の they もやはり非人称用法である．people や some people に置き換えたとしても，〈不特定多数の人〉を指すことに変わりはない．分かりやすくいえば，〈世間〉であり〈世間の人一般〉である．that 節の中身に責任を負うべき特定の個人や，特定の個人の集合があるわけではない．だから結局，現発話者にとって that 節の中身は〈伝聞情報〉でしかない．世間

の人に共通の意見，感想，思いなどをただ提示するだけである．

(23) They say that he is going to resign.
(24) {People/Some People} say that the camel is nature's error.

2.2. 非人称受身 (impersonal passive)
2.2.1. They say that を It is said that のように受動態にすれば，いわゆる動作主抜きの受動態になる．動作主の by の表現が say の主語人物で that 節の中身に責任を負うべきはずが，無指定である．無指定だから正体は不明で，that 節の中身は世間の噂話となる．典型的な動詞は say のほかにも tell, report, believe, expect, think など意見，報告，社会通念，言い伝え，予測，期待などを表わす動詞が代表的で，非人称受身構文に生じれば，そうした情報が世間で共有されていることが示唆される．以下に数例を示す．何も注釈は要らないと思われるが，ただ (27) だけは，冗語的に，I've heard のはだか補文節に it said that が埋め込まれた格好になっている．

(25) It is said that two can live on less than one.
(26) It has been said that the American dollar is the American God.
(27) I've heard it {said/rumored/reported} that there will be a Cabinet reshuffle.
(28) It was rumoured that Apple would be sold to Sun Microsystems, but that deal never materialized.
(29) It's being reported that death was due to a massive heart attack.

対照的に，たとえば answer, complain, promise, reply, warn などはこの構文には不向きとされる．その理由は察するに，特定の話し手と特定の聞き手の相互作用を含む発話行為だからである．突き詰めると，だれが答え，不満，警告などを表明したか，その内容に責任を負うべき個人が重要な役割を担う発話行為だからである．

2.2.2. 非人称受身構文にはしばしば不特定多数の人を含意するある種の副詞が共起する．ひとつは widely, universally, generally などで，それぞれ by many people, by all people, by most people を含意する．そしてもうひとつは sometimes, often, frequently, commonly (= very often, frequently) など頻度副詞である．

(30) A hundred years ago it was widely believed that there was life on Mars.
(31) It was universally accepted that no man married merely for love.
(32) At the same time, it was widely, if not universally, acknowledged that appetite was a pretty good guide to the healthfulness of foods.
(33) It is often said that one should not judge by appearances and I wholeheartedly agree.
(34) It is commonly believed that pictograms appeared before ideograms.

2.2.3. 非人称受身構文では，話し手は通常，that 節の命題内容の真実性にコミットしているかどうか不明である．談話場面でそれとわかる場合もあるが，はっきりと態度表明することもできる．以下の例で，下線部の副詞は発話時点における話し手の査定判断を表わし，内容節の命題内容に是か否かの態度を表明している．

(35) It has been said with truth that power corrupts.
(36) It was mistakenly reported that the firm was bankrupt.
(37) It is argued, correctly I believe, that language is deeply rooted in cognition.

(35)で話し手は，権力は腐敗するという命題を社会通念として提示している．しかしそれだけではない．with truth の表現によって話し手は，その社会通念を真実として受け止めている．(36)では逆に，mistakenly によって話し手はその会社が倒産したという報道を間違いだと断じている．最後に (37) では，correctly が I believe によって限定されている．I believe がなくても話し手の判断を示しているのは確かだが，わざわざ明言するところに対比的強調の意味合いが加わる．広く行われている認知言語論を話し手自身も個人的見解として妥当とみる姿勢を表明している．

2.2.4. 以下の例は以上二つの点を同時に例証する．不特定多数を示す表現と話し手の真偽判断を示す表現がともに生じている．内容節の事柄が不特定多数の人たちに広まっている話であるとしたうえで，話し手はそれを是認するか否認するかの態度をも同時に表明している．

(38) It was thought and said by many, not untruly, that the King would not continue a year in government.

(39)　It had been widely and erroneously reported that Armstrong had refused to give evidence.

2.3.　注目すべきことに，非人称受身と there 存在構文との間にも機能論的接点がある．最小対立例を比較してみると，談話内で基本的に同じ機能を担う構文であることがわかる．

(40)　It was generally agreed that children could to a good extent influence the elders.
(41)　There is general agreement among doctors that pregnant women should not smoke.

　二つの文を比べてみると，いずれも〈不特定多数の賛同者〉が含意される．賛同者は (40) では無指定だが，(41) では among doctors がその範囲を限定している．賛同者は医者であるとしても，それが不特定多数であることは変わらない．非人称受身構文の典型的な特質を例証している．
　動詞を名詞化すると冠詞の問題が起こる．動詞によって違いが出てくる．上例 (41) の agreement のように，動詞と同じ〈過程〉を含意するときは無冠詞であるが，その一方，〈その過程の果てに生成されたもの〉を含意するときは可算化し不定冠詞が付く，というのが基本原則とみられる．たとえば，以下の例でみるように，(unspoken) understanding は通常，可算名詞化して不定冠詞が付く．「（暗黙の）了解事項」といえば意味合いが伝わる．定冠詞が出てくることもある．(44) のように，定冠詞が付くと，いわゆる後方照応的用法で，the は that 節と呼応関係にある．しかしここで大事なのは，定・不定を問わず，冠詞が付いても，認識主体は無指定なので，不特定多数の認識主体が想定されることである．

(42)　There is a general understanding that what goes on in the newsroom stays in the newsroom.
(43)　There was an unspoken understanding that if a dancer was not pleasing, she would not be paid.
(44)　Unfortunately, there is still the unspoken understanding that young men are allowed to sow their wild oats.

3. It says LOC that 構文

3.1. これは say にだけ認可される構文型である．不思議なことに，主語には非人称 it が生じるが，say は能動態であり，しかも位置表現は義務的である．どのような位置表現でもよいわけではない．その位置表現と非人称 it 主語との間には密接な意味関係がある．果たして非人称 it の正体は何か．そしてまた，この構文の存在理由はどこにあるのだろうか．一般的な非人称受身構文の It is said that とどこが違うのだろうか．

この構文に言及した論考に Bolinger (1977) がある．これが先駆的な研究だと思われるが，そこには示唆に富む指摘がある．まず，次の例を観察したい．

(45) It says in {the paper/*her letter} that they're getting divorced.
(46) It says in the Bible that all men are liars.
(47) *In the Bible it says that all men are liars.
(48) The Bible says that all men are liars.

3.2. 位置表現の成立要件は何か．まず，意味をとってみると，(45) は「新聞によると，彼らは離婚するとある」という．また (46) は「聖書には，人はみな嘘つきだと書いてある」という．位置表現は〈情報媒体〉あるいは〈情報源〉を指し示していると解される．それでは，この位置表現は非人称 it 主語とどういう関係にあるか．

肝心な点はどういう種類の位置表現が生じるかである．「新聞」や「聖書」ならよいが，「彼女の手紙」ではよくないという．これはどのような一般的な違いとして受け止めればよいのだろうか．Bolinger は 'it is too general, *letter* is too specific' という．これは示唆的である．が，それ以上の説明はない．

察するに，in her letter だと，(49) のように，say の主語にはその手紙の書き手 she が来なければならない．これが標準型である．それにもうひとつ，(50) のように，she に代えて her letter を主語に立てることもできる．この自然な延長線上に，(45) に到る経緯が透けて見えてくる．すなわち，(45) の非人称 it 主語は (49) の本来の主語 she に交替したものと推論できる．

(49) She says in her letter that they're getting divorced.
(50) Her letter says that they're getting divorced.

それでは，なぜ，in her letter の場合には it は she の代役が務まらないのか，

これが次の問題である．察するに，「彼女の手紙」は私的な個別的実体を指し示し，常に〈特定の書き手〉が指定できる．にもかかわらず，それを非人称化して it に〈任意の不特定の個人〉を指し示す役割を担わせるようにすることはできない．どうやら，位置表現 her letter は非人称 it 主語の指示作用に見合う程度に十分に一般的な広がりを備えた情報媒体ではありえない，というところに煮詰まってくるのではないか．

というのも，(45) と (46) でみるかぎり，「手紙」とは対照的に，「新聞」も「聖書」も非人称 it の指示作用に見合うほど十分に一般的な広がりを持つ．ひとりの個人が占有するような私的な情報媒体ではなく，その気になれば，どの人にも接触可能な情報媒体である．

3.3. 以上の考察を裏づける実例がある．どういう位置表現が生じているかに注目したい．その上で，さらに煮詰めるべき論点が浮かび上がってくる．

(51) 'Highly inflammable,' it says on the spare canister.
(52) It says in the job description that we're only supposed to work 35 hours a week.
(53) It says in the rules that every child has to wear school uniform.
(54) It clearly says on it that it will self-destruct sometime after you unseal the package.

(51) は「予備のボンベの表面に『高可燃性』と（書いて）ある」という．(54) は「小包の表には，開封後しばらくすると内容物は自己破壊する，と書いてある」という．念のため，三つも it が出てくるが，全部違うものを指している．最初の it は非人称 it, on it の it は the package, そして that 節の主語の it は小包の中身を指すものと読める．

いずれにせよ，それ以外の例を含め，位置表現に注目すると，職務説明書，広告，規則などは，いずれも〈公けの文書〉である．しかしボンベと小包はそうではない．ただの〈注意書き〉である．とはいえ，〈その場に居合わせた人ならだれであれ接触可能な情報媒体〉である．しかも重要なことに，それらは実際，〈その作成者（書き手）をいちいち詮索する必要がない〉ものばかりである．特定の書き手を指定できるかできないかを問わず，そんなことはどうでもよいこととして不問に付す，というのがわれわれの常識である．その点こそが情報の作成者を非人称化する最大の動機づけになっていると考えられる．

3.4. 以上のほかにも，この構文が談話内でどのように用いられるかを示す事例がある．

(55) It's going to be a beautiful day, because it said so on the radio.
(56) A: Why was Angela arrested?
    B: It says in the Times that she bought some guns.
(57) A: It says in this advertisement that the exhibition opens at 10.
    B: That's an error.

　どの談話においても，問題の情報が確実なものかどうかが話題になっている．(55) だけは情報源が音声媒体の例である．(55) で話し手は，「きょうは素晴らしい日になりそうだね．だって，ラジオでそう言っていたからね」といった具合である．「ラジオでそう言っていた」とは「ラジオでそう言っているのを聞いた」ということを必ず含意する．一方，(56) では「タイムズには，アンジェラが銃を買ったと書いてあるよ」という．「と書いてある」とは「と書いてあるのを読んだ」ということを必ず含意する．ラジオもタイムズもともに地域社会の住民に容易に接触可能な情報媒体である．だれが聞いてもだれが読んでも同じ情報が得られる．それは信頼しうる公けの情報であればこそ，自分の発言内容に確かな根拠を与えることにもなる．

　着目すべきことに，(55) では because に呼応して，また (56) では why に呼応して，It says LOC that 構文が用いられている．話し手は根拠のない意見や自分勝手な感想を述べるよりはむしろ，公の情報源から得た確かな情報を提供しようとしている．それが結果的には，話し相手の質問に対する理由説明になっている．

　最後の例でも，展示会の開催時間が問題になっている様子がうかがえる．A さんは広告を見て「10 時開催と書いてあるよ」というと，B さんは「それは間違いだ」という．広告は信頼するに足る情報媒体のはずが，どうやら間違った情報を提供していたらしい．実際，そういうことがあっても何ら驚かないが，ここで重要なのは，やはり，この構文が見込みどおりの機能的役割を果たしていることである．この構文の使用者はこの状況でこの構文を用いたのが場違いだったのではない．問題があったのは，広告の中身そのものだったのだから．

3.5. 最後にもう一度，Bolinger に戻るが，まだ (47) に問題が残っている．位置表現を文頭に出すのは許容されない，という．その理由は定かではないが，この構文では位置表現を前置して〈話題化〉することはできない，という

趣旨に読める．ところが，英英辞典で調べてみると，次のような実例が見つかる．確かに，位置表現 where あるいは nowhere in the Bible が文頭に出ている．

(58) Where does it say that I have to know everything?
(59) Where does it say that the president has its authority to do this absent a congressional authorization?
(60) No where in the Bible does it say that the Garden of Eden was destroyed after the Banishment from Paradise.

よく吟味してみると，これは Bolinger に対する真の反例ではない．というのも，どの例でも位置表現 where が確かに前置されてはいるが，それと同時に主語・助動詞倒置も起こっていて，その結果，〈否定的意味〉が焦点化され強調されている．この点が (47) との根本的な違いである．どうやら，意味を取ってみるとわかるが，(58) と (59) は〈反語疑問文〉である．これは Nowhere does it say that ... に言い替えできる．(60) の nowhere 否定文そのものである．

たとえば (59) なら「議会の委任がなくても大統領がこれを行う権限がある，などとどこに書いてあるか（そんなことはどこにも書いてない）」といった具合に，相手に詰問するような強い反問の意思が伝わってくる．その発言者がだれであろうと，それは不問に付して，どこに書いてあるかと問い詰める．やはり，〈広く一般に接触可能な証拠〉があるなら出してみろ，と言わんばかりである．こんなところにこそ非人称化の本領が発揮されているように感じられる．(60) も同じ線上にある．「楽園からの追放後エデンの園が破壊された，などと聖書のどこにも書いてない」というのである．この種の構文は where 疑問文か nowhere 否定文の形で公式化した特別な変種であるといえる．

4. 日本語の〈無主語〉構文

最後に，英語の議論の中で散発的に日本語の〈無主語構文〉についてもふれたが，不十分のそしりは免れない．深入りはできないが，ここでは代表的な三つのタイプについて概要をまとめておきたい．

まず第一に，英語の非人称 it 受身構文に対応して日本語には，(61) で示すように，「といわれる」をはじめ「とされる」「とみられる」「と期待される」「と思われる」など，〈「と」補文をとる動詞の受身構文〉がある．この種の構文は

実際，無主語構文である．「と」補文は述語補文であって，動詞が受動化されても，述語補文のままで，受身主語になるわけではない．意味関係も英語と同じで，不特定多数の世間の人が「と」補文の命題内容を信じているのである．

(61) ニューヨークでは，強盗に襲われたら，命が助かるのを幸運と思わないといけない<u>といわれる</u>．
(62) 「ミネルバの梟は夕暮れに飛び始める」<u>という</u>．

第二に，「という」の無主語構文がある．(62)で示すように，能動態の述語動詞「という」のままで，「が」格主語が希薄化し，ついには消失し，結局のところ，非人称化している．過去時制の「といった」がない．また「といっている」とも交替しない．「が」格主語の消失とともに本来の断定機能も消失．「と言われる」と同じく，補文の命題内容に責任を負うべき特定の個人がいない．〈世間一般〉が責任を負う格好になっている．それゆえ，この構文の使用者は「と」補文の命題内容を，ただ伝聞情報として提示するだけである．つまり，無標の場合，「と」補文の真実性には判断を保留しているのである．

これはすでにみたように，英語の It says LOC that 構文と機能的に等価である．ただ，英語では位置表現が義務的なのに，日本語では随意的である，という点で違うだけである．これはつまり，情報源の指定が必要かどうかという違いである．(62)には情報源を合図する位置表現はないが，それは取りも直さず，広く〈世間一般〉で言われている話であることを含意している．なお，(62)の引用符号は随意的で，なくても「という」の働きは変わらない．

伝聞情報源を明示する事例については，とりわけ新聞などの報道媒体に多く観察される．「Xでは…という」「Xによると…という」「Xには…と（書いて）ある」などの形をとる．Xが情報源である．以下，若干の典型例とその変異形式を示す（中右 (1998)）．

(63) <u>気象庁天気相談所の話では</u>，アメダスは気象統計には使わない<u>という</u>．
(64) <u>監視団からの報告では</u>，今のところ，国境地帯の状況は静かだ<u>という</u>．
(65) <u>神奈川県警の調べでは</u>，暴力団組長は短銃で頭を撃って自殺した<u>らしい</u>．
(66) <u>調べによると</u>，死因は絞殺で死後2週間前後経っている<u>そうだ</u>．
(67) <u>受験産業の推計では</u>，各大学の入学偏差値は軒並み下がり出している．
(68) <u>内部資料では</u>，診療所の院長が毎朝マンション3棟の約160人を回っていた<u>とある</u>．

文末には典型的に「という」のほかに「とある」「らしい」「そうだ」などが付く．情報源が自分以外のところにあることを示す標識の役割を果たしている．ここで改めて正確を期していうと，情報源は伝聞情報だけではない．文字情報（書記情報）も含む．「という」が文末にあっても，それは伝聞情報とは限らず，文字情報であることもある．(63) が伝聞情報である一方，(64) は文字情報と解するのが自然である．しかしここでは情報伝達媒体が音声か文字かにかかわらず，広く伝聞情報と呼ぶことにする．そしてまた，「という」などの文末表現がない事例もある．(67) が示すように，文が主動詞の言い切りの形（終止形）で終わっていても，伝聞情報であることに変わりはない．この構文の使用者はやはり，真偽判断を保留しているのであって，断定しているのではない．

第三に，日本語の無主語構文の代表的部類に上述の「そうだ」「らしい」を含め「のだ」「ようだ」「様子だ」「はずだ」「かもしれない」「にちがいない」などの述語を含む構文がある．Nakau (1973) はなかでも複数の異なるタイプの事実証拠に基づいてこれらが無主語述語であることを明らかにした最初の論考だが，その後，現代生成統語論に依拠し「空主語」現象の理論的意味合いを探求した用意周到かつ精緻な論考に Tsubomoto (1989) がある．隔世の感を禁じえないが，現時点で合わせて読んでみると，不易流行の思いを深くするばかりである．

参考文献

Bolinger, D. (1977) *Meaning and Form*, Longman, London. [中右実（訳）(1981)『意味と形』こびあん書房，東京.]

Langacker, R. W. (2009) *Investigations in Cognitive Grammar*, Mouton de Gruyter, Berlin.

Nakau, M. (1973) *Sentential Complementation in Japanese*, Kaitakusha, Tokyo.

中右実 (1998)「空間と存在の構図」『構文と事象構造』（日英語比較選書 第5巻），中右実（編），1-106, 研究社，東京．

中右実 (2013)「非人称 it 構文—語法と文法の不可分な全体を構文に見る—」『英語語法文法研究』第20号，5-34.

Tsubomoto, A. (1989) "Null Subject Phenomena in Japanese: Incorporation, Null Expletives, and Topic-Agreement," *English Linguistics* 6, 130-149.

辞　書

Collins COBUILD Advanced Dictionary of English, 6th ed., 2009, Harper Collins.
Collins COBUILD Dictionary of Idioms, 2nd ed., 2002, Harper Collins.
Collins COBUILD English Usage for Learners, 2nd ed., 2004, Harper Collins.
Oxford Dictionary of English, 2nd ed. 2004, Oxford University Press.
Oxford Sentence Dictionary, 2008, Oxford University Press.
Longman Advanced American Dictionary, 2000, Longman.
Longman Language Activator, 2nd ed., 2002, Longman.
『新編英和活用大辞典』1995，研究社，東京．

拡張コピュラ構文の意味分析＊

益岡　隆志

神戸市外国語大学

キーワード：コト拡張，構成的意味，派生的意味，近接性，因果性

1. はじめに

　日本語研究における個別的研究課題のなかには，日本語研究の内部で詳細な研究が進められている一方で他言語の研究では問題にされにくいものが少なからず存在する．そのような例の1つに，末尾に「ノダ」を取る構文（以下，「ノダ構文」）の研究がある．ノダ構文の研究は日本語研究の内部では以前から田野村（1990），野田（1997）をはじめとして詳細な検討が行われているが，これまでのところ益岡（1990（1991），2003（2007），2013）を含め，個別言語の個別現象として扱われる傾向にあった．

　そこで，本稿では日本語のノダ構文の問題に対してできるだけ一般性の高い観点からのアプローチを試みたいと思う．具体的には，「コト拡張」（母型からの拡張）という見方のもとで，ノダ構文の意味をその構成的な意味と派生的な意味の関係に留意しつつ考察する．さらには，このノダ構文の意味分析を諸言語の類似構文の意味研究に及ぼす可能性を探ってみたい．

　本論の構成は次のとおりである．まず第2節で，「コト拡張」の見方に基づ

　＊ 本稿は，ワークショップ「構文と意味の拡がり」（2013年10月12日，於和光大学コンベンションホール），中日理論言語学研究会（2014年1月12日，於同志社大学大阪サテライト・オフィス），及び，国際モダリティワークショップ「モダリティに関する意味論的・語用論的研究」（2014年8月27日，於関西外国語大学）における口頭発表に基づいている．これらの口頭発表の場で貴重なご意見・コメントをお寄せいただいた皆様に謝意を表したい．特に，渡邊淳也氏と松瀬育子氏にはフランス語とネワール語についてご教示いただいたことに深く感謝したい．また，本稿を執筆する機会を与えてくださった本論文集の編集委員の皆様にも感謝申し上げる．

き「拡張コピュラ構文」としてのノダ構文という分析観点を導入するとともに具体的な検討課題を提示する．その検討課題をもとに，第3節においてノダ構文（拡張コピュラ構文）の派生的意味としての「事情説明」・「帰結説明」の意味用法を観察・分析する．続く第4節では，ノダ構文の意味のあり方を末尾に「ワケダ」を取るワケダ構文との比較を通じて確認する．最後に第5節において，他言語の類似構文の状況を概観する．

2. 拡張コピュラ構文としてのノダ構文
2.1. コト拡張とノダ構文

本稿におけるノダ構文の意味分析に対する足がかりは「コト拡張」である．「コト拡張」とは所与の構文（母型）のなかのモノ（名詞句）をコト（述語句）に置き換える構造的拡張のことである．[1] その事例の1つがノダ構文である．ノダ構文では，(1) に示されるように，名詞述語構文（以下，「コピュラ構文」）がモノ（名詞句）からコト（述語句）への置き換えにより拡張される．Xが述語を取るノダ構文においては，述語の後位置に「ノ」が挿入される．

(1) ［X（モノ）ハ Y（モノ）ダ］（母型）
 ⇒ ［X（コト）ハ Y（コト）［ノ］ダ］（拡張構文）

例えば，(2) の「お祭り」というモノを「お祭りで騒いでいる」というコトで置き換えたものが (3) のノダ構文である．(3) では「あれ」もコトを表している．

(2) あれはお祭りだ．
(3) あれはお祭りで騒いでいるのだ．

コピュラ構文からノダ構文への拡張に対応して，モノXとモノYの結びつきからコトXとコトYの結びつきへと移行する．この移行の様態を具体的に見るために，本稿では (4)-(6) のような「XトイウコトハYトイウコトダ」という表現型を援用することにする．[2]

---

[1] コト拡張の詳細については，益岡 (2013) を参照されたい．
[2]「XトイウコトハYトイウコトダ」におけるXの部分では，「ということ」の代わりに「というの」が現れることもある．3.2節で扱う (16) がそのような例である．

(4) パスカルにとって考えるということは，勝つか負けるかということであった． 　　　　　　　　　　　　　　　　　　　　（小林秀雄「作家の顔」）
(5) 消費税が上がるということは生活が苦しくなるということだ．
(6) 受験で東京や仙台に行って，雪がないのに驚いた．雪がないのを見て驚くということは，冬に雪のない光景にじかに接するまで，自分の中では「冬は雪がある」というイメージしかなかったということだ．

　　　　　　　　　　　　　　　（井上優「相席で黙っていられるか」）

これらの「X トイウコトハ Y トイウコトダ」という表現をノダ構文の形式で表すと以下のようになる．

(7) （パスカルにとって考えるということは）勝つか負けるかなのだ．
(8) （消費税が上がるということは）生活が苦しくなるのだ．
(9) （雪がないのを見て驚くということは）自分の中では「冬は雪がある」というイメージしかなかったのだ．

2.2. 本稿の検討課題

　ノダ構文（拡張コピュラ構文）の意味分析への試みに当たって，構文における意味として少なくとも2つの意味を区別しておく必要がある．そのうちの1つは構文の構成に対応する意味である．これを「構成的意味」と呼ぶことにする．コト拡張がかかわる場合，拡張された構文の構成的意味は元になる構文（母型）の構成的意味に還元することができる．
　もう1つは構文のレベルでの意味拡張により派生する意味である．こちらの意味を構成的意味と区別し「派生的意味」と呼ぶことにしよう．構文の派生的意味は構文の構成に直接対応しないところから，母型の意味に還元することはできない．
　この点をノダ構文の場合で言えば，その構成的意味は母型であるコピュラ構文の構成的意味に還元可能である．それに対して，派生的意味のほうはコピュラ構文の構成的意味に還元できない，構文レベルに特有の意味ということになる．
　ノダ構文の意味について，益岡（2003（2007））ではコト拡張の見方のもとに，母型であるコピュラ構文の構成的意味に還元できるという考えを採った．この考え方によれば，ノダ構文の意味（意味用法）を代表する(10), (11)のような意味（意味用法）——益岡（2003（2007））では，この意味（意味用法）を「主題明示・措定」と名づけた——は，コピュラ構文の代表的な意味（意味用法）——益

岡（2003（2007））では，同様に「主題明示・措定」と名づけた——に対応するということになる．[3]

(10) 杉山はしだいに卓治がくるのを煩わしく感じるようになった．そう思うのは彼が疎ましくなったのである．　　　　　　（松本清張「断碑」）
(11) ローサは，彼と同じマドリード大学の法学部出身．それだけでなく，結婚して子供を育てながら心理学をやり直し，今は大学の助手を勤めている．つまりローサは，プロの主婦であり，母親であり，そして心理学者なのだ．　　　　　　　　　　（小西章子「スペイン子連れ留学」）

ちなみに，主題明示・措定の意味を表すコピュラ構文というのは，(12)のような構文のことである．

(12) 日本は山国だ．

そこで，ノダ構文（「主題明示・措定」の場合）の構成的意味——すなわち，母型であるコピュラ構文の構成的意味に還元可能な意味——については，本稿では以下のように考える．

コピュラ構文「XハYダ」は古代語で言えば「XハYナリ」であるが，この「XハYナリ」は「XハYニアリ」ということである．したがって，コピュラ構文におけるモノXとモノYは，XがYというカテゴリーに位置する（所属する）という関係にあり，構文全体としては「カテゴリー所属」の意味を表すことになる．それに対してノダ構文「(Xハ) Yノダ」におけるコトXとコトYの関係の場合は，Yの部分が「ノ」というカテゴリー無指定の要素であるため，コピュラ構文に認められる「カテゴリー所属」の意味は成立せず，コトXがコトYと"密接に関係する"という「近接性」（近接関係）の意味を表すにとどまる．[4]

近接性のデフォルトとしての意味は，対象であるコトXをコトYで捉えなおす（言い換える）という換言の意味である．[5] 例えば上記の(4)の場合で言えば，「考える」ということを「勝つか負けるか」ということで捉えなおしてい

---

[3] ノダ構文の意味用法としては「措定」に加え「指定」（野田 (1997) のいう「スコープのノダ」に相当するもの）も重要な位置を占めるが，本稿では「指定」の意味用法には立ち入らない．
[4] この点については，池上 (1981) を参照のこと．
[5] この点に関連し，西山 (2003) の「同一性文」という概念を参照されたい．

(4) パスカルにとって考えるということは，勝つか負けるかということであった．

(4) に対応するノダ構文 (7) の意味は，そのような換言（「～つまり／すなわち～」）の意味として理解される．

(7) （パスカルにとって考えるということは）勝つか負けるかなのだ．

このことから1つの検討課題が生じることになる．先に，ノダ構文には (10), (11) のような「主題明示・措定」の意味（意味用法）が認められることを指摘したのであるが，(10) における「主題明示・措定」の意味と (11) における「主題明示・措定」の意味には，前者が「事情説明（原因理由説明）」（具体的には，(10) では「そう思うのは彼が疎ましくなったからである」の意味），後者が「帰結説明」（具体的には，(11) では「それは，ローサがプロの主婦であり，母親であり，そして心理学者であるということを意味する」の意味）という看過できない意味の違いが認められる．このような「事情説明」・「帰結説明」の意味は，「換言」という特徴づけだけでは十分な説明にはならず，「事情説明」・「帰結説明」の意味が生じる理由を考える必要がある．次節でこの問題を検討してみたい．

3. 派生的意味としての事情説明・帰結説明
3.1. 因果性の意味の派生

前節において，なぜノダ構文に「事情説明」・「帰結説明」の意味が生じるのかという問いを提出した．本稿ではこの点に対する説明として，ノダ構文の構成的意味である近接性（近接関係）から因果性（因果関係）の意味が派生するという見方を提案したいと思う．

前節に続きノダ構文の意味を「X トイウコトハ Y トイウコトダ」の表現型を援用して考察する．まずは，(5) と (6) の例を再掲しておきたい．これらの文はノダ構文 (8), (9) に対応するということであった．

(5) 消費税が上がるということは生活が苦しくなるということだ．
(6) 雪がないのを見て驚くということは，冬に雪のない光景にじかに接するまで，自分の中では「冬は雪がある」というイメージしかなかったと

(8) （消費税が上がるということは）生活が苦しくなるのだ．
(9) （雪がないのを見て驚くということは）自分の中では「冬は雪がある」というイメージしかなかったのだ．

　これらの構文ではコトXとコトYのあいだに因果関係が成立している．すなわち，(5) の場合で言えば，「消費税が上がる」という事態と「生活が苦しくなる」という事態のあいだに「消費税が上がると生活が苦しくなる」という因果関係が成立する．(6) の場合についても，「「冬は雪がある」というイメージしかなかった」という事態と「雪がないのを見て驚く」という事態のあいだに「「冬は雪がある」というイメージしかなかったために，雪がないのを見て驚く」という因果関係が成立する．

　ちなみに，近接性（近接関係）から因果性（因果関係）の意味が派生する—言い換えれば，近接性の意味と因果性の意味が結びつきやすい—という点は，概念的に見てごく自然な事象であることから，日本語に限らず他の言語にも成立し得る一般性の高い事象ではないかと考えられる．例えば，「X トイウコトハ Y トイウコトダ」の表現型に類する英語の "to do X is to do Y" という表現型についても，次の (13) の例に示されるように，X の事態と Y の事態のあいだに因果関係が成立する場合が見出される．

(13) *Uncle Tom's Cabin* is one of the crucial documents of the American past; to read it is to deepen and broaden one's understanding of the coming of the Civil War. (James M. McPherson "Introduction to *Uncle Tom's Cabin*")

3.2. 事情説明・帰結説明の意味の派生

　次に，因果性（因果関係）の派生についてより詳しい検討を加えたい．具体的には，因果関係の方向性という点を考察する．[6]

　因果関係の方向性には2つのものが考えられる．「X トイウコトハ Y トイウコトダ」という表現型を用いて言えば，「X（ダ）カラ Y」というタイプと「Y（ダ）カラ X」というタイプの2つである．そのうちの「X（ダ）カラ Y」が帰結説明に当たり，「Y（ダ）カラ X」が事情説明に当たる．この点をノダ構文に当てはめれば，(8) が「X（ダ）カラ Y」の帰結説明の例であり，(9) が「Y（ダ）

---

[6] 因果関係の方向性の問題については，奥田 (1990)，田窪 (2006) を参照のこと．

カラX」の事情説明の例ということになる.

(8) （消費税が上がるということは）生活が苦しくなるのだ.
(9) （雪がないのを見て驚くということは）自分の中では「冬は雪がある」というイメージしかなかったのだ.

このなかの帰結説明については,「X（ダ）カラY」という因果関係であるところから, (11) や (14) のようにXの事態を理由（根拠）としてYの事態を帰結として導き出すということが成立する.

(11) ローサは, 彼と同じマドリード大学の法学部出身. それだけでなく, 結婚して子供を育てながら心理学をやり直し, 今は大学の助手を勤めている. つまりローサは, プロの主婦であり, 母親であり, そして心理学者なのだ.
(14) 仕事先の人に出身地を聞かれて「実家は芦屋です」と答えると, 決まって相手からは「じゃあ, お嬢さんなんだ」という判でついたようなレスポンスがあるとこぼしていた.　　　（大人の街歩き編集部「大人の神戸」）

(11) では,「ローサが彼と同じマドリード大学の法学部出身であり, 結婚して子供を育てながら心理学をやり直し, 今は大学の助手を勤めている」という事態を根拠に「ローサは, プロの主婦であり, 母親であり, そして心理学者である」という帰結が導き出されている. 同様に (14) では,「その人の実家が芦屋である」という事態を根拠に「その人がお嬢さんである」という帰結が導き出されている.

それに対して事情説明の場合は,「Y（ダ）カラX」という因果関係であるところから, Yの事態とXの事態のあいだに原因理由と結果の関係が成立する. (10) や (15) がその例である.

(10) 杉山はしだいに卓治がくるのを煩わしく感じるようになった. そう思うのは彼が疎ましくなったのである.
(15) いつものようにコロンビア大学に行ったキーンさんだったが, いつまでたっても角田先生には会うことができなかった. 開戦と同時に角田先生は敵性外国人として勾留されてしまったのである.
　　　　　　（週刊朝日編集部編「司馬遼太郎からの手紙」）

(10) においては「杉山は卓治が疎ましくなったために彼がくるのを煩わしく感じるようになった」という原因理由と結果の関係が, (15) においては「角田

先生が敵性外国人として勾留されてしまったために，キーンさんは角田先生に会うことができなかった」という原因理由と結果の関係が，それぞれ見出される．

　このように，因果関係の方向性には「X（ダ）カラ Y」という帰結説明と「Y（ダ）カラ X」という事情説明の 2 つが区別できるのであるが，この区別に関係してノダ構文と「X トイウコトハ Y トイウコトダ」という表現型のあいだに重要な違いが認められることを指摘しておかなければならない．それは，「X トイウコトハ Y トイウコトダ」は，ノダ構文とは異なり，「トイウ」の形式の介在を必要とするという点である．

　この点を（16）の例によって確認しよう．

(16) 　東京に住み，同時にパリに住むというのは，東京にも根をおろさず，またパリでも浮草だということだ．　　　　　（辻邦生「私の二都物語」）

この例では，(17) に示すように，「東京に住み，同時にパリに住む」ということが「東京にも根をおろさず，またパリでも浮草だ」ということを意味することが述べられている．

(17) 　"東京に住み，同時にパリに住む" というのは，（つまり）"東京にも根をおろさず，またパリでも浮草だ" ということだ．

　この場合，「東京に住み，同時にパリに住む」ことが意味するところを「東京にも根をおろさず，またパリでも浮草だ」として説明している．この点を「X トイウコトハ Y トイウコトダ」という表現型において一般化して言えば，表現 X の意味を Y として説明するということであり，田窪 (2010: 254) の規定に従えば，「記号自体をその名前で指して，その記号の内容を問題にする用法」である「メタ用法」の性格を持つということになる．「トイウ」はこの意味におけるメタ言語形式の 1 つである．

　「トイウコトダ」にこのようなメタ言語形式の性格（以下，「メタ性」）がかかわるのに対して，「ノダ」はメタ性については抑制可能であり，メタ言語形式として働く場合もあればそのような働きを持たない場合もある．メタ言語形式として働く場合は「トイウコトダ」と等価であり，そのような働きを持たない場合は等価ではないと言える．

　「トイウコトダ」と「ノダ」のもう 1 つの違いは，「ノダ」が帰結説明と事情説明の意味用法を兼ね備えているのに対して，「トイウコトダ」は帰結説明が基本であり，先に挙げた (6) のような事情説明の例は周辺的であるという点であ

る.「トイウコトダ」が帰結説明を基本とすることは,例えば,上掲の事情説明を表す (15) の「ノダ」を (18) のように「トイウコトダ」に置き換えると帰結説明の意味が優先されることで裏づけられる.

(15) いつものようにコロンビア大学に行ったキーンさんだったが,いつまでたっても角田先生には会うことができなかった.開戦と同時に角田先生は敵性外国人として勾留されてしまったのである.

(18) いつまでたっても角田先生には会うことができなかったということは,開戦と同時に角田先生は敵性外国人として勾留されてしまったということである.

　ノダ構文と「X トイウコトハ Y トイウコトダ」との相違に関する以上の考察から,帰結説明と事情説明の派生にかかわる 2 つの点を引き出すことができる.第 1 に,帰結説明と事情説明のあいだに「帰結説明＞事情説明」という優位差が認められるという点である.この点を「X トイウコトハ Y トイウコトダ」における X と Y の語順で言えば,帰結を表す Y が後置される「進行的説明」と原因理由を表す Y が後置される「逆行的説明」とのあいだに「進行的説明＞逆行的説明」という優位差が認められるということである.ちなみに,「X トイウコトハ Y トイウコトダ」の構成的意味である換言の意味についても進行的なものと見ることができよう.[7]

　それに関連して,第 2 に,説明を表す形式としてはメタ性を持つもののほうがそのような性格を持たないものよりも基本的であるということである.言い換えれば,メタ性を持たない形式は有標的であるということである.その意味でメタ性が抑制可能である「ノダ」は,説明の意味を表す形式としては「トイウコトダ」よりも有標的であると言える.

4. ノダ構文とワケダ構文における因果性

　因果関係を表すという点でノダ構文と類義的な構文に (19)-(21) のようなワケダ構文がある.

---

[7] 帰結説明の場合は,(i) の例が示すように,換言の意味を表す「つまり」のような接続語が共起できる.
　(i) 消費税が上がるということは,つまり,生活が苦しくなるということだ.

(19) お金を払って製材屑を引き取ってもらい，他方で電力を買っていた今までのやり方を，自分で木くずを燃やすことで発電するのに切り替えたということは，結局自社内で木くずを電力に物々交換したわけだ．
(藻谷浩介「里山資本主義」)
(20) 数学者は，生涯，ひとつの分野で定理の証明に身を注ぐというようなイメージがあります．でもそれは違います．ひと区切りついたら，今度は別の分野にころんと移ることは全然珍しくない．大きく幾何，解析，代数と分けますけれども，便宜的なものにすぎないわけです．
(円城塔「天才数学者は，変人とはかぎらない」)
(21) この六年ばかりのあいだ五年近くは日本を離れて外国に住んでいる．つまり外国語を使わなくては生きていけない状況に，自ら進んで身を置いているわけだ． (村上春樹「やがて哀しき外国語」)

ワケダ構文は因果関係のなかでもっぱら帰結説明を表す．そのため，ノダ構文とワケダ構文は帰結説明を表す構文として競合することになる．本節では，帰結説明の構文として競合関係にあるノダ構文とワケダ構文を構成的意味・派生的意味の観点から比較することにより，前節までで明らかになったノダ構文の意味特性を確認したいと思う．

ワケダ構文の構成的意味は次のように考えられる．ワケダ構文で重要な働きをする「ワケ」は，(22) のように名詞として使用可能である．この文では，「ワケ」は原因理由の意味を表している．

(22) 遅刻したわけを説明しなさい．

ワケダ構文「X ハ Y ワケダ」は古代語で言えば「X ハ Y ワケナリ」という表現になる．この「X ハ Y ワケナリ」が「X ハ Y ワケニアリ」と言い換えられるところから，ワケダ構文の構成的意味はコト X が「Y ワケ」というカテゴリーに所属することを表すことになる．ここで留意すべき点は，「ワケ」が相対名詞の性格を持つことである．例えば (22) の「遅刻したわけ」の場合であれば，「ワケ」に先行する「遅刻した」の部分は原因理由を表すのではなく，それと相対的な関係にある結果帰結を表すということである．そこで，ワケダ構文「X ハ Y ワケダ」におけるコト X とコト Y はそれぞれ原因理由と結果帰結の意味を表し，ワケダ構文全体は帰結説明を表すということになる．ここで見逃してならないポイントは，ノダ構文の場合とは異なり，ワケダ構文が表す帰結説明の意味がこの構文の構成的意味に帰されるという点である．

ちなみに，西山 (2003)・西山(編) (2013) は「～理由」などの名詞句（例えば，「アメリカがオーケストラ大国になった理由」（山田真一「オーケストラ大国アメリカ」））を「変項名詞句」と見ている．この見方によれば，「～理由」と同類の「Y ワケ」という名詞句を取るワケダ構文は「X ガ Y ワケダ」という指定の構文とみなされることになるであろう．指定の構文と見ることは理由の「値」の付与に焦点が置かれることを意味するが，ワケダ構文は必ずしも理由に焦点が置かれるわけではない．例えば (19) は，自社内で木くずを電力に物々交換した理由を「お金を払って製材屑を引き取ってもらい，他方で電力を買っていた今までのやり方を，自分で木くずを燃やすことで発電するのに切り替えた」ことと指定しているわけではない．本稿では，ワケダ構文は指定の構文ではなく，措定の構文とみなす．

　以上の点から，ノダ構文とワケダ構文は因果性がかかわるという点を共有する一方で，構文の構成的意味・派生的意味に関して重要な相違があることが明らかになった．

　ワケダ構文は名詞「ワケ」の使用により因果性—具体的には，帰結説明の意味—が構成的に表される．「ワケダ」は文末形式化してはいるものの，述部に名詞を取るというコピュラ構文の枠内にあると言うことができる．その点で，新屋 (1989) のいう「文末名詞文」，角田 (1996) のいう「体言締め文」に該当するものである．[8] それに対してノダ構文では，「ノダ」を構成する「ノ」は，名詞性を有するものの，名詞そのものの性格は持たない．ノダ構文における因果性（帰結説明・事情説明）は派生的意味として成立すると理解すべきものである．その点で，ノダ構文は文末名詞文・体言締め文とは区別して考えなければならない．

　ただし，ノダ構文と文末名詞文（体言締め文）は，コピュラ構文（名詞文）が拡張されたものという広義の意味では一括することができる．ワケダ構文を含む広義の拡張コピュラ構文のなかに狭義の拡張コピュラ構文であるノダ構文を位置づけるのが妥当であろう．本稿の拡張コピュラ構文は，文末名詞文（体言締め文）を中心とする広義の拡張コピュラ構文ではなく，ノダ構文を対象とする狭義の拡張コピュラ構文である．

---

[8]「文末名詞文」・「体言締め文」の研究に関係するものに「複合辞」の研究がある．複合辞については，藤田・山崎(編) (2006) などを参照されたい．

5. 他言語の類似構文

　3.1 節でも触れたように，日本語のノダ構文における因果性の意味の派生は理にかなった事象と考えられる．したがって，他言語にノダ構文と同類の拡張コピュラ構文が見出される場合，ノダ構文と同様の派生的意味が認められることが想定される．逆に言えば，他言語の類似構文に同じような意味の派生が認められるなら，本稿のノダ構文の意味分析に一定の裏づけが与えられることになる．本稿は他言語の類似構文に関する詳細な分析を提示する用意はないが，他言語の類似構文の状況を瞥見することにより，今後の研究の可能性を探ってみたいと思う．

　日本語のノダ構文（拡張コピュラ構文）に類似する構文の事例として，まずは韓国語と英語の構文が挙げられる．とりわけ，日本語と同じ述語後置型言語である韓国語には日本語のノダに類する "geosida" という文末形式が発達している．この形式に関する研究は多数に上るが，例えば崔（2006）によれば，日本語のノダ構文と同様に，韓国語の "geosida" 構文には帰結説明・事情説明の意味用法が認められるという．ノダ構文に関係する他言語の研究としては，韓国語を対象とした分析が最も進んでいることは間違いないところである．

　それに対して英語は，日本語とは異なる述語前置型言語であることからノダに当たるような文末形式は成立し得ないが，構文レベルでの類似表現の存在は考え得る．その点で注目されるのが大竹（2009）の研究である．大竹（2009）は，英語の "it is that 〜" という構文を日本語のノダ構文に類似する構文とみなしたうえで，これらの構文の詳しい対照研究を行っている．その分析の結果として，大竹は英語の "it is that 〜" の構文に日本語のノダ構文に存在する帰結説明・事情説明の意味用法が認められることを指摘している．

　このように，使用頻度の問題は別にして，韓国語・英語の類似構文に帰結説明・事情説明が見出されることは，日本語のノダ構文に見られる意味の派生が偶発的・孤立的な事象ではないことを示唆している．この点にさらなる示唆を与えるのがネワール語，フランス語，中国語の類似構文の意味のあり方である．

　まずネワール語であるが，松瀬育子氏（私信）によれば，述語後置型言語のネワール語には日本語のノダに類する文末形式 "-gu kha" が発達しているが，この "-gu kha" の構文は帰結説明が中心で事情説明は周辺的であるという．3.2 節で述べたように，語順の面に関して「進行的説明＞逆行的説明」という優位差が認められるのは自然な事象であることから，ネワール語の "-gu kha" 構文が帰結説明を中心とするという点は十分納得できるところである．

フランス語にも興味深い事実が認められる．渡邊淳也氏（私信）によれば，フランス語における類似構文 "c'est que 〜" は帰結説明の意味用法と事情説明の意味用法がどちらも認められるが，帰結説明を表す場合，"c'est dire que 〜" という形式が使われるとのことである．ここで特に注目されるのは，帰結説明を表す場合に用いられる "c'est dire que 〜" という形式においてメタ性が関係すると見られる "dire"（「言う」）が含まれているという点である．この点は 3.2 節で指摘した，「トイウコトダ」が帰結説明の意味を優先するという点と符合する．

最後に中国語であるが，中国語でノダ構文に類似する構文を求めるとすれば "〜就是説〜" の構文が有力な候補である．この構文は事情説明の意味用法は持たず，もっぱら帰結説明に用いられるようである．この点で，ネワール語に見られる帰結説明の優位性が中国語においてより明確な形で確認されると言えよう．さらに，"〜就是説〜" の形式にメタ性が関係すると見られる "説"（「言う」）が含まれている点も注目に値する．帰結説明とメタ性の結びつきがフランス語と同様に中国語においても確認されるわけである．

以上概観した他言語の状況—とりわけ，ネワール語・フランス語・中国語の状況—は，3.2 節で提示した，帰結説明と事情説明の意味派生にかかわる２つのポイントを支持するように思われる．すなわち，第１に，帰結説明と事情説明のあいだに「帰結説明＞事情説明」（「進行的説明＞逆行的説明」）という優位差が認められるという点．そして第２に，帰結説明が意味的にメタ性と結びつき，日本語のノダのようなメタ性が抑制可能な形式は有標的であるという点である．

このように，日本語のノダ構文は様々な問題を提起する興味深い研究テーマである．他言語との対照研究を通じてこれら諸問題を詳しく検討することは今後に残された重要な課題である．

6. おわりに

以上，本稿では日本語のノダ構文（拡張コピュラ構文）における構成的意味と派生的意味のかかわりをめぐって以下の点を指摘した．

(i) ノダ構文「(Xハ) Yノダ」の構成的意味—より正確には，代表的な構成的意味—は，Xの事態がYの事態と "密接に関係する" という「近接性」（近接関係）の意味と見ることができる．「近接性」のデフォ

ルトとしての意味は「換言」である．
(ii) 近接性（近接関係）の意味から因果性（因果関係）の意味が派生するため，ノダ構文には帰結説明・事情説明（原因理由説明）の意味が構文レベルでの派生的意味として成立する．
(iii) ノダ構文に認められる帰結説明・事情説明の意味が派生的意味であるのに対して，ワケダ構文に認められる帰結説明の意味は構成的意味と見るのが妥当である．

本稿ではさらに，他言語にも日本語のノダ構文と類似の拡張コピュラ構文が存在するとすれば，ノダ構文と同様の派生的意味が成立するのではないかという想定のもと，いくつかの言語の状況に言及した．日本語研究の内部に閉ざされがちであったノダ構文（拡張コピュラ構文）を言語研究の場で広い視野から再考する必要があることを指摘した．本稿はその必要性を指摘するにとどまったが，様々な言語を対象とした今後の研究の進展により日本語の研究が言語研究のフィールドで新たな可能性を切り開いていくことを切望する次第である．

参考文献

崔眞姫 (2006)『「のだ」の文法化と機能別必須性』図書出版チェクサラン，ソウル．
藤田保幸・山崎誠（編）(2006)『複合辞研究の現在』和泉書院，大阪．
池上嘉彦 (1981)『「する」と「なる」の言語学』大修館書店，東京．
ヤコブセン, W. M. (1990)「条件文における「関連性」について」『日本語学』9巻4号, 93-108．
益岡隆志 (1990)「説明の構造」科学研究費総合研究 (A)『日本語の文脈依存性に関する理論的実証的研究』研究成果報告書, 141-157．［益岡隆志 (1991)『モダリティの文法』（くろしお出版，東京）に再録．］
益岡隆志 (2003)「名詞文としてのノダ文」『CLAVEL』1号, 1-11, 対照研究セミナー，神戸市外国語大学．［益岡隆志 (2007)『日本語モダリティ探究』（くろしお出版，東京）に再録．］
益岡隆志 (2013)『日本語構文意味論』くろしお出版，東京．
西山佑司 (2003)『日本語名詞句の意味論と語用論』ひつじ書房，東京．
西山佑司(編) (2013)『名詞句の世界』ひつじ書房，東京．
野田春美 (1997)『「の(だ)」の機能』くろしお出版，東京．
大堀壽夫・遠藤智子 (2012)「構文的意味とは何か」『ひつじ意味論講座　第2巻：構文と意味』，澤田治美（編），31-48，ひつじ書房，東京．
奥田靖雄 (1990)「説明（その1）——のだ，のである，のです——」『ことばの科学4』，言

語学研究会(編), 173-216, むぎ書房, 東京.
大竹芳夫 (2009)『「の(だ)」に対応する英語の構文』くろしお出版, 東京.
Sakahara, Shigeru (1996) "Roles and Identificational Copular Sentences," *Spaces, Worlds, and Grammar*, ed. by G. Fauconnier and E. Sweetser, 262-289, University of Chicago Press, Chicago.
新屋映子 (1989)「"文末名詞"について」『国語学』159集, 1-14.
Sweetser, Eve (1990) *From Etymology to Pragmatics*, Cambridge University Press, Cambridge.
田窪行則 (2006)『日本語条件文とモダリティ』京都大学博士論文.
田窪行則 (2010)『日本語の構造——推論と知識管理——』くろしお出版, 東京.
田野村忠温 (1990)『「のだ」の意味と用法』和泉書院, 大阪.
寺村秀夫 (1984)『日本語のシンタクスと意味II』くろしお出版, 東京.
角田太作 (1996)「体言締め文」『日本語文法の諸問題——高橋太郎先生古希記念論文集——』, 鈴木泰・角田太作(編), 139-161, ひつじ書房, 東京.

第Ⅰ部

語彙と構文

A Paper the Length of an Office Memo
―「記述の対格」の記述をめぐって―*

福安　勝則
鳥取大学

キーワード：記述の対格，the size of 構文，Accusative of Description，不定，比喩

1. はじめに

英語には次の下線部のような名詞句の用法が存在する（以下，下線部は筆者による）．

(1) 　water the color of pea-soup　　　　　　(Henry Sweet (1898: 49))
(2) 　... I saw more dust and mess than you would think they could crowd into a house the size of a Newport bathing-hut.
　　　　　　　　　(Sir Arthur Conan Doyle, *The Tragedy of the Korosko*)
(3) a.　I wanted nothing more than a buzz cut, a bourbon, a fridge the size of a car, and a car the size of a killer whale.
　　　　　　　(Anthony Lane, "Worlds Apart," *The New Yorker* 18 Nov. 2002)
　　b.　With wet hands, roll the mixture into small balls the size of a walnut.
　　　　　(Jill Dupleix, "Grilled pork balls with mint," *The Times* 29 April 2004)

Onions (1927: 12, 93-94) は，(1)-(3) の下線部のような表現を「記述の対格」と呼び，次の (4) のような例を挙げ，斜体字の名詞の特徴を (5) のように述べている ((4) の分類は，筆者による)．

---

　* 本稿は，日本英文学会中国四国支部第 67 回大会（2014 年 10 月 25 日香川大学）で「『記述の対格』再考」として研究発表をしたものに修正・加筆したものである．席上で貴重なご意見・ご質問をいただいた中川憲氏，福元広二氏，松原史典氏，佐々木淳氏の方々にこの場をかりて感謝の意を表したい．

(4) a. A book *the same size* as this. / Water *the colour* of pea-soup. / She had hands *the colour* of a pickling cabbage. / Behind the altar painted on the plaster of the wall was the rood or crucifix *the size of life*.
　　b. The earth is *the shape* of an orange. / *What age* is he? / The plank is not *the right width*. / The towers were exactly *the same height*. / The door was *a right brown*. / *What price* is that article? / *What* are potatoes to-day? / *What age* is she? / She might be *any age* (or *anything*) between twenty and thirty. / *What trade* is he ? / *What part of speech* are these words?
(5) ... an adjective-equivalent expressing such properties of objects as size, colour, age, price, or the professions of persons. (上掲, 93)
… 形容詞相当語句であって，形状・色彩・価格または職業といった，事物の性質を表すものである。　　（訳は安藤 (1969: 170-171) より）

Jespersen, Kruisinga (1932), *OED* からの例も見てみよう．

(6) a. Shaw J 143 a lump on the back of my head <u>the size of an apple</u>.
　　　　　　　　　　　　(Jespersen (*MEG* Vol. III§18.88: 402))
　　b. Thack V 309　an old gentleman held a boy in his arms <u>about the age of little Rawdon</u>　　　(Jespersen (*MEG* Vol. II§15.71: 389))
(7) Nowhere could I discern a cloud <u>the size of a man's hand</u>.
　　　　　　　　　(Gissing, Ryecroft p. 88)　(Kruisinga (1932: 83))
(8) A frame <u>the exact size of the window</u>.
　　　　　　　　　　　　(Gidges, *Elem. Photogr.* 115) (*OED*)

この用法について，Sweet (1898: 49) は，"has in the spoken language a purely adjectival function"（話し言葉において純粋に形容詞的機能をもつ）とし，Kruisinga (1932: 82) は，"have the function of an adjective rather than of a noun"（名詞というよりも形容詞の機能をもつ）としている．また，Jespersen (1909-1949) は，「記述の対格」の叙述的用法である (4b) タイプを従接詞 (subjunct-predicative) として扱い (Vol. III: 397-402)，本稿で取り扱う (4a) タイプについては，後位付加詞 (post-adjunct) としている (Vol. II: 389; Vol. III: 402).[1]

---

[1] 伝統的文法家の「記述の対格」の扱いについては安井 (1960), (大部分の例が (4b) タイプ

本稿では，Onions の「記述の対格」のうち，(4a) タイプ，すなわち，Jespersen のいう「奇妙な類い」("a peculiar kind") の記述的後位付加詞である名詞類を考察の対象とする．特に，例文 (1)-(3), (4a), (6)-(8) に観察されるような語の配列，すなわち，事物の特性[2] (property) を表す名詞（特性名詞[3]）を取り巻く，次の (9) のような語句の配列を扱い，その構造と意味を問題とする．

(9) <u>（冠詞+）（形容詞句+）名詞+（前置詞句+）the + 特性名詞 + of + 名詞句</u>[4]

特性名詞の中でも size の用法は辞書（例えば *OED*）にも記載され，典型的でもあることから，(9) の配列をもつ表現を，便宜上，the size of タイプの特性名詞構文，以下，略して the size of 構文 (*the size of* constructions) と呼ぶことにする．[5]

Onions の "properties of objects"，本稿での「事物の特性」を明確に定義することは容易ではないが，次のような Milwark[6] (1977: 13) の記述を見ておきたい．

(10)　... some trait possessed by the entity and which is assumed to be more or less permanent, or at least to be such that some significant change in the character of the entity will result if the description is altered.

つまり，「特性」とは，実体のもつある程度永続的な特質であり，少なくともその記述が変更されると実体の特徴に重要な変化が生じるような特質ということである．

以下，第 2 節では，the size of 構文の特性名詞には，上記の例に見られる size, color, age 以外にどのようなものがあるのか実例を示し，第 3 節では the size of 構文の統語範疇について明確にする．第 4 節ではこれまで論じられて

だが）古英語のデータも含む研究として近藤 (1975) が詳しい．

[2] 本論では property の訳は「特性」とするが，属性，性質，特質，プロパティー等の用語を用いても議論の趣旨はかわらない．

[3] Adger (2013: 62, 67) の用語 property-denoting nouns, property nominal 参照．

[4] この配列に加えて，(6b) や後の (52) の例に見られるように，(9) の the の前に just や about などの副詞も生起することができる．また，(8) が示すように the と特性名詞の間に exact のような形容詞が生じる場合もある．

[5] *the size of* constructions は「文」ではないが，「the size of 構文」と呼んでいくことにする．

[6] Milwark の正しい綴り（本名）は Milsark であるが，*Linguistic Analysis* に掲載された論文の著者名をそのまま記している．

いない the size of 構文の不定性について実例を示しながら論じる．第 5 節では「記述の対格」の the size of 構文内（名詞句内）での位置づけについて，第 6 節では the size of 構文と比喩性について考察する．第 7 節は結論と今後の課題である．

2. the size of 構文に生じる特性名詞の具体例

上記の文法書においても，「記述の対格」の (9) の配列での例文の記述は size, color, age 以外には極めて少ないゆえ，実際の例を検討していきたい．以下，筆者による下線部は本稿でいう the size of 構文を示している．

まず，形を形成する要素が特性名詞になっている，直径 (diameter)，長さ (length)，(背の) 高さ (height)，幅 (width)，周囲・円周 (circumference) の例を考察してみよう．

(11) Dr. Ruben Quintero ... inserted a minute viewing scope into the woman's abdomen, through a needle the diameter of one used to draw blood.
(Gina Kolata, "Miniature Scope Gives The Earliest Pictures Of a Developing Embryo," *The New York Times* (以下, *NYT*) 6 July 1993)
(12) As a story the length of Stevenson's "Markheim," no doubt "Conscience" would be fair enough....
(Stark Young, "The Play," *NYT* 12 Sept 1924)
(13) If she had been standing in the road and a man the height of her husband had fired the shot, would it have inflicted a wound such as described?
("Prosecution Opens in Beattie Trial," *NYT* 25 Aug. 1911)
(14) The only materials and implements required were a block of wood the width of a furrow and a rule, adze and saw.
("JEFFERSON Relics Are Found in Paris," *NYT* 23 Feb. 1947)
(15) a. "That big around," said Dr. Flamm, connecting thumb and forefinger into a circle the circumference of a snowflake.
(Steve Fishman, "Body and Mind," *NYT* 18 Sept. 18, 1988)
b. ... a pale circle the circumference of my pinky that represented its first year of life
(Alex Kuczynsky, "Fir Fetish," *NYT* 16 March 2008)

上記 (11)-(15) の例に見られる形を構成する要素だけでなく，次の (16) が示すように形を表す shape もこの用法において可能であることが分かる．

(16) A flat fish the shape of a pompano was easily visible beneath the blue surface.
(Red Smith, "Painted Ship Upon a Painted Ocean," *NYT* 23 June 1976)

視覚で認識できる形・形の構成要素に加え，触覚でも分かる手触り (texture) の例 (17) が見られるのは興味深い．

(17) He had a lavender suit on, dark sunglasses, and processed hair the texture of patent leather.
(Michael Lyndon, "Wherever I Went, Was Music," *NYT* 23 July 1972)

次の (18) は，物の薄さ・厚さ (thickness) の使用である．(18) の例は，通常の状態で肉眼では認識できない薄さである．

(18) The special glass, known popularly as "invisible" glass, grew out of work in the General Electric laboratories on film the thickness of a single molecule.
(Alfred. E. Clark, "Dr. Katharine Burr Blodgett," *NYT* 13 Oct. 1979)

重量を示す weight が「記述の対格」となり得ることを次の例は示している．

(19) However, Earth is hit with objects the weight of dollar coins or heavier roughly 100 times a day.
(*Johns Hopkins Technical Digest*, Vol. 27, Num. 2 (2006: 115))

規模を示す scale もこの用法が可能である．

(20) Notably, a hurricane the scale of Katrina prompted only one of nine cat bonds in the gulf region. (Georgia L. Keohane, "Preparing for Disaster by Betting Against It," *NYT* 12 Feb. 2014)

以上，the size of 構文の特性名詞として，size, color, age 以外に，diameter, length, height, width, circumference, shape, texture, thickness, weight, scale の実例を見てきた．ここでは実際の例は省略するが，the value of, the effect of などの例も散見される．the size of 構文に生起可能な特性名詞を正確に記述することは難しいが，この構文はある一定の条件を満たせば成立

する生産的な構文と言えそうである.

3. 名詞句としての the size of 構文

第1節ですでに見たように, Sweet や Kruisinga が「記述の対格」の形容詞的機能に言及していること,また, Jespersen はそれを後位付加詞と位置づけていることを見た.このことは, the size of 構文においては, [the+特性名詞+of NP] がそれに先行する名詞を修飾し, the size of 構文全体が名詞句であることを示唆する.

本節では, the size of 構文全体は次の (21) のような名詞句であることを, 文法的機能(文中での分布), 数の一致, wh 移動の観点からデータにより確認する.

(21) [NP (冠詞+) (形容詞句+) 名詞+ (前置詞句+) the+特性名詞+of+名詞句]

3.1. the size of 構文の文法的機能(文中での分布)

文中において the size of 構文は,主語,動詞の目的語,前置詞の目的語,補語の位置に生じることができる.

3.1.1. 主語の位置

上記 (13), (16), (20) 及び次の (22) の例でも明らかであるが, the size of 構文は,文の主語の位置に生起する.

(22) Astronomers have long theorized that the Moon was formed when <u>an object the size of Mars</u> slammed into Earth....
("Evidence Against Moon as Meteoroid's Offspring," Sindya N. Bhanoo, *NYT* 2 April 2012)

受動文の主語の位置にも生起可能である.

(23) But that was before <u>an object the size of a softball</u> was removed from his chest, and his life, at the age of 20, was rearranged.
("Players; Blocking a Disease," *NYT* 7 Sept. 1985)

3.1.2. 動詞の目的語の位置

動詞の目的語の位置に生じることは，(4a), (7), (17) に加え，次の例からも明らかである．

(24) From fifty yards a warrior could reliably hit <u>an object the size of a doorknob</u> four out of five times. (Hugo Lindgren, "How to Read Like a Person Who Has Way Too Much to Read," *NYT* 20 Nov. 2012)

また，目的語に物を表す名詞句をとる hang の例を見てみよう．

(25) On warm spring days I hang <u>a paper the length of the playground</u> on the fence. (Melody Williams, "The Importance of Art and Messy Play for Children," *Education Space* 2 March 2009)

動詞 hang の目的語の位置を the size of 構文が占めており，この構文が名詞句であることを示唆している．

3.1.3. 前置詞の目的語の位置

例文 (2), (3), (11), (12), (15a), (18), (19) に加え次の例は，前置詞の目的語に the size of 構文が生起可能であることを示している．

(26) Orange foam lay on the pavement, along with <u>a red cloth object the size of a finger</u> that contained beads. (Patrick Healy and Colin Moynihan, "As Throngs of Protesters Hit Streets," *NYT* 2 Sept. 2008)

3.1.4. 補語の位置

the size of 構文が補語の位置に生起する例は，上記 (14) に加え，次の (27) のような例がある．

(27) Whereas the giant pterosaurs were <u>monsters the size of light aircraft</u>, the dwarf species is little bigger than a robin.
(Lewis Smith, "The Miniature Flying Lizard from Prehistoric Forests," *The Times* 12 February 2008)

このように，the size of 構文は，主語，動詞の目的語，前置詞の目的語に加えて，補語としての機能を有し，典型的な名詞句と同じ分布をしていると言える．なお，例 (27) では下線部の数は複数であり，be 動詞，主語の数に一致して

いる．次節で数の一致について見てみよう．

3.2. 数の一致
主語の位置を占める the size of 構文では，主語と動詞の数が一致している．

(28) On the other hand, tiny meteorite fragments as big as grains of sand bombard Earth constantly, and objects the size of a small car hit a few times a year. (http://neo.jpl.nasa.gov/news/news042.html)

(29) Objects the size of marbles burn up in the atmosphere and are responsible for meteors, or "shooting stars," which can occur either randomly or in periodic, predictable meteor showers.
(techdigest.jhuapl.edu/TD/td2702/rivkin.pdf)

主語の複数はその主要部の数が決定するということが正しいとするならば，下線部の主要部はこれらの例において名詞 objects ということになる．このことは，後位修飾される通常の名詞句の構造を the size of 構文がもつと仮定すると自然に説明される．

3.3. wh 移動
まず，Jespersen の例とその原典である Mark Twain の文章を比較してみよう．

(30) Twain M 22 *many towns the size of ours* were burned
(*MEG* Vol. II: 389)

(31) ... then he would go on and lie about how many towns the size of ours were burned down there that day.
(Mark Twain, *Old Times on the Mississippi* 71)

原典 (31) と異なり，(30) の方には how がなく，wh 疑問の要素が欠けているということが判明する．つまり，(30) の Jespersen のデータでは，the size of 構文が疑問化されるという重要な事実が消えてしまっているのである．

3.3.1. wh 移動のターゲット
Radford (1988: 494-499) は，生成文法の枠組みの中で，(32), (33) のデータをもとに wh 移動される構成素について (34) のように述べている．

(32) a. [*How many parcels*] will he send ___ to Mary?　［名詞句］
　　 b. [*In which book*] did you read about it ___?　　［前置詞句］
　　 c. [*How successful*] will Mary be ___?　　　　　　［形容詞句］
　　 d. [*How carefully*] did he plan his campaign ___?　［副詞句］
　　 e.??[*Working how hard*] has he been?　　　　　　　［動詞句］
(33) a. *[s' *Where she was going*] do you know ___?
　　 b. *[s *John to be how foolish*] does he consider ___?
　　 c. *[sc *John how foolish*] does he consider ___?
(34)　So it seems only *phrasal* constituent (NP, PP, AP, ADVP, and — albeit marginally — VP) can undergo WH MOVEMENT in interrogatives in English, not clausal constituents such as S-bar, S, or SC.

(Radford (1988: 496))

つまり，wh 語を中に有する名詞句，前置詞句，形容詞句，副詞句（かろうじて，動詞句）は wh 移動をするが，S バー，S，SC（小節）は wh 移動が許容されない．

以下，the size of 構文の wh 移動のかかわる例文を挙げ，その意味合いを考察する．

3.3.2.　埋め込み文での wh 疑問文の例

上記 (31) の Mark Twain の例では，the size of 構文に how many が用いられているが，次の *The New York Times* の例では，how much による疑問化が起こっている．

(35)　In one study, conducted at the Royal College of Surgeons in Dublin, 15 smokers and 15 nonsmokers were tested to see how much the size of a blood vessel in the forearm changed when a tourniquet was placed above it. (John O'Neil, "Vital Signs: Remedies," *NYT* 7 January 2003)

しかし，例文 (31), (35) では下線部は主語の機能を果たしており，「wh 移動」が適用されているかどうか明らかでないと主張する人がいるかもしれない．そこで，次節では目的語の移動の例を考察する．

3.3.3.　目的語の wh 移動（主節での wh 疑問文）

算数・数学の問題が出されている脈絡を想定してみよう．

(36) What object the size of a liter do you know?
(Charles Edward White, *The Senior Arithmetic Grammar Schools* 113-4)

(37) The radii of Earth and Pluto are 6,371 kilometers and 1,161 kilometers, respectively. Approximately how many spheres the size of Pluto does it take to have the same volume as Earth?
(*openstudy.com/updates/52b0700ee4b0fb930d2d1f9c*)

下線部は，(36) では know の目的語の位置から，そして (37) では take の目的語の位置から，wh 移動により文頭の位置へ移動していると見ることができる．what, how many は名詞を修飾する wh 表現であり，名詞句を wh 移動のターゲットにする語句である．the size of a litter や the size of Pluto も移動していることは，下線部の the size of 構文全体の範疇が名詞句であることを強く示している．

4. 不定名詞類と「記述の対格」

本稿で今まで扱った the size of 構文の例文及び他の多くの例を観察して気がつくことは，「記述の対格」の前の名詞類表現が「不定」であるという点である．前節の結果から言うのであれば，名詞句である the size of 構文全体が「不定」であると言える．名詞句が不定冠詞 a(n)，φ 複数（例: objects, astronomers, monsters），物質名詞（例: processed hair, film）で始まっている．

ただ，冒頭の Onions の (4a) の最後の例文は一見これに反するので，再度 (38) として検討してみよう．

(38) Behind the altar painted on the plaster of the wall was the rood or crucifix *the size of life*. (Onions (1927: 93))

たしかに，「記述の対格」の前の表現は the rood or crucifix となっており，不定表現とは言いがたい．ここで，この原典とも思われる箇所の抜粋と比較してみよう．

(39) It was a small narrow building, and possessed no furniture save the altar and a rude pulpit built of stones; but behind the altar, painted on the plaster of the wall, was the rood or crucifix, the size of life.
(John Henry Shorthouse, *John Inglesant*)

原典である (39) では，コンマが 3 箇所（altar と painted, wall と was, crucifix と the size of life との間）に入っており，とりわけ最後のコンマの存在は，この例文が the size of 構文に含まれないことを意味している．

なお，Kruisinga (1932: 83) もコンマのない同じ例文を原典も示さずに分類してしまっている．彼の分析ではこのような不注意ともいえる記述は，正しい一般化を妨げることにもつながりかねないと言えるであろう．

4.1. 不定の出来事

既に，物，人の例は見てきたが，不定で示される出来事の例も挙げておきたい．

(40) He said he believed Ethiopia could manage an event the size of the Berlin Marathon within the next five years. (Benno Muchler, "Big Hopes For Runners' Paradise ," *NYT* 27 February 2013)

(41) It really must be noted that no event the size of the Olympics can be made completely safe.　　　　　(Washington (*CNN*) Jan. 19 2014)

(42) Significant work must be undertaken to meet the minimum requirements for an event the size of a final tournament of the UEFA European Championship.

　　　　　(http://www.uefa.com/uefaeuro/news/newsid=829522.html)

4.2. there 構文と have 構文

Abbott (2006) は不定名詞類を示すテストとして，there 構文と have 構文を紹介している．定冠詞をとる名詞句は，不定冠詞をとる名詞句とは異なり，次のような there 構文においては生起することができない．

(43) a. There is a book in the shop window.
　　b. There were some bachelors on board the ship.
(44) a. *There is the book in the shop window.
　　b. *There were the bachelors on board the ship.

分離不可能な所有（inalienable possession）を表す have 構文では，不定名詞句が許容され，定名詞句は許容されない．

(45) a. She had a full head of hair.

b.　He had a sister and two brothers.
(46) a.　*She had the full head of hair.
　　　b.　*He had the sister and the two brothers.

4.2.1.　there 構文と the size of 構文

the size of 構文が不定であり，不定名詞句が there 構文において許容されるとするならば，the size of 構文と there 構文の共起している例が存在することが予測されるが，実際にそのような例が存在する．

(47) a.　... there could be <u>something the size of Neptune</u> out at 500 AU and it wouldn't be able to clear it's orbital zone.　　(*NYT* 12 May 2009)
　　　b.　There must be <u>a great pot about the size of the average office desk</u> and into the pot various edibles are placed in layers. ("These Are the Days for Clams, but—Are Clams Wholesome?" *NYT* 12 May 1912)

4.2.2.　have 構文と the size of 構文

分離不可能な所有として，「手」の場合は Onions の (4a) の例文の中に既に見たが，再度，(48) として挙げておく．

(48)　She had <u>hands *the colour* of a pickling cabbage</u>.

「目」の場合も考えられるが，実際に，size を含む次の例が観察される．

(49)　There are giant squid in the ocean that have <u>eyes the size of dinner plates</u>.　　　　　　　　　　　("Creature Seekers," *NYT* 4 Oct. 2005)

4.3.　the object the size of ... と an object the size of ...

今までのデータが示唆するように，the size of 構文の名詞句表現は不定の場合が圧倒的に多い．例えば，*The New York Times* で，... object the size of ... の連鎖を調べたところ，47 例中，the object の例は 1 例であるのに対し，他の 46 例は a(n), any を伴う不定名詞句であった (2014 年 9 月 30 日)．

5.　the size of 構文内部（名詞句内部）での「記述の対格」の位置づけ

本節では，名詞句内部での「記述の対格」の統語的位置づけについて考察する．

5.1. of の挿入について

Sweet (1987), Curme (1931) は,「記述の対格」の起源について前置詞の消失との関連に言及をしているが, 現代英語の「記述の対格」の前に of の挿入をしたらどうなるのであろうか.

(50) a.　... the tumor showed up as <u>a bright star the size of a pea</u>. This is called mammogram detection.
　　　　　　　("When Breast Biopsies Aren't Necessary," *NYT* 08 May 2008)
　　b. *... the tumor showed up as a bright star of the size of a pea. This is called mammogram detection.

(51) a.　Vietnam now has <u>one north-south road the length of the country</u>.
　　　　　　　("Ho Chi Minh Trail to Be a National Highway," *NYT* 19 February 2000)
　　b. *Vietnam now has one north-south road of the length of the country.

(50), (51) のそれぞれの (b) の例は, 筆者が (a) の例に手を加えてネイティヴチェックを行ったものであるが, (b) の例は非文法的であり,「記述の対格」の前に of が入らないことを示している.

5.2. just との共起

筆者の調査したかぎりでは, 次の (52) のような [object + just + the size of NP] の例は存在するが, [object + of + just +the size of NP] あるいは, [object + just + of +the size of NP] の例は見当たらない (Google 検索, 2014 年 9 月 30 日現在).

(52)　We had another false alarm when we chased up to <u>a yellow object just the size of a dinghy that turned out to be a rusty 44-gallon drum drifting along</u>.　(Bill Jackson, *Air Sea Rescue During the Siege of Malta*)

5.3. 付加詞としての「記述の対格」the size of NP
5.3.1. 他の付加詞との語順

次の例を考察してみよう.

(53)　I have steeped myself in lies for your sake; and the only reward I get is <u>a lump on the back of my head the size of an apple</u>.
　　　　　　　(George Bernard Shaw, *How He Lied to Her Husband*)

この例において興味深いのは，the size of an apple が前置詞句 on the back of my head の後で lump を修飾している点である．

5.3.2. something the size of ... / anybody the size of ...

名詞 something と anybody の後に「記述の対格」the size of NP の生じている例が存在する．

(54) Observing them, the astronomers said, was like being able to see <u>something the size of a dime</u> at more than 1.5 million miles.
(John Noble Wilford, "Scientists Find Sources of Comets on Outer Edges of Solar System," *NYT* 15 June 15 1995)

(55) The majors are not going to let <u>anybody the size of People</u> undercut them.... (Agis Salpukas, "People Cuts Air Fares about 30%," *NYT* 21 June 21 1986)

形容詞が something/anything/somebody/anybody などの後に生じるのと似ており，the size of ... は形容詞句と同じ機能を有していることが示唆される．

5.3.3. 形容詞句・前置詞句と「記述の対格」の等位接続の例

英語の等位接続構造において，(56) のように異なる範疇同士でも機能が同じであれば接続される場合があるが，(57)-(59) の例は，「記述の対格」the size of NP と形容詞句或いは前置詞句が等位接続詞 and, but, or で接続可能であることを示している．

(56) a. You can wash them *manually* or *by using a machine*.
   b. I prefer the sentences *below and on the next page*.
   (Quirk et al. (1985: 969))

(57) Dad's "black bag" was <u>a portable X-ray machine the size of a large suitcase and heavy</u>. (Lawrence K. Altman, "Radiology Was Young, and So Was I," *NYT* 19 June 2007)

(58) For nearly two decades, Namibia, <u>a country twice the size of California but with just 2.1 million residents</u>, has been part of an ambitious experiment in both community tourism and wildlife conservation.... (Remy Scalza, "Preserving Culture, Protecting Wildlife," *NYT* 31 Oct. 2013)

(59) The military command, in charge of the nation's space surveillance,

now tracks nearly 7,000 orbiting objects the size of a baseball or larger.... (William J. Broad, "Orbiting Junk Threatens Space Missions," *NYT* 4 Aug. 1987)

これらの実例は，形容詞句や前置詞句と同様，「記述の対格」(the size of NP) が付加詞として機能する特徴を有していること示している．

5.3.4. 後置修飾と Radford (1988) Attributive Rules

「記述の対格」の後位修飾を説明する一つの可能性として, Radford (1988) の Attributive Rules が考えられる．

(60) Attribute Rules (Radford (1988: 208-209))
 a. N′ → AP N′ [Attribute Rule: optional]
    A [handsome] stranger
 b. N′ → NP N′ [Attribute Rule: *optional*]
    a Cambridge Physics student

規則 (60b) は，例えば，a Cambridge Physics student がもつ複数の解釈のうち，Cambridge が Physics student を修飾する場合の構造を示している．

そして，Radford は AP N′ の語順の緩和と (61) のような後位修飾との関連を示唆しているが（上掲, 211），さらに (60b) の NP N′ の語順を緩和して (62) のようにすれば，名詞句である the size of 構文の存在が説明できる可能性がある．

(61) N′ → N′ AP [Attribute Rule: *optional*]
    the greatest [imaginable] insult
    the greatest insult [imaginable]   (Quirk et al. (1985: 418))
(62) N′ → N′ NP [Attribute Rule: *optional*]
    something the size of ... / a river the length of ...

6. the size of 構文と比喩性

特性名詞を含む the size of 構文は多くの興味深い意味的特徴を有しているが，ここでは紙面の都合上, the size of 構文の比喩性に関わる特徴を見てみよう．

(63) Nowadays, even a 5-year age difference can create a gap of technology knowledge the size of Lake Michigan. ("How to Reach a Non-Typical Audience," *Knight Digital DediaDenter* 03 March 2008)

例 (63) では，技術的知識の欠落を具体的なミシガン湖の大きさで表現している．

「記述の対格」としての the size of ... と the same size as ... が併置されて記述されることがあるが，[7] 両者には違いが存在する．比喩性はない例では the same as ... を用いることができる．

(64) Searchers using sonar found an object the same size as the missing engine from U.S. Airways Flight 1549.
(Todd Long, "Laugh Line," *NYT* 14 January 2009)（点線は筆者による）

ところが，比喩の関わる (65) のような場合は，the same size as ... は用いられない．

(65) a. Mrs. Hatfield's comment triggered a political eruption the size of Oregan's Mount Hood in the State Legislature....
("A Senator's Idea of a Woman's Place," *NYT* 8 Feb. 1973)
b. *Mrs. Hatfield's comment triggered a political eruption the same size as Oregan's Mount Hood in the State Legislature....
((65a) を修正してネイティヴチェック)

(65b) の the same size as ... は，それ自体が比喩的表現である「政治的噴火 (political eruption)」とは相容れないが，(65a) の the size of ... は，その政治的噴火の大きさを具体的にオレゴン州最高峰の山で表現することが可能であることを示している．

7. おわりに

「記述の対格」をとりまく (9) のような配列を the size of 構文と呼び，Onions, Kruisinga, Jespersen 等の文法書の例文に他の実例を加え，その統語的特徴及び意味的特徴について記述・考察した．まず，この構文に特有の「特

---

[7] 例えば，a hole *the size of* [*the same size as*] a tennis ball（『ウィズダム英和・和英辞典』）

性名詞」の size, color, age 以外の実例を示した．次に，the size of 構文の分布，数の一致，wh 移動の現象から，この構文は構成素であり名詞句であることを明確にし，そしてその名詞句は不定である場合が圧倒的に多いことを明らかにした．また，the size of 構文の内部構造について等位接続のデータ等を用いて考察するとともに，この構文の比喩性も指摘した．

「記述の対格」を記述するにあたって，Onions, Jespersen 等の例文に重要な手がかり（出典の文章には存在するコンマ，例文にはないが出典には存在する how）が隠れてしまっていたことを発見したことも強調しておきたい．

本稿では詳しく扱うことのできなかった数々の問題が残っている．the size of 構文の不定名詞句が圧倒的多いのは何故か．構文の意味解釈はどのようなメカニズムか．例外はどのような場合に生じるのか．そもそも特性名詞に「記述の対格」の用法が可能であるのは何故か．英語の使用者が「記述の対格」を含む the size of 構文を用いるのは何故か．残念ながら稿を改めなければならない．

He assigns Herculean tasks of distillation, essay prompts that require them to sweep and analyze Virgil or Machiavelli in a paper the length of an office memo.

(Molly Worthen, "The Man on Whom Nothing Was Lost," *NYT* 9 April 2006)

参考文献

Abbott, Barbara (2006) "Definite and Indefinite," *The Encyclopedia of Language and Linguistics*, 2nd ed., vol. 3., ed. by Keith Brown, 392-399, Elsevier, Oxford.
Adger, David (2013) *A Syntax of Substance*, MIT Press, Cambridge, MA.
安藤貞雄 (2005)『現代英文法講義』開拓社，東京．
アニアンズ，C. T. (1969)『高等英文法――統語論――』，安藤貞雄(訳)，文建書房．
Curme, George O. (1931) *Syntax*, A Grammar of the English Language, Vol. 3, Heath, Boston.
近藤健二 (1975)「「記述の対格」――その起源と発達――」『英語英文学論叢』25, 29-43, 九州大学．
Kruisinga, Etsuko (1983) *A Handbook of Present-Day English*, P. Noordhoff, Groningen.
Milsark, Gary L. (1975) *Existential Sentences in English*, Doctoral dissertation, MIT.
Milwark, Gary L. (1977) "Toward an Explanation of Certain Peculiarities of the Existential Construction in English," *Linguistic Analysis* 3, 1-22.

Jespersen, Otto (1909-1949) *A Modern English Grammar on Historical Principles*, Vols. I-VII, George Allen & Unwin, London.

Onions, Charles T. (1911) *An Advanced English Syntax*, 3rd ed., Macmillan, London.

Quirk, Randolph, Sidney Greenbaum, Geoffrey Leech and Jan Svartvik (1985) *A Comprehensive Grammar of the English Language*, Longman, London.

Radford, Andrew (1988) *Transformational Grammar*, Cambridge University Press, Cambridge.

Reuland, Eric J. and Alice G. B. ter Meulen (1987) *The Representation of (In)definiteness*, MIT Press, Cambridge, MA.

Safire, Ken (1983) "On Small Clauses as Constituents," *Linguistic Inquiry* 14, 730–735.

Sweet, Henry (1987) *A New English Grammar, Logical and Historical* Part II, Clarendon Press, Oxford.

安井稔 (1960) 『英語学研究』研究社, 東京.

身体部位名詞句の意味機能について

堀内　裕晃

静岡大学

キーワード：　身体部位名詞，身体部位所有者，指示性，話し手の視点，感情移入

1. はじめに

　本稿では，3種類の身体部位名詞句「所有代名詞＋身体部位名詞（Body-part noun）」(以下，one's BPN とする)，「定冠詞＋身体部位名詞」(以下，the BPN とする)，および「不定冠詞＋身体部位名詞」(以下，a(n) BPN とする) の機能を比較分析する．

　身体部位名詞には，例えば，book や bird のような普通名詞とは異なり，譲渡可能所有 (alienable possession) と譲渡不可能所有 (inalienable possession) の両方を内在的に意味特性として持つ．

(1) a.　John broke her leg.
　　b.　John broke the leg.

譲渡不可能所有の場合，例えば，彼女 (her) の身体部位 (leg) に言及する場合は，(1a) のように所有代名詞が明示化される．それに対して，譲渡可能所有の場合，例えば，彫刻の脚の部分のみが切り離されて存在し，その部分のみに言及するような場合には，(1b) のように所有代名詞は現われない．

　ところがこうした解釈が存在する一方で，次のような表現も存在する．

(2) a.　How's your back?
　　b.　How's the back?

(2a) は腰を痛めた相手を心配して尋ねる時の表現であり，(2b) は医者が患者

に対して職業人として感情を込めずに問診する時の表現である.[1] (1) のような表現だけでなく (2) のような表現をも説明の対象とする時,譲渡可能所有と譲渡不可能所有という軸だけでこうした現象を説明するのは不十分であり,話し手の身体部位所有者に対する親密度等の感情面をも考慮にいれなければならないことが分かる.

こうした事例を説明するために,本稿では身体部位名詞句の指示性の強弱と話し手の視点の置き方のちがいに焦点を置いて考察する.

2. 身体部位名詞句の指示性

身体部位名詞句の指示性の話題に入る前に,まず当該の 3 種類の身体部位名詞句が身体部位所有者を明示しているか否か,という観点で整理しておこう.

(3) a. 所有者明示型:one's BPN
    b. 所有者非明示型:the BPN, a(n) BPN

BPN の所有格の位置に固有名詞あるいは代名詞が生じれば所有者明示型である.それに対して,定冠詞あるいは不定冠詞が生じている場合,所有者は明示されず,場面や文脈から特定される.あるいは,身体部位のみが問題となり所有者の特定は必要ない場合もある.

(4) a. the truth about the kiss on the cheek

                    (neverdream.com/ArchiveList/042399.html)

                                (下線は筆者による)

    b. A Touch on the Shoulder. Daily Marriage Tip ... Ossie Davis says it is the little things that help you stay in love through the years – like "stopping to touch each other on the shoulder."

                    (marriage.about.com/od/entertainmen1/qt/ossie_p.htm)

                                (下線は筆者による)

    c. give him a light kiss on the cheek

                            (小西・安井・國廣 (1980: 1018))

                                (下線は筆者による)

---

[1] これらの解釈については,(http://www1.odn.ne.jp /xenom/ kanshi.box /kanshi3.html) を参考にした.

(4a) は場面からだれの頬 (cheek) かが特定され，(4b) の下線部の肩 (shoulder) は特定の人間の肩を指示していない．(4c) は文脈から彼 (him) の頬であると解釈される．次に不定冠詞の例を見ていく．

(5) a. John raised a fisted hand.
 b. Diana slipped a quick hand through his arm and they turned towards the door into the garden.
  ((b) from Agatha Christie, *The Adventure of the Christmas Pudding*: 34)   （下線は筆者による）

(5a, b) は不定冠詞が用いられている例で身体部位の所有者は明示されていないが，文脈から (5a) では John, (5b) では Diana が所有者であると解釈される．[2]
 さて，指示性について考えてみよう．指示性を考えるにあたっては，身体部位が誰のものかという点から，所有代名詞，定冠詞，不定冠詞の部分が重要になってくる．ここで，身体部位名詞句が指示対象を指示する力が強いか弱いかという点から，以下の仮定をする．

(6) a. one's BPN：指示力強
 b. the BPN：指示力強，あるいは，指示力弱
 c. a(n) BPN：指示力強，あるいは，指示力弱

one's BPN は，特定の人間の身体部位が指示されるので指示力強であると考えられる．それに対して，the BPN は How's the back? のように眼前の相手の腰を指しているということが明確で指示力が強い場合もあるが，以下のように指示力が弱い場合もある．

(7) John touched Mary on the shoulder.
(8) a. *I pulled her by the beautiful blond hair.
 b. *John kissed the children on the dirty nose.
        (Vergnaud and Zubizarreta (1992: 639))
             （下線は筆者による）

Kayne (1975) や Vergnaud and Zubizarreta (1992) は，(7) のような Mary と

---

 [2] (5a) の a fisted hand は，John を所有者とせず，例えば，床に落ちている石膏でできた握りこぶしを指す解釈も可能である．この点については，後で触れる．

the shoulder の間に譲渡不可能所有関係が成り立つ構文では，(8a, b) に見られるように身体部位名詞を形容詞で修飾することが不可能であり，これらの身体部位名詞句は非指示的 (nonreferential) である，と主張している．こうした事実から，(7) のような場合の the BNP は指示力が弱いと考えられる．

次に，a(n) BNP の場合を見ていこう．

(9) (=(5))
    a. John raised <u>a fisted hand</u>.
    b. Diana slipped <u>a quick hand</u> through his arm and they turned towards the door into the garden.
    ((b) from Agatha Christie, *The Adventure of the Christmas Pudding*: 34) （下線は筆者による）

(9a) の a fisted hand は，例えば，石膏でできたこぶしの場合，「モノ」を指示しているので指示性は強いと考えることができる．[3] これに対して，(9b) では身体部位名詞 hand は動詞を修飾する副詞 quickly の形容詞である quick によって修飾されている．この quick は形の上では hand を修飾しているが，意味的には slip a hand（あるいは，slip）を修飾する．このような場合，slip a hand で一つの意味単位を構成し，その行為・動作の様態が quick であると解釈することができる．そこで，本稿では (9b) の a(n) BNP (a hand) は単独での指示性は弱く，slip と一つの意味単位を構成する存在であると考える．

3. 実証的比較

3.1. one's BPN と the BPN

第 1 節と第 2 節で見てきた one's BPN と the BPN の違いに関する観察をまとめると以下のようになる．

(10) 所有者明示型の one's BPN は，話し手が身体部位所有者に対して親密性等の何らかの感情を抱いている場合に用いられる．それに対して，所有者非明示型の the BPN は，話し手が身体部位所有者に対して特別な感情を抱かず，客観的に記述する場合に用いられる．

---

[3] こぶしが John のこぶしである解釈については，この後の「動詞＋不定冠詞＋身体部位名詞」が一つの意味単位を構成するという (9b) に対する説明と同様の説明をすることにする．

(11) 指示力が弱い the BPN はそれを補助部としてとる前置詞と一つの意味単位を構成し，前置詞句全体で身体部位（場所）を指定する機能を果たす．

　まず (10) を見ていこう．BPN の所有者が明示されている one's BPN の場合は，話し手は BPN を介在してその所有者と対人的に関与していると考えることができる．例えば，How's your back? という問いかけをする際には，話し手は相手の身体部位を話題にして相手を気遣い心配している．すなわち，話し手は身体部位所有者に対して感情移入をしている，と言うことができる．類例を見ておこう．

(12) a.　He is bleeding from his nose.
　　　b.　He is bleeding from the nose.　　　　　　（Guéron (1984: 67)）
　　　　　　　　　　　　　　　　　　　　　　　　（下線は筆者による）

(12b) は「彼が鼻から血を出している」という状況を冷静に客観的に記述している例であるのに対して，(12a) は「彼が鼻から血を出している」ということに話し手が驚き，彼に対して感情移入している例である．[4]

　次の例は明示的な身体部位所有者が話し手自身の例であるが，この場合は話し手と（命令文の主語である）聞き手との間に感情面での関係が存在する．

(13) a.　I have a sore shoulder. Don't touch me on my (sore) shoulder.
　　　b.　I have a sunburned back. Don't touch me on my (sunburned) shoulder.

(13a, b) において，話し手は（命令文の主語である）聞き手に対して怒りのような感情を抱き，「肩に触らないように」という命令（禁止）をしている．[5] また，次の (14) においては，Mary と John が親密な関係であるという状況で，話し手である Mary が聞き手の John に対して愛情を込めてお願いをしている．[6]

(14)　In a situation where Mary and John are intimately close,
　　　Mary: Touch me on my shoulder.

　これらの例を考えると，(10) は以下のようにまとめなおす必要が出てくる．

---

[4] ここでの解釈の違いは，Michael Guest 氏のご教示による．
[5] 例文，解釈とも Michael Guest 氏のご教示による．
[6] 例文，解釈とも Michael Guest 氏のご教示による．

(15) 所有者明示型の one's BPN は，話し手が身体部位所有者あるいはその関与者に対して親密性，驚き，怒り，等の何らかの感情を抱いている場合に用いられる．それに対して，所有者非明示型の the BPN は，話し手が身体部位所有者に対して特別な感情を抱かず，客観的に記述する場合に用いられる．

次の (16) の例は Agatha Christie の小説からの例であるが，小説においては one's BPN か the BPN のいずれを用いるかの違いが，感情を込めて情動的に当該場面を読者に伝えるか，あるいは，冷静に客観的に場面描写をするか，といった文体的効果を生み出しているように思われる．

(16) Poirot beckoned to Desmond. 'You, Mr Lee-Wortley. Come here —' Desmond joined. 'Feel her pulse,' said Poirot. Desmond Lee-Wortley bent down. He touched the arm — the wrist.
(Agatha Christie, *The Adventure of the Christmas Pudding*: 65)
（下線は筆者による）

この場面は，探偵の Poirot が雪の上に倒れている女の子の生死を Desmond に確かめさせている場面である．Poirot が Desmond を手招きして倒れている女の子の脈を調べさせるところでは，「女の子に大変な事件が起きた」という Poirot の感情を her pulse という one's BPN を用いて Desmond や読者に伝えている．[7] それに対して，その後で Desmond が女の子の身体部位に触れるところでは，the arm, the wrist という the BPN を用いて Agatha Christie は読者に対して客観的で静謐な描写をしようとしている．ここで興味深いことは，Poirot の発話では one's BPN を用いて情動的な発話に，Desmond の行為を描写する状況描写では the BPN を用いて静謐な描写にしている点である．ここでは，「動」と「静」の連続的対比を用いて一連の場面にめりはりをつけようとする Agatha Christie の文体的技巧を感じとることができる．

もう一つ Agatha Christie からの例を見てみよう．

(17) 'With an enormous pool of blood on the carpet underneath it?'
'Perhaps Major Rich didn't realize that the blood was there.'
'Was it not somewhat careless of him not to look and see?'

---

[7] 厳密に言うと pulse は身体部位名詞ではないが，ここではそれに準ずるものとして論を進める．

'I dare say he was upset,' said Miss Lemon.
Poirot threw up his hands in despair.
Miss Lemon seized the opportunity to hurry from the room.
(Agatha Christie, The *Adventure of the Christmas Pudding*: 97)
（下線は筆者による）

(16) は血まみれの死体をめぐっての Poirot と Miss Lemon の会話の場面である．Poirot は Miss Lemon の 'I dare say he was upset' という発言にがっかりして両手を挙げる．ここで Agatha Christie は，Poirot と Miss Lemon の対人的会話に心理的に関与し，one's BPN を用いて Poirot のがっかりした気持ちに感情移入している．

さらに，Quirk et al. (1985: 271) にも興味深い指摘がされている．

(18) a. She throws the ball with her left hand.
　　 b. *She throws the ball with the left hand.
　　 c. She kicks the ball with the left foot (because she is left-footed).
(Quirk et al. (1985: 271))

Quirk et al. (1985) は，(18a-c) の対比を挙げて，彼女が左利きの場合には (18c) のように the BPN は容認可能だが，そうでない場合は (18b) のように the BPN は容認不可能で，(18a) のように one's BPN を用いなくてはならないと指摘している．こうした対比は，本稿での主張と関連して考えると，以下のように説明することができる．(18c) は，利き手や利き足を使ってボールを投げたり蹴ったりすることは，彼女が当たり前のようにいつもやっていることであり，話し手にとっては特に彼女に驚きや意外性を感じることなく冷静に客観的に場面描写をしている例である．それに対して，彼女がいつもと違う手や足でボールを投げたり蹴ったりする場合には，話し手は彼女に対して驚きや意外性を感じ，話し手の視点は単に「モノ」（身体部位）だけではなく，身体部位所有者である「ヒト」（彼女）にまで及んでいる．このような場合は，(18b) ではなく (18a) のように one's BPN が用いられる．

3.2. one's BPN と a(n) BPN

次の例を見てみよう．

(19) a. She waved a hand at us.
　　 b. She waved her hand at us.

(20) a.　John raised a fisted hand.
　　 b.　John raised his fist.

3.2 節での主張と同様に，(19a), (20a) のように a(n) BPN が用いられている場合は，話し手が身体部位を「モノ」として捉え冷静に客観的に状況描写をしている場合であり，(19b), (20b) のように one's BPN が用いられている場合は，話し手の視点が身体部位だけでなくその所有者である「ヒト」にまで及んでいる，と考えてみよう．
　こうした考えに基づくと，次の例の対比を説明することができる．

(21)　A:　What happened to him?
　　　B:　He broke his/?a finger.

(21) のように先行文脈として What happened to him? が与えられ「彼」が話題になっているような場合には，話し手 B の視点には「彼」が存在しており，話し手は身体部位を「モノ」としてではなく「ヒト」の一部として捉え，a(n) BPN ではなく one's BPN を用いる．[8]
　次に指示性の強弱について考えてみよう．

(22) a.　Diana slipped a quick hand through his arm and they turned towards the door into the garden. Sarah said: 'Shall we go, too, Desmond? It's fearfully stuffy in the house.'
　　　　　　(Agatha Christie, *The Adventure of the Christmas Pudding*: 34)
　　　　　　　　　　　　　　　　　　　　（下線は筆者による）
　　 b.　*Diana slipped her quick hand through his arm and they turned towards the door into the garden.

(22b) は (22a) を基にして筆者が英語母語話者にインフォーマントチェックした例である．筆者のインフォーマントによると，(22b) はその場一回の行為という意味では容認不可能であるが，Diana がいつも行う常習的行為としての解釈であるならば容認可能である，とのことであった．[9] 第 2 節でも述べたが，(22a) では形容詞 quick は形の上では hand を修飾しているが，意味的には slip a hand（あるいは，slip）を修飾している．このような場合，slip a hand で

---

[8] 例文，解釈とも坪本篤朗氏のご教示による．
[9] ここでの判断，解釈は Max Praver 氏のご教示による．

一つの熟語のような意味単位を構成し，a(n) BPN (a hand) は単独での指示力が弱く，slip a hand で一つの意味単位を成す存在であると考える．また，(22a) での slip a hand はこの場面での Diana の行為を描写しているものであり，Diana がいつもこのような常習的行為をしている，という点までは含意していない．それに対して，(22b) は Diana の常習的行為をこの場面での描写として用いた場合は容認可能であることから，Agatha Christie の視点は，「ヒト」の一部としての身体部位に当てられている．そして，Diana が彼女の個人的特徴 (personal characteristic) として，手を Desmond の腕に滑り込ませる行為を常習的に行っており，「この場面でもまたそうした行為を行った」と Agatha Christie は描写しているのである．この場合，one's BPN は，所有者の個人的特徴を指示していると考えることができるかもしれない．[10]

4. まとめ

本稿では，3種類の身体部位名詞句 one's BPN, the BPN, a(n) BPN の違いを指示力の強弱と話し手の視点の置き方の違いから説明した．指示力の強弱に関しては，以下のようにまとめることができる．

(23) a. 所有者明示型の one's BPN は指示力強である．
　　 b. 所有者非明示型の the BPN と a(n) BPN は指示力強と指示力弱の両方の場合が存在する．

さらに，指示力弱の身体部位名詞句の場合，それを補助部としてとる上位範疇（前置詞あるいは動詞）と1つの意味単位を構成することを見た．

また，話し手の視点の置き方の違いに関しては，one's BPN は人称代名詞の所有格が用いられていることから，話し手の視点は身体部位所有者にも及んでいるということが考えられる．したがって，話し手は身体部位を認識する際にその所有者あるいは所有者と関与する者を意識することになり，そこから身体部位名詞を介して所有者やその関与者への感情移入が生じたり，所有者の個人的特徴や属性を意識することになる．これに対して，the BPN や a(n) BPN では身体部位所有者が顕在化されていないので，話し手による所有者への意識は生じない．したがって，所有者やその関与者へ感情移入をする解釈や所有者

---

[10] この場合の one's BPN の指示性の強弱については，さらに議論が必要であるように思われる．

の個人的特徴を意識するような解釈は生じない．これらをまとめると以下のようになる．

(24) a. 所有者明示型の one's BPN は，話し手の視点が身体部位のみならずその所有者や所有者と関与する者にまで及ぶ場合に用いられる．そのため，話し手が所有者やその関与者へ感情移入をしたり，所有者の個人的特徴を意識するような解釈が生じる．
b. 所有者非明示型の the BPN と a(n) BPN は，話し手の視点が身体部位のみに置かれる場合に用いられる．そのため，話し手が身体部位所有者やその関与者に対して特別な感情を抱かず，冷静に客観的に状況を記述・描写しているように解釈される．

参考文献

Guéron, Jacqueline (1984) "Inalienable Possession, PRO-inclusion and Lexical Chain," *Grammatical Representation*, ed. by Jacqueline Guéron, Hans-Georg Obenauer and Jean-Yves Pollock, 44–86, Foris, Dordrecht.

Kayne, Richard (1975) *French Syntax*, MIT Press, Cambridge, MA.

小西友七・安井稔・國廣哲彌(編) (1980)『プログレッシブ英和中辞典』小学館，東京．

Quirk, Randolph, Sidney Greenbaum, Geoffrey Leech and Jan Svartvik (1985) *A Comprehensive Grammar of the English Language*, Longman, London.

Vergnaud, Jean-Roger and Maria Luisa Zubizarreta (1992) "The Definite Determiner and the Inalienable Constructions in French and in English," *Linguistic Inquiry* 23, 595-652.

例文出典

Agatha Christie, *The Adventure of the Christmas Pudding*, Harper Collins Publishers, 1960.

語彙規則アプローチ vs. 構文アプローチ
——どこが違うのか？——

岩田　彩志

関西大学

キーワード：語彙規則アプローチ，構文アプローチ，-able 形容詞，与格交替，所格交替

0. はじめに

　1980 年代の後半に入って，生成文法の理論的枠組み内で，語彙意味論の研究が続々と発表された．これらの研究はみな語彙規則を用いた分析を行なっているという特徴がある (Levin and Rapoport (1988)，Rappaport and Levin (1988)，Pinker (1989))．以下では，これらの分析法をまとめて語彙規則アプローチと呼ぶことにする．

　1990 年代に入り，生成文法とは異なる理論的前提で，構文アプローチが提唱された (Goldberg (1995))．その後，構文アプローチが多くの研究者を引きつけていったのは周知の事実である．このように少なからぬ研究者が語彙規則アプローチから構文アプローチへと移っていったのは，構文アプローチの方が優れていると考えられる，しかるべき理由があったからに他ならない．

　ところが，そのような経緯を忘れてしまっている，あるいはそもそもそのような経緯を全く知らないと考えざるを得ないような論文に出くわすことがある (Müller and Wechsler (2014))．このような論文が発表されるようでは，これまで積み重ねられてきた知見が忘れ去られてしまうことになりかねない．はっきり言って，これは言語学にとって退化である．

　本稿では，語彙規則アプローチと構文アプローチの根本的な違いを再度指摘することにより，語彙意味論の研究が進むべき方向性を考えてみたい．

1. 派生分析の問題点

　語彙規則アプローチは，生成文法理論の枠組み内で生じた．そして生成統語

論は派生理論である．そのため半ば必然として，語彙規則アプローチは一種の派生分析であり，派生分析ゆえの様々な問題が生じてくる．以下では具体的な現象を基にして，このことを見ていこう．

1.1. 与格交替 (dative alternation)

英語には (1) に見られるような与格交替が存在する．便宜上，二つの形式を，to/for 与格形と二重目的語形と呼ぶことにしよう．

(1) a.　John sent a package to the boarder.　　　　　(to/for 与格形)
　　b.　John sent the boarder a package.　　　　　　（二重目的語形）

Gropen et al. (1989) 及び Pinker (1989) は，to/for 与格形の send に語彙規則が適用された結果，二重目的語形の send が得られる，という趣旨の分析を提案している．この分析の要点は (2) のように捉えられる．

(2)　$send_1 \rightarrow send_2$

この語彙規則分析に対して，Goldberg (1992) は以下の問題を指摘している．[1] まず，語彙規則分析は必然的に一方がもう一方よりも基本的であることを含意するが，そのような非対称性を支持する証拠が見つからない．形態的に見ても差がないし，また幼児が二つの形式を習得する時期もほぼ同じである．

さらに Goldberg は，実際の分布からすれば派生分析が妥当でないことを指摘している．(1) のように両方の形式が存在する場合には，なるほど to/for 与格形から二重目的語形を派生することは，それなりに尤もなようにも思える．しかし allow のようにそもそも to/for 与格形が存在しない場合には，派生のしようがない．

(3) a.　*Her mother allowed a candy bar to Jane.
　　b.　Her mother allowed Jane a candy bar.

(Goldberg (1992: 44))

これに対して構文アプローチでは，動詞 send 自体は同じであるが，二つの構文のどちらとも融合することが出来る，と考える．この点は図1のように表

---

[1] Goldberg (1995: 9-13) は，構文分析が語彙規則分析よりも優れているいくつかの利点を挙げている (parsimony 等) が，「構文」をどう定義するか次第で，これらの「利点」はあまり意味がなくなってしまう (Croft (2003))．そのため本稿ではこれらの「利点」は論じない．

わせる。[2]

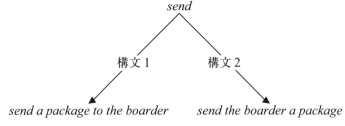

図1：構文アプローチによる与格交替その1

あるいは図2のように，動詞 send が二つの構文のいずれの動詞スロットにも入ることが出来る，と考えてもよい．

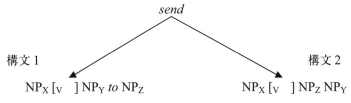

図2：構文アプローチによる与格交替その2

要するに，構文アプローチでは，to/for 与格形と二重目的語形は言わば対等の関係にあり，いずれかがもう一方から作り出されたのではない．そのため，どちらが基本かを決める必要性がそもそも生じない．また allow のように二重目的語形しか存在しない場合も，何も困ることはない．単に allow が一方の構文としか融合出来ない，と考えれば済んでしまう．

1.2. 所格交替 (locative alternation)

次に (4) の所格交替に移ろう．便宜上，二つの形式をそれぞれ into/onto 形，with 形と呼ぶことにする．

(4) a. Bill loaded hay onto the truck.　　（into/onto 形）

---

[2] 厳密には，図1・図2が表わしているのは「Goldberg 流の構文アプローチ」の考え方である．しかし構文アプローチを取る限りは，根本的にほぼ同じ考え方をすることになる．

b. Bill loaded the truck with hay.　　　（with 形）

所格交替に対しても，やはり語彙規則分析が提案されている．Rappaport and Levin (1988) と Pinker (1989) は，どちらか一方の形式に生じる意味が基本で，それに語彙規則が適用されて派性的な意味が得られる，という趣旨の分析を行なっている．例えば Rappaport and Levin (1988) は，load の二つの形式に次のような語彙概念構造を仮定している．

(5) a. LOAD: [x cause [y to come to be at z]/LOAD]
　　b. LOAD:
　　　[[x cause [z to come to be in STATE]]] BY MEANS OF
　　　[x cause [y to come to be at z]]/LOAD]
　　　　　　　　　　　　　　　(Rappaport and Levin (1988: 26)）

(5b) の概念構造が，(5a) の概念構造を含みこんでより複雑な構造になっている．これは (6) のようにまとめられる非対称性（into/onto 形が基本で with 形が派生的）を，構造に反映させようとした結果である．

(6)　load$_1$ → load$_2$

ここでもやはり，与格交替の場合と同じ問題を指摘することが出来る．まず，二つの形式間の非対称性を支持する証拠が見つからない．Bowerman (1990) は，実際には幼児が二つの形式を習得する時期に差がないことを報告している．

また無理に「基本形」を決めようとしても，上手くいかない．Pinker (1989) は，二つの内項のうち直接目的語として単独に現れることが出来るものがあれば，そちらの形式が基本形であると考えた．たとえば (7), (8) の事実から，pile は into/onto 形が基本形であり，stuff は with 形が基本形であるとする．

(7) a. He piled the books.
　　b. *He piled the shelf.
(8) a. *He stuffed the breadcrumbs.
　　b. He stuffed the turkey.　　　　　　(Pinker (1989: 125)）

しかし Pinker 自身が認めているように，heap ではどちらの項も単独で直接目的語になれないし，逆に pack ではどちらも単独で直接目的語になれる．これではどちらが基本形かを判断するテストにならない．

(9) a.*?John heaped the books.
　　b. *John heaped the shelf.
(10) a.　John packed the books.
　　 b.　John packed the box.　　　　　　　(Pinker (1989: 38-39))

　また注意して欲しいのは，pile と heap が Pinker の分類では同じクラスに属する筈なのに，(7) と (9) では違う結果になる，ということである．結局，項が単独で直接目的語になれるかどうかは，何のテストにもならない (Iwata (2005, 2008), Croft (2012))．
　更に指摘したいのは，語彙規則分析が上手くいくのは，実は means 関係のみという事実である．Rappaport and Levin (1988) は (5) の表示に見られるように，二つの形式を BY MEANS OF で結びつけようとした．これはつまり，「位置変化（干し草をトラック上に移動させる）により，状態変化（トラックが満たされる）を引き起こす」と考えているのだが，確かに位置変化が起った結果，状態変化が起ると考えてもそれほど違和感はない．しかしこれと逆方向の派生を考えようとしたらどうなるであろうか？ Inagaki (1989) は，stuff では with 形が基本であるから，into/onto 形を派生するために BY MEANS OF を反転させた IN ORDER THAT を用いて二つの意味を結びつけようとした．

(11) a.　STUFF: [x cause [y to come to be STUFFED with z]]
　　 b.　STUFF:
　　　　 [[x cause [z to come to be at y]/STUFF] IN ORDER THAT
　　　　 [x cause [y to come to be STUFFED with z]]]
　　　　　　　　　　　　　　　　　　　　　　(Inagaki (1989: 222))

しかし「〜するために」では実際にその事象が必ずしも起っていないことになってしまうから，IN ORDER THAT では正しく意味関係を捉えられない．
　さらに語彙規則分析にとって問題となるのは，3つの形式が存在する場合である．

(12) a.　She wrapped the baby in a towel.
　　 b.　She wrapped the baby with a towel.
　　 c.　She wrapped a towel around the baby.　　　　(中右 (1994))

まずは，3つの形式 (wrap-in, wrap-with, wrap-around) のどれが基本であるかを証明する必要がある．次に，3つの形式はどのような派性関係により関連

しているのか，を明らかにしなければならない．しかし既に見たように，派生関係として使えそうなものは BY MEANS OF のみである．仮に wrap-around を基本として，残りの二つをいずれも BY MEANS OF で派生したとしても，果たしてそれで何を説明できたのか，大いに疑問である．

1.3. 語彙規則アプローチから語彙テンプレートアプローチへ

ついでながら，私見によれば「語彙規則分析が上手くいくのは means 関係のみ」という問題こそが，Beth Levin たちが語彙規則アプローチを諦めた大きな理由である．Levin and Rapoport (1988) は，語彙規則アプローチのひな型とも言える「語彙従属化分析 (lexical subordination)」を提案した．しかしその後，Levin and Rappaport Hovav (1995) では，語彙規則アプローチを否定こそしていないが，語彙テンプレートアプローチを用いるようになった．Levin and Rappaport Hovav (1995) がはっきりと「語彙規則アプローチでは扱えない」と述べたのは，roll が示す多面性である．

(13) This time the curtain rolled open on the court of the Caesars ...
(Levin and Rappaport Hovav (1995: 209))
(14) a. The children rolled the grass flat.
b. The children rolled their way across the field.
(Levin and Rappaport Hovav (1995: 210))

(13) の結果構文は非対格動詞としての証拠であるのに対し，(14) の結果構文及び way 構文は非能格動詞としての証拠になる，と彼女達は考えた．しかしそうすると roll は非対格動詞としても，非能格動詞としても振る舞うことになる．非対格動詞と非能格動詞を BY MEANS OF により結び付けるのは，どう考えても無理がある．そのために Levin 達は，単に「動詞 roll はどちらのテンプレートとも整合する」と言わざるを得なくなった．[3]

そしてこれ以降，Levin 達は専ら語彙テンプレートアプローチを用いることとなる (Levin and Rappaport Hovav (1998)，Rappaport Hovav and Levin (1998)，Levin and Rappaport Hovav (2005))．[4]

---

[3] なお，気付かれた方もいるであろうが，「語彙テンプレートに動詞の定項を挿入する」という考え方は，明らかに構文的発想法である．つまり，語彙規則分析から語彙テンプレート分析への移行は，構文的アプローチへの転換を意味する．

[4] 「means 分析」は，Template Augmentation という形で語彙テンプレートアプローチの中に取り込まれることになった (Rappaport Hovav and Levin (1998))．しかし Template Aug-

2. 入力重視 vs. 出力重視

　ここまで読まれた方の中には，「与格交替にしても所格交替にしても，要するに派生として分析すべき現象でないから，語彙規則分析が上手くいかなかった，というだけのことでないか」と思われる向きがあるかもしれない．では，今度は明らかに派生的と思われる現象を取り上げよう．

　Müller and Wechsler (2014) は，語彙規則アプローチが構文アプローチより優れていることを論じる中で，-able 形容詞を取り上げている．彼らは次の例を挙げて，-able 形容詞は基体となる動詞として他動詞しか許さない，と主張している．

(15) a.　solveable, comparable
　　 b.　*sleepable

彼らの論法に依れば，基体となる動詞が他動詞であることを，語彙規則分析なら捉えられるが，構文分析では捉えられない．だから語彙規則分析の方が優れている，ということになる．

(16)　[transitive verb X] → [adjective X-able]

　しかし実際の言語事実はそれほど簡単でない．入力とされるものがこの構造記述に合わないものが多数存在するのである．例えば dependable, dispensable, laughable の基体となるのは，それぞれ depend on, dispense with, laugh at という自動詞＋前置詞である．Müller and Wechsler (2014) の言うように語彙規則でこれらの例を扱おうとすれば，例えば自動詞の laugh を他動詞の laugh に変える，という語彙規則が必要となる．

(17)　[intransitive verb laugh] → [transitive verb laugh]

しかし他動詞の laugh なぞ，勿論存在しない．この他動詞化は，語彙規則分析のつじつまを合わせるためにだけ必要とされる全くアド・ホックな操作である．

　これが -able 形容詞だけの問題でないことは言うまでもない．一見動詞を入力とするように思える現象でも，動詞以外を入力とすることが可能である．例

---

mentation は結果構文の分析に尤もらしく見えるだけで，その後の Levin 達の分析においてあまり積極的な役割を果たしていない．

えば Levin and Rapoport (1988) は，彼女達が提案する「語彙従属化」の一般性を示す証拠として (18) を挙げている．[5]

(18) He Ollie Northed his way through the hearing.
(Levin and Rapoport (1988: 281))

語彙規則でこの例を扱うためには，一旦固有名詞を動詞に変換しなければならない．

(19) [N Ollie North] → [V Ollie North]

1988 年の段階では，まだ「語彙規則 vs. 構文」という図式は出来ていなかったが，実は (18) は語彙規則アプローチにとって問題となる事実である．
　また Goldberg (1995) の得意の例である (20) を考えてみよう．

(20) She topmassed him something. (Goldberg (1995: 35))

topmass とは仮想の語であるが，(20) のように二重目的語構文の動詞のスロットに入れると，英語話者は「何かを彼に与えた・手渡した」という意味であろうと理解出来る．これは確かに構文分析を支持する証拠となる．
　しかしこの事実を語彙規則アプローチではどう捉えるだろうか？ topmass は全く仮想の語であるから，その意味はおろか統語範疇さえも不明である．語彙規則分析では，範疇不明の語をまずは動詞に変換しなければならない．

(21) [?? topmass] → [V topmass]

しかしこのような操作を認めてしまうと，「入力の範疇情報を指定している語彙規則分析の方が優れている」という Müller and Wechsler (2014) の論法が完全に崩壊することになる．
　対して，構文アプローチは言わば「出力重視」である．つまり，入力が何であれ，出来あがった形式が構文に合致していればよい．-able 形容詞の場合であれば，次のような構文に合ってさえいればよい (cr. Booij (2013))．[6]

---

[5] Ollie (=Oliver) North とはアメリカの軍人で，イラン・コントラ事件に関連して公聴会で尋問されている．(18) は，彼がその Oliver North 宜しく，巧みな論法で公聴会を切り抜けた，という意味である．

[6] これは認知言語学の「スキーマ」にも当てはまる (Bybee (2006))．というよりも，「スキーマ」を項構造現象の分析にあてはめたのが，Goldberg 流の「構文」であるから，これは寧ろ当然の結果である．

(22) [$_A$ [$_V$]-*able*]

Vのスロットに入った要素は，本来の範疇が動詞でなくても coercion（強制）により動詞と解釈される．

このような考え方をすれば，わざわざ動詞化する過程は必要ない．既にみた例も，問題なく扱える．[7]

(23) [NP^i [$_V$] possessive^i *way* PP]

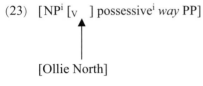

[Ollie North]

(24) [NP$_X$ [$_V$] NP$_Y$ NP$_Z$]

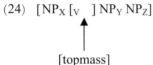

[topmass]

語彙規則アプローチは一見したところ，明らかに派生的な現象を扱うのに優れているように思える．ところが入力に対する条件を指定しなければならず，そのことが却って問題を引き起こしてしまう．それに対して，構文アプローチは出力だけを見ていれば良いから，そのような問題は生じない．

3. 構文アプローチにとっての課題

これまで見て来た語彙規則アプローチに取っての問題は，正に語彙規則を用いるがゆえに生じてくる問題ばかりである．「左辺を右辺に変換する」ことが規則の規則たるゆえんであるから，左辺と右辺とは，必然的に非対称的になる．また規則を適用するためには，規則の適用対象がはっきりとしていなければならない．そのため入力重視にならざるを得ない．言い換えると，語彙規則を用いる限りは必ず生じてくる問題だということになる．[8]

ただし，非対称性を仮定しなくてよい，出力だけを見ていればよい，という

---

[7] (23) の上付き文字 (i) は，主語と所有形が同一指示であるという意味である．
[8] 本稿では論じる余裕がなかったが，更に ordering paradox の問題も生じる (Koenig (1999))．

点において確かに構文アプローチが優れているが，これは構文アプローチに何も問題がない，ということではない．深いレベルでは，構文アプローチも語彙規則アプローチも，同じ問題に直面する．

例えば「語彙規則はいつ適用されるのか？」という根本的な問題を考えてみよう．与格交替でも所格交替でも，統語的・意味的に似た動詞が交替したりしなかったり，という事例は多数存在する (Pinker (1989))．これは結果構文や way 構文についても同じである．だから，突き詰めて考えると「それが可能な場合に語彙規則が適用される」と言っているに等しい．つまり出力形があるから，語彙規則がかかったのだ，と言っている訳だが，これは勿論循環論である．

しかし構文アプローチではどうなるか？こちらは，「どの動詞がどの構文と融合できるか？」という問題設定になるが，少なくとも Goldberg (1995) の理論では，ほとんど事情は変わらない．「pour は一方の構文としか融合出来ないが，spray は二つの構文と融合出来る」と言ってみても，これは要するに「事実がそうなっているから」というのと殆ど差はない．ここで終わってしまえば，やはり循環論に過ぎない．

この根本的な問いに答えるためには，動詞と構文の整合性をもっと詳しく調べなければならない．そしてそのためには，抽象度の低いレベル（「動詞クラス固有の構文」，「動詞固有の構文」）で構文を捉えることが有望である (Croft (2003, 2012), Iwata (2008), Boas (2009, 2010))．

さらにもう一つ指摘しておきたいのは，意味を正確に記述しようとすれば，たった一つの構文を仮定するだけでは無理があるという点である．先ほどの -able 形容詞をもう一度考えてみよう．(22) の構文で，確かに範疇の問題を扱うことは出来る．しかしこの構文の意味を指定しようとすると，単に "can be X-ed" (Booij (2013)) として済ますわけにはいかない．例えば，readable は文字通りに「読むことが可能である」ではなく，「読みやすい，読んで面白い」という意味である．また laughable は「馬鹿馬鹿しい，おかしい」，agreeable は「快い，愛想がよい」という意味を表す．いずれも "can be X-ed" に意味の特殊化が加わっている．また changeable は changeable weather のように「（天気が）変わりやすい」という意味を表すが，基体となる動詞は明らかに自動詞だから，"can be X-ed" では扱えない．また honorable・despicable は "must be honored", "must be despised" という意味である (Booij (2013: 273, 脚注 1)) から，やはり "can be X-ed" とするだけでは扱えない．要するに，-able 形容詞はもっと複雑な意味体系を成しているのである (Adams (2001), Plag (2003))．

これらの意味の多様性を扱うためには，最終的にはスキーマと拡張の両方を用いたネットワーク分析をしなければならないだろう (Langacker (1987), Rudzka-Ostyn (1989))．-able 形容詞は文句なしに派生的現象と思えるから，その派生過程こそ重要である，と考える人にとって，これは意外な結論と思われるかもしれない．しかし既に述べたように，実際の言語事実を記述・説明しようとすれば，出力を重視しなければならない．それを更に進めれば，一つ一つの事例の意味を正確に記述することは，寧ろ当然の作業である．

4. 結語

語彙規則アプローチは入力と出力との間に非対称性があることを含意するために，様々な問題が生じる．構文アプローチではそのような問題が生じないから，この点においては明らかに構文アプローチの方が優れている．

しかし構文アプローチでも，「どうしてその表現が可能なのか？」というより根本的な問いに対しては，まだまだ十分に答えているとは言い難い．抽象度の低いレベルの構文（「動詞クラス固有の構文」，「動詞固有の構文」）を用いて，動詞と構文の整合性を探ることが有望である．また最終的にはネットワーク分析が必要となるであろう．

参考文献

Adams, Valerie (2001) *Complex Words in English*. Pearson Education, Edinburgh.
Boas, Hans Christian (2009) "Verb Meanings at the Crossroads between Higher-Level and Lower-Level Constructions," *Lingua* 120, 22–34.
Boas, Hans Christian (2010) "The Syntax-Lexicon Continuum in Construction Grammar: A Case Study of English Communication Verbs," *Belgian Journal of Linguistics* 24, 54–82.
Booij, Geert (2013) "Morphology in Construction Grammar," *The Oxford Handbook of Construction Grammar*, ed. by Thomas Hoffmann and Graeme Trousdale, 255–273, Oxford University Press, Oxford.
Bowerman, Melissa (1990) "Mapping Thematic Roles onto Syntactic Functions: Are Children Helped by Innate Linking Rules?" *Linguistics* 28, 1253–1289.
Bybee, Joan (2006) "From Usage to Grammar: The Mind's Response to Repetition," *Language* 82, 711–733.
Croft, William (2003) "Lexical Rules vs. Constructions: A False Dichotomy," *Motiva-

tion in Language, ed. by Hubert Cuyckens, Thomas Berg, René Dirven, and Klaus-Uwe Panther, 49-68, John Benjamins, Amsterdam.
Croft, William (2012) *Verbs: Aspect and Causal Structure*, Oxford University Press, Oxford.
Goldberg, Adele E. (1992) "The Inherent Semantics of Argument Structure: The Case of the English Ditransitive Constructions," *Cognitive Linguistics* 3, 37-74.
Goldberg, Adele (1995) *Constructions: A Construction Grammar Approach to Argument Structure*, University of Chicago Press, Chicago.
Gropen, Jess, Steven Pinker, Michelle Hollander and Ronald Wilson (1989) "The Learnability and Acquisition of the Dative Alternation in English," *Language* 65, 203-257.
Inagaki, Daisuke (1989) "On the Locative Alternation," *Tsukuba English Studies* 8, 205-236.
Iwata, Seizi (2005) "Locative Alternation and Two Levels of Verb Meaning," *Cognitive Linguistics* 16, 355-407.
Iwata, Seizi (2008) *Locative Alternation: A Lexical-Constructional Approach*, John Benjamins, Amsterdam.
Jackendoff, Ray (1990) *Semantic Structures*, MIT Press, Cambridge, MA.
Koenig, Jean-Pierre (1999) *Lexical Relations*, CSLI Publications, Stanford.
Langacker, Ronald (1987) *Foundations of Cognitive Grammar*, Vol. 1: *Theoretical Prerequisites*, Stanford University Press, Stanford.
Levin, Beth and Tova Rapoport (1988) "Lexical Subordination," *CLS* 24, 275-289.
Levin, Beth and Malka Rappaport Hovav (1995) *Unaccusativity: At the Syntax-Lexical Semantics Interface*, MIT Press, Cambridge, MA.
Levin, Beth and Malka Rappaport Hovav (1998) "Morphology and Lexical Semantics," *Handbook of Morphology*, ed. by Andrew Spencer and Arnold Zwicky, 248-271, Blackwell, Oxford.
Levin, Beth and Malka Rappaport Hovav (2005) *Argument Realization*, Cambridge University Press, Cambridge.
Müller Stefan and Stephen Wechsler (2014) "Lexical Approaches to Argument Structure," To appear in *Theoretical Linguistics* 40.
中右実 (1994)『認知意味論の原理』大修館書店，東京．
Pinker, Steven (1989) *Learnability and Cognition: The Acquisition of Argument Structure*, MIT Press, Cambridge, MA.
Plag, Ingo (2003) *Word-Formation in English*, Cambridge University Press, Cambridge.
Rappaport, Malka and Beth Levin (1988) "What to Do with Theta-Roles," *Syntax and Semantics* 21: *Thematic Relations*, ed. by Wendy Wilkins, 7-36, Academic Press, New York.
Rappaport Hovav, Malka and Beth Levin (1998) "Building Verb Meanings," *The Pro-*

jection of Arguments: Lexical and Compositional Factors, ed. by Miriam Butt and Wilhelm Geuder, 97-134, CSLI Publications, Stanford.

Rudzka-Ostyn, Brygida (1989) "Prototypes, Schemas, and Cross-Category Correspondences: The Case of *Ask*," *Linguistics* 27, 613-661.

コード化された意味と推論による意味
―統語論と語用論の棲み分け―*

加藤　雅啓

上越教育大学

キーワード：取り消し可能性，関連性理論，外置構文，関係詞化，話題指示

1. はじめに

ある事象が文法（統語論）の範疇に属するのか，それとも語用論の範疇に属するのかという議論をめぐっては，さまざまな判定基準や代案が提示されてきたが，いまだ見解の一致を見るに至っていない (Levinson (2000), Recanati (2004), Ariel (2010))．

次の例は「ロシアの主翼　視界不良」という見出しで始まる新聞記事からの抜粋である．下線部の定名詞句表現の意味解釈について統語論，及び語用論の観点から考えてみることにしよう．

(1)　ロシアの主翼　視界不良
　　安全，設計元に依存
　　■ロシア側
　　ウクライナ危機は，ウクライナに大きく依存するロシアの航空業界や (a)軍に影響を与え始めている．
　　例えば，旧ソ連で開発されたロシア軍のヘリコプターの多くはウクライナ製のエンジンを使っている．
　　(b)軍やロシアの航空会社が主力大型貨物機として頼りにするルスラ

---

*　本稿は，平成 25 年〜平成 27 年度科学研究費助成事業（学術研究助成基金助成金（基盤研究 (C)）（課題番号：25370546，研究代表者：加藤雅啓）の援助を受けてなされた研究の一部である．本稿を作成するにあたり，Ivan Brown 氏からは有益なコメントを得たうえ，例文の判断にも協力いただいた．ここに記して感謝の意を表する．いうまでもなく，本稿の不備は著者のみの責任である．

ン[1] の場合は，影響が特に大きそうだ．

　設計製造元はウクライナのアントノフ社．ルスランの性能を保つための技術情報や補修情報はアントノフ社に集約されている．安全な運航を保証できるのはアントノフ社だけだ．

　しかし，ウクライナ危機後，(c)政府は軍事関連製品のロシアへの輸出を規制し始めた．ボルガ・ドニエプル航空の広報担当者は「非常に深刻な問題だ」と語る．　　　　　　　（朝日新聞 2014 年 9 月 9 日）

(1) の下線部 (a) の「軍」は接続詞「や」によって「航空産業」と等位接続され，より上位の名詞句を形成し，さらに連体修飾語句「ロシアの」によって修飾され，全体としてさらに上位の名詞句を形成し，[$_{NP_1}$ ロシアの [$_{NP_2}$ [$_{NP_3}$ 航空産業] や [$_{NP_4}$ 軍]]] のような構造の一部をなしていると考えられる．すなわち，下線部 (a) の「軍」はロシアの軍隊であることが統語的に明示的にコード化 (coded) され，その意味は文法的に規定されているといえる．したがって，下線部 (a) の「軍」の意味は文脈に依存せず，文脈から独立して意味論的に導くことができる．

　一方，下線部 (b) の「軍」はこれとは異なり，統語的に明示的にロシア軍とコード化されておらず，その意味は文法的に規定されているわけではない．しかし，下線部 (b) の「軍」がロシア軍のことであることは容易に理解することができる．われわれは統語的に明示的に規定されていないにもかかわらず，下線部 (b) の「軍」を正しく解釈できるが，それはなぜなのか．

　さらに，この記事を読み進めてきた読者は下線部 (c) の「政府」を目にしたとき，この政府がロシア政府であると解釈して読み続けるであろう．しかし，後続文脈で「ロシアへの輸出を規制しはじめた．」というくだりにさしかかり，その解釈が誤りであることに気づき，「政府」はウクライナ政府のことであると遡及的に修正を加えて再解釈するはずである．

　本稿では，文の解釈に関して，統語的にコード化され，意味論的に規定された解釈と推論により語用論的に導かれた解釈について，意味解釈に関わる手続きを検討する．その際，コード化された意味と推論による意味の棲み分けについて，その根拠を解釈の「取り消し可能性 (cancelability)」に求め，関係詞化と話題，主語からの外置，及び話題指示の事例を分析し，その妥当性を明らかにしていくことにする．

---

[1] ルスランとは世界最大の量産貨物機アントノフ 124 の愛称のこと．

2. 文法領域と語用論領域の判定基準

Ariel (2010) はある言語事象が文法の領域に属するのか，あるいは語用論の領域に属するのかという議論に関して，意味論，談話分析，認知論の観点から 10 の判定基準を提示している．

2.1. 10 の基準

Ariel (2010) はある事象が文法的事象であるか，あるいは語用論的事象であるかを判定する 10 の基準を提示している．これらの基準は意味論的基準 (meaning criteria)，分析的基準 (analytic criteria)，認知的基準 (cognitive criteria) の 3 つに分類される．意味論的基準には i) 文脈依存 (context dependency)，ii) 非真理条件 (nontruth conditionality)，iii) 黙示的・二次的 (implicit and secondary)，分析的基準には i) 談話単位 (discourse unit)，ii) 文法外的説明 (extragrammatical accounts)，iii) 容認性判断 (acceptability judgments)，iv) 自然性 (naturalness)，認知的基準には i) 言語運用 (performance)，ii) 右半球特化 (right-hemisphere specialization)，iii) 推論 (inference) を挙げている．

紙数の都合上，本稿の議論に直接関わる文脈依存，非真理条件，推論について簡単に触れることにする．

2.1.1. 文脈依存

Ariel (2010) は Carnap (1938) の定義を引き，文脈に依存した意味は語用論的であり，もしある言語現象を説明するのにその言語使用者に言及する必要があるならば，その現象は語用論の問題であり，言語表現とそれが指示する現実世界の事物とを関係づけることによって言語現象を説明するのが意味論であると指摘している．

(2) FLAG SELLER: Would you like to buy a flag for The Royal National Lifeboat Institution?
　　PASSERBY: No thanks, I always spend my holidays with my sister in Birmingham.

(3) a. Birmingham is inland.
　　b. The Royal National Lifeboat Institution is a charity.
　　c. Buying a flag is one way of subscribing to a charity.

d. Someone who spends his holidays inland has no need of the services of The Royal National Lifeboat Institution.

e. Someone who has no need of the services of a charity cannot be expected to subscribe to that charity.　　　　(Ariel (2010: 26))

(2) では，旗売りが王立救命艇協会のために旗を買わないかと呼びかけた際の通行人の返事は，コード化された文の意味だけによる解釈では，不適切な応答となる．(2) の文脈から (3a-e) の背景となる想定を補うことにより，初めて (2) の談話が成り立つことになる．この意味で (2) の通行人の発話は文脈に依存しており，語用論的事象であるといえる．

2.1.2. 非真理条件

意味論は真理条件的意味だけを提供し，そして文の真理条件の総てを規定するものと考えられている (Kempson (1975, 1977))．Ariel (2010: 28) は Katz (1977) を引用し，"As put it, semantics should account for "what the speaker actually says with perfect accuracy, that is, the whole proposition and nothing but that proposition. (Katz (1977: 18))""と伝統的な考え方を紹介して，意味論は発話の命題の総てを説明すると考えられてきたと述べている．すなわち，文には文脈の影響を受けず，場面から独立した意味があると考えられてきた．これに対して Grice (1975, 1989) は，文には真理条件的意味の他に非真理条件的意味が存在し，前者は文の真理条件に関与するが，後者は文の真理条件には貢献しないと主張している．

例えば，教室に入ってきた教員が次のように発話したとする：

(4) この教室は蒸し暑いね．

これを聞いた学生は (4) について，例えば次のような意味を導くであろう．

(5) a. [この教室]=[人文棟 302 教室]
　　b. [蒸し暑い]=[風がなく湿度が高くて暑い]

さらに，この学生は (4) の発話から次のような意味を導くかもしれない．

(6) a. 窓を開けて，風を入れて欲しい．
　　b. エアコンのスイッチを入れて欲しい．

(5) の意味は発話 (4) の真偽に関わることから真理条件的意味である．一方，

(6) の意味は発話 (4) の真偽に関わることはないため非真理条件的意味，すなわち語用論的意味と呼ばれる．

2.1.3. 推論

Ariel (2010: 50) によれば，文法は個々の領域に固有な規則の集合を含むが，語用論は固有の規則や方略を持つ体系を成しておらず，推論を専らとする分野であると指摘されている．

(7) We said from the beginning that this will take the time it will take and is indeed taking its time. (Ariel (2010: 50))

(7) はレバノンにおける戦争について語ったイスラエル軍将校の発話である．明示的にコード化された意味は「戦争はそれがかかる時間と同じだけの時間がかかる」というトートロジーとなるが，もちろん，これは発話者が伝えたい意味ではない．実際に伝えたいことは，戦争は人々が望んでいるよりも長くかかるものであるということである．この解釈は (7) から推論によって導かれたものである．このようにコード化された意味は既定的 (determinate) であるのに対し，語用論的意味は推論的である．

推論による意味は黙示的で，非言語慣習的 (nonconventional) であり，したがって取り消し可能 (cancellable) であるという特性を持つ．一方，コード化された意味は明示的であり，したがって取り消し不可能である．

(8) a. He ran to the edge of the cliff and jumped.
　　b. Lionel ran to the cliff and jumped over the edge of the cliff.
　　c. He ran to the edge of the cliff and jumped (up and down) but he stayed on the top of the cliff. (Carston (2002: 138))

(8a) の断定発話は (8b) のような命題を表していると考えられる．しかしながら，(8c) が示すように，(8a) から語用論的な推論によって導かれた内容は矛盾を起こすことなく，明らかに取り消し可能である．

Levinson (2000) は取り消し可能性について次のように述べ，文法的事象と語用論事象を区別する「リトマス試験」であると主張している．

(9) a. ... insofar as the constructional meanings are *indefeasible*—that is, the interpretations are inflexible and can be specified by exceptionless rule, we may confidently attribute the interpretation to a gram-

matical source; but insofar as they are *defeasible* and show all the hallmarks of nonmonotonic inference that we associate with pragmatic inference, we should attribute the preferred interpretation to pragmatics. (Levinson (2000: 265))

 b. Defeasibility has to be, as far as I can see, the litmus test for a grammatical versus pragmatic account of linguistic patterns.

(Levinson (2000: 408))

Levinson (2000) によれば，文の構造から導かれる意味が取り消しできなければ，その解釈は文法に起因すると判断でき，それが取り消し可能であれば，その解釈は語用論に起因するものであると判断することができる，と指摘している．この意味で取り消し可能性は，ある事象が文法的事象であるか，あるいは語用論的事象であるか，ということを判定する信頼性の高い判定基準であると思われる．これらのことから文法と語用論の棲み分けについて，次の判定基準を導くことができると思われる．

(10) a. ある事象の意味解釈について，それを合理的に取り消すことができなければ，その事象は文法の範疇に属する．
  b. ある事象の意味解釈について，それを合理的に取り消すことができれば，その事象は語用論の範疇に属する．

3. 統語論と語用論の棲み分け
3.1. 関係詞化と話題

　一般に，文法的事象は義務的であり，純粋に言語的要因をもとに形式的な説明を求めるものである．したがって，文法は文における記号と記号との構造的関係に基づいて規定されるものであり，話し手・聞き手・場面などの語用論的要因とは独立して存在するとされてきた．

　しかし，機能論の立場に立つ研究者には，従来，文法的事象と考えられてきた現象には，機能的要因が深く関与している事象も含まれていると主張する者もいる．これに関して Kuno (1976) は次のように指摘している．

(11) Much (in fact, too much) has been done in search of syntactic phenomena that, I believe, are basically controlled by nonsyntactic factors. By taking a purely syntactic approach, one can achieve a certain degree

of success in one's analysis if semantic factors have consistent syntactic realizations with respect to concepts such as subject, object, etc., or with respect to command and precedence relationships and relative heights in constituent structures. However, such an attempt fails crucially where the underlying semantic factors do not show one-to-one correspondence with syntactic factors. (Kuno (1976: 438))

純粋に統語的な分析が一見成功しているように見えるのは,意味的な要因が主語,目的語などの概念や「先行・統御」関係,あるいは構成素構造の相対的な位置などに関して,統語的に具現化された形式を伴っている場合があるからであって,根底的な意味的要因が統語的要因と一対一対応を成していない場合は,そのような分析は失敗に終わるのである,と Kuno (1976) は指摘している.

Kuno (1976) は,関係詞化には話題[2] が深く関与しているとして関係詞節話題化制約 (12) を提案し,次の例を挙げてこれを論じている.

(12) *The Thematic Constraint on Relative Clauses*: A relative clause must be a statement about its head. (Kuno (1976: 420))
(13) a. I wrote a book about Marilyn Monroe.
　　 b. I left home a book about Marilyn Monroe.
(14) a. This is the actress that I wrote a book about.
　　 b. *This is the actress that I left home a book about.
(Kuno (1976: 426))

(13a) では,Marilyn Monroe を話題として解釈できるのに対し,(13b) ではそれはできない.ある内容について本を書くことはできるが,ある内容についてその本を家に置き忘れるということは,通例,自然ではないからである. (14a) では,関係詞化されている the actress は話題として解釈できるため適格文となるが,(14b) ではそれができないため非適格文となる. (14) のように,同じ統語構造でありながら,その適格性に相違があることから,Kuno (1976) は関係詞節化には (12) のような機能論的制約が密接に関与していると指摘している.

---

[2] Kuno (1976) は theme という用語を用いているが,theme には複数の解釈があるため,本稿では「話題」を用いている.

関係詞化の容認可能性についてさらに調べてみると，主要部と関係節の間には語用論的要因が深く関与していることが明らかになった．

(15) a. *This is the actress whom I left at home a book about.
 b. ?This is the actress whom I left at home an autograph of.
 c. This is the actress whom I lost a picture with an autograph of.

(15a) は (14b) と同じ理由で排除されるが，(15b) では容認可能性が僅かではあるが改善されている．それは女優と本との関連性より，女優とサインとの関連性のほうがより結びつきが強いと感じられるからであろう．さらに，興味深いことは，(15c) は主要部 the actress が (15a), (15b) と比べ，統語的により深く埋め込まれた位置から関係詞化されているにもかかわらず，全く問題のない文として解釈できることである．これは女優とサイン入の写真との間にはさらに強い関連性を見いだすことができるからであると思われる．

Kuno (1976) は主要な統語的制約について，機能論の観点から見直す必要があると次のように結論づけている．

(16) It is time to reexamine every major "syntactic" process and every major "syntactic" constraint from a functional point of view, to find semantic explanations for its existence in case the syntactic characterization holds, and to find a deeper and more accurate semantic generalization in case the syntactic facts are simply superficial and "almost correct" syntactic manifestations of nonsyntactic factors. (Kuno (1976: 438))

3.2. 主語からの外置と語用論的条件

中島 (1995) は主語からの外置 (Extraposition from Subject) と呼ばれる右方移動現象を取り上げ，外置の統語的，語用論的条件を検討している．

(17) a. A man *who was wearing a T-shirt* hit Mary.
 b. *A man hit Mary *who was wearing a T-shirt*. (中島 (1995: 29))

外置が行われていない (17a) と外置が行われている (17b) を比較すると，前者では主語を構成する要素が連続して生じているのに対し，後者ではそれらが不連続で現れていることが分かる．したがって，文を処理する際，後者では一部分を処理した後，介在する別の構成素の処理を済ませてから，再び残りの部分の処理を再開しなければならず，結果としてより多くの労力がかかることに

なる．すなわち，外置構文は処理するのにより多くの労力を必要とする構文であることになる．

中島 (1995: 29-30) は関連性理論の観点から，より多くの労力を要する構文はそれに見合うだけの何らかの「効果」をもたらさなければならない，すなわち外置要素は「効果α」を果たしている場合に限り，適切な要素として認められる，と論じている．この「効果α」は次のように規定される．

(18) ある情報が，先行する文脈に対して「説明」「含意」「強化」「対比」「理由」などの役割を演じている場合，なめらかな結合が成立する．
(中島 (1995: 31))

(19) A man hit Mary *who had hostility toward her.*　(中島 (1995: 30))

(19) の外置要素は「彼女に敵意を抱いていた」ということを伝えており，主節の「男がメアリーを殴った」という内容に対して，その「説明」をするという形で「効果α」を果たし，先行文脈に対してなめらかな結合が成立していると考えられる．これに対し，(17b) の外置要素で述べられている「Tシャツを着ていた」という情報は「男がメアリーを殴った」という内容についての説明にも，含意にも，強化や対比，あるいは理由にもなっていない．したがって，(18) で規定されているなめらかな結合は成立しないため，(17b) は不適格な外置構文となるわけである．

中島 (1995: 34) は「外置の現象は，そのあらゆる側面が統語論によって扱われるのでもなければ，逆にあらゆる側面が語用論によって扱われるものでもなく，ある面は統語論によって，別の面は語用論によって扱われるべきものであろうと思われる．」と述べ，統語論と語用論の棲み分けの可能性について検討すべきであると示唆している．

中島 (1995) が主張する「効果α」を具体化した (18) は，語用論的制約として提案されているのは明らかである．それでは，中島 (1995) が挙げた主語からの外置構文は語用論の範疇に属する事象なのか，判定基準 (10) に照らして分析してみよう．

(17) a.　A man *who was wearing a T-shirt* hit Mary.
　　 b. *A man hit Mary *who was wearing a T-shirt.*

(20) [Suppose in some community, a man wearing a T-shirt is labeled as extremely violent to women and often demonstrates violent tendencies toward them even in public.]

A man hit Mary *who was wearing a T-shirt.*

(21) a. Some guests *who were visiting from Chicago* drank milk.
    b. *Some guests drank milk *who were visiting from Chicago.*

(中島 (1995: 22))

(22) [Suppose you know that Chicago is a world-famous place for milk production and that people in Chicago have a custom of drinking a lot of milk everywhere they go. They always brag about the top quality of their milk.]
    Some guests drank milk *who were visiting from Chicago.*

(23) a. A man *who was wearing a funny hat* gave Mary a bunch of flowers.
    b. *A man gave Mary a bunch of flowers *who was wearing a funny hat.*

(中島 (1995: 22))

(24) [Suppose you know that in a certain community, a man wearing a funny hat on a festival day has a habit of giving a bunch of flowers to the first woman he meets on the street.]
    A man gave Mary a bunch of flowers *who was wearing a funny hat.*

(17b)は外置された関係節の内容が主節の内容の「説明」「含意」「強化」「対比」「理由」などの役割を果たしておらず,「なめらかな結合」が成立していないため不適格文となっている.しかし,(20)のように「Tシャツを着ている男は女性に対して極めて乱暴な男である」という共通認識がある社会では,容認可能な文と認めることができる.

同様に,(22)のように「シカゴは世界有数のミルクの生産地であり,シカゴ市民はどこへ行ってもたくさんのミルクを飲み,その品質を自慢する」という共通認識があれば,単独では不適格である外置構文(21b)は適格文として成立することになる.さらに,不適格な外置構文(23b)も(24)のような「祭りの日には,おかしな帽子をかぶった男は通りで最初に出合った女性に花束を贈る習慣がある」という共通認識がある社会では,容認可能な文として認めることができる.

(20), (22), (24) の例から明らかなように,単独では不適格文である外置構文(17b), (21b), (23b)は,適切なコンテクストでは当初の意味解釈が取り消され,容認可能な文と解釈される.すなわち本節で考察した主語からの外置の事例(17), (19), (20)-(24)は,(10b)の判定基準により語用論の範疇に属する事例であると結論づけることができる.

3.3. 話題指示

東森 (2011) は代名詞の指示付与を巡って，首尾一貫性，あるいは機能主義理論による説明よりも関連性理論による分析のほうが優れている，と次のように論じている．

(25) a. Father: Where's today's newspaper?
   b. Son: I threw it out with the garbage.
   c. Father: I wanted to see it.
   d. Son: There wasn't much to see.　Some chicken bones, a banana peel and some coffee grounds.　　　　　　（東森 (2011: 152)）

父親は see it の it は先行文脈の today's newspaper を指すと指示付与を行う．ところが，息子はこの it は garbage を指すと理解する．このように父親と息子の間で代名詞 it の指示対象がずれているところからジョークの笑いが生じる．言い換えれば，代名詞 it の指示対象をめぐる解釈は，合理性を失わずに取り消し可能であり，ある一つの解釈が別の解釈によって取って代わることによって予期せぬ効果，すなわちジョークとしてのおもしろさが導かれるのである．

東森 (2011: 152-153) は「従来の首尾一貫性とか機能主義理論による説明では代名詞と先行詞との関係を静的に，固定的にとらえるので，このような指示付与のゆれはうまく説明できないと思われる」と指摘している．さらに，「関連性理論では緩やかに指示付与をとらえ，語用論により，指示付与をする」ので，父と息子の解釈のずれによるおもしろさを説明できるとして，関連性理論による分析の優位性を主張している．

たしかに，関連性理論の枠組みでは緩やかに指示付与をとらえ，話し手・聞き手・場面の中で多様に交錯する指示付与の問題に柔軟に対応可能であることは理解できる．しかし，語用論の枠組みだけで指示付与の問題を解決することは不可能であり，文の統語構造や談話の話題，[3] 及び情報構造などの機能論的情報が不可欠であることは言うまでもない．また，東森 (2011) は語用論によってどのように代名詞の指示付与を行うのか，その具体的な手続きについて明らかにしていない．

---

[3] 談話の話題については様々な議論があるが Tao (1996) は次のように述べている．"A topic in this study refers to an NP referent that is the center of a discussion in discourse (Givón 1990; Grosz 1977, 1980); thus it is referred to in this study as the discourse topic." (Tao (1996: 489))

さて (25) の談話について，機能論の枠組みではどのように分析できるか見ていくことにする．談話における代名詞使用に関して，Blakemore (1992) は次のように指摘している．

(26)　Once an individual has been made salient a proform can be used for subsequent references. Indeed, it seems that subsequent references must be made by a pronoun.　　　　　　　(Blakemore (1992: 66-67))

これは談話においてある個体が際立ちを与えられると，後続の文脈ではこの対象を指示するのに代名詞，あるいは代用形を用いなければならない，という原則を述べたものである．

　また，Fox (1987) は談話における照応表現の基本的な用法について，次のように指摘している．

(27)　The first mention of a referent in a sequence is done with a full NP. After that, by using a pronoun the speaker displays an understanding that the preceding sequence has not been closed down.
　　　　　　　　　　　　　　　　　　　　　　　　　(Fox (1987: 18))

これは，ある対象を最初に談話に導入する際は完全名詞句を用い，先行文脈での一連の話が後続文脈でも継続していることを示すためには代名詞を用いる，ということを述べたものである．これは，言い換えれば，ある対象が話題として継続している場合には，この対象は代名詞を用いて表す，ということである．

　これらのことから，談話における代名詞の用法に関して，次のような話題指示 (topic reference) の原則を挙げることができる．

(28)　談話の中である人物や物事が話題として導入され，引き続いて話題となっている間は，再びこれらに言及する際には，原則として，代名詞，あるいは定名詞句表現などの照応表現を用いなければならない．
　　　　　　　　　　　　　　　　　　　　　　　(加藤 (2000: 737-738))

談話 (25) では，(25a) で today's newspaper が完全名詞句として初めて談話に導入される．(25b) では，息子が談話 (25) の話題である today's newspaper を代名詞 it を用いて指示している．同様に，(25c) でも父は談話の話題である today's newspaper を代名詞 it で指示している．ここまでの代名詞の用法は (26) の原則に従っているものである．すなわち，(25a-c) に至る代名詞 it の解釈は (26), (27), (28) による機能論の原則で破綻なく説明できる．すなわ

ち，ここまでは文文法，機能文法の領域であり，語用論が介入する必要性はないといえる．

(25d) の第2文目に至って初めて (25c) の it の先行詞 (=today's newspaper) を取り消し，新たな先行詞として the garbage を想起するよう読み手に求めることになる．この it の再解釈を求める圧力こそが語用論発動の引き金であり，最適の関連性を求めて行う再解釈を通して，談話 (25) の「落ち (punch line)」という文脈効果を手にすることができるのである．

すなわち，わざわざ原則 (28) による it の解釈を意図的に逸脱し，より多くの処理労力をかけるが，それに見合う文脈効果を狙ってなされたのが (25d) の発話なのである．このようなことが可能であるのは，談話における it の先行詞を指定する手続きは，it のコード化された意味，すなわち文法によって規定されているのではなく，推論による解釈に基づくものであるからであり，当該文脈における it の解釈は取り消し可能であるからなのである．

このように意図的，人為的に指示付与の原則を逸脱することによってもたらされる効果について説明するのは，もはや自然言語における形式と機能の可能な関係を規定する機能文法理論の守備範囲を超えている．(25) に見られる指示付与の揺れを機能文法理論ではうまく説明できないと東森 (2011) は指摘する．しかし，これは指示付与に関わる議論では機能文法理論が専らとする領域と語用論のそれとの棲み分けを想定することにより解決できる問題である．

さて，冒頭 (1) の談話における下線部 (b) の「軍」，及び下線部 (c) の「政府」の解釈について考えてみよう．談話 (1) の一部を (29) に再掲する．

(29)　ウクライナ危機は，ウクライナに大きく依存するロシアの航空業界や (a)<u>軍</u>に影響を与え始めている．

　　例えば，旧ソ連で開発されたロシア軍のヘリコプターの多くはウクライナ製のエンジンを使っている．

　　(b)<u>軍</u>やロシアの航空会社が主力大型貨物機として頼りにするルスランの場合は，影響が特に大きそうだ．

　　設計製造元はウクライナのアントノフ社．ルスランの性能を保つための技術情報や補修情報はアントノフ社に集約されている．安全な運航を保証できるのはアントノフ社だけだ．

　　しかし，ウクライナ危機後，(c)<u>政府</u>は軍事関連製品のロシアへの輸出を規制し始めた．

下線部 (29b) の「軍」は明示的にコード化された下線部 (29a) の「軍」と異な

り，一般的な軍隊を表す不定名詞句であるのか，それとも特定の軍隊を表す定名詞句表現なのか，形式上はあいまいである．直前の文脈では「ロシア軍」が用いられており，「ロシア軍」が話題となっていることは明らかである．したがって，話題指示の原則 (28) により，(29b) の「軍」はロシア軍を先行詞に持つ定名詞句表現であると考えられる．

　次に下線部 (29c) の「政府」の意味解釈について考えてみよう．談話 (1) の小見出しは「ロシアの主翼　視界不良」とあり，それに続く記事もロシア，及びロシア軍が話題になっている．したがって，話題指示の原則 (28) により「政府」はロシア政府であると解釈される．しかし，すぐにこの解釈が誤りであることに気づく．後続文脈で「ロシアへの輸出を規制し始めた」と述べられているからである．そこでこの解釈を遡及的に取り消し，新たに「政府」はウクライナ政府であると再解釈することになる．

　本節では，(25) の代名詞 it の指示付与が取り消し可能であることと同様に，日本語の定名詞句表現の指示付与も取り消し可能であることが明らかになった．すなわち，話題指示の解釈については，機能論が深く関与し，最終的には推論に基づく語用論的解釈が導かれることになる．

　本稿では，文の意味解釈について，取り消し可能性を判断基準として規定し，統語的に明示的にコード化され，意味論的に規定された解釈は取り消しできないため文法の範疇に属し，その一方で推論により語用論的に導かれた解釈は取り消しできるため，語用論の範疇に属すことを明らかにした．具体的には，(i) 関係詞化と話題，(ii) 主語からの外置，(iii) 話題指示の例を挙げ，その意味解釈に関わる手続きを検討し，コード化された意味と推論による意味の棲み分けについて，その根拠を明らかにしながら考察を行った．

参考文献

Ariel, Mira (2010) *Defining Pragmatics*, Cambridge University Press, Cambridge.
Blakemore, Dian (1992) *Understanding Utterances: An Introduction to Pragmatics*, Blackwell, Oxford.
Carnap, Rudolf (1938) "Foundations of Logic and Mathematics," *International Encyclopedia of Unified Science*, ed. by Otto Neurath, Rudolf Carnap and Charles Morris, 139-214, University of Chicago Press, Chicago.
Carston, Robin (2002) *Thoughts and Utterances: The Pragmatics of Verbal Communication*, Blackwell, Oxford.
Fox, Barbara (1987) *Discourse Structure and Anaphora: Written and Conversational*

English, Cambridge University Press, Cambridge.
Fox, Barbara, ed. (1996) *Studies in Anaphora*, John Benjamins, Amsterdam.
Givón, Talmy (1990) *Functionalism and Grammar*, John Benjamins, Amsterdam.
Grice, Paul (1975) "Logic and Conversation," *Syntax and Semantics* 3: *Speech Acts*, ed. by Peter Cole and Jerry Morgan, 41-58, Academic Press, New York.
Grice, Paul (1989) *Studies in the Way of Words*, Harvard University Press, Cambridge, MA.
Grosz, Barbara (1977) "The Representation and Use of Focus in a System for Dialogue Understanding," Ph.D. thesis, University of California, Berkeley, California.
Grosz, Barbara (1981) "Focusing and Description in Natural Language Dialogues," *Elements of Discourse Understanding,* ed. by Arvind Joshi, Ivan Sag and Bonnie Webber, Cambridge University Press, Cambridge.
東森勲 (2011)『英語ジョークの研究:関連性理論による分析』開拓社,東京.
加藤雅啓 (2000)「談話における結束性とその指導 (1)—同一物指示について—」『上越教育大学研究紀要』19:2, 733-745.
加藤雅啓 (2013)「談話における代名詞の指示機能 — 話題指示と保留指示 —:機能文法理論と認知語用論の棲み分け」『言語学からの眺望2013』福岡言語学会 (編), 28-40, 福岡言語学会40周年記念論文集, 九州大学出版会, 福岡.
加藤雅啓 (印刷中)「「取り消し可能性」をめぐる議論について」『上越教育大学研究紀要』34.
Katz, Jerrold (1977) *Propositional Structure and Illocutionary Force: A Study of the Contribution of Sentence Meaning to Speech Acts*, T. Y. Crowell, New York.
Kempson, Ruth (1975) *Presupposition and the Delimitation of Semantics* (Cambridge Studies in Linguistics 15), Cambridge University Press, Cambridge.
Kempson, Ruth (1977) *Semantic Theory*, Cambridge University Press, Cambridge.
Kuno, Susumu (1976) "Subject, Theme, and the Speaker's Empathy: A Reexamination of Relativization Phenomena," *Subject and Topic*, ed. by Charles Li, 417-444, Academic Press, New York.
Levinson, Stephen (2000) *Presumptive Meanings: The Theory of Generalized Conversational Implicature*, MIT Press, Cambridge, MA.
中島平三 (1995)「主語からの外置—統語論と語用論の棲み分け—」『日英語の右方移動構文—その構造と機能—』, 高見健一 (編), 17-35, ひつじ書房, 東京.
Reboul, Anne (1997) "What (if anything) Is Accessibility? A Relevance-Oriented Criticism of Ariel's Accessibility Theory of Referring Expressions," *Discourse and Pragmatics in Functional Grammar*, ed. by John Connolly, Roel Vismans, Christopher Butler and Richard Gatward, 91-108, de Gruyter, Berlin.
Reboul, Anne (1998) "A Relevance Theoretic Approach to Reference," paper delivered at the *Acts of the Relevance Theory Workshop*, University of Luton, 45-50.
Recanati, François (2004) "Pragmatics and Semantics," *Handbook of Pragmatics*, ed. by

Laurence Horn and Gregory Ward, 442-462, Blackwell, Oxford.
Sperber, Dan and Deirdre Wilson (1986, 1995) *Relevance: Communication and Cognition*, Blackwell, Oxford.
Tao, Liang (1996) "Topic Discontinuity and Zero Anaphora in Chinese Discourse: Cognitive Strategies in Discourse Processing," *Studies in Anaphora*, ed. by Barbara Fox, 487-513, John Benjamins, Amsterdam.
Uchida Seiji (1998) "Text and Relevance," *Relevance Theory: Applications and Implications*, ed. by Robin Carston and Seiji Uchida, 161-178, John Benjamins, Amsterdam.
内田聖二 (2000)「定冠詞の機能——関連性理論の視点から——」『言語研究における機能主義——誌上討論会——』, 小泉保 (編), 105-124, くろしお出版, 東京.
内田聖二 (2011)『語用論の射程——語から談話・テクストへ——』研究社, 東京.
Wilson, Deirdre and Dan Sperber (1993) "Linguistic Form and Relevance," *Lingua*, 1-25.

可動性のパラメータ
―日英語の借用動詞の仕組みをめぐって―*

大橋　秀夫

中京大学

キーワード：借用動詞，認知的基盤，連続的・高低的変化（gradability），可動性のパラメータ，自由な使用権限の委譲

1. はじめに

英語の借用動詞 borrow は，通常，日本語の「借りる」に対応すると言われているが，以下で論証するように，両動詞は必ずしも一対一には対応せず，さまざまな意味論上または語用論上のズレ（食い違い）が生じる．この興味深い言語事実は次のような問題を提起する．

I. 日英語の借用動詞間には，どのような意味論上または語用論上のズレが生起しているのだろうか．
II. 日英語の借用動詞間には，なぜそのようなズレが惹起されるのだろうか．また，そのズレは，何に由来するのだろうか．
III. 日英語の母語話者は，一体，どのような発想・論理（認知的基盤）に基づいて，それぞれの借用動詞を適切に使用しているのだろうか．

本稿では，これらの問題を中心に考察しながら，当該現象の背後にひそむ，日英語の母語話者の認知メカニズムを解き明かしていきたい．

---

* 本稿をまとめるにあたって，筆者の畏敬する先学であり先達でもある，坪本篤朗氏と長時間にわたって議論させていただく機会を賜り，その際に，幾多の貴重なご意見ならびにご助言を惜しみなくご提供いただきました．まずもって，この紙面をお借りして，心から深く感謝の意を表します．また，筆者の長年の畏友である，岡村和彦氏は本研究の最終原稿を精読し，数多くの誤謬や不備を指摘するだけでなく，さまざまな建設的なコメントも与えていただいた．ここに記して，厚く謝意を表したい．ただし，本稿の内容に至らぬ点があるとすれば，それは偏に筆者の責任である．

2. 日英語の借用動詞とは

2.1. 日英語のズレ：通説 I

まず，次の文例を当該動詞の対象（太字）に着目しながら，観察してみよう．

［文房具（stationery）］
(1) a. May I borrow your **pen**?
　　b. ペンをお借りできますか．
　　　　　　　　　　　（『ランダムハウス英和大辞典（第 2 版）』1994）
(2) a. I borrowed an **eraser** from a friend.
　　b. 私は友人に**消しゴム**を借りた．
　　　　　　　　　　　（『研究社新和英大辞典（第 5 版）』2003）

［日用品（commodities）］
(3) a. May I please borrow your **lighter**?
　　b. すまないけど，**ライター**を借りてもいいですか．
　　　　　　　　　　　（『日本語キーワード英語表現辞典』1997）
(4) a. May I borrow this **umbrella**?
　　b. この**傘**をお借りしてもいいですか．
　　　　　　　　　　　（『研究社新和英大辞典（第 5 版）』2003）

［レンタル品（rentals）］
(5) a. *We borrowed a **car** from an agency by the station.
　　b. 駅前で**レンタカー**を借りた．
　　　　　　　　　　　（『日本語キーワード英語表現辞典』1997）
(6) a. *I borrowed that **CD** for one week for a rental fee of 300 yen.
　　b. その **CD** は 1 週間 300 円で借りたんだ．
　　　　　　　　　　　（『研究社新和英大辞典（第 5 版）』2003）

［不動産（real estate）］
(7) a. *We borrowed the entire **restaurant** for the wedding reception.
　　b. **レストラン**を借り切って結婚披露パーティをやった．
　　　　　　　　　　　（『日本語キーワード英語表現辞典』1997）
(8) a. *I'm borrowing a one-room **apartment** near the university.
　　b. 私は大学の近くにワンルーム**マンション**を借りている．
　　　　　　　　　　　（『研究社新和英大辞典（第 5 版）』2003）

日英語の借用動詞は，その対象物の種類（タイプ）によって両言語の対応関係

に差異が生じる．具体的には，(1)-(2) の文房具（stationery），(3)-(4) の日用品（commodities）などの対象物を借用する場合は，日本語の「借りる」と英語の borrow はどちらも適格である．すなわち，日英語の借用動詞は一対一に完全に対応する．ところが，(5)-(6) のレンタル品（rentals），(7)-(8) の不動産（real estate）などの対象物を借用する場合は，日本語の「借りる」は適格であるが，英語の borrow は不適格である．すなわち，日英語の借用動詞は一対一に対応せず，ズレが生じていることがわかる．では，なぜこのようなズレが生じるのだろうか．このズレは，一体，何に由来するのだろうか．

日英語における対象物の意味上の相違に注目すれば，両言語には，それぞれ，《借料・代価（payment）》という概念の関与の有無が存在することに容易に気づく．日本語では，(1)-(8) の各 (b) 文がすべて適格であることからわかるように，相手の所有物を借用する場合，その〈借料・代価〉の関与の如何にかかわらず，「借りる」という動詞を一貫して使うことができる．これに対し，英語では，(1)-(4) の各 (a) 文の適格性が示すように，相手の所有物を「無償（−payment）」で借用する場合は borrow を使い，(5)-(8) の各 (a) 文の不適格性が示すように，それを「有償（+payment）」で借用する場合は，通常，borrow は使えず，それ以外のさまざまな借用動詞（例えば，rent, hire, lease など）を適宜使い分けなければならない．

以上の観察を図表化してまとめると，次のようになる．

(9) 通説 I（小西 (1980, 2006)，八木 (1996)，瀬戸 (2007), etc.）
■英語の borrow は，相手の所有物を「無償」で借用する場合に使われる動詞であるのに対し，日本語の「借りる」は，それを「有償／無償」を問わず借用する場合に使われる動詞である．

日本語	対　　象		英語
借りる	借　料 [±payment]	無償 [−payment]	*borrow*
		有償 [+payment]	*rent, hire, lease,* etc.

このように，日英語の借用動詞には，《借料・代価（±payment)》の概念が対照的に関与していることがわかる．つまり，英語は，日本語と違い，「有償（+payment)」と「無償（−payment)」を厳密に区別するのである．

2.2. 日英語のズレ： 通説 II

次に，日英語の借用動詞が完全な対応を示さず，ズレが生じるもう一つの事例は，対象物の《可動性（movability)》に関するものである．例えば，下記の興味深い例文（特に(10a) は日本人留学生がよくおかす誤り）をご覧いただきたい．

(10) a. *May I borrow your **bathroom**?
    b. （個人宅で）**トイレ**をお借りしたいのですが．
        (『研究社新英和大辞典（第6版)』2002)
(11) a. *Can I borrow your **room** for a minute?
    b. ちょっと君の**部屋**を貸してもらえるかな．
        (『ウィズダム英和辞典』2003)

上記の不適格文 (10a)-(11a) と適格文 (10b)-(11b) との対比が示すように，英語においては，日本語とは対照的に，bathroom「トイレ」や room「部屋」のような，本来「移動不可能（−movable)」な対象物を借用する場合は，たとえそれが「無償（−payment)」であっても，通常，borrow と英訳できず，それに代わる動詞として use を使用しなければならない．

さらに観察を拡げながら，具体的に検証してみよう．

(12) a. I borrowed his **desk** for a day to do my work.
    b. 一日彼の**机**を借りて仕事をした．
        (『日本語キーワード英語表現辞典』1997)
(13) a. May I borrow your **lawn mower**?
    b. **芝刈機**をお借りしてもいいですか．
        (『研究社新英和大辞典（第6版)』2002)
(14) a. Dad, can I borrow your **car** tonight?
    b. お父さん，今晩**車**を借りてもいいですか．
        (『最新アメリカ英語表現辞典』2003)

ここで注目すべきは，(12) の desk「机」，(13) の lawn mower「芝刈機」，(14) の car「車」はいずれも移動可能な対象物であることから，日本語の「借りる」

だけでなく，英語の borrow も許容されるに至っている，ということである．
　さらに，その対象物（借り物）は「物品」に限らない．移動可能であるならば，下記に示すように，「人間」を借りることもできる．

(15) a. Excuse me, everyone, but I need to borrow the **chief** for a couple minutes, okay?
　　 b. （歓談中の部長に用件があって別室に連れ出すとき）みなさん，ちょっと**部長**をお借りしますね．
　　　　　　　　　　　　　　　　（『研究社新和英大辞典（第5版）』2003）

　以上の観察から明らかなように，英語の borrow は，所謂「移動可能(+movable)」なものを借用する場合に使われる動詞であるのに対し，日本語の「借りる」は，「移動可能／不可能（±movable)」にかかわらず，相手の所有物を借用する場合に使われる動詞であることがわかる．
　ここまでの考察をわかりやすく図表化してまとめると，次のようになる．

(16)　通説 II (Sinclair (1992), 阿部 (1993), 八木(1996), 小西 (2006), 瀬戸 (2007), etc.)
　　■英語の borrow は，「移動可能」なものを，一時的に「無償」で借用する場合に使われる動詞であるのに対し，日本語の「借りる」は，「借料・代価」および「可動性」の有無にかかわらず，一時的に相手の所有物を借用する場合に使われる動詞である．

日本語	対象			英語
借りる	借料 [±payment]	無償 [−payment]	可動性 [±movability]	可 [+movable]	*borrow*
				不可 [−movable]	*use*
		有償 [+payment]	可動性 [±movability]	可 [+movable]	*rent,* *hire,* *lease,* etc.
				不可 [−movable]	

　したがって，日英語の借用動詞には，《借料・代価（±payment)》の概念にくわえて，《可動性（±movability)》というキー概念も対照的に関与していることがわかるであろう．

3. 検証

しかしながら，以上の分析は，筆者の知りうる限り，一般に広く認められている通説であると考えているが，この通説には，以下で論証するように，重大な反例が少なくとも二つ存在すると思われる．それぞれ仔細に検証することにしよう．

3.1. 反例1：borrow the telephone は容認可能か

一つ目の反例は，本来「移動不可能（immovable）」とされている telephone「固定電話」に関するものである．次の問題事例を見ていただきたい．

(17) a. %Could I borrow your **telephone**?
　　　b. （個人宅で）**お電話**をお借りできますか．

（英米人インフォーマント）

筆者が英語母語話者（英語ネイティブ）9人にインフォーマントチェックしたところ，英文(17a)における borrow の容認度・許容度に揺れ（違い）が見られる，という（文頭の記号「%」は容認度・許容度に揺れ（違い）があることを表わす）．具体的には，下表の(18)が示すように，

(18) (17a)の適格性に関する英語母語話者のジャッジメント結果

自然	やや自然	やや不自然	不自然
4人	3人	2人	0人
（主に若い世代）	（主に年上世代）	（主に年配世代）	

「ごく普通（very common）に使う〈4人：主に若い世代に多い〉」から「少し変（a little bit strange）だが，使える〈3人：より年上の世代に多い〉」，「かなり変（bizarre, weird）である，私個人は使わない〈2人：主に年配世代に多い〉」まで，英語母語話者のジャッジメントは実にまちまちであることが判明した．このジャッジメントに関する調査結果は，次のような問題点を提起する．

一つは，borrow の対象物である telephone は備え付けの固定物（facility）であり，それは本来「移動不可能（−movable）」なものなので，通説(16)によれば，英語の borrow は許容されないはずであるが，(18)の結果はこれに反する．つまり，一部「やや不自然」と回答する英語母語話者がいるものの，基本的には borrow は使えるという事実は，明らかに「通説Ⅱ」に対する反例となる

のであるが，この容認度の差異（(10a) と (11a) vs. (17a)）は，一体，何に由来するのだろうか．また，(17a) のジャッジメントをめぐって，英語母語話者の間で容認度・許容度に「揺れ」が存在するという言語事実は，どのように原理的に説明すればよいのだろうか．もう一つの問題点は，特に若い世代の英語ネイティブが，主に年配の英語ネイティブと比較して，問題の borrow the telephone という言い回しを（何の抵抗感もなく）ごく普通に使うとしているのであるが，それは一体なぜだろうか．この言語事実に対してどのような統一的な説明が可能だろうか．次節では，これら一連の問題に対して原理的かつ統一的な説明を試みたいと思う．

3.2. 反例 2：borrow the bathroom は容認不可能か

もう一つの反例は，興味深いことに，前節で指摘した borrow the bathroom の容認可能性に関するものである．次の実例を比較されたい．[1]

(19) a. *Can I borrow the **bathroom**?
    b. トイレをお借りしてもいいですか．
                                      （英米人インフォーマント）

(20) a. *I need a place to dye my hair.* May I borrow your **bathroom**?
    b. 髪を染めたいんだけど，トイレをお借りしてもいいですか．
                                      （英米人インフォーマント）

筆者が英米人母語話者（2 人がアメリカ人，2 人がイギリス人）に調査したところによると，下表の調査結果が明らかに示すように，通常，容認不可能（不適格）とされている (19a) の borrow the bathroom が，(20a) においては容認可能（適格）になる，というのである．

---

[1] 以下のジャッジメント結果は，第 2.2 節で取り上げた容認不可能な文 (11) についても当てはまる．
  (11) a. *Can I borrow your **room** for a minute?
       b. ちょっと君の**部屋**を貸してもらえるかな．
  (i) a. *I need a place to finish my project.* Can I borrow your **room** for a minute?
     b. 研究課題を仕上げたいんだけど，ちょっと君の**部屋**を貸してもらえるかな．
                                         （英米人インフォーマント）

(21) (19a) vs. (20a) の適格性に関する英語母語話者のジャッジメント結果

	自然	やや不自然	不自然
(19a)	0人	1人	3人
(20a)	3人	1人	0人

ここで注意しなければならないのは，本来「移動不可能（−movable）」な備え付けの固定物であっても，それが (20a) のような文脈（イタリック）の中で使われると，通説に反して，当該 borrow が許容される，ということである．では，なぜ上記のような（語用論的な）文脈が与えられると，通常，容認不可能な文 (19a) が容認可能な文 (20a) に変化するのであろうか．また，この一見相矛盾する言語事実は，一体，何に由来するのだろうか．

この不可解な謎（パラドックス）を解くためには，下記に提起する二つの根本的な問いに原理的かつ統一的に答えなければならない．

- (A) 第一に，なぜ borrow の対象物は「可動性 (movability)」をもつものでなければならないのか．つまり，borrow は，(19a) が示すように，通常 bathroom のような本来移動不可能 (immovable) な対象物を目的語にとることは許されないが，それは一体なぜなのか．
- (B) 第二に，本来の用途とは別の使用目的 (to dye my hair) を一旦明示すれば，(20a) が明示的に例証するように，本来移動不可能な対象物の bathroom であっても，当該 borrow が許容されるのであるが，それは一体なぜなのか．

どのような理論であれ分析であれ，これらの根本的な問いかけに対して原理的かつ統一的な解が与えられなければ，日英語の借用動詞，とりわけ，borrow の仕組み（本義）を完全に解明できたことにはならないのである．

4. 代案：認知的考察

4.1. 可動性のパラメータ

前節では，日英語の借用動詞に観察されるさまざまなズレを包括的に説明するために，通説が主張するような，当該動詞の対象が移動できるか／できないか（±movable）という可動性の有無に基づく「二項対立論 (dichotomy)」的な考え方は，問題の現象（反例）に関する日英語の母語話者の言語直観を正し

く捉えていないものであることがわかった.

そこで,本節では,それにとって代わる分析として,次のような《可動性のパラメータ (parametric movability)》と呼ぶべき認知メカニズムに基づいて,日英語の借用動詞の仕組みを明らかにしたい.

(22) 可動性のパラメータ
■英語の borrow は,〈可動性が相対的に高い（+highly movable)〉と話し手が知覚・認識するものを,一時的に〈無償（−payment)〉で借用する場合に使われる動詞であるのに対し,日本語の「借りる」は,〈借料・代価の有無（±payment)〉および〈可動性の高低（±highly movable)〉にかかわらず,一時的に相手の所有物を借用する場合に使われる動詞である.

ここで決定的に重要なのは,本研究が提案する《可動性のパラメータ》というのは,当該可動性の連続的・高低的変化（gradability）を示しており,それは,われわれ人間の対象に対する知覚・認識作用を通して捉えられる（construal）べきものである,ということである（第4.2節参照). したがって,話し手が borrow の対象に対して「可動性が〈相対的に〉高い（+highly movable)」と知覚・認識すれば,borrow が適格であると判断するが,「可動性が〈相対的に〉低い（−highly movable)」と話し手が知覚・認識すれば,borrow が不適格であると判断する,と考えるのである.

本題にもどろう. 上述のメカニズムに基づいて,前節で指摘した「反例1」を説明すると,次のようになる. 第一の問題点である,(10a)-(11a) における bathroom「トイレ」や room「部屋」と (17a) における telephone「固定電話」との容認度の違いについて,前者の場合,可動性は相対的に低い（客観的に可動性はゼロに近い）と話し手が知覚・認識すると考えられるので,(10a)-(11a) では borrow が不適格であると判断される. これに対して,後者の場合,確かに対象は備え付けの固定電話ではあるが,最近の固定電話は,以前（昔）のものと違い,コードレスが主流で容易に動かせる. 例えば,子機については,ある程度可動範囲は限られてはいるが,cell phone「携帯電話」とほぼ同等に自由に持ち運びが可能である. よって,子機は可動性が高いと考えてよいだろう. また,昨今の親機（本体）についても,コードで壁につながってはいるものの,通常,ジャック式になっており,ジャックを取り外して別の部屋の該当箇所につなげば通話することができる. よって,親機（本体）も可動性はある程度高いと考えて差し支えないだろう. このように,telephone「固定電話」の場合

は，bathroom「トイレ」などとは実質的に異なり，話し手は相対的に可動性が高いと知覚・認識することができるので，(17a) では borrow が適格であると判断されるのである．

　また，第二の問題点である，主に若い世代の英語母語話者が，主に年配の母語話者と比較して，問題の borrow the telephone という言い方をごく普通に使うという事実については，次のように答えることができよう．前者の英語ネイティブは，後者のネイティブと違い，一昔前の備え付けの「黒電話」の存在を知らない世代，換言すれば，自由に持ち運びができる「携帯電話」が主流の時代に生まれ育った世代なので，従来の「固定電話」の固定的なイメージが払拭（希薄化）され，当該表現が何の抵抗感もなく使うことができるのではないかと説明されよう．

　以上の考察を図表化してまとめると，次のようになろう．

(23)　**日英語の借用動詞の仕組み**

日本語	対象			英語
借りる　借料 [±payment]	無償 [−payment]	可動性 [±movability]	高 [+high] ↕ 低 [−high/+low]	*borrow* *use*
	有償 [+payment]	可動性 [±movability]	高 [+high] 低 [−high/+low]	*rent, hire, lease,* etc.

ここで強調したいのは，上図 (23) における矢印の両方向性が可動性の〈連続的・高低的変化 (gradability)〉を反映している，ということである．[2] したがって，日英語の借用動詞，なかんずく，borrow の対象物は，われわれ人間の対象に対する知覚・認識作用，すなわち，連続的に変化する《可動性のパラメータ》

---

　[2] この「両方向の矢印」については，坪本篤朗氏（個人談）よりご教示いただきました．ここに記して，深く感謝の意を表します．

の認知メカニズムを通して捉えられるべきものであると言えよう.[3]

4.2. 問題の統一的解明に向けて

　本稿の所期の目的は，日英語の借用動詞，とりわけ，英語の borrow の仕組み（本義）を解明することであるが，そのためには，前節で取り上げた「反例1」および「反例2」とともに，それらに密接不可分に関連する根本的な〈問題 (A) (B)〉に対しても原理的かつ統一的な説明が与えられなければならない.

　そこで，本節では，これらの諸問題を統一的に解くキーワードとして，次のような《自由な使用権限の委譲》という中核概念に基づく認知原理を導入する必要があり，そしてそれが前節で提案した《可動性のパラメータ》を支える認知的基盤を成している，と主張したい.

(24)　**英語の借用動詞 borrow の認知原理**
　　　■英語の borrow は，日本語の「借りる」と違い，自由な使用権限の委譲を求める動詞である．ただし，借り手は貸し手の所有物を元の姿で返還する義務を負う.[4]

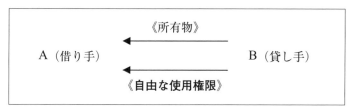

　ここで特筆すべきは，英語の borrow という行為は，貸し手から借り手に，可動性が相対的に高い（と話し手が知覚・認識する）対象物（所有物）が，それを使用する権限とともに，委譲されることを目指す動詞であり，その使用権限においては《自由な使用権限の委譲》という認知概念が究極的に志向されている動詞である，ということである.[5] 具体的には，借り手が "Can I borrow your

---

　[3] 日本語の「借りる」に相当する英語は，borrow の他に rent, hire, lease などがあるが，それぞれの語はどのような点で共通し，どのような点で相違しているのだろうか．この課題についても，本研究が提案する《可動性のパラメータ》に基づいて包括的に説明できるのであるが，本稿の射程を超えることになるので，稿を改めなければならない.

　[4] この結論に至るまでの過程で，岡村和彦氏との長時間におよぶ白熱した論議が大変参考になった．心よりお礼を申し上げたい.

　[5] というのは，borrow の対象物が〈無償〉であるからこそ，また，〈可動性〉があるからこそ，

pen?" と尋ね，貸し手が "Sure." と許可すれば，前者は（基本的に）それをどのような目的に使ってもかまわない．例えば，その pen でものを書いてもよいし，手品に使っても，あるいはその先端でリモコンの切替を行ってもよい．すなわち，借り手は《自由な使用権限》が行使できるわけである．ただし，借り物である限りにおいて，借り手は貸し手にそれを元の姿で返還する義務を負っている，と言っているのである．

　以上のメカニズムを踏まえて本筋にもどると，第3.2節で取り上げた「反例2」に本質的にかかわる二つの根本的な問題に対して，以下の通り，原理的かつ統一的に説明することができる．

　まず，第一の (19a) の容認不可能な特質をめぐる〈問題 (A)〉については，次のように原理的な説明を与えることができる．本稿の分析によれば，英語の borrow は《自由な使用権限の委譲》を求める動詞であり，またそうであるからこそ，借り手がその自由な使用権限を行使するためには，対象物（借り物）は移動可能な，すなわち，可動性の高いものでなければならないわけである．しかるに，問題の対象物 bathroom は固定物 (facility) であり，用途が固定しているため，借り手がその固定物を自由に移動させたり，行使したりすることはできない，すなわち，借り手に《自由な使用権限の委譲》がなされることはないわけである．よって，(19a) は上記の原理 (24) に抵触し，不適格な文となるのである．

　次に，第二の (20a) の容認可能な特質をめぐる〈問題 (B)〉についても，本稿では，次のように原理的かつ統一的に説明できる．つまり，同文においては，本来の固定用途以外の使用目的を明示することにより，本来移動不可能な bathroom が，またそれゆえに，比喩的にあたかも移動可能な対象物であるかのごとくに捉え直 (reconstrue) されることになるのである．[6] というのは，to dye my hair「髪の毛を染める」という別の使用目的を実現するために，話し手は，比喩的にその bathroom を移動不可能な固定物ではなく，いわば《擬似的に移動可能》な「道具／手段」のような対象物として知覚・認識できるように

《自由な使用権限》を行使できるわけである．〈有償〉であれば，貸し手が指定する目的以外では使用できない．つまり，前述の〈無償性 (−payment)〉と〈高い可動性 (+highly movable)〉が，borrow が志向する《自由な使用権限の委譲》を保証することになるのである．

　[6] 認知言語学では，所謂「捉え方 (construal)」という概念が極めて重要な役割を果たしている（詳細は，Langacker (1988)，西村 (1996)，籾山 (2002) などを参照）．本研究では，より適切な事態把握のためには，ただ単に「捉える (construe)」だけでは不十分であり，比喩的に「捉え直す (reconstrue)」ことの必要性・重要性を説いているのである．

なるからである.[7] したがって, 同ケースにおいては, 使用目的を明示している限りにおいて, 制限付きではあるが, 擬似的に《自由な使用権限の委譲》がなされたと捉え直されることになり, (20a) は上記原理 (24) に適合し, 適格な文となるのである.[8]

5. おわりに

　本稿では, 日英語の借用動詞の仕組みをめぐって, とりわけ, 両言語に見られるさまざまな意味論上または語用論上のズレは, 一体, 何に由来するのか, また日英語の母語話者は, どのような発想・論理 (認知的基盤) に基づいて, それぞれの借用動詞を適切に使用しているのか, という問題を中心に考察してきた. その結果, 日英語の借用動詞には,《借料・代価》の概念に加えて, われわれ人間の対象に対する可動性の連続的・高低的変化 (gradability) を捉える,《可動性のパラメータ》という中核的な認知概念が対照的に関与していることが判明した. 具体的には, 英語の borrow は, 〈可動性が相対的に高い〉 (+highly movable) と話し手が知覚・認識するものを, 一時的に無償 (−payment) で借用する場合に使われる動詞であるのに対し, 日本語の「借りる」は, 〈借料・代価の有無〉 (±payment) および〈可動性の高低〉 (±highly movable) にかかわらず, 一時的に相手の所有物を借用する場合に使われる動詞であることがわかった. また, その背後には,《自由な使用権限の委譲》という英語の借用動詞 borrow が究極的に志向している〈認知的基盤〉が働いていることもわかった. つまり, 英語の母語話者は, 当該 borrow を対象物の可動性だけで使い分けているのではなくて, その対象物の《自由な使用権限》が委譲できるかどうかによっても使い分けている, と結論づけることができよう.

　しかしながら, 脚注で指摘した課題も含めて, 残された問題は多い. 例えば,

---

[7] さらに比喩的に言えば, 借り手は, 本来移動不可能な bathroom を「道具／手段」に使って, 〈髪の毛を染める〉という目的を達成しようとしているのである.「道具／手段」であるならば, 当然ながら動かすことができる. よって, 当該 bathroom は〈擬似的〉ではあるが, 〈高い可動性〉をもつことになるわけである.

[8] このような「比喩 (とくに metaphor)」に基づく認知的アプローチは, 広範囲におよぶ興味深い帰結をもたらすのであるが, 紙幅が尽きてしまったので, ここでは割愛せざるをえない. なお, 本稿の主張とも符合する, metaphor がわれわれ人間のものの捉え方 (認識) や概念構造と密接にかかわるとする考え方については, Lakoff and Johnson (1980), Lakoff (1987) などを参照されたい.

「可動性」と「目的表現」の相関関係に関する問題がある．前節で見た実例(20a)が例証するように，本来の用途以外の〈使用目的〉を与えられると，本来移動不可能な対象物であっても，上述の《擬似的可動性》が誘発され，容認可能な文となるのであるが，それは一体なぜなのか，という謎である．さらに，日本語の借用動詞の「曖昧性」に関連する問題がある（cf. 池上 (2000) 参照）．日本語の「借りる」は，英語の borrow とは異なり，その対象の種類（タイプ）に応じて細分化されないが，それは一体なぜか．すなわち，前者は，後者とは対照的に，《借料／代価》の有無および《可動性》の高低にかかわらず，一時的に相手の所有物を借用する場合に使われるが，それは一体なぜなのか，という謎である．

これらの問題は，近年注目の《他動性 (transitivity)》の研究と深く結び付いており，それに由来すると考えている．より具体的には，Lakoff (1977), Hopper and Thompson (1980), 西光・パルデシ (2010) などが説得的に論じているように，所謂《他動性の連続体》という概念に着目すれば，その他の認知概念と緊密に連携して，当該現象における両言語間の共通点と相違点を包括的に捉えることが可能になると確信するが，紙幅が尽きてしまったので，これらは今後の研究課題としたい．

参考文献

阿部一 (1993)『基本英単語の意味とイメージ』研究社，東京．
Hopper, Paul and Sandra Thompson (1980) "Transitivity in Grammar and Discourse," *Language* 56, 251-299.
池上嘉彦 (2000)「'Bounded' vs. 'Unbounded' と 'Cross-category Harmony' (14)」『英語青年』5月号．
小西友七（編）(1980)『英語基本動詞辞典』研究社，東京．
小西友七（編）(2006)『現代英語語法辞典』三省堂，東京．
Lakoff, George (1977) "Linguistic Gestalts," *Papers from the Thirteenth Regional Meeting, Chicago Linguistic Society*, ed. by Beach A. Woodford, Samuel E. Fox, and Shulamith Philosoph, 236-286.
Lakoff, George (1987) *Women, Fire, and Dangerous Things: What Categories Reveal about the Mind*, University of Chicago Press, Chicago.［池上嘉彦・河上誓作他（訳）(1993)『認知意味論：言語から見た人間の心』紀伊國屋書店，東京．］
Lakoff, George and Mark Johnson (1980) *Metaphors We Live By*, University of Chicago Press, Chicago.［渡部昇一・楠瀬淳三・下谷和幸（訳）(1986)『レトリックと人生』大修館書店，東京．］

Langacker, Ronald W. (1988) "A View of Linguistic Semantics," *Topics in Cognitive Linguistics*, ed. by Brygida Rudzka-Ostyn, 49-90, John Benjamins, Amsterdam.
籾山洋介 (2002)『認知意味論のしくみ』研究社，東京.
西光義弘・プラシャント・パルデシ (2010)『シリーズ 言語対照4:自動詞・他動詞の対照』くろしお出版，東京.
西村義樹 (1996)「第5章 文法と意味」『テイクオフ英語学シリーズ3 英語の意味』，池上嘉彦(編)，71-93，大修館書店，東京.
瀬戸賢一(編) (2007)『英語多義ネットワーク辞典』小学館，東京.
Sinclair, John, ed. (1992) *Collins COBUILD English Usage (for Learning)*, HarperCollins, London.
八木克正 (1996)『ネイティブの直感にせまる語法研究』研究社，東京.

一般辞書類

『研究社新英和大辞典（第6版）』竹林滋(編者代表)，2002，研究社，東京.
『研究社新和英大辞典（第5版）』渡邉敏郎・Edmund R. Skrzypczak・Paul Snowden (編)，2003，研究社，東京.
『日本語キーワード英語表現辞典』三省堂編集所(編)，1997，三省堂，東京.
『ランダムハウス英和大辞典（第2版）』小西友七・安井稔・國廣哲彌・堀内克明(編集主幹)，1994，小学館，東京.
『最新アメリカ英語表現辞典』市橋敬三(著)，2003，大修館書店，東京.
『ウィズダム英和辞典』井上永幸・赤野一郎(編)，2003，三省堂，東京.

第Ⅱ部
構文分析

叙述型比較と領域型比較
―比較構文の日英語対照研究―*

廣瀬　幸生

筑波大学

キーワード：比較構文，叙述，領域，属性，同一範疇

1. はじめに

英語の比較構文に関して，日本人の英語学習者は (2) のようにいうべきところを (1) のような間違いをよくする．日本語ではそれに対応する (3) のような比較形式が極めて自然に用いられるからである．

(1) *The population of Japan is larger than Korea.
(2) 　The population of Japan is larger than that of Korea.
(3) 　日本の人口は韓国より多い．

本稿の目的は，英語では (1) のような比較構文が許されないのに，日本語ではそれに対応する (3) のような構文が許されるのはどうしてかという問いに答えることである．結論として，比較構文の類型には，少なくとも，述語とその項の「叙述関係」にもとづく叙述型比較 (predication-based comparison) と，実体や属性が概念的に関係づけられる「領域」にもとづく領域型比較 (domain-based comparison) の二つがあり，英語の比較構文は基本的に前者の型のみを許すのに対し，日本語はどちらの型も許すということを明らかにする．ただし，英語でも，compared to/with や in comparison to/with を用いた，次のような比較文は，領域型比較と考えられることも論じる．

---

　* 本稿は，日本英語学会第 23 回大会で口頭発表した内容（廣瀬 (2006)）に加筆修正を施したものである．加筆修正にあたっては，特に，大阪大学の岡田禎之氏による一連の研究（岡田 (2007, 2009)，Okada (2009)）を参考にさせていただいた．しかしながら，紙数の関係で，氏の分析自体には脚注でわずかに触れるに留まってしまった．より詳細な検討は別の機会に譲りたい．本研究は JSPS 科研費 24320088 の助成を受けている．

(4) Compared with (In comparison to) Japan, the population of Korea is small(er).　　　　　　　　　　　　　　　　　　　(岡田 (2007: 657))

なお，英語の比較構文は，形式的に，(5a) のような「節型」比較と，(5b) のような「句型」比較に大きく分けられるが，本稿で考察の対象にするのは句型比較とそれに対応する日本語の構文である．

(5) a.　John is taller than Bill is.
　　b.　John is taller than {Bill / six feet}.

2.　説明すべき問題

まず，日英語の比較構文に関して説明すべき問題を指摘する．第一に，(1)-(3) の例が示すように，英語では比較される対象と比較する基準がしかるべき同一の意味範疇に属さなければならないが，日本語では必ずしもその限りでない．[1] 以下もその類例である（江川 (1991: 171)）．

(6) a.　The freezing point of alcohol is much lower than that of water.
　　b.　*The freezing point of alcohol is much lower than water.
(7)　アルコールの氷点は水（の氷点）よりずっと低い．
(8) a.　Her salary happened to be a bit higher than her husband's (salary).
　　b.　*Her salary happened to be a bit higher than her husband.
(9)　たまたま彼女の給料は夫（の給料）より少し高かった．

しかしながら，第二に，日本語でも比較される対象と比較する基準が同一の範疇に属さなければならない場合もある．次例では，「家」や「大学」を省略すると容認されない．

(10)　僕の家は君 ??(の家) より大きい．

---

[1] この点に関して，複数の言語を調査した岡田 (2007, 2009)（あるいは Okada (2009)）によると，ドイツ語，フランス語，ロシア語，スペイン語などは英語と同じであり，一方，韓国語，中国語，スワヒリ語，トルコ語などは日本語と同じであるという．詳述する余裕はないが，岡田の分析は，日本語で (3) のように言った場合，「韓国」は「韓国の人口」を意味するようになる「概念拡張」（一種のメトニミー）が起こるのに対し，英語ではそれが許されないとする概念的アプローチであり，本稿がとる構文的アプローチとは異なるものである．しかしながら，以下で提案する領域型比較は，まさに，岡田のいう概念拡張を誘発する特性を備えていると考えられるのである（脚注 3 参照）．

(11) 太郎の大学は花子 *(の大学) より有名だ.

(3), (7), (9) と (10), (11) で違いが生じるのはどうしてかが問題となる.

　第三に，何と何を比較するかにより，英語では than 句の構成素関係が変化するのに対し，日本語の「より」句の場合は変化しない．次の例で (a) 文は車と車を，(b) 文は買い手と買い手を比較するものである．

(12) a. John bought a cheaper car than Bill's (car).
　　 b. John bought a cheaper car than Bill.
(13) a. ジョンはビルの車より安い車を買った.
　　 b. ジョンはビルより安い車を買った.

これらの例に分裂文によるテストを施すと，次のようになる．

(14) a. What John bought was a cheaper car than Bill's.
　　 b. *What John bought was a cheaper car than Bill.
　　 c. What John did was buy a cheaper car than Bill.
(15) a. ジョンが買ったのはビルの車より安い車だった.
　　 b. ジョンが買ったのはビルより安い車だった.[2]

よく知られているように，分裂文の焦点の位置には，単一の構成素が生じなければならない．そうすると，英語の場合，(14a) が容認され，(14b) が容認されないことから，than Bill's (car) は名詞句の cheaper car と構成素をなすが，than Bill は構成素をなさないということがわかる．さらに (14c) が文法的であることから，than Bill は動詞句の bought a cheaper car と構成素をなすことになる（この種の事実は Hasegawa (1987) が早くに指摘している）．一方，日本語では，(15a, b) とも容認されるので，「より」句はどちらの場合も，「安い (車)」と構成素をなすと言える．要するに，英語の (12a, b) は (16a, b) に示す構造をもつのに対し，日本語の (13a, b) は (17a, b) に示す構造をもつ．

(16) a. John bought [NP a cheaper car [than Bill's (car)]].
　　 b. John [VP [bought a cheaper car] [than Bill]].
(17) a. ジョンは [NP ビルの車より安い車] を買った.

---

　[2] この例では，ジョンだけでなくビルも車を買ったことが前提になるので，たとえば次のような文脈で生じることになる．
　　(i) ジョンもビルも，先月，車を買ったが，ジョンが買ったのはビルより安い車だった．

b.　ジョンは [NP ビルより安い車] を買った．

つまり，英語では，何と何を比較するかにより than 句の構成素関係が変わるのに対し，日本語の「より」句の場合は変わらないということになる．

以上のような問題に対して説明を与える分析を，以下，提示する．

3.　比較の目標と起点

　まず，比較（COMP）の意味特性をもつ語句を比較表現と呼ぶ．比較表現は比較という意味の性質により二項関係を表す．比較の基準となる要素を比較の「起点」(Source)，比較される対象となる要素を比較の「目標」(Target) と呼ぶ．たとえば John is younger than Bill. では，younger が比較表現，John が目標，Bill が起点である．

　一般に比較を行う場合，比較される対象と比較する基準はしかるべき同一の意味範疇に属するものでないといけない．これを目標と起点という概念を用いて定式化すると次のようになり，言語普遍的に適用されるものと仮定する．

(18)　目標・起点同一意味範疇の原則（以下「同一範疇の原則」と略称）
　　　比較の目標（あるいはその活性域）は，起点と同一のしかるべき意味範疇に属さなければならない．

そうすると，英語の (1) や日本語 (10), (11) が容認されないのはこの原則に違反するためと説明される．つまりこれらの例では，目標と起点が異なる意味範疇に属することがその非文法性の原因だということになる．なお，(18) で Langacker (1991) のいう「活性域」(active zone) という概念を付け加えているのは，次のような数量表現を含む例を扱うためである．

(19)　a.　John is taller than six feet.
　　　b.　John is younger than 30 years of age.

ここで6フィートや30歳と比較しているのは，ジョンという人全体ではなく，ジョンの背丈や年齢である．これを日本語で表すと，(20) のようになり，丸かっこで示した部分が比較の目標であるジョンの活性域である．

(20)　a.　ジョン（の背丈）は6フィートより高い．
　　　b.　ジョン（の年齢）は30歳より若い．

「6フィート」と「30歳」はそれぞれ背丈と年齢を表す概念なので，目標の活性

域と起点は同一の意味範疇に属すると言え，同一範疇の原則を満たすことになる．一方，次の (21) が容認されないのは，同一範疇の原則に違反するからと説明することができる．

(21) a. *John is taller than 30 years of age.／*ジョン（の背丈）は 30 歳より高い．
b. *John is younger than six feet.／*ジョン（の年齢）は 6 フィートより若い．

以上のように同一範疇の原則が正しいとすると，日本語の (3) が容認されるのは，そこでの目標が「日本の人口」ではなく「日本」と解釈されるからだと考えられる．

(22) [TAR 日本] の人口は [SO 韓国] より多い．

すると，日本語ではどうしてこのような目標付与が可能なのかということが問題となる．また，日本語とは逆に，英語ではどうして (23) のような目標付与が許されないのかということも問題となる．

(23) *The population of [TAR Japan] is larger than [SO Korea].

以下，英語の場合から考えることにする．

4. 叙述型比較

英語で (23) のような目標付与が許されないのは，結論を先に言うと，英語の比較構文が次の「叙述関係の制約」に従うからである．

(24) 叙述関係の制約
比較の目標は，比較表現と叙述関係になければならない．

叙述関係は (25) のように定義する．

(25) x が y と叙述関係にあるというのは，y が述語あるいは述語相当語句であり，かつ，x が y の意味的な項に対応する場合をいう．

そうすると，(23) のような形容詞文では，目標は比較表現に対して意味的に主語として機能しなければならないということになる．つまり，(23) で Japan を目標と解釈しても，それは比較表現 larger の主語ではないので，その目標付

与は叙述関係の制約に違反する．だからといって，次の (26) のような目標付与を行うと，叙述関係の制約は満たすが，同一範疇の原則に反することになってしまう．

(26) *[$_{TAR}$ The population of Japan] is [$_{COMP}$ larger] than [$_{SO}$ Korea].

したがって英語では，*The population of Japan is larger than Korea. のような言い方は非文法的とならざるを得ない．それに対し，(2) のような英文は (27) の構造をもち，叙述関係の制約も同一範疇の原則も両方満たしているので，文法的である．

(27) [$_{TAR}$ The population of Japan] is [$_{COMP}$ larger] than [$_{SO}$ that of Korea].

このように，英語では同一範疇の原則に加えて，叙述関係の制約がきわめて重要な働きをする．その意味で，英語における比較は叙述関係にもとづく「叙述型比較」と特徴づけられる．しかしながら，ここでまた新たな問いが生じる．2 節であげた次の例 (28) を見ると，主語で目標の John と比較表現の cheaper には直接的な叙述関係がないにもかかわらず，文法的なのはどうしてか，ということが問題となる．つまり，cheaper は car を叙述しているのに，主語の John が目標になれるのはどうしてか，という問題である．

(28) John bought a cheaper car than Bill.　(=(12b))

この問題に対しては，英語には次に示すような比較の意味を拡張する規則があるからだと答えることができる．

(29) 比較継承（英語）
統語構造 α が比較表現 COMP を含むとき，α は COMP の意味特性を継承し，α 自体も比較表現となることができる．
[$_α$ ... COMP ...] → α = COMP（ただし，α は節境界を含んではならず，かつ，COMP は定名詞句に含まれてはならない．）

これにより，(28) では動詞句が cheaper から COMP を継承し，(30) の構造が可能になる．

(30) [$_{TAR}$ John] [$_{COMP}$ bought a cheaper car] than [$_{SO}$ Bill].

そうすると，目標の John が比較表現の主語になり，叙述関係の制約を満たす．さらに同一範疇の原則も満たすので，意味的に適格となる．

なお，(29) に示した「α は節境界を含んではならず，かつ，COMP は定名詞句に含まれてはならない」というただし書きについて簡単に説明しておく．たとえば (31a) の文は，叙述関係の制約に違反するので非文法的だが，もしこれに比較継承が適用され，(31b) のように関係節の境界を越えて比較表現が形成されると，叙述関係の制約を満たしてしまう．

(31) a. *[$_{TAR}$ John] bought a car that was [$_{COMP}$ cheaper] than [$_{SO}$ Bill].
　　 b. *[$_{TAR}$ John] [$_{COMP}$ bought a car that was cheaper] than [$_{SO}$ Bill].

したがって比較継承は節境界を越えてはいけないことになる．また，(30) の不定名詞句 a cheaper car を定名詞句の the cheaper car に置きかえると，(32) のように非文法的となる．

(32) *[$_{TAR}$ John] [$_{COMP}$ bought the cheaper car] than [$_{SO}$ Bill].

これは定名詞句のもつ，指示対象に関する前提性が意味的な障壁となり，比較の意味が際立たなくなり，その結果 cheaper から動詞句への比較継承が阻止されるからだと考えられる．比較継承が起こらない場合は，(33) のように定名詞句内に生じることができる．

(33) 　John bought the [$_{TAR}$ car] [$_{COMP}$ cheaper] than [$_{SO}$ this one].

　さて，一般に比較が二項関係を表すことから，日英語ともに，比較表現と起点の than 句・「より」句の間には，次の「主要部・補部の関係」が成り立つと考えられる．

(34) 　主要部・補部の関係（日英語共通）
　　　起点を導く than 句・「より」句は，比較表現に対して文法的補部の関係にあり，したがって両者の統語的関係は，主要部・補部の姉妹関係になければならない．

そうすると，2 節で指摘した第三の問題，つまり，英語では何と何を比較するかにより，than 句の構成素関係が変わるのに対し，日本語の「より」句の場合は変わらないのはなぜかという問題に答えることができるようになる．まず，2 節で示した英語の (16a, b) には，比較継承により，比較表現と起点句に関して次のような表示を与えることができる．

(35) John bought [$_{NP1}$ a [$_{NP2}$ <u>cheaper car</u>] [$_{PP}$ <u>than Bill's (car)</u>]].
　　　　　　　　　　　　　　　COMP　　　　　　SO

(36) John [$_{VP1}$ [$_{VP2}$ <u>bought a cheaper car</u>] [$_{PP}$ <u>than Bill</u>]].
　　　　　　　　　　COMP　　　　　　　SO

車と車を比較する (35) では，NP2 の cheaper car が比較表現となり，起点句 than Bill's (car) と主要部・補部の関係を構成する．買い手と買い手を比較する (36) では，VP2 の bought a cheaper car が比較表現となり，起点句の than Bill はその補部となっている．要するに，英語には比較継承があるため，比較の主要部が可変的であり，それに応じて比較補部の than 句の統語的関係も変わらざるを得ないのである．そして，これは英語の比較構文が (34) の主要部・補部の関係に従うからである．

　一方，日本語の比較構文も主要部・補部の関係に従うが，「より」句の統語的関係が不変であるのは，英語とは異なり日本語には比較継承がないからだと考えられる．したがって，車と車を比較する (37) でも，買い手と買い手を比較する (38) でも，比較表現は同じ「安い」であり，したがって主要部・補部の関係から，「より」句はどちらの場合も「安い」と構成素をなさなければならない．

(37) ジョンは [$_{NP}$ [[<u>ビルの車</u>より] [<u>安い</u>]] <u>車</u>] を買った．
　　　　　　　　　　　SO　　　　COMP　TAR

(38) <u>ジョン</u>は [$_{NP}$ [[<u>ビル</u>より] [<u>安い</u>]] 車] を買った．
　　　TAR　　　　　　SO　　　COMP

要するに，日本語の比較構文も主要部・補部の関係に従うので，比較継承がない以上，「より」句の構成素関係は不変にならざるを得ないということになる．
　ところが，ここで注意すべきは，日本語の (38) では目標の「ジョン」が比較表現の「安い」と叙述関係にないにもかかわらず文法的だという点である．そうすると，日本語では英語と異なり，叙述関係の制約を無視することができるのはどうしてかということが新たに問題となる．そしてこれは，3 節で指摘した，日本語では次のような目標付与が可能なのはどうしてかということと表裏一体をなす問題なのである．

(39) [$_{TAR}$ 日本] の人口は [$_{SO}$ 韓国] より [$_{COMP}$ 多い]．(cf. (22))

なぜなら，(39) でも目標の「日本」が比較表現の「多い」と叙述関係にないからである．

5. 領域型比較

　ここで,「領域」(domain) と「属性」(attribute) という認知論的概念を導入することで,日本語の比較構文が英語のように叙述関係の制約に従わなくてよいのはどうしてかという問いに答えたい.まず,概略的に言うと,領域とはある概念を特徴づける場となる概念のことであり,ある領域にもとづいて規定される概念をその領域の属性という (Langacker (1987), Deane (1991) 参照).ここではこれをもう少し発展させ,次のように定義する.

(40)　領域概念・属性概念
　　　一定の文脈において,概念 X が概念 Y に対して唯一的に帰属する関係 Ru にあるとき,X を Y に対する「属性」,Y を X に対する「領域」という.

たとえば,(41)の「僕」と「手」は「手」が身体部位として唯一的に「僕」に帰属する関係にあるから,領域 (D) と属性 (A) の関係にある.同様に,(42) の「この車」と「エンジン」も部分の「エンジン」が全体の「車」に帰属するので,領域と属性の関係である.

(41)　[D 僕] の [A 手]　(Ru: 譲渡不可能所有)
(42)　[D この車] の [A エンジン]　(Ru: 全体・部分)

それに対し,(43)の「僕の家」については,「僕」は「家」に対するいわゆる「参照点」(Langacker (1993)) とはなっても,両者の関係は (44) に示すように様々でありうるから,唯一的な帰属関係 Ru が指定できない.したがって,領域と属性の関係を与えることはできないと考えられる.

(43)　僕の家
(44)　僕が {買った／建てた／住んでいる／絵に描いた／etc.} 家

　さて,領域と属性という観点から日本語の比較構文を見ると,次の原則が見いだされる.

(45)　領域比較の原則
　　　属性概念が比較表現と叙述関係にあるとき,その領域概念を比較の目標とすることができる.

たとえば (46) では,比較表現の「大きい」によって直接的に叙述されている

のは「手」であるけれども，領域比較の原則により，その領域である「僕」を比較の目標と見なすことができるのである．すると，「手」を属性とする領域の「僕」と領域の「君」が比べられており，どちらも「人」の範疇に属するので，同一範疇の原則が満たされることになる．³

(46) [TAR 僕]の手は[SO 君]より[COMP 大きい].
　　　　 D　 A　　 D′

この点で，「僕の」を主語化・主題化した(47)と基本的に同じ意味関係を表すと言える．

(47) [TAR 僕]は手が[SO 君]より[COMP 大きい].
　　　　 D　　 A　　 D′

(47)は叙述関係と領域・属性関係が融合した構文と考えられる．ここまでくると，これまで問題としてきた(39)の例において「日本」が目標となりうるのは，それが「人口」という属性の帰属する領域と解釈されるからであるということがわかる．

　それに対し，次の例が容認されないのは，すでに見たように，「僕の家」という表現には領域・属性の関係を与えることができないからであり，その結果，領域比較の原則が適用できないので，同一範疇の原則に抵触してしまうからである．

(48) ??僕の家は君より大きい．(cf. (10))

また，(49)と(50)の文法性の違いにも注目したい．

(49) a. *この学生の大学はあの学生より有名だ．(cf. (11))
　　 b. *この学生が入学した大学はあの学生より有名だ．
(50) a. この大学の学生はあの大学より優秀だ．
　　 b. この大学に通っている学生はあの大学より優秀だ．

普通，「学生」と「大学」の関係は前者が後者に帰属する関係にあるので，「大

---

　³ ここで注意すべきは，領域比較では，比較の目標だけでなく起点も領域概念と解釈されなければならないという点である．だからこそ，(46)は「僕の手は君の手より大きい」という意味になるわけである．つまり，領域概念の比較は，必ず，しかるべき属性概念の比較を伴うということである．脚注1で触れた，岡田(2007, 2009)のいう概念拡張が起こるというのは，このような領域比較の特性に起因するのではないかと思われる．

学」が領域で「学生」がその属性と考えられる．そうすると (49) では，領域比較の原則が適用されず，目標は主語の「大学」，起点は「学生」となり，同一範疇の原則に抵触し非文法的となる．一方，(50) には領域比較の原則が適用され，次のような意味構造が与えられる．

(51) [TAR この大学] の学生は [SO あの大学] より優秀だ．
　　　　　D　　　　 A　　　　 D′

(52) [TAR この大学] に通っている 学生は [SO あの大学] より優秀だ．
　　　　　D　　　　　 Ru　　　　 A　　　　 D′

(51), (52) ともに，同一範疇の原則を満たすので，容認される．蛇足ながら，(49) と (50) の対比から，大学が有名だからといって学生が有名ということにはならないのに対し，学生が優秀だと大学自体も優秀ということになる，ということがわかる．大学がその価値を上げるには，優秀な学生を輩出しなければならない所以である．

このように見てくると，2節で論じた次のような例文に見られる日英語の違いにも原理的な説明を与えることができる．

(53) John [VP [bought a cheaper car] [than Bill]]．　(= (16b))
(54) ジョンは [NP ビルより安い車] を買った．　(= (17b))

英語の (53) では起点の than 句は動詞句の構成素であるのに対し，日本語の「より」句は目的語名詞句内の構成素である．英語の場合は比較継承の規則 (29) があるために，(53) の動詞句 bought a cheaper car を比較表現と見なすことができ，その結果，(53) の統語論 (Syn) と意味論 (Sem) の対応は次のようになる．

(55) Syn:　[NP John] [VP1 [VP2 bought a cheaper car] [PP than Bill]]．
　　　Sem:　　TAR　　　　　　　 COMP　　　　　　　　　 SO

(55) は叙述関係の制約も同一範疇の原則も満たしている．一方，日本語には領域比較の原則 (45) があるので，それを適用すると (54) の統語論と意味論の対応は次のようになる．

(56) Syn: [NPジョン] は [VP [NP [S [ビルより] [安い]] 車] を買った]．
　　　Sem:　　 D　　　　　　　　　　 D′　　　　 A　　 Ru
　　　　　　 TAR　　　　　　　　　　 SO　　 COMP

(56) では，主動詞の「買う」によって「車」は「ジョン」に唯一的に帰属する関係になるので，購入物の「車」は買い手の「ジョン」を領域とする属性と見なすことができる．そうすると，比較表現の「安い」は属性の「車」を叙述する関係にあるので，領域比較の原則により「ジョン」が比較の目標となり，その結果，同一範疇の原則も満たされる．このように，比較表現自体は購入物の「車」を叙述しているにもかかわらず，買い手の比較を行えるのは，まさに，領域比較の原則があるからということが言える．

さらに，ここでの分析では (57), (58) に見られる容認可能性の差も説明することができる．

(57) ブラウン社は，グリーン社より有能な秘書を雇った．
(58)??ブラウン社は，グリーン社より有能な秘書を解雇した．

「雇う」の場合は，目的語の秘書が主語の「ブラウン社」(という会社) を領域とする属性と解釈することができるのに対し，「解雇する」の場合は，もはや属性とは見なせなくなるので，領域比較の原則が適用されず，(58) は非文になる．なお，(58) の「グリーン社」を「佐藤秘書」という表現にかえると，(59) のように容認可能となる．起点も目標もどちらも「秘書」なので，同一範疇の原則を満たすからである．

(59) ブラウン社は，佐藤秘書より有能な秘書を解雇した．

また，(57) に対して，(60) の例が容認されないことも説明可能である．(60) では目的語を定にする「その」という指示詞が入っている．一般に，動詞の目的語が主語の指示対象の属性を表す場合，その目的語は不定でなければならない (cf. 小深田 (2005))．たとえば，(61) のような属性記述文で目的語に「その」をつけると容認されない．

(60) *ブラウン社は，グリーン社より有能なその秘書を雇った．
(61) 太郎は，(*その) 大きい手をしている．

したがって，(60) でも「その」によって目的語が限定されると，主語を領域とする属性の解釈が与えられなくなり，その結果，領域比較の原則が適用されず，同一範疇の原則に抵触することになる．

4節で指摘したように，英語でも目的語が定の (62) のような比較文は容認されない．名詞句の定性が比較継承を阻止するので，叙述関係の制約が満たされないからである．

(62) *The Brown Company hired the more efficient secretary than the Green Company.

さらに興味深いことに，日本語の (57) と (58) のような対比が英語にも見られるのである．

(63) The Brown Company hired a more efficient secretary than the Green Company.
(64)??The Brown Company fired a more efficient secretary than the Green Company.

つまり，目的語が同じく不定でも，動詞の意味によって比較文の容認可能性が左右されるということである．そうすると，不定名詞句でもある種の前提がある場合は，定名詞句の場合と同様に比較継承が起こらないと考えることができる．

そのような前提概念として，中右 (1983) のいう「既定的前提」(anaphoric presupposition) という概念をここでは用いる．「既定的」とは次のように定義される．「ある事柄の知識（概念，命題）が，発話の時点に先立って，あらかじめ確定した話題として，話し手の意識のなかにあるとき，その知識は既定的である」（中右 (1983: 549)）．そうすると一般に，定名詞句の場合はその指示対象が発話時点で既に確立し，意識化されているので，既定的前提をもつと言える．一方，不定名詞句の場合は，通例は，当該発話と同時にその指示対象が意識されればいいので，非既定的である．ところが，(64) の fire のような動詞の場合は，解雇する対象がその動詞の叙述に先立って確立されている必要があるという意味で既定的な目的語をとると見なすことができる．このような既定性に関する違いは，よく知られた抜き出しに関する現象にも反映される（詳しくは Hirose (2002) 参照）．

(65) Which field did they {hire / ??fire} an expert in?

要するに，比較表現が既定的前提をもつ名詞句に含まれる場合は，その概念的際立ちが低いために，比較の意味が名詞句を越えて拡張できないのである．ということで，比較継承 (29) のただし書きにおける「定名詞句」は，「既定的前提をもつ名詞句」に修正する．

このように，日英語の比較構文で同じような現象が観察される場合でも，日本語の場合には，領域比較の原則がその背後で働いているのに対し，英語では

比較継承と叙述関係の制約が働いているという点が重要である．したがって，たとえば日本語の (57) とそれに対応する (63) の言い方を次のように変えると，容認可能性の差として現象に現れる．

(66) ブラウン社が雇った秘書は，グリーン社より有能だ．
(67) *The secretary the Brown Company hired is more efficient than the Green Company.

これまでの議論から明らかなように，日本語では領域比較の原則があるために「ブラウン社」が比較の目標に解釈できるが，英語では叙述関係の制約があるために the Brown Company を比較の目標と解釈できず，同一範疇の原則に違反し，(67) は非文法的になる．

6. 英語における領域型比較

4節で見たように，英語の叙述型比較の典型は，比較級を含む述語を比較表現とし，比較の目標を主語に，比較の起点を than 句にとるという構文である．これとは別に，英語には，compared to/with や in comparison to/with という句を用いて比較を表現することもでき，この場合，岡田 (2009) が指摘しているように，日本語と同様な現象が観察される．たとえば次の例では，表面的には，Japan と the population of Korea が比べられているように見える．

(68) Compared with (In comparison to) Japan, the population of Korea is small(er). (= (4))

岡田も述べているように，この文では smaller という比較級を用いる必要はない．さらに，次例の下線部からもわかるように，この構文（compared to X 構文と呼ぶ）は通常の比較構文では言えないことも表現できる．

(69) Compared to China and India, the population of these countries is small and is no longer growing.
(70) Compared to America, Canada has a small population and no true national media pool.

このようなことから，compared to X 構文は，X と同じ文内にあり，X と同一の意味範疇に属する要素 Y を文全体の主題として際だたせる機能をもつと考えられる．(68) の例で言えば，X が Japan で，Y が Korea にあたる．した

がって，この文は日本と韓国という国をその属性である人口で比較している領域型比較文であると言える．このような考えを支持する証拠となるのが，(71) のような例であり，その日本語訳は (72) の通りである（下線は筆者による）．

(71) Compared to <u>Austria</u>, the <u>population</u> of <u>the Netherlands</u> is twice as much, <u>government expenditure</u> is comparable, <u>the number of WH sites</u> is similar, but <u>funding</u> is one seventh.　(*Digital Applications for Tangible Cultural Heritage*, EPOCH Survey 2004/2005, p. 36)

(72) <u>オーストリア</u>に比べると，<u>オランダ</u>の<u>人口</u>は2倍，<u>政府支出</u>は同程度，<u>世界遺産の数</u>は似たようなものだが，<u>財源</u>は7分の1である．

日本語訳からもわかるように，(71) では，国としてのオランダが主題となっており，同じく国としてのオーストリアと領域比較が行われ，人口，政府支出，世界遺産の数，財源という属性が比べられている．これは，まさに，compared to X 構文が，X と同一の意味範疇に属する要素 Y の主題性を際立たせる機能をもつことを示すものである．

7. まとめ

　以上本稿では，日英語の比較構文を考察することにより，比較には，少なくとも，述語とその項の叙述関係にもとづく比較と，実体や属性が概念的に関係づけられる領域にもとづく比較の二つがあり，英語の比較構文は基本的に前者のみを許すのに対し，日本語はどちらの比較も許す，ということを論じた．ただし，英語でも，compared to X 構文と呼んだ比較文は，X と同一の意味範疇に属する要素の主題性を際立たせる機能をもつために，領域型比較を許容するということも示した．

　本稿で提案した分析では，日英語に共通するのは目標・起点同一意味範疇の原則と主要部・補部の関係である．一方，英語（の通常の比較構文）には叙述関係の制約があり，日本語には領域比較の原則がある．英語に見られる比較継承は，叙述関係の制約からの一つの帰結として存在するものである．日本語にそれがないのは，日本語では叙述関係の制約よりも領域比較の原則が優先されるからである．

参考文献

Deane, Paul (1991) "Limits to Attention: A Cognitive Theory of Island Phenomena," *Cognitive Linguistics* 2, 1-63.

江川泰一郎 (1991)『英文法解説――改訂三版』金子書房, 東京.

Hasegawa, Hiroshi (1987) "Structural Properties of Comparative Constructions," *English Linguistics* 4, 126-143.

Hirose, Yukio (2002) "Comparatives and Definite Noun Phrases: How to Account for Their Similarities (and Differences)," *English Linguistics* 19, 161-185.

廣瀬幸生 (2006)「比較の二つの類型:叙述型と領域型」*JELS 23* (日本英語学会第 23 回大会研究発表論文集), 41-50.

小深田祐子 (2005)「所有動詞の have および獲得動詞の定性効果について」*KLS* (Kansai Linguistic Society) 25, 238-248.

Langacker, Ronald W. (1987) *Foundations of Cognitive Grammar, Volume I: Theoretical Prerequisites*, Stanford University Press, Stanford.

Langacker, Ronald W. (1991) *Concept, Image, and Symbol: The Cognitive Basis of Grammar*, Mouton de Gruyter, Berlin.

Langacker, Ronald W. (1993) "Reference-Point Constructions," *Cognitive Linguistics* 4, 1-38.

中右実 (1983)「文の構造と機能」『意味論』(英語学大系第 5 巻), 太田朗(編), 548-626, 大修館書店, 東京.

岡田禎之 (2007)「比較対象表現の形式と意味のミスマッチ」『英語青年』第 152 巻 11 号, 656-658.

岡田禎之 (2009)「参与者の概念拡張と比較文形成」『「内」と「外」の言語学』, 坪本篤朗・早瀬尚子・和田尚明(編), 23-53, 開拓社, 東京.

Okada, Sadayuki (2009) "Comparative Standards and the Feasibility of Conceptual Expansion," *Cognitive Linguistics* 20, 395-423.

日本語被害受動文の成立について

加賀　信広

筑波大学

キーワード：日本語受動文，被害解釈，意味役割，受影性，単文・複文構造

1. はじめに

　本論は，日本語の被害受動文について考察し，加賀（2001）および Kaga (2007) で提示された意味役割理論の枠組みの下での説明を試みる．日本語には，英語などには存在しないタイプの受動文があり，被害（迷惑）受身はその一つに挙げられる．(1) の文は，自動詞の「死ぬ」「(雨が) 降る」を含む能動文に対応する，いわゆる間接受動文であり，解釈として「被害（迷惑）」の意味を伴う．一方，(2) の文は他動詞「呼ぶ」「ほめる」の目的語が主語に上昇している直接受動文であり，「被害（迷惑）」の意味は出てこない．

(1) a.　花子が娘に死なれた．
　　b.　太郎は雨に降られた．
(2) a.　花子が先生に呼ばれた．
　　b.　太郎は先生にほめられた．

　被害受動文に関する先行研究は膨大なものがあり，スペースが限られた本論でそれらを概観することは困難である．本論との関わりで著者が比較的よく参照したものとして，井上（1976），Kuroda (1979)，寺村（1982），砂川（1984），久野（1986），益岡（1991），Washio (1995)，柴谷（2000），杉本（2000, 2007），石田（2003），宮腰（2014）などの研究があるが，これらの全体からすればほんの一部の研究に対してでさえ，十分な言及を行うのは難しいと思われる．以下では，加賀（2001）および Kaga (2007) の意味役割理論の下での議論を主に展開し，先行研究との分析の重なりや相違については，必要最小限の言及に留めざるを得ない．

2. 意味役割理論と二受動文

　加賀 (2001) およびKaga (2007) は，Larson流の動詞句階層構造に意味役割を (3) のように割り振ることを提案し，主に英語の諸構文 (結果構文，二重目的語構文，中間構文など) における項要素の現れ方を一般的な観点から捉えようとした．提案のポイントは，マクロな意味役割を《動作主》《場所》《存在者》の3つに限定すること，状態変化の主体としての〈被動者〉(Patient) は広い意味で《場所》の役割をもつと分析すること，創造・生産動詞の目的語として現れる〈結果物〉(Resultant) を〈存在体〉〈移動体〉とともに《存在者》の類を成すと見ることである．[1]

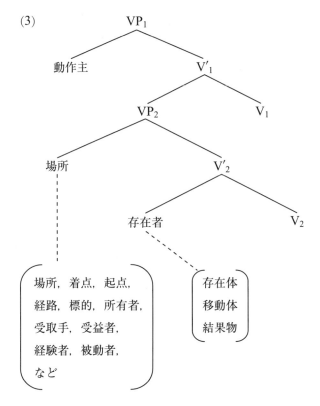

　〈被動者〉が《場所》であるというのは，(4a) の「割れる」という状態変化が

---

[1] 本論では，マクロな意味役割を《　》で，ミクロな意味役割を〈　〉で表記する．

「花瓶」という場所・領域で生じていることが,〈結果物〉が《存在者》に分類されるというのは,(4b) の「家」は「空き地」という場所を得て新たに存在することになったものであることが,その根拠となっている.

(4) a. 太郎は花瓶を割った.
    b. 太郎は空き地に家を建てた.

この意味役割理論の観点に立つと,Kuroda (1979),寺村 (1982),益岡 (1991) などで「受影性」をもつと特徴付けられた日本語のニ受動文は,以下のような一般化を受けることになる.

(5) 日本語ニ受動文は,《場所》要素を主語にとる.

《場所》は,《存在者》がそこに存在していることにより,また,新たに存在し始めること,あるいは,存在を止めることにより,《存在者》から物理的あるいは(有情者の場合)心理的な「影響」をこうむる主体である.この意味で,ニ受動文は「影響」を受けるべき《場所》が主語となっていなければならない.

(6) a. あの絵が子供に引き裂かれた.
    b. 翌年,その寺が信長に焼き払われた.
    c. 花子が太郎に情報を与えられた.
    d. 花子が太郎にその事実を教えられた.
    e. 太郎は花子に驚かされた.
    f. 太郎は先生にほめられた.

(6) の各文の下線を施した主語は,いずれも《場所》要素とみなされる.(6a, b) の主語は状態変化の主体としての〈被動者〉であり,(6c, d) の主語は「情報」や「その事実」を受け取る〈受取手〉である.(6e) の主語は「驚く」という感情をもつ〈経験者〉として,(6f) の主語はほめ言葉を受ける〈受取手〉として分析することができる.これらの場合,ニ受動文は文法的である.

一方,《存在者》要素がニ受動文の主語に立つと,多くの場合,文法性がかなり落ちることになる.

(7) a. *答案用紙が試験官に配られた.
    b. *国旗は水夫に高く掲げられた.
    c. *その無人島は著名な探検家に発見された.
    d. *万有引力の法則はニュートンに発見された.

e. *金閣は義満に作られた．
　　f. *このころ，源氏物語が紫式部に書かれた．

　(7a, b) の主語は〈移動体〉，(7c, d) の主語は〈存在体〉，さらに (7e, f) の主語は〈結果物〉の意味役割をもつと分析されるが，これらのニ受動文はいずれも非文法的である（例文判断は，寺村 (1982)，杉本 (2000) など）．なお，当然のことながら，これらの文が「受影性」の制限を受けないニヨッテ受動文になれば，文法性は回復することになる．

　本論で仮定している意味役割理論では，「影響」をこうむるのは《場所》要素に限られることに注意したい．素朴な直観から言えば，たとえば〈移動体〉が何らかの物理的影響を受けることは十分に有りうるが（例として，マストを上がっていく国旗が風に吹かれてたなびくなどの事態を考えられたい），しかし，言語理論的には，〈移動体〉など《存在者》要素は，《場所》要素に対して影響を与える原因になることはあっても，それ自体が「受影」主体になることは有りえないと考えるべきである．自然言語一般において，移動主体がそのまま状態変化主体にもなるような言語表現が存在しないことが観察されており，移動主体と状態変化主体の峻別，本論とのかかわりで一般化して言えば，《存在者》と《場所》の峻別が必要とされる所以である．

　(7) の各文は非文法的と判断されるが，《存在者》要素を主語とするニ受動文がすべて非文法的になるわけではない．(8) の例は文法的である．

　(8) a.　奴隷たちはアラブ人に地中海まで連れて行かれた．
　　 b.　アメリカ大陸はコロンブスに発見された．
　　 c.　この町は日本軍に建設されたので，趣味が悪い．

　(8a-c) の主語は，それぞれ〈移動体〉〈存在体〉〈結果物〉の役割をもつと分析されるが，(7) と異なり，文法的である．ただし，その解釈は「被害（迷惑）」の意味を伴うことに注意したい．(8a) は奴隷たちが意に反して地中海まで連行されたことが，(8b) はコロンブスの発見に被害感を抱いている人の存在が，(8c) は日本軍の建設に不満・不都合を感じている人の存在が，それぞれ読み取れる．(8a-c) をニヨッテ受動文に変換した場合には，客観的な中立叙述の文となり，そのような被害の意味は消えてしまうが，《存在者》要素が主語に立つニ受動文では被害の意味が読み込まれ，そして，その場合には，文法的になると考えられる．一方，(7) の各文が非文法的と判断されるのは，それらの文では被害者の想定が難しく，被害受身の解釈を与えることができないためである

と考えられる.² そうすると，日本語ニ受動文に関する一般化 (5) は，次のように修正するのが妥当であることになる.

(9) 日本語ニ受動文は，原則として《場所》要素を主語にとるが，被害の意味を読み込める場合には，《存在者》要素を主語にとることもある.

なお，ニ受動文にはそもそも「受影性」をもたない種類のものもある．益岡 (1991) で属性叙述受動文と分類された (10) や，栗原 (2005) で定位の無影響ニ受動文と呼ばれた (11) などの文である.

(10) a. 花子の家は高層ビルに囲まれている．
　　　b. この商品は多くの人に親しまれている．
(11) a. 1970年代のアイドル像は山口百恵に凝縮されています．
　　　b. 20hzから20khzまでの音が，人間に知覚されます．

これらの文に共通するのは，ニ格として現れる旧主語が《動作主》ではなく，マクロなレベルで《場所》の役割を担っているという点である．下線部要素の意味役割は，(10a) では〈場所〉，(10b) では〈経験者〉，(11a) では〈所有者〉，(11b) では〈経験者〉である．(6)-(8) に挙げた例文のニ格要素はいずれも《動作主》要素であり，この点で (10), (11) のニ受動文とははっきりと区別される．ニ格要素が《場所》であるため，主語は《存在者》の役割をもつものとなるが，このパターンでは「受影性」はかかわってこない．当然ながら，被害の読みも出ることはない．したがって，ニ受動文に関するより正確な一般化は (12) のようなものになる.³

(12) 日本語の「受影的」ニ受動文は，原則として《場所》要素を主語にとるが，被害の意味を読み込める場合には，《存在者》要素を主語にとることもある．

3. 受動文の構造と被害解釈

ニ受動文に関して (12) のような一般化が成り立つと仮定した上で，次に受

---

² 実際のところ，(7) の各文に「被害」の意味が出るようなコンテクストを（無理に）与えてやると，文法的な被害受動文として容認できる可能性が生ずると思われる．

³ ニ格が《場所》要素であるとなぜ「受影性」が生じないのかは興味深い問題であり，これについては稿を改めて慎重に考察する必要がある．

動文の構造について考えることにしよう．受動文の統語的分析を行っている先行研究は数多いが，その中で主にKuroda (1979) の非同一仮説に従って，日本語の受動文には (13b) と (14b) の2つの構造があると考えたい．[4]

(13) a. [$_{VP1}$ 花子が [$_{V'1}$ [$_{VP2}$ 太郎を [$_{V'2}$ 殴る-た]] V$_1$]]
　　 b. [$_{IP}$ 太郎$_i$ が [$_{I'}$ [$_{VP1}$ 花子に [$_{V'1}$ [$_{VP2}$ t_i [$_{V'2}$ 殴る-られた]] V$_1$]] I]]
(14) a. [$_{VP2}$ 花子が [$_{V'2}$ 死ぬ-た]]　　（太郎）
　　 b. [$_{VP2}$ 太郎が [$_{IP}$ 花子$_i$ に [$_{I'}$ [$_{VP2}$ t_i [$_{V'2}$ 死ぬ]] I]]-られた]

まず，(13a) が能動文「花子が太郎を殴った」の（基底）構造である．「花子」が《動作主》，「太郎」が〈被動者〉として，それぞれVP$_1$ とVP$_2$ の指定辞の位置を占めている．(13b) が受動文「太郎が花子に殴られた」の構造であり，「太郎」がIP指定辞の位置に繰り上がり，ガ格を得るとともに，旧主語の「花子」はVP$_1$ 指定辞の位置でニ格を受けている．(14a) は「花子が死んだ」の構造である．「花子」は「死ぬ」という状態変化の主体として《場所》の位置を占めると仮定されている．(14b) が受動文「太郎が花子に死なれた」の構造となる．「太郎」は，「花子が死ぬ」という事態にかかわる項ではなく，受動接辞「-られる」によって新たに導入されたVP$_2$ 指定辞に挿入され，（その後IP指定辞の位置に移動して）ガ格を得る．一方，「花子」はVP$_2$ 指定辞から内側のIP指定辞に繰り上がりニ格を受けている．

整理をすると，直接受動文は (13b) の単文構造をとるのに対して，間接受動文は (14b) のような複文構造をとるというのがわれわれの仮定である．受動接辞「-られる」に着目すると，その働きは次のように規定される．

(15) a. 直接受動文の「-られる」：動詞と結合し，《場所》要素を主語に取り立てる．
　　 b. 間接受動文の「-られる」：独立の動詞として《場所》および《存在者》の意味役割を与える．

直接受動文を形成する「-られる」は，(13b) の例で言えば，動詞「殴る」と結合し，《動作主》の「花子」ではなく，《場所》の「太郎」をIP指定辞（主語）に取り立てる働きをする．これに対して，間接受動文の「-られる」は，形態的に動詞と結合するという意味では接辞であるが，統語的・意味的には主動詞と

---

[4] 構造はLarson流の動詞句階層構造に拠っている．IPの指定辞が主語位置であると仮定するが，スペースが制限されており，表記は不完全である．

同様に，独自の項構造をとる要素であると考えられる．すなわち，間接受動文を導入する「-られる」は，(14b) の例では，《場所》として「太郎」をとり，《存在者》として「花子-死ぬ」という事態に対応する文 (IP) をとっている．ニ受動文に対して構造の非同一仮説を採用すると，このように受動接辞「-られる」に 2 つのタイプを認めることになるが，そうすると，そもそもこの 2 つのタイプが存在するのはなぜか，その関係はどうなっているのかなどの問題に答える必要が出てくる．本論では，それらの問題をくわしく検討している余裕はないが，われわれが仮定する意味役割理論の下では，その 2 つのタイプの「-られる」は《場所》要素を主語に取り立てるという機能では共通しており，それが単文と複文という 2 つの異なる環境に機能分化したと考えるのが一つの可能性ではないかと思われる．

さて，ニ受動文に 2 つの異なる構造を仮定すると，意味解釈との対応は次のように考えることになる．

(16) a. 直接受動文（単文構造）　——→　中立受身
　　 b. 間接受動文（複文構造）　——→　被害受身

この対応関係は，1970 年代〜80 年代にかけていくつかの研究ですでに指摘されているが（井上 (1976)，寺村 (1982) など），対応する能動文と直接の派生関係があるか否かにより直接受動文と間接受動文を分けるアプローチでは，「直接」と「間接」の区別が被害解釈の有無と必ずしもきれいな対応関係を結ばないため，これまでは，おおよそそのような対応の傾向があるのではないかというほどの理解で留まっていた．先行研究で問題となったのは，間接受動文でありながら，被害の解釈をもたない次のような例である．

(17) a. 太郎は花子に頭を殴られた．
　　 b. 太郎は看護婦さんに名前を呼ばれた．
　　 c. 太郎は花子に息子の成績をほめられた．

「太郎」と「頭」・「名前」が所有関係にあるため，所有者受動文と呼ばれることがあるこれらの文は，能動文である「花子が太郎の頭を殴った」等と直接の派生関係を仮定できないため，間接受動文と分類されることになるが，(「殴る」がもつ語彙的被害の意味を別にすれば）被害の意味を伴わないことは明らかである．[5]

---

　[5] Sugimoto (1985) は，所有者受動文を直接受動文の一種であると位置付け，そのために被

一方，直接受動文でありながら，被害の意味を伴うものには，すでに見た (8) のような例がある ((18) として再掲).

(18) a. 奴隷たちはアラブ人に地中海まで連れて行かれた．
　　 b. アメリカ大陸はコロンブスに発見された．
　　 c. この町は日本軍に建設されたので，趣味が悪い．

たとえば (18a) の受動文は「アラブ人は奴隷たちを地中海まで連れて行った」という能動文に項の増減なく対応するが，これらの例は明らかに被害の意味をもっている．われわれの見解では，《存在者》要素が受影的ニ受動文の主語にたつ場合は，被害の意味が読み込まれるということであるが，単に形だけで判断すると，(18a-c) は紛れもなく直接受動文である．

Washio (1995) は，間接受動文の被害性の有無をより適切に扱うために，「関与 (inclusion)」と「排除 (exclusion)」という対立に着目した．(19) の3つの文はいずれも間接受動文であるが，「子供」が誰の子供であるかで異なっている．Washio が観察するように，この中で (19a) は被害の意味がないが，(19b, c) は被害受身と解釈される．

(19) a. ジョン_i がメアリーに自分_i の子供をほめられた．
　　 b. ジョンがメアリー_j に自分_j の子供をほめられた．
　　 c. ジョンがメアリーにビルの子供をほめられた．

Washio の説明によれば，「自分」がジョンを指示する (19a) のように，主語が何らかの形で動詞句内にかかわりをもっていれば，それは「関与」の状況であり，その場合は被害の解釈は生じない．一方，「子供」がジョンと何らかのかかわりをもたない (19b, c) は「排除」の状況であり，そのような場合は被害の解釈が強制されるという．確かに「太郎が雨に降られた」など，被害の意味をもつ典型的間接受動文は，主語の「太郎」が「雨が降る」という事態に直接かかわらないことにその本質があるとすれば，その延長線上で (19a-c) の最小対立も説明しようとする Washio の考え方は，きわめて理に適っていると言える．

これに対して，意味役割理論の下でのわれわれの説明は，以下のようになる．

害の意味は生じないと論じている．以下で見るように，実は本論はこの考え方を採用することになる．ただし，Sugimoto (1985) は，所有者受動文がどのような基底構造から，(左枝分かれ条件など) 統語的抜き出し操作にかかる一般制約等に反することなく，派生されるかについては議論していないので，その点が課題として残されていた．

まず，所有者受動文については，次のような派生が想定される．「太郎が花子に頭を殴られた」の基底には (20a) の構造がある．《動作主》の「花子」，《場所》の「太郎」に加えて，「頭」が《存在者》要素として V_2 補部の位置に現れる構造である．この構造から (13) と同様に，「太郎」が主語位置に繰り上がると (20b) の受動文となる．

(20) a. [$_{VP1}$ 花子が [$_{V'1}$ [$_{VP2}$ 太郎 [$_{V'2}$ 頭を 殴る-た]] V_1]]
 b. [$_{IP}$ 太郎$_i$ が [$_{I'}$ [$_{VP}$ 花子に [$_{V'1}$ [$_{VP2}$ t_i [$_{V'2}$ 頭を 殴る-られた]] V_1]] I]]

ここでのポイントは，「太郎」と「頭」が所有関係にある，すなわち「太郎に頭がある」という関係なので，本論で仮定している意味役割理論の下でこの2つの要素は《場所》と《存在者》と認定され，それぞれ V_2 指定辞と V_2 補部の位置に生起するのである．ただし，(20a) の構造は，能動文として具現しようとすると，「二重「を」制約」等に阻止されるため，表面形をもつことができない (Harada (1973), Saito (1982) など参照)．これに対して，(20b) の受動文の場合は，「太郎」が主語位置に移動してガ格を得るために，文法的な文になれるというわけである．したがって，先行研究の多くで間接受動文と見られてきた (17) のような所有者受動文は，われわれの理論の下では単文構造に収まることになり，直接受動文の一つと見なされる．被害の意味が出ないのはこのためであると説明される．

　次に，直接受動文のように見えながら，被害の意味を伴う (18a-c) の例について考えてみよう．われわれは，日本語ニ受動文を受影主体すなわち《場所》要素を主語に取り立てる構文であると特徴付けた．そのため，《存在者》要素はニ受動文の主語位置に繰り上がることはできない．非文法的な (7a-f) の例はそのように説明される．ただし，文法的な受動文が生成されないというこの状況を回避する方策が残されている．《存在者》要素を移動させるのではなく，新たに《場所》要素として取り立てるというやり方である．これが間接受動文である．たとえば (18a) を例にとると，(21) のような構造が想定される．

(21) [$_{VP2}$ 奴隷が [$_{IP}$ アラブ人に$_i$ [$_{I'}$ [$_{V'1}$ t_i [$_{VP2}$ 地中海まで [$_{V'2}$ pro 連れて行く]] V_1]I]]-られた]

この構造は，接辞動詞「-られる」が「奴隷」を《場所》として，「アラブ人が地中海まで（奴隷を）連れて行く」という事態を《存在者》として選択している間接受動文である．内側の節の V_2 補部には pro が生起して，「奴隷」を指示

すると仮定する．動詞「連れて行く」が導入する《存在者》の意味役割は pro が担い，「奴隷」は「-られる」から受ける《場所》の役割を担うことになる．この《場所》の役割が〈被害者〉の解釈として実現すると考えられる．[6] このように，(18) のような受動文は単文構造には収まらず，被害の解釈をもつ複文構造，すなわち間接受動文として初めて文法的になりうるのである．

このように考えてくると，われわれの枠組みの下では，単文構造をもつ直接受動文は被害の意味をもたないのに対して，複文構造の間接受動文は常に被害の意味になるという，きれいな対応関係を保持することができる．所有者受動文に関しても，所有関係にある 2 つの要素は基底構造で《場所》と《存在者》の位置に別個に生成されるので，統語的派生について問題が生ずることはない．

ここまでの考察で，被害受身の解釈が出るのは，間接受動文の複文構造の場合であることが分かったが，この説明には，しかし，もう一つ考えるべき大きな問題が残されている．杉本 (2000) は，次の例を提示して，所有関係が同じように成立していても，被害の解釈が出る場合と出ない場合があることを指摘した．(22b) と (23b) は，(22a) と (23a) と異なり，被害の意味を伴うのである．

(22) a.　太郎は美術商に絵を高く評価されている．
　　 b.　太郎は花子に絵をオークションに出品された．（被害）
(23) a.　太郎は編集の田中さんに論文を賞賛された．
　　 b.　太郎は編集の田中さんに論文を掲載された．（被害）

これらの例文で「絵」と「論文」はいずれも「太郎」の所有物なので，Washio (1995) の理屈でいえば「関与」の状況ということになり，被害の意味は出ないはずであるが，(22b) と (23b) は被害の読みでしか解釈できない．これは，どうしてであろうか．

われわれは，「太郎」と「頭」など所有関係にあるものは《場所》と《存在者》の位置に別個に生起できるので，単文構造に収まると考えた．しかし，それだけでは (22b) と (23b) も単文構造をもつ直接受動文であると分析してしまうことになり，説明としては不十分である．もう一度，「太郎が花子に頭を殴られ

---

　[6] 間接受動文において，《場所》の役割をもつ要素が〈受益者〉ではなく，〈被害者〉の解釈に傾くのはなぜかという問題については，別の考察が必要である．宮腰 (2014) にこの問題に関する興味深い論考がある．

た」の基底構造を考えてみよう ((20a) を (24) として再掲).

(24) [$_{VP1}$ 花子が [$_{V'1}$ [$_{VP2}$ 太郎 [$_{V'2}$ 頭を 殴る-た]] V_1]]

「太郎」が《場所》の位置に,「頭」が《存在者》の位置に生起するためには, 両者が所有関係にあることがまず必要である. しかし, それだけでは不十分である. この構造では,「太郎」も「頭」も共に動詞「殴る」の目的語であるので,「頭」だけでなく,「太郎」も殴られる対象でなくてはならない. 実際にこの例では,「頭を殴る」も「太郎を殴る」も容認される. (24) のような単文構造が成立するためには, 動詞と《場所》位置に生ずる目的語の関係も考慮に入れる必要がある. そこで, 所有関係にあるという条件に加えて, (25) の制約を立てることにする.

(25) 所有関係にある 2 つの要素が《場所》と《存在者》の位置に別個に生起できるのは, その両者が共に動詞の行為の対象となっている場合である.

(25) の観点から (17b, c) の例を見直してみると,「太郎の名前を呼ぶ」ことは「太郎を呼ぶ」ことでもあり,「太郎の息子の成績をほめる」ことは間接的ではあっても「太郎をほめる」ことにもつながるのであるから, (17b, c) の受動文は (25) に合致しており, 単文構造に収まると予測される. 同様に, (22a) で「太郎の絵を評価する」ことは「太郎を評価する」ことであり, (23a) で「太郎の論文を称賛する」ことは「太郎を称賛する」ことにつながるので, これらの文は単文構造に収まることになり, 被害の意味は出ないことが予想される. これに対して, (22b) と (23b) では「太郎の絵を出品する」ことは「太郎を出品する」ことにはならず,「太郎の論文を掲載する」ことは「太郎を掲載する」ことではないことを踏まえれば, (25) により, 単文構造に収まらないことになる. そのような文は, 複文構造をとる間接受動文のオプションを選択することで, 初めて文法文として認定されると考えられる. したがって, 被害の意味を必然的にもつことになるのである.

(25) の制約が妥当なものであるとすると, 所有者受動文であったとしても, 単文構造に収まり, 被害の意味をもたない文は, 実際はかなり制限されることになる. たとえば (26a, b) は所有者受動文であるが,「太郎の息子を招待する」ことは「太郎を招待する」ことではなく,「太郎のペンを使う」ことは「太郎を使う」ことにはならないので, いずれも被害受身となる.

(26) a. 太郎は花子に息子を（パーティに）招待された．
    b. 太郎は花子にペンを使われた．

また，(27)は身体部位を含む受動文であるが，「髪の毛」が花子のものであっても，被害の意味が感じられる．

(27) a. 花子は美容師に髪の毛を切られた．
    b. 花子は美容師に髪の毛を染められた．

これも，「髪の毛を切る」ことや「髪の毛を染める」ことは，「花子を切る」「花子を染める」ことにならないので，単文構造に収まらないからであると説明される．(28)でも確認できるように，「切る」「染める」は，衝撃・接触動詞の「殴る」「なでる」とは振舞いが異なるのである．

(28) a. 太郎が花子を{殴った／なでた}のは，{頭／腹}だ．
    b. *太郎が花子を{切った／染めた}のは，髪の毛だ．

4. おわりに

本論は，日本語の受動文を意味役割の観点から考察した．ニ受動文は《場所》要素を主語に取り立てる構文であること，被害の解釈を伴うのは複文構造をもつ間接受動文であることを主張した．さらに，所有者受動文はこれまで考えられてきたよりも，被害の意味をもつ事例が多いことを指摘した．

本論を終える前に，日本語受動文の議論にしばしば登場する「潜在的受影者」という概念について一言述べておきたい．日本語受動文の研究では，伝統的にニ受動文で影響を受けるのは有情者であるという考え方があるため（松下(1930)，金水(1991)など），非情物が主語にたつ場合には，その非情物が「影響」を受けるというのではなく，明示されない有情者が存在して，代わりにそれが（心理的）影響を受ける，すなわち「潜在的受影者」になるという考え方を採る必要があるとされる（益岡(1991)）．たとえば(6a)のニ受動文では，影響を受けるのは「あの絵」そのものでなく，「潜在的受影者」として想定されるその絵の持ち主なり描き手なりであるという考え方である．しかし，本論で仮定する意味役割理論の下では，異なる見方が可能である．(6a, b)の非情物主語は〈被動者〉の役割をもっており，状態変化の主体として動詞が表わす行為から物理的「影響」を受ける．(6c-f)の有情者主語が〈受取手〉ないし〈経験者〉として《存在者》要素を受け入れることで「影響」を受けるのと平行し

て，(6a, b) の非情物主語は状態変化をこうむるという形ですでに十分な「影響」を受けていると考えられるのである．したがって，状態変化を起こしている非情物主語に関しては，「潜在的受影者」を想定する必要はない．そう考えることで，「潜在的受影者」の概念を導入したときに常に問題となる，当該の非情物に関して明確な所有者や創造主が存在せず，「潜在的に影響を受ける人」として誰を想定すべきかがよく分からないといった事態を避けることができる．

しかし一方で，われわれは (8) の被害受動文の議論に関して，被害・不満・不都合を感ずる人の存在を想定した．これはどう説明されるであろうか．(6) のニ受動文の主語は，われわれの枠組みでは，《場所》要素であると一般化されたが，これは動詞の目的語が主語に繰り上がった，直接受動文の成分である．これに対して，(8) の被害受動文の主語は基底節とは別に，接辞動詞「-られる」によって導入される節の主語として新たに取り立てられる成分である．本論の提案が妥当なものであるとすると，日本語受動文の議論において必要になるのは，直接受動文の非情物主語に対する「潜在的受影者」の概念ではなく，間接受動文の非情物主語にかかわる「潜在的被害者」という概念であると考えられる．

参考文献

Harada, Shin-ichi (1973) "Counter Equi NP Deletion," *Annual Bulletin of the Research Institute of Logopedics and Phoniatrics* 7, 113-147.
井上和子 (1976)『変形文法と日本語（上・下）』大修館書店，東京．
石田尊 (2003)「日本語ニ格受動文の統語論的分析」博士論文，筑波大学．
加賀信広 (2001)「意味役割と英語の構文」『語の意味と意味役割』(英語学モノグラフシリーズ第 17 巻), 87-181, 研究社, 東京.
Kaga, Nobuhiro (2007) *Thematic Structure: A Theory of Argument Linking and Comparative Syntax,* Kaitakusha, Tokyo.
Kishimoto, Hideki (2001) "The Role of Lexical Meanings in Argument Encoding: Double Object Verbs in Japanese,"『言語研究』120, 35-65.
金水敏 (1991)「受動文の歴史についての一考察」『国語学』164, 1-14.
Kuno, Susumu (1973) *The Structure of the Japanese Language*, MIT Press, Cambridge, MA.
久野暲 (1983)『新日本文法研究』大修館書店，東京．
久野暲 (1986)「受身文の意味——黒田説の再批判——」『日本語学』5:2, 70-87.
栗原由加 (2005)「定位のための受身表現——非情物主語のニ受身文の一類型——」『日本語文法』5:2, 180-195.

Kuroda, S.-Y. (1965) *Generative Grammatical Studies in the Japanese Language*, Doctoral dissertation, MIT.
Kuroda, S.-Y. (1979) "On Japanese Passives," *Explorations in Linguistics: Papers in Honor of Kazuko Inoue*, ed. by George Bedell, Eiichi Kobayashi and Masatake Muraki, 305-347, Kenkyusha, Tokyo.
Kuroda, S.-Y. (1988) "Whether We Agree or Not: A Comparative Syntax of English and Japanese," *Linguisticae Investigationes* 12, 1-47.
益岡隆志 (1991) 「受動表現と主観性」『日本語のヴォイスと他動性』, 仁田義雄 (編), 105-121, くろしお出版, 東京.
松下大三郎 (1930) 『改撰標準日本文法』勉誠社, 東京.
宮腰幸一 (2014) 「受動文の受害性の起源について」『日本語文法』14:1, 54-70.
Saito, Mamoru (1982) "Case Marking in Japanese: A Preliminary Study," ms., MIT.
柴谷方良 (2000) 「ヴォイス」『日本語の文法 1 文の骨格』, 119-186, 岩波書店, 東京.
Sugimoto, Takeshi (1985) "Similarities between Passives and *Te-morau* Constructions in Japanese," *Metropolitan Linguistics* 5, 67-93.
杉本武 (2000) 「「に」受動文と受影性」『筑波大学学内プロジェクト (A) 研究報告書 東アジア言語文化の総合的研究』筑波大学, 23-37.
杉本武 (2007) 「現代日本語の受動文と格の研究」博士論文, 筑波大学.
砂川有里子 (1984) 「〈に受身文〉と〈によって受身文〉」『日本語学』3:7, 76-87.
寺村秀夫 (1982) 『日本語のシンタクスと意味 I 』くろしお出版, 東京.
Washio, Ryuichi (1995) *Interpreting Voice: A Case Study in Lexical Semantics*, Kaitakusha, Tokyo.

ト書き表現の直示性の起因:坪本説の再検討と新展開*

西田　光一

下関市立大学

キーワード:直示,ト書き,構造的不完全性,統語的擬態,ことばの映像化

1. はじめに

　本論文の目的は,坪本 (2009) のト書き研究を基に,語用論的観点からト書きの特徴を明らかにすることである.坪本 (2009) は,坪本 (1992) を出発点とするト書き研究の延長上にあり,その成果から今後の新展開を検討することは,ト書きだけでなく,俳句など他の意図的な短絡表現の研究にも資する.

　本論では坪本 (2009) が XP-NP, NP-XP と呼ぶト書き表現を論じる.XP-NP は名詞句に XP の連体修飾が付く形式であり,NP-XP は格助詞なしに名詞句に XP を続ける不完全な節の形式である.(1) は山田洋次「息子」(1991: 66) からの一場面で,1 行目などに XP-NP があり,3 行目などに NP-XP がある.

(1) 路地
　1. 小さな住まいやアパートのたち並ぶ路地を行く征子.
　2. その後を見え隠れして追う哲夫.
　3. 征子,足を速めると急に角を曲がり,立ち停まる.
　4. 慌てて後を追って駆け込んだ哲夫が,征子にぶつかりそうになる.
　5. 哲夫「あ!」
　6. 征子,責めるような目で哲夫を睨む.

ここでは,6 行目を「責めるような目で哲夫を睨む征子」に替えても同義であ

＊ 草稿の段階でご助言いただき,ご自身の学位論文と本論の関連をご教示いただいた坪本篤朗先生に謝意を表したい.本論の不備は全て私の責任である.

る．坪本は，この2つの語順の関係を交換とするが，本論では，XP-NP と NP-XP の関係は交換という文法操作には由来せず，時間の意味が抑制された動詞句を含む不完全な節は，必要最小限の情報を伝える場合，当該動詞句を連体修飾に直した名詞句と解釈が等価になることに因ることを論じる．

本論は以下の通り構成される．2節でト書きの記述について坪本（1992），坪本（2009）の要点をまとめ，本論が扱う問題を整理する．3節ではト書きの直示性が不完全な構造に因ることを示す．4節は本論のト書きの説明を俳句などの不完全な表現に応用することの妥当性を論じる．5節は結論である．

2. ト書きの記述に関する坪本（1992），坪本（2009）の要点

ここではト書きの XP-NP と NP-XP の特徴で坪本（2009）が挙げたものから，A. 図，風景，映像の意味を表し，B. 状況と個体の両面性があり，C. XP-NP と NP-XP の語順の交換を許すという3点を重点的に議論する．坪本に従い，XP-NP における連帯修飾の部分と，NP-XP の述語の部分を，範疇を区別せずに XP と呼ぶが，坪本の議論でも実質的に XP は動詞句を想定している．

まず具体例を基に A. の特徴を見よう．(2) は坪本（2009: 307）が引いた『どんどん橋，落ちた』からの一節である．

(2) M**村の午後は，いつもと変わらず平和であった．森の切れ間にできた広場に集まり，誰もがくつろいだひとときを過ごしている．(2-1)裸で元気に遊びまわる子供たち，木陰で繕い仕事をする若い女たち…「髭の老師」ボウは，（中略）(2-2)そんな風景をのんびりと眺めていた．

ここでは下線部 (2-1) の XP-NP が下線部 (2-2) の「そんな風景」に対応する意味を表す．この点について，坪本は，XP-NP は，NP の指示する個体を表すだけでなく，その個体が置かれた状況を表すとし，これが第二の B. の特徴として，XP-NP を受ける照応には，状況指示の「ソ」系の表現が使われるという．(3) は，坪本（2009: 309）が引いた『黒沢明と「赤ひげ」』の一節である．

(3) （おとよは）木サジで薬を口元に運ぶ保本の手をパッと撥ねのける．むっとする保本．そこへ赤ひげが来て交替する．

A. と B. の特徴は，ト書きが直示的なことに因る．ト書きは状況を見ながら理解されるので，その状況が図，風景，映像のように把握され，その照応には，状況全体を受ける選択と，当該状況の中の個体を受ける選択の両方がある．

坪本は，ト書きには話し手中心の直示語が入っているので，話し手（書き手）が眼前の状況で起きていることを表すようにしか使えないと議論している．具体的には，坪本 (1992) はト書きに［+直示］という素性を与えており，坪本 (2009) も，感嘆詞の「あ！」に類して，聞き手（読者）に眼前にあるもの，眼前の事象に注意を喚起する原初的直示表現がト書きに入っているとしている．しかし，ト書きのどこに，どのように直示表現が入っているかについては，坪本の議論では不明である．本論では，ト書きに与えられる直示性は語用論的推論に起因し，周囲の文脈との比較から導き出されることを示す．

　第三に，坪本 (2009: 309-310) は XP-NP と NP-XP は交換可能とし，次の映画『お引越し』の脚本からの (4a) は (4b) でも同様に使えると指摘している．

(4) a.　レンコ，バス停に止まっていたバスに飛び乗る．閉まるドア．
　　 b.　レンコ，バス停に止まっていたバスに飛び乗る．ドア，閉まる．

坪本は，ト書きの NP-XP の語順では NP にガ格が付かないものを扱うが，坪本 (2009) では，ト書きでガ格が省かれる理由の問題は扱われておらず，また，なぜ XP-NP と NP-XP が交換の関係にあるかの理由も述べられていない．さらに，次節で見るように，この交換は常に文法的に成り立つものではない．

　上記 3 点の特徴に関連し，坪本 (2009: 322-323) の説明では，XP-NP の形のト書きは埋め込み可能で，構文ネットワークの一部をなすと考えられている．

(5) a.　快調に走る高橋選手
　　 b.　こちらは [快調に走る高橋選手] です．

同じ高橋選手が走る様子を表すのでも，(5a) はト書きや写真キャプションで使い，(5b) は実況中継で使うが，坪本は，(5b) は (5a) を「内部に包摂する」として，ト書き連鎖が別の上位の節に埋め込まれると考える．ただし，(5b) のようなコピュラ文の中では，*「こちらは高橋選手，快調に走るです」といった NP-XP に交換した語順が容認されない．(5a) は (5b) の関係は次節で詳しく検討する．

3.　不完全な構造と直示性の起因

　ここでは次の 3 点を議論する．(i) ト書きの文脈でも XP-NP と NP-XP は

常には交換せず，2つの語順には使い分けがある．(ii) ト書きの直示性は個々の表現自体の問題ではなく，周囲の文脈との比較から導かれる．(iii) ト書きは時間的動きのある状況を静止画扱いで表し，原理的に埋め込まれない．

　最初に，ト書き表現で XP-NP と NP-XP が交換しない例を考えてみよう．(6) は私の作例だが，芝居が始まり，舞台の幕が開く第一幕の最初の場面を表すト書きとしては (6a) の NP-XP は可能だが，(6b) の XP-NP は不自然である．

(6) a. 舞台第一幕
　　　　光，差す．ドラム，鳴る．
　　b. 舞台第一幕
　　　　*差す光．鳴るドラム．

同じ舞台開始を表すト書きでも，次の設定では両方の語順が容認される．

(7) 舞台第一幕
　　　光る稲妻．／稲妻，光る．

これは時間の流れをどこまで忠実に追って表すかという問題に行きつく．(6a) の「光，差す」，「ドラム，鳴る」は時間が流れる出現的な場面設定で，個体指示や状態指示に置き換えられない．このような場面の切り出しでは，「光，ドラム」は時間帯を表し，個体を指さない．そのため，「光」と「差す」は時間差をつけて理解される．同じ光でも (7) のように「稲妻」と「光る」が共に瞬間的で，その生起に時間差がないものでは，2つの語順で同義である．

　NP-XP と XP-NP の関係は，表される状況が時間的流れを忠実に追わなくても理解される場合は，その状況全体を描写することと，その状況の一要素の一時点を指示することの両者が実質的に同じという解釈の結果に帰着する．

　(2) で見たように，ト書き表現は状況を映像的に表すという意味で直示的であり，その直示性は，「これ」などの本来的な直示語との共通点から理解できる．「これ」などの直示語は，その語を話し手が使う状況を見なくては，何を指すか不明であるという状況依存性がある．直示語が指示対象の特徴を表さず，話し手と指示対象の距離のみを表し，語義が不完全だからである．

　普通名詞は，指示対象の特徴を表す語義を備えた記号なので，例えば coast は陸から見た陸と海の境界線を，shore は海から見た陸と海の境界線を表すことが，それを含む発話の状況とは独立し，話し手と聞き手の関係も捨象して，定義できる (cf. Fillmore (1982), 本多 (2013))．直示語は，このような語義を

欠くため,状況依存的に話し手の都合で指示対象を決められるが,反対に状況から独立した象徴性がないため,ことばだけの操作の対象にならない.

記号としての不完全性を構造的に再現すると,当該表現は全体として本来的な直示語と等しく扱うことができる.これを次の転用の原則として示す.

(8) 非直示表現の直示的用法への転用:本来的な直示表現が有する記号としての不完全性を表現全体の構造的な不完全性によって再現せよ.

この原則により,周囲の文脈の表現に比べ,構造的に不完全な表現に,その表現自体の特徴の問題ではなく,その文脈上の位置づけの問題として,直示的解釈が与えられる.これは,上記 (ii) の論点への本論からの解答でもある.

原則 (8) は McCawley (1998: 764-767) の統語的擬態 (syntactic mimicry) の一種である.統語的擬態とは,本来的に品詞が違う語句でも,意味が似ていると同じ機能で使えるようになることを言う.例えば,英語では tough 構文は難易度を表す形容詞が述語に使われるが,名詞述語でも難易度を表すものは tough 構文で使われるものがある.この場合,much of a bitch のような名詞句が difficult のような形容詞に統語的擬態を示していることになる.

(9) a. *Finnegans Wak*e is as difficult to read as *Ulysses* is.
　　b. *Finnegans Wak*e is as much of a bitch to read as *Ulysses* is.

統語的擬態を本論の事例に適用すると,節と直示語では本来的な範疇が違うが,NP-XP は構造的な不完全性で直示語の語義の不完全性に擬態しているので,直示語と同じく状況依存的に使えるようになることが説明される.

坪本 (2009: 306) は「閉まるドア」のような XP-NP のト書きには「動きが感じられる」とし,この解釈ないし直観がト書き連鎖は通常の連体修飾とは違うという論拠になっている.ト書きの XP-NP が動きを表すという直観は広く共有されると思われるが,それが何に起因するかという問題がある.この点に関し,坪本 (2001) は,「「いま」という時 (および「ここ」という空間) の制約を受けない XP が一般的な特徴や属性を表す連体修飾」だが,ト書きの XP-NP は「いま」と「ここ」に成り立つ関係を表すと指摘している.

XP-NP に動きが表される理由は,表現の内部にはなく,それが置かれた文脈にあると考えられる.XP-NP の連鎖は同じで,独立した表現で使う点でも同じでも,連体修飾のリストの文脈では,「閉まるドア」は動きを表さない.

(10) 閉まるドア.書ける鉛筆.切れる包丁.火が点くライター.当然のこ

とのようでも，道具にはそれぞれ仕組みがあります．

このようなリストは，話し手が当該の状況を見ずに聞き手と知識で理解できることを表し，周囲に動きを表す文脈がなく，連体修飾の各名詞句の構造的不完全性が相対的に低く，1つだけが際立つことがない．(10) からト書きの XP-NP の特徴を逆算すると，(i) 話し手が状況を見ながら話していることが聞き手に伝わり，(ii) 周囲に動きを表す文脈があり，(iii) 当該表現は，その状況全体を表さず，一部を不完全に表すことが推論される．ここから，坪本の言う通常の連体修飾の XP-NP とト書きの XP-NP は連体修飾の性質が違うというよりは，前者とは違う後者の特徴は，聞き手が推論に迫られるように話し手が意図的に不十分に表すという情報提供の反映であることが分かる．

坪本 (2001) は，(11a) は通常の連体修飾なので，XP-NP を恒常的な個体の性質を表す形容詞で限定できるが，(11b) はト書きなので，このような限定が容認されないと指摘している．ただし，(12) のように転移修飾的な形容詞は，本来「無情に」という副詞が期待されるところでも，ト書きで容認される．

(11) a. （大きな）閉まるドアが閉まらなくなった．
　　 b. レンコ，バス停に止まっていたバスに飛び乗る．(*大きな）閉まるドア．
(12) レンコ，バス停のバスに向かって走る．無情な閉まるドア．

「無情な」は XP-NP の外にあるレンコの一時的感情を表すので，XP-NP が場面の一断片を表すのは，周囲の文脈から推論された結果であると分かる．

上記 (iii) の論点も原則 (8) の帰結である．(5a) と (5b) の違いを整理しよう．(5a) は高橋選手が走る場面に関する記事の写真キャプションで使え，ト書きでも使えるが，マラソン番組の中継の発話では使えない．一方，(5b) は写真キャプションでも，ト書きでも使えないが，中継放送の発話では使える．

坪本 (2009: 324) も，独立したト書きと埋め込みの環境では XP-NP の機能が違い，ト書きを埋め込む (5b) のタイプの文に加え，埋め込まれた XP-NP が眼前の状況を表さず，個体指示に限られる文のタイプもあるとしている．

もう1つ違いを追加すると，中継の手法により，高橋選手本人は映っておらず，選手が走りながら見えているのと同じ速度で展開する景色を映す場合でも (5b) は使える．このような本人を直接指さない動画作成法とト書き連鎖は合致しない．ト書きは，直示的に必ず本人のいる場面を指して使われる．

これに関連して，坪本が指摘している違いで，本論とは説明が異なる例を検

討しよう．中継の発話では，「こちらは」は使えるが，「これは」は使えない．ただし，「これは」は高橋選手の写真を指す場合の発話では使える．

(13) これは，快調に走る高橋選手です．

同じ直示語でも，「これ」が話し手の近くの個体を指すのに対し，「こちらは」は話し手の近くの場所を指す．高橋選手が走っている最中の中継で「こちらは」が容認される理由は，個体を指すしかない「これ」とは違い，指示の範囲が広いためと考えられる．言い換えると，「こちら」が導く文は高橋選手の周りの場所を表すだけでも良く，当然，その場所で起こる時間の流れも許容するが，「これ」が導く文には，そのような許容範囲の広さはない．

　写真キャプションの (5a) は，走行中の高橋選手を指すが，(13) の文内の「快調に走る高橋選手」は本人ではなく，本人の写真を指すと解される．写真キャプションやト書きは動きのある場面の一時点を切り取り，静止画扱いで表すが，(13) のように主語が個体指示で固まった文内の XP-NP は，初めから静止画になっているものを表すというように機能が違うため，(13) の XP-NP は写真キャプションの XP-NP にある場面指示の機能を継承していない．

　(5a) のように XP-NP は写真キャプションで使われることから，ト書きは，時間の流れがある場面も静止画扱いで表すことが分かる．特に XP-NP の形式のト書きは一場面で，その流れ全体が表される状況を表すのに適している．(6) で見たように，ト書きでも，時間の流れを忠実に追うことが必要な場合は，静止画専用の XP-NP は使えず，節の形式を保つ NP-XP が使われる．

　写真キャプションやト書きとしての XP-NP は形式的に名詞句だけが表され，独立節に比べ不完全なので，(8) に従い，直示性を発揮して状況の一場面を指して使われる．しかし，埋め込まれた XP-NP は，節の一部になると同時に構造的不完全性を失くすため，直示性が発揮されない．言い換えると，写真キャプションやト書きとしての XP-NP は，全体が直示的な指示表現で，それが指す状況を静止画として表すため，XP 内の動詞は主要部名詞句の指示を限定する修飾語としてのみ機能し，時間的流れを表す意味が抑制されるが，節の一部としての XP-NP における XP 内の動詞には時間的流れを表す意味が発揮されることになる．まとめると，ト書きは次の語用論的慣習に従う．

(14) 時間的変化を見ることなく理解できる状況については，その状況の時間的変化を表すより，瞬間的特徴を表す方を優先せよ．

構造的に不完全な表現は，時間帯の一部を見れば，その全体が分かるという状

況を表すのに向く．(14) の慣習は，(15b) の Grice (1975) の量の公理に基づき，時間的変化について必要最小限の情報で伝達することを許容している．

(15) a. Make your contribution as informative as is required (for the current purposes of the exchange).
b. Do not make your contribution more informative than is required.

継続の状況は，どこを取り出しても同じである．ドアが閉まる時のように瞬間の状況は，その始まりが終わりなので，時間の流れがない．そのため継続と瞬間を表す場合は，(14) の慣習により，時間の流れの全部を言わずに瞬間を静止画的に言うだけで十分である．両者の状況では動詞の時間の流れの意味が抑圧されるので，XP-NP と NP-XP の 2 つの語順で同じ状況を表す．

坪本 (2009: 348) も，XP-NP における XP と NP の関係を時間的な部分と全体の関係としているが，ト書きの 2 通りの語順の性質を考えると，これは当然の結果であり，NP は NP-XP が表す状況の全時間帯の一時点であり，その一時点を修飾することが状況の全時間帯を表すことにもなるからである．

Michaelis and Lambrecht (1996) が論じるように，埋め込まれる表現が，それを埋め込む表現と等しい機能を担う場合に構文の継承関係がある．具体的には，(16a) の定名詞句は単独で (16b) の名詞句外置構文と等しい感嘆表現として機能するので，(16a) は (16b) に包摂され，継承関係が成り立つ．

(16) a. The amount I spent!
b. It's amazing the amount I spent!

(16a) は文の形式を備えた (16b) の一部を表すだけで (16b) が表す意味を表すため，部分で全体を表すことになり，メトニミー的な名詞句と呼ばれる．

2 節では，(5a) と (5b) の関係で，坪本 (2009) は構文文法的な継承関係を考えていることを見た．坪本の議論によれば，「快調に走る高橋選手」という写真キャプションは，「こちらは快調に走る高橋選手です」という実況中継のメトニミーになるはずだが，両者は機能が違うので，継承関係をなさない．

先に見たように，もし XP-NP と NP-XP が交換可能で，(5a) の XP-NP がト書きとして埋め込まれるのであれば，容認されないコピュラ文も生起することになる．形態論的な理由で「快調に走るです」が容認されず，形式名詞を介在させるとしても，「こちらは高橋選手が快調に走るところです」のように格助詞も入れて，構造的に不完全性のない形式に整えなくてはいけない．

ト書きの直示性は，周囲の文脈に比べ当該表現が構造的に不完全なまま独立

していることに起因する．周囲の文脈との比較を通じてト書きに直示性が付与されるので，その表現を周囲の文脈から切り離す埋め込みは受け入れない．従って，ト書きは埋め込まれない主節現象に属す（cf. Green (1976))．この議論は，ト書きでは，「(*これは) バスに飛び乗るレンコ」のように主題を明示化できないという坪本 (2001) の観察の延長線上に位置づけられる．

2節で述べたように，坪本 (2009: 327) はト書きを「あ！」のような原初的直示を含む表現とするので，節的な NP-XP より，1つの構成素にまとまっている XP-NP の方が原初的であるとする．しかし，ト書きの直示性が周囲の文脈との比較に起因するという本論の立場からは別の見解が導かれる．

独立節に比べ，NP-XP と XP-NP はともに不完全な形式だが，XP-NP は連体修飾の形式としては完全である．一方，格助詞を省いた NP-XP は節としても，他の句構造としても不完全で，不完全性の度合いが高い．これは NP-XP がト書きでしか使えず，XP-NP より状況依存的で，原初的なことを示す．

4. ト書きの実例の検討と他の不完全表現への応用

本論の説明を検討するため，まずト書きの実例から語順の役割を明らかにし，続いて，俳句，詩，ことわざにも同様の直示性があることを見る．(17) と (18) は山田洋次「家族」の pp. 200-201, pp. 238-239 からの各場面である．

(17) 山手線の中
　　 1. 超満員の車中でもまれる家族．
　　 2. 見かねて民子の前に坐っていたサラリーマンが源造に席をゆずる．剛は押されて泣き出す．
　　 3. 源造も必死で早苗をかばう．
　　 4. さっきのサラリーマンも剛たちが押されないように必死でかばう．民子，剛をなだめる．
　　 5. サラリーマンが怒った調子で精一に言う．
　　 6. サラリーマン「無茶ですよ，こんな時間に子供を連れて」
　　 7. 精一「(恐縮して) すみません」
　　 8. サラリーマン，荷物を網棚にのっけてやる．

ここでは7行目の段階では立っていたサラリーマンが，8行目の途中で腰をかがめて荷物を持ち上げるため，8行目が表す状況の中でサラリーマンへの指示と，その人の動作に時間差がある．そのため，節的な NP-XP が適しており，

XP-NPの「荷物を網棚にのっけてやるサラリーマン」は不自然である．

(18)からもNPの指示とXPの動作の時間差の有無で，NP-XPとXP-NPの使い分け，特にNP-XPが優先される文脈を明らかにすることができる．

(18) 亮太の家・一室
 1. 民子，ふと眼をさます．
 2. 雨戸のすきまから暗い室内に光がさし込んでいる．
 3. 隣の寝床はもぬけのから．
 4. 外からゴトゴト何か動かす音．
 5. 牛の鳴き声．
 6. そして剛達のキャッキャッとはしゃぐ声が聞こえる．
 7. 民子，横に寝ている精一の腕時計を見てゆする．
 8. 民子「父ちゃん，父ちゃん」
 9. 立ち上がってカーテンを引く．
 10. 窓外で亮太，牛を洗っている．

民子が寝ている場面から眼をさます場面への推移が映像化される1行目では「ふと眼をさます民子」は適切ではないが，横に寝ている精一をゆすったり，牛を洗う作業が継続される7行目と10行目では「横に寝ている精一の腕時計を見てゆする民子」，「窓外で牛を洗っている亮太」も適切である．継続中の動作は，その一時点を切り取って表しても，同等に解釈される．

ト書きは構造的不完全性を確保するため，言語外の状況にさらけ出される必要がある．NP-XPとXP-NPは，内部の特徴によってト書きになるのではなく，それらが不完全なまま独立表現とされることによって，ト書きになる．このように構造的不完全性に起因する直示は，意図的に作られた短絡的な独立表現に応用可能である．以下では俳句と詩も原則 (8) に従うことを示す．

山本 (1993) は俳句の特性を論じ，短歌は動画的だが，俳句は時間の流れを無化して静止画的で，動詞的な用言より名詞的な体言を重視し，ことばを全て同時に表す試みであると指摘している．山本の説を受け，石丸 (2010) は，俳句は全体で1つの形を表すゲシュタルト的な表現であると論じている．

原則 (8) は，この俳句の特徴に言語学的理由を与える．短歌と比べた俳句のように不完全性の強い表現ほど直示表現としての特徴を強く示し，瞬時的な状況に依存して解されるからである．(19a, b) は松尾芭蕉の俳句の例である．

(19) a. 荒海や佐渡によこたふ天河

b. 奈良七重七堂伽藍八重ざくら

坪本 (2009: 342) が指摘するとおり，(19a) のような俳句はト書きの XP-NP と同じ連体修飾の形式を備えている．山本 (1993: 16) は，(19b) のように「名詞の羅列で読者の胸中に俳句的イメージを形成するには充分」と指摘しているが，その理由は，(19a, b) のような意図的に不完全な表現は全体で 1 つの直示表現になり，一場面を指すことで理解できる状況を読者に伝えるからである．

俳句も構造的不完全性に因る直示表現なので，原理的に他の文に埋め込まれない．もし周囲の文脈と比べた不完全性が分かるように俳句を埋め込むとすれば，それは周囲の文脈全体を 1 文の中に埋め込むことになり，それは不可能である．また，構造的不完全性は，表現の固定性と独立性を保証する．

表現上の時間の無化と状況指示は俳句に固有な特徴ではなく，周りの文脈に比べ意図的に不完全にした表現の特徴であり，詩にも該当する．西脇順三郎『Ambarvalia（アムバルワリア）』(1933) に所収の「眼」を例に採ろう．

(20) 眼
　　　白い波が頭へ飛びかゝつてくる七月に
　　　南方の奇麗な町をすぎる．
　　　静かな庭が旅人のために眠つてゐる．
　　　薔薇に砂に水
　　　薔薇に霞む心
　　　石に刻まれた髪
　　　石に刻まれた音
　　　石に刻まれた眼は永遠に開く．

この詩は，構造的に完全な散文で時間の流れがある前半と，「薔薇に砂に水」という名詞を並べた不完全表現から始まる後半から構成されており，名詞中心の連続 4 行は，時間の流れのない永遠がテーマの後半に相応しく，作者の目に映った場面を 4 枚の静止画にして連続して見せる効果をもたらす．

詩も構造的に不完全であり，全体で 1 つの直示表現をなす．そのため，作者が見た状況と直接結びついており，それ以外に結びついていない．詩の解説では，詩のことばを他のことばに言い換えられ，別のことばに従属させることもできるが，それらは元の詩にならない．詩は他のことばに言い換えられない点で固定的であり，他のことばに埋め込まれない点で独立的である．

Levinson (2004) は，直示は言語の原初的特徴を残しており，直示から状況依存性が低くなるに従い，ことばの記号としての独立性が高まると論じている．本論で扱った事例は，これとは逆の方向で，記号として独立した形式を意図的に不完全にすることで，その形式に直示の機能を付与できることを示す．本多 (2005) の用語を使うと，直示は話し手と聞き手の共同注意の補助手段であり，ある表現の文法を意図的に不完全にすると，当該表現を独立した記号の段階から共同注意の補助手段へと先祖返りさせられることになる．

　料理や工作などで共同作業中の話し手と聞き手は，(21) のように直示語だけで意思疎通できる．これはことばの原初的な映像的特徴を具体化している．

(21)　これがこうなってから，これをこうして，ここに付けます．

このような直示語は語義がなく，共同注意を促す手段にすぎない．直示を表す英語の deixis が語源的に「指さし'pointing'」を意味することが示唆するように，本来的な直示語は語義を欠くため，その意味を聞き手は話し手が指さすものの特徴から補うことになる．本論では，この直示語の特徴を応用し，構造的に不完全な表現には，表現を構造的に完全にする文法的要素が補われるのではなく，それが直示的に指す状況から時間的変化の有無に関する情報が補われることを示した．記号として独立し構造的に完全な表現のままでは，状況依存的な共同注意の補助手段にならず，上記の先祖返りが導かれない．

　文法を不完全にすることによって生じる状況依存的な場面指示の効果は，ことわざにも見られる．中右 (1978a, b, c) は，(22a, b) に挙げるようなことわざの文法的破格の理由を簡潔性に求め，表現の圧縮と省略を指摘するが，本論の立場からは，文法的破格から修辞的技巧とは別の機能が導かれる．

(22) a.　Better buy than borrow.
　　 b.　Better the feet slip than the tongue trip.

中右が挙げる例のように，ことわざは主語なしで，述語の構成素も部分的に欠く破格文が多い．この破格表現も，構造的に不完全にすることで，当該表現を状況依存的な直示表現に先祖返りさせるものである．その効果は話し手が聞き手と話題にしたい状況に聞き手との共同注意を向けることにある．

　中右 (1978a: 147) はことわざの絶対不可欠の条件に教訓性と遍在性を挙げているが，これはことわざが状況依存的であることの帰結である．記号としての独立度が高く，予め何について教訓的であるかが決まっている表現では，遍在的に使うことができない．逆に，記号として独立しておらず，発話の場面ご

とに主題と評価の基準を選べる表現は，遍在的な教訓として通用する．特に主語なしのことわざは，発話の場面の主題が主語に置き換えられて理解され，話し手が聞き手に主題の状況を直示的に指すことを促す手段をなす．

本論の議論は，言語は根源的な直示を取り込んだ慣習的表現の体系であるという瀬戸 (2007) の予言的仮説と軌を一にするが，ここでの新しい主張は，この仮説を，直示語が遍在するというのではなく，非直示的表現を直示的に戻して使えるようにする慣習が遍在するという意味で把握する点にある．

5. 結論

本論は，眼前に事態が生じているように表すというト書きの特徴を直示的とする坪本の先駆的研究を発展させるため，坪本の議論に，談話での時間の流れ，統語的擬態の応用，他の短絡的表現との関連を追加したが，独自の論点では，直示性を坪本とは別の環境から導くことを提案したのにすぎない．しかし，ここから，語用論が構成する文法という新たな方向が見えてくる．

坪本 (1992) と坪本 (2009) は一貫してト書き表現の内部に，その特徴が生じる理由と，構造的に完成した他の構文との共通点を追求しているが，私は，ト書きの外部の環境に，その直示性の起因を求め，直示語の語義の不完全性に擬態するト書きの文脈上の構造的不完全性に基づく説明方法を提案した．

坪本がト書き表現の形式を定めようとし，また構文としての位置づけを試みる理由は，ト書きを文法に収めようとするためと考えられる．その際の文法には，表現を記号として合成的に組み立てる体系という意味の理解がある．しかし，本論は，ト書きは構造を不完全にすることで，ことばを独立した記号から状況依存的な共同注意の補助手段に戻す先祖返りに該当することを示し，不完全性を優先する表現という文法研究に新しい課題を設定した．

本論で不足した議論として，構造的不完全性に程度があるとすれば，どの程度，不完全にすれば原則 (8) が適用されるかという問題と，原則 (8) がもたらす直示性が論理的含意か会話の含意かという問題に直面している．3 節で見たとおり，XP-NP の解釈が文脈に依存するため，不完全表現の直示性も会話の含意に属すと考えられるが，具体的な検討は今後の課題としたい．また，坪本 (2009) の志向する存在論との関連も，ここでは扱えなかったが，ことばの特徴を指示対象の特徴や時間の流れに還元させる本論の立場からは，ことばと言語外の状況が交換される関係がより直接的に導かれると考えられる．

本論で議論した不完全な構造に起因するト書きの直示性については，誰が誰

との対話で,どこからの視点に基づくかというように直示の内容を分析する必要がある.直示による,ことばの映像化は,構成素や埋め込みといったことばのことばらしい特徴を失くすことで実現するという作業仮説を今後の短絡的表現の研究に提示できたとすれば,本論は目的を達したことになる.

参考文献

Fillmore, Charles J. (1982) "Frame Semantics," *Linguistics in the Morning Calm*, ed. by The Linguistic Society of Korea, 111-137, Hanshin Publishing Company, Seoul.
Green, Georgia M. (1976) "Main Clause Phenomena in Subordinate Clauses," *Language* 52, 382-397.
Grice, Paul (1975) "Logic and Conversation," *Syntax and Semantics*, vol. 3, ed. by Peter Cole and Jerry Morgan, 41-58, Academic Press, New York.
本多啓 (2005)『アフォーダンスの認知意味論:生態心理学から見た文法現象』東京大学出版会,東京.
本多啓 (2013)『知覚と行為の認知言語学:「私」は自分の外にある』開拓社,東京.
石丸雄介 (2010)「英訳俳句における NP V-ing の意味:認知言語学的観点から」『日本認知言語学会論文集 10』,171-181.
Levinson, Stephen C. (2004) "Deixis," *The Handbook of Pragmatics*, ed. by Laurence R. Horn and Gregory Ward, 97-121, Blackwell, Oxford.
McCawley, James D. (1998) *The Syntactic Phenomena of English*, University of Chicago Press, Chicago.
Michaelis, Laura A. and Knud Lambrecht (1996) "Toward a Construction-Based Model of Language Function: The Case of Nominal Extraposition," *Language* 72, 215-247.
中右実 (1978a)「ことわざの文法と修辞 1」『英語青年』124:4, 146-148.
中右実 (1978b)「ことわざの文法と修辞 2:文法的破格としてのことわざ」『英語青年』124:5, 198-200.
中右実 (1978c)「ことわざの文法と修辞 3:文法的破格における法則性」『英語青年』124:6, 262-264.
瀬戸賢一 (2007)「ダイクシスの自由と規律」『言語』36:2, 24-31.
坪本篤朗 (1992)「現象(描写)文と提示文」『文化言語学——その提言と建設』文化言語学編集委員会(編), 578-564, 三省堂, 東京.
坪本篤朗 (2001)『モノとコトから見た文法』博士学位請求論文, 筑波大学.
坪本篤朗 (2009)「〈存在〉の連鎖と〈部分〉/〈全体〉のスキーマ:「内」と「外」の〈あいだ〉」,『「内」と「外」の言語学』, 坪本篤朗・早瀬尚子・和田尚明(編), 299-351, 開拓社, 東京.
山田洋次 (1991)『息子, 家族:山田洋次シナリオ集』岩波書店, 東京.
山本健吉 (1993)『山本健吉俳句読本:第 1 巻 俳句とは何か』角川書店, 東京.

動名詞から分詞への変化：動詞 spend の補部再考*

大室　剛志

名古屋大学

キーワード：半動名詞再考，BNC，削除分析，小節分析，動的分析

1. はじめに

英語には，その資格が動名詞なのか，分詞なのか，判別しにくい (1) の ing-構文が存在する．本論文では，この ing- 構文を Sweet (1891)，原沢 (1959) に従い，半動名詞構文 (half-gerund constructions) と呼ぶ．

(1) a. Masao was spending his vacation *working at the Matsumoto factory in Tokyo.*
   b. He was two weeks *learning to use his flippers.*　　(MEG IV: 172)
   c. He won't have a hard time *getting in.*
   d. One had difficulty *buying 'pornographic' literature.*
   e. I found him very busy *putting his books in order.*

(大室 (1988: 45))

半動名詞構文 (1) には，前置詞 in を伴った対応する動名詞構文 (2) がある．

(2) a. Masao was spending his vacation *in working at the Matsumoto factory in Tokyo.*
   b. He was two weeks *in learning to use his flippers.*　　(MEG IV: 172)
   c. He won't have a hard time *in getting in.*

---

* 本稿は，拙論 (1988) を 2003 年 3 月 27 日に行われた LEXIGRAM 第 38 回研究会（於：中京大学）において，BNC コーパスから得られた言語資料を補足して改訂し発表した際の草稿を練り直したものである．

d. One had difficulty *in buying 'pornographic' literature*.
e. I found him very busy *in putting his books in order*.

(大室 (1988: 45))

(2) の前置詞 in の後に生起した ing- 形は明らかに動名詞であるから，前置詞 in を欠いても，そのまま (1) の ing- 形も動名詞であるとする文法家と，(1) では前置詞 in がもはや無いので，(1) の ing- 形は分詞であるとする文法家とに見解が分かれる．

実際，Jespersen (1940: 413) と Poutsma (1929: 903) は，それぞれ，(3) と (4) に示すように，(1) の ing- 形は分詞であると考えている．

(3) A simple ing-form which may have risen from gerund-constructions, but must now ('synchronically') be considered a participle rather than a gerund.   (Jespersen (1940: 413))

(4) (After *to employ*, *to spend*, *to waste*, and verbs of a similar import, and also after the adjective *busy* and its synonyms, the preposition *in* is sometimes dispensed with. <u>This changes the status of the ing-form, converting it into a present participle in the grammatical function of predicative adnominal adjunct.</u> After *to spend* and *to waste* the omission of *in* is met with only when these words are accompanied by an adjunct denoting a length of time.   (Poutsma (1929: 903))

これに対し，中島 (1958: 567) は，「動名詞 (句) が Adverbial complement のはたらきをしていると考えられる用例をあげると，」と述べ，(1) と同趣旨の例文を挙げ，「これらの -ing 形は Gerund であるから，前に前置詞 in を入れることができる．」と述べている．このことから，中島は前置詞 in が存在している (2) の ing- 形だけではなく，前置詞 in を欠いている (1) の ing- 形も同じく動名詞であると考えていることになる（山川 (1960) も同様の見解）．

生成文法の枠組において，(1) の半動詞名詞構文を正面から本格的に論じた文献は，拙論 (1988) を書いた時点では，皆無であった．唯一，Fukuchi (1976: 119) が脚注で触れていただけであった．そこで，拙論では，手作業で集めた資料とインフォーマントから得られた資料とを基に，半動名詞構文の統語的意味的属性を明らかにしながら，Chomsky の当時の枠組みでどのような分析が可能かを検討した後，動的文法理論により，独自の分析を提案した．そして，伝統文法家の間で意見が分かれた「分詞か動名詞か」という問題にたい

しても独自の一定の見解を示した．しかし，当時は現代英語の大規模コーパスが使える状態にはなかった．そこで，本論文では，拙論 (1988) から幾つかの議論を抽出し，現時点で修正すべきところは修正し，現代英語の大規模コーパスの 1 つである BNC から得られる言語資料を適宜追加しながら，拙論 (1988) の議論を修正し，補強できるところは補強することとする．

本論文の構成は以下のようである．第 2 節では，BNC から得られた言語資料を適宜追加しながら，拙論 (1988) で検討した削除分析と小節分析を再度批判検討する．第 3 節では，拙論 (1988) で提出した動的文法理論による派生体の統語構造に修正を加える．第 4 節は結語である．

2. 半動名詞構文の「可能な」分析の再検討

(4) の下線部を施した Poutsma の見解は，(1) の半動名詞構文の ing- 形の文法機能を示している点で大変興味深い．(2) の前置詞 in が削除されることにより，動名詞が predicative adnominal adjunct の文法機能を持った現在分詞の ing- 形に変化するという．Poutsma の言う predicative adnominal adjunct は Jespersen の言う quasi-predicative に相当するため，(4) の Poutsma の見解からは，(1) の半動名詞構文は，準述詞構文 (quasi-predicative) と呼ばれる構文の ing- 形と同一の振る舞いを示すことが予測される．そこで，本節では，準述詞構文およびその ing- 版について詳細な事実調査をしている Fukuchi (1976) と Ishii (1983) に基づき，それらの研究で指摘された属性と比較することで，半動名詞構文の属性を明らかにすると同時に「可能な」分析の候補として，拙論 (1988) で取り上げた削除分析と小節分析とを再度批判検討する．半動名詞構文の代表として (1a) の spend 型を取り上げる．

2.1. 削除分析と統語論の自律性

Fukuchi (1976: 119 fn. 1) は，(1) の半動名詞構文を対応する (2) の動名詞構文から前置詞 in を削除することにより導くことを提案している．

しかし，この提案には，以下に見るような問題点がある．

(4) に示した Poutsma の見解が正しいとするならば，半動名詞の ing- 形は準述詞の ing- 形と同じ振る舞いをすることが予測される．準述詞の ing- 形が生起する位置には，Fukuchi (1976: 106) が指摘するように，述詞の be 動詞の後に生起する要素が生じる ((5) は Ishii (1983) より借用)．

(5) a. They parted **good friends**. (NP)　　　(Fukuchi (1976: 106))
　　b. They ran **naked** in the parks and on the beaches. (AP)
　　c. He came home **very much depressed**. (past participle)
　　d. They sat **talking about their plan**. (present participle)
　　e. He slept **in his boots**. (PP)　　　(Nichols (1978b: 124))

準述詞の ing- 形と同じように，BNC からの言語資料を追加した (6) に見るように，半動名詞の ing- 形も (5) とほぼ同様な要素と交替できる．

(6) a. *Two long-haired groupies spent an hour **real nuisances** at the concert. (NP)
　　b. They spent the night **naked** in the bed. (AP)
　　b′. On the first occasion, when a clear moonlight night was forecast, the most atrocious storm developed and we were forced to spend an uncomfortable few hours **benighted** near the summit of Elidir Fawr. (BNC, A15 1485)
　　b″. Daedalus is designing a novel house extension, a variable-pressure bedroom, which may purchase an extra few years of life for its proud owners by slowing the metabolic rate of that third of their lifetime which they spend **asleep**. (BNC, A98 321)
　　b‴. Fainting derbies are planned, with owners competing to see whose goat can faint fastest — premium fainters spend most of their lives **horizontal**. (BNC, ABJ 3151)
　　c. It occurred to me that anyone looking at us would never suspect that we had spent a good deal of the previous evening **wrapped up in each other in what is still, in most circles, called the love that has no name**. (CP p. 92-93)　　　(past participle)
　　c′. For thousands of children who spend their days **locked up in the shanty towns** while their parents work, the streets offer freedom and escape from domestic violence as well as a springboard to prostitution or petty crime. (BNC, A46 52)
　　c″. She used to spend her whole day **locked in a basement room with her sister-in-law and the four young children they had between them**. (BNC, A6V 791)
　　d. Masao was spending his vacation working at the factory.

(?present participle)
e. She and Henry spent their spare time **in country clothes**.

(JF. P.7) (PP)

e′. Born in Hamburg, he was transferred to the Manor House at Amnersfield, the son of a remote German-American mother and of a sour, withdrawn, irritable Anglo-Scottish father, who would retreat behind the Times and spend the evening **in lonely state, smoking his pipe in his kilt.** (BNC, A05 288)

e″. There, an Inspector Fusco pleads for men to be returned to beat patrol from community projects, for these he realizes are "an admirable aspiration, until one starts to notice that community involvement officers come to work to spend much of their time **in track suits or jeans and tee shirts,** and some grow longer hair and beards and mix with the locals". (BNC, A0K 1056)

e‴. The frequency is chosen to make sure that the core reaches saturation at each alteration, but does not spend any more than a short time **in this condition** so as to maximise the final output signal; the circuit should produce as many saturation signals as possible.

(BNC, A19 420)

よって，上で立てた予測は，(6a) を除けば ((6a) の非文法性に関しては後述)，正しい．

対照的に，(2) の動名詞構文の場合，前置詞 in の後で，上でみた要素が動名詞に置き換わることはない．

(7) a. *Two long-haired groupies spent an hour in **real nuisances** at the concert.
  b. *They spent the night in **naked** in the bed.
  c. *we had spent a good deal of the previous evening in **wrapped up in each other**.
  d. Masao was spending his vacation in working at the factory.
  e. *She and Henry spent their spare time in **in country clothes**.

(大室 (1988: 51))

さて，(7b, c, e) に見るように，前置詞 in を削除する分析を採ってしまうと，

(7b, c, e) の元になる構造が非文法的であるから，どのみち (6b, c, e) を in- 削除以外の方法で導かねばならないことになる．よって，(6d) だけを (7d) から in- 削除によって派生させる根拠はその分，希薄になる．

次に，in- 削除分析は，ただ単に (2) に対し (1) の交替形が存在しているから in を削除しているにすぎず，何故，従属性を示す in が削除されるのかを説明したことにはならない．

更に，in 削除分析を採ると，統語論の自律性が破られることになる．(1) から明らかなように，in- 削除の適用を決定しているのは，統語範疇 V+NP, be+NP, Adj P というよりもむしろ「何らかの消費」とでもいうべき意味である．(1a) では，was spending his vacation の部分が時間の消費を示し，(1b) では，was two weeks の部分が同じく時間の消費を示し，(1c) では，won't have a hard time の部分に，時間及び労力の消費が関わり，(1d) では，had difficulty が労力の消費を示している．(1e) の very busy に注目すると，忙しいというのは何故忙しいかというと，何かに時間なり，労力を奪われてしまっているから忙しいのであって，ここでもまた，時間なり労力の消費が関わっている．しかも，この「何らかの消費」という意味は，(8) の下線部から明らかなように，その部分を解釈して得られる複合的な意味である．

(8) a. Mr. Adrian kept him at work ciphering at a terrible sum.
    b. He was already hard at work preparing for his master's hurried journey.   (Poutsma (1929: 904))
    c. He had been at work painting a house in Belmont.   (BS p. 387)
                                                    (大室 (1988: 52))

従って，in- 削除分析をとると，その削除規則は，意味解釈規則によって得られた複合的意味に言及する必要が生じ，統語論の自律性が破られることになる．Chomsky の理論では一般的に，削除規則は PF 側に位置し，意味解釈は LF 側に位置するため，削除規則を自由に適用し，意味解釈規則をフィルターのように用い，「何らかの消費」という意味が得られない場合は，非文法的となるという方策は採れない．

以上の議論から，半動名詞構文に関して，削除分析を採ることはできない．

2.2. 小節分析

(6a) を除いた (6) の資料は，問題の構文の時間表現の後に述詞の be 動詞の後に生起する要素が生じうることを示している．そうすると，意味上の主語で

あるPROを設定して，これらの要素を，小節として分析する可能性がでてくる．しかし，この分析にも以下の問題点がある．

Andrews (1982), Terazu (1982), Ishii (1983), Hasegawa (1985) は，準述詞が動詞句内に存在することを動詞句前置規則, do so による置き換え, Though- 移動によって示している．従って，Terazu (1982) によれば，準述詞要素の前に生起している意味上の主語PROは主節の動詞によって統率されることになる．

同じ状況は，半動名詞構文についても見られる．

(9) a. Masao said he would spend his vacation working at the factory in Tokyo, and *spend his vacation working at the factory in Tokyo* he did.
b. Masao spent five years studying English and Mary *did so*, too.
c. *Busy writing books* though John is, he is happy.

(大室 (1988: 53-54))

(9a) は，動詞句前置規則により，半動名詞も動詞とともに前置されることを示している．(9b) は，do so による置き換えが，動詞と半動名詞の部分を置き換えていることを示している．(9c) は，形容詞とともに半動名詞も Though- 移動によって移動されることを示している．これらの資料は，半動名詞が動詞（あるいは形容詞）の投射範疇内にあることを示し，半動名詞の前に生起しているPROが動詞（あるいは形容詞）によって統率されていることを示している．

更に，小節分析に立つと，小節は，連結詞のbeとINFLを欠いた構造であるので，何故 (6a) が生成されないかが説明できない．

以上により，半動名詞にたいして，小節分析を採ることはできない．

3. 統語構造の組み換えと周辺メンバーへの拡張

(4) の下線部を施したPoutsmaの見解が本質的に正しいものとし，(2) の前置詞 in が削除されることにより，動名詞が predicative adnominal adjunct, つまり，Jespersen の言う準述詞 (quasi-predicative) の文法機能を持った現在分詞の ing- 形に変化すると考えることにする．

ここでは，このPoutsmaの見解を動的文法理論 (Kajita (1977) 等参照) の統語構造の組み換え (syntactic reorganization) というメカニズムにより捉え直し，このメカニズムによって，一端，動名詞が述詞のメンバーの1つとして

の現在分詞の資格を獲得すると,そのいわば中心的なメンバーを核として,述詞のパラダイムに沿う形で周辺的なメンバーを拡張していくという提案を行うことにする.そして,その提案によりこれまでの分析で見られた問題点が解決されることを見る.

3.1. 統語構造の組み換え

まず,(2a) の日本語訳から考えてみることにする.

(10)(=(2a))　Masao was spending his vacation *in working at the Matsumoto factory in Tokyo*.

(10) の in の役割とそれに続く要素が動名詞であることを意識して,(10) を日本語に直すと (11) となる.

(11)　マサオは東京の松本工場で働くことに休暇を使っていた.

しかし,(11) は (12) のように解釈しても,その解釈は (11) とほとんど変わらず,それによって大きなコミュニケーション上の齟齬が生じることはない.

(12)　マサオは,東京の松本工場で働きながら休暇を過ごしていた.

よって,(10) の厳密な意味解釈は (11) に相当するものなのであるが,(11) の解釈と (12) の解釈が殆ど実質的に差がないので,英語を言語習得している最中の多くの子供が (10) を (12) に相当する解釈で意味解釈しだす.そしてその意味解釈が多くの子供に定着してくる.その定着してきた意味解釈に相当する統語構造は,準述詞構文に相当する統語構造を持つ (1a) の文の統語構造である.

(13)(=(1a))　Masao was spending his vacation *working at the Matsumoto factory in Tokyo*.

この間の事情を樹形図を用いて示すと以下のようになる.

(14) G_i^E Basic Structure

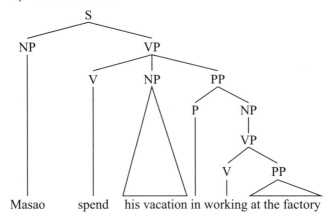

(15) G_i^E Model Structure

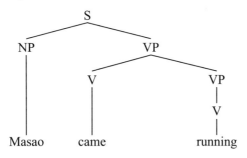

(16) G_{i+1}^E Derived Structure

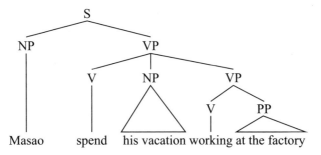

英文法を習得中のある段階にある子供は，(2a) の動名詞構文をその統語構造 (14) に基づき，(11) に相当する解釈で意味解釈している．そのうち子供

は，(2a) の動名詞構文を，(12) の解釈が (11) の解釈と実質的に変わらないので，(12) に相当する解釈で意味解釈しだす．次第にその意味解釈が子供に定着する．そうなると，(14) の統語構造では，(12) に相当する意味解釈との間で，意味と形の不一致が生じてしまっているので，言語習得の次の段階で (12) の解釈に見合った統語構造 (16) へと (14) の統語構造を組み替え，そのミスマッチを除去する．その際，(12) の意味解釈に似た解釈をもつ，既にそれ迄の言語習得の段階で子供が習得済みの準述詞構文 (15) の統語構造をいわば手本にして，(16) の統語構造を新たに獲得する．この統語構造の組み換えのメカニズムを通して，(2a) の動名詞は，(1a) の現在分詞へと資格が変わることになる．

派生体 (16) について少し述べておく必要がある．

第 1 に，拙論 (1988) では，(16) の派生体に相当する統語構造に，半動名詞 working at the factory の主語として PRO を仮定していたが，PRO は意味上の主語であるので，概念構造に暗黙項の主語項を仮定すればよく，統語構造に「目に見えない」抽象的な要素 PRO を仮定する必要はないという Culicover and Jackendoff (2005) の提案を受け入れ，(16) では PRO を仮定しない．

第 2 に，拙論 (1988) では，上記 PRO を設定したので，PRO working at the factory に対して，S 節点を仮定したが，(16) では，PRO を仮定しないので，分詞になっている working at the factory は単純に VP としている．

第 3 に，拙論 (1988) では，spend his vacation を V と NP とからなる 1 つの構成素 VP とし，そこに S 節点を構成する PRO working at the factory が VP- 付加される構造を仮定したが，3.3 節で述べる do so による置き換え，動詞句前置，wh 要素の抜き出しに関する spend his vacation working at the factory の振る舞いから，spend (V), his vacation (NP) working at the factory (VP) の 3 つの構成素が直接 VP を構成する統語構造を採用する．Merge による 2 項枝分かれ構造は敢えて採らずに，Merge よりも Grouping の方が原初的操作であり，3 項以上の枝分かれ構造があってもかまわないとする Culicover and Jackendoff (2005) の提案をここでも受け入れる．

この統語構造の組み換えによる分析の利点について述べる．
in- 削除分析で問題となった，従属性を示す前置詞が，しかも，主に前置詞 in が何故消失するのか，という問題に対して，ここでの分析は次のように答える．

統語構造の組み換えが起こる状況というのは，動名詞としての解釈 (11) を準述詞である現在分詞としての解釈 (12) のように解釈しても両者の間に殆ど実質的意味の差が感じられない状況ということになる．そのような状況を満足

する動名詞とは，主節の動詞句の従属的な位置に生成された前置詞句の中にある動名詞のうち，「何らかの消費」という意味要素の後に生じた前置詞 in の中に生じた動名詞に限られる．そしてそのような動名詞のみが，前置詞句の中に組み込まれた，動詞に対してかなり従属的な位置から（(14) 参照），準述詞の統語構造をモデルとして（(15) 参照），統語構造の組み換えにより，主節動詞句の直接構成素の位置にまで上昇する（(16) 参照）．したがって，統語上，上昇した位置に生起した以上は，従属性を示す前置詞 in はその機能を失うことになり，消失することになる．よって，統語構造の組み換えによる分析であるならば，何故従属性を示す前置詞が，しかも，何故主に前置詞 in が消失するのか，という問いに答えられる．

3.2. 周辺メンバーへの拡張

3.1 節で論じたように，統語構造の組み換えにより，元は動名詞の ing- 形であったものが，準述詞の ing- 形をモデルとして，分詞の ing- 形の資格を新たに獲得することとなった．このような習得段階の次の段階で期待されることは，この ing- 形の獲得以前に子供が，述詞の be 動詞の後に生起する要素として既に知っている，あるいは，準述詞構文に生起する要素として既に知っている，あるいは，there 構文のコーダの位置に生起する要素として既に知っている，(17) に示した述詞のパラダイム，これに沿う形で，今獲得した分詞の ing- 形を核として，それ以外の述詞のメンバーを更に獲得していくことであると考えることは自然である（このことは構文ごとで，述詞要素の間で，何が核となるメンバーで何が周辺となるメンバーであるのかが異なる可能性があることを示唆する．例えば，今問題にしている構文では分詞の ing が核メンバーになるが，there 構文のコーダの部分では，おそらく PP が核メンバーになる）．

(17) The Paradigm of Predicatives

a	b	c	d	e
NP	AP	– en	– ing	PP

実際，そのような周辺メンバーへの拡張によって獲得されたものとして，(6b, b′, b″, b‴)，(6c, c′, c″)，(6e, e′, e″, e‴) が考えられる．ここで，我々は，これらのメンバーは (6d) に比べ更に派生的であると主張していることになる．

では，この拡張が (17a) のセルにまでは起こらないのは何故であろうか．

言い換えれば，何故 (6a) が非文法的なのであろうか．この問いには，2.2 節の小節分析は答えられなかった．

その答えは，統語構造の組み換え分析の観点に立つと，モデルとなる準述詞構文の NP 版の性質に潜んでいるように思える．ここで，Ishii (1983) によって指摘された興味深い事実，(19), (20), (21) を考えてみる．

(18) a. John came back a changed man.
b. John came back as a changed man.
(19) a. *What did they part?
b. What did John come back as?　　　　　　(Ishii (1983: 21))
(20) a. *He won't be the happy man ϕ/that/which Bob returned.
b. He won't be the happy man ϕ/that Bob returned as.
(Ishii (1983: 21))
(21) a. *What John came home was a changed man.
b. What they sent him back as was an honest man.
(Ishii (1983: 22))

準述詞構文の NP 版は，(18) に示したように，ほぼ同一の意味を持つ as による交替形を持っている．その点で，他の準述詞構文とは異なる．しかも，(19) から (21) に示したように，Ishii によれば，as を伴えば，さまざまな規則が適用されるのに対し，as を伴わない時には，それらの規則が適用できなくなる．これは，準述詞構文の中で，NP 版がかなり派生的であることを示している．もしこの観察が正しければ，(6a) が非文法的になる理由は，(6d) 以外のものが (6d) に較べ派生的であることに加え，(6a) を生成するためのモデルとなる準述詞構文のうちの NP 版がその中でも特に派生的であるからと考えられる．一般に，あまりに派生的なメンバー同士を掛け合わせると文法性が落ちることが知られている．

ここで，(6a) に as を加え，(17a) のセルから，それよりは基本的な (17e) のセルに戻せば，文法性は高まると予測される．この予測が正しいことは，(22) の言語資料により確認できる ((22e) は BNC からの事例).

(22) a. They spent three years *as good friends*.
b. She had received an invitation from a man to spend the next weekend *as his house guest* in the New Jersey nudist colony to which he belonged.　　　　　　(BS p. 224)

c. Kato joined the Yamaguchi-gumi and spent three years *as Taoka's body guard*.　　　　　　　　　　(NW, August 12, 1985, p. 33)
d. I would have spent the rest of my life *as a low-ranking officer*.
(NW, August 12, 1985, p. 28)
e. A severance payment of DM3,000 ($1,740) has enabled Mr Hoi to buy a house and spend the past nine months **as a man of leisure**.
(BNC, ABG 1242)

2.2節の小節分析が抱えた問題がここでの分析であれば解けることを見た.

更に, 我々の分析は, in 付きの動名詞を基体として半動名詞を生成するのであるから, 半動名詞は, 動名詞から分詞に変化したとする, Poutsma, Jespersen, 中島, 山川らの歴史的事実に関する見解とも一致する.

3.3. 派生体の統語構造 (16) の根拠

拙論 (1988) では, spend his vacation を V と NP とからなる1つの構成素 VP とし, そこに S 節点を構成する PRO working at the factory が VP-付加される統語構造を派生体に対して仮定したが, spend (V), his vacation (NP) working at the factory (VP) の3つの構成素が直接 VP を構成する統語構造を (16) では採用している. その根拠を示すことにする.

第1に, もし半動名詞が義務的要素であれば, 半動名詞が動詞の補部として存在することになり, (16) の構造が支持されることになる. そこで, 半動名詞が義務的要素であるか否か, BNC からの言語資料を追加しながら事実関係を確認しておくことにする.

まず, 「過ごす」といういわば意味内容が希薄な時には, 動詞 spend が時間表現を従えた時, 半動名詞は義務的である.

(23) a. Masao was spending three years working at the factory.
b. *Masao was spending three years.　　　　　(大室 (1988: 50))

ただし, 動詞 spend が, 時間を「無駄に費やす」という豊かな意味内容を持つ場合には, 半動名詞が生起せずとも, (23b) は容認可能となる.

また, 半動名詞構文に用いられる waste という動詞の場合, 時間を「無駄に費やす」という豊かな意味内容を持つので, (24) に見るように, 時間表現の後の半動名詞は随意的である.

(24) a. I wasted a year of my life working at the factory.

b. I wasted a year of my life. (BS p. 402) (大室 (1988: 50))

更に，動詞 spend であっても，時間ではなくお金を消費する場合には，半動名詞は随意的である．

(25) a. Masao was spending $5 (on) studying English.
b. Masao was spending $5. (大室 (1988: 50))

同趣旨の事例は，BNC からの言語資料からも得られる．

(26) a. These commands will do the job but, if you are willing to spend **some money**, there are programs available which will make the whole process much easier, even automating back-ups so that your data is kept fully secure at all times. (BNC, A0C 670)
b. Its report published in July last year, The Cost of Care in Hostels, concluded: "Even hostels offering relatively low care were still offering some care, and had to spend **more than could be explained simply in terms of the costs of accommodation**." (BNC, A3W 348)
c. "We must be allowed to spend **our capital receipts**.
(BNC, A4K 280)

よって，構文全体の性質としては，半動名詞の部分は随意的要素と言えるが，動詞 spend の意味が「過ごす」という希薄な意味しか示さない時には，時間表現の後に生起する半動名詞は義務的要素であると言える．これは，そのような時，半動名詞が動詞の補部として存在し，付加詞ではないことを示している．よって，(16) の構造が支持されることになる．

第 2 に，Fukuchi (1976: 117) によれば，(27a) に見るように，準述詞構文の ing- 形からある要素を wh 移動により摘出することが可能である．同様に，(27b) に見るように，半動名詞構文の ing 形からもある要素を wh 移動により摘出することができる．

(27) a. *What* did John sit reading in the room? (Fukuchi (1976: 117))
b. *What book* was Masao spending his vacation reading?
(大室 (1988: 48))

(27b) と同趣旨の BNC からの言語資料を (28) に追加する．

(28) a. He frequents a seedy restaurant — "You see **this wretched tavern** I

spend all my time **in**, and I enjoy it, or rather it's not that I really enjoy it, but one must have somewhere to perch": this is the form which the Dostoevsky no-home takes with him, likewise the transpersonal motif first voiced by Marmeladov in this novel, that a man must have somewhere to go. (BNC, A18 380)
 b. That's **what** I spend my life doing. (BNC, A73 2423)
 c. When firms borrow abroad, however, they need to switch the cash into **whatever currency** they are going to have to spend the money **in**. (BNC, ABJ 3827)
 d. In Diana's words it can provide"disabled people with freedom from the wheelchair they spend so much of their life **in**, making them as mobile as the next gust of wind". (BNC, A65 1651)

　(28a) では，動詞 spend がとる時間表現の後に生じている in で始まる述詞の前置詞句から（この述詞の前置詞句は ing- 形と交替可能である），名詞句が関係詞化により摘出されている．(28b) では，半動名詞の ing- 形の後から独立関係節を形成するための wh 要素が wh 移動により摘出されている．(28c) でも，動詞 spend がとる時間表現の後に生じている in で始まる述詞の前置詞句から名詞句が関係詞化により摘出されている．(28d) でも前置詞句から名詞句が関係詞化により摘出されている．よって，半動名詞構文の ing- 形あるいはそれに替わるものから wh 要素が摘出可能であるという事実は確認されたことになる．
　ついでながら，(29) に見るように，(2) の動名詞からの wh 要素の摘出も可能である．

(29) What book was Masao spending his vacation in reading?
              （大室 (1988: 48)）

　(27b)，(28) で見たように，半動名詞から wh 要素を摘出することが可能である．このことも，半動名詞が動詞の補部として機能し，付加詞として機能していないことを示している．よって，(16) の構造が支持される．
　第 3 に，(9b) で既に見たように do so による置き換えが動詞と時間表現と半動名詞も含めた全体を置き換えた場合には文法的であるのに対し，(30) に見るように，do so の外に半動名詞を残すと非文法的となる．

(30) *Masao spent five years studying English and Mary did so studying

French.

これも，半動名詞が動詞の補部として機能し，付加詞として機能していないことを示している．動詞の補部要素は do so の外に置けないのに対し，付加詞要素ならば do so の外に置くことができるからである．よって，(16) の構造が支持される．

第4に，(9a) で既に見たように動詞句前置を動詞と時間表現と半動名詞も含めた全体に適用した場合には文法的になるが，(31) に見るように，動詞と時間表現だけに適用してしまうと非文法的となる．

(31) *Masao said he would spend his vacation at the factory in Tokyo, and *spend his vacation* he did working at the factory in Tokyo.

(大室 (1988: 62))

このことは，動詞句前置のような移動が構成素に適用されることを考えると，(16) の構造が支持され，拙論 (1988) で仮定した統語構造のように，動詞と時間表現で構成素を成すとした構造は支持できないことになる．

第5に，(9c) で見たように，Though- 移動では半動名詞を含んだ AP 構造が移動の対象となっている．このことも，(16) の構造を支持する．

以上，本節では，統語構造の組み換えにより半動名詞構文が生成され，その後，述詞のパラダイムに沿う形で周辺的なメンバーを拡張していくことを見た．これにより，いくつかの2節の問題点に解決が与えられることを見た．

4. 結語

(1a) の ing- 形は，分詞であろうか，動名詞であろうか．(1a) の ing- 形は，(6) で見たように，述詞の AP, Past Participle, PP と交替可能である．この事実をもとに，(1a) の ing- 形は，準述詞の ing- 形同様，分詞であると言い切ることができるであろうか．私には，拙論 (1988) でも述べたように，それはできないと思われる．なぜならば，(1a) の ing- 形は，準述詞の ing- 形と異なり，あくまで (2a) の対応する動名詞構文を持つからである．更に，準述詞の ing- 形は述詞の名詞句と交替可能であるが，(1a) の ing- 形は，(6a) で見たように交替不可能である．従って，事実をもとに言えることは，(1a) の ing- 形は，非常に分詞に近いとまでは言えるが，あくまで対応する動名詞構文を持つ点では，純然たる分詞に比べれば，少しは，動名詞的性格を持っていると言わねば

ならない. (32) に示すように, bald (禿げ) にも段階がある (Jackendoff (2012: 56) 参照).

(32)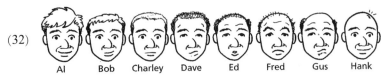

(Jackendoff (2012: 56))

Al を純然たる動名詞とし, Hank を純然たる分詞とすれば, (1a) の ing- 形は Gus に相当することになる. したがって, (1a) の ing- 形は, 純然たる分詞に非常に近い, 分詞と動名詞の「中」間体ということになる. このように, どちらとも割り切ることのできない中間体が存在することが, 言語の実態であって, それを分詞か動名詞かどちらかに割り切ろうとするのは, そもそも, 意味のある問いではない. むしろ, 何故そのような中間体が存在しうるかということの説明に力を注ぐべきである.

参考文献

Andrews, Avery D. (1982) "A Note on the Constituent Structure of Adverbials and Auxiliaries," *Linguistic Inquiry* 13, 313–317.
Culicover, Peter W. and Ray Jackendoff (2005) *Simpler Syntax*, Oxford University Press, Oxford.
Fukuchi, Hajime (1976) "Quasi Complements and Active-Passive Relations," *Studies in English Literature*, English Number, 105–126.
原沢正喜 (1959)『現代口語文法』研究社, 東京.
Hasegawa, Kinsuke (1985) "Topics in Syntactic Analysis," A Lecture Given at University of Tsukuba.
Ishii, Yasuo (1983) "Quasi-Predicative and Related Constructions in English," Unpublished Master's Thesis at Tokyo Gakugei University.
Jackendoff, Ray (2012) *A User's Guide to Thought and Meaning*, Oxford University Press, Oxford.
Jespersen, Otto (1914) *A Modern English Grammar*, Part IV, V, George Allen and Unwin, London
Kajita, Masaru (1977) "Towards a Dynamic Model of Syntax," *Studies in English Linguistics* 5, 44–76.
Kruisinga, Etsko (1931) *A Handbook of Present-Day English*, Part II, *English Accidence*

and Syntax 1, P. Noordoff, Groningen.

中島文雄 (1958)「Adverbial Complement」『英語青年』104 巻, 10 号, 566-567.

Nichols, Johanna (1978) "Secondary Predicates," *BLS* 4, 114-127.

大室剛志 (1988)「英語における半動名詞構文について」『言語文化論集』第 10 巻, 第 1 号, 45-65, 名古屋大学.

Poutsma, Hendrik (1929) *A Grammar of Late Modern English*, Part II, P. Noordhoff, Groingen.

Sweet, Henry (1891) *A New English Grammar*, Part I, Clarendon Press, Oxford.

Terazu, Noriko (1982) "Some Remarks on Government and Binding in the Revised Extended Standard Theory," *Journal of the Faculty of Humanities*, No. 6, Toyama University.

山川喜久男 (1960)「副詞的補語としての動名詞と現在分詞」『英文法研究』4 巻, 6 号, 38-42.

知りがたい情報の同定と判明を披瀝する英語の構文
―― It is that 節構文と It turns out that 節構文の比較対照 ――*

大竹　芳夫

新潟大学

キーワード：It is that 節構文，It turns out that 節構文，新事実の判明，推論構文，談話標識

1. はじめに

話し手は聞き手と情報を円滑に交換するためにさまざまな工夫を施す．たとえば，事の真相や内情を伝えたり，新事実の判明を披瀝する場合，話し手は聞き手の解釈や持ち合わせている知識を想定しながら情報を言語化する．英語の談話で頻用される次の (1) と (2) の構文は，そのような聞き手には容易には知りがたい情報を that 節内に表現する構文である．以下，用例中の下線および波線表示は筆者による．

(1) Daniel: All right, I mean, since it's total honesty time, um, yeah, I'm not feeling all that great. But it's not because I'm sad. I'm just ... it's that I'm angry.
    　　　　　　　　　　　　(*Days of Our Lives* (2011):NBC TV ドラマの台詞)
    (Daniel: わかった．正直に言うよ．つまり，そう，実はあまり気分がよくないんだ．でも，悲しいからじゃないよ．僕はただ，その，実は腹が立っているんだ.)

(2) The image of the American income tax law is of horrible and immense complexity. But it turns out that in many ways it is not that compli-

---

  * 例文に関してお世話になった George Christopher O'neal 氏に心から感謝の意を表したい．なお，本研究は平成 24-26 年度日本学術振興会科学研究費補助金基盤研究 (C) 課題番号 24520534「日英語の指示表現と名詞節化形式の選択・出没の普遍性と個別性に関する総合的研究」(研究代表者：大竹芳夫) の研究成果の一部である．

cated. (*The New York Times*, 2013/5/21)
(米国所得税法のイメージは非常に複雑だというものだ．しかし，実はそれは多くの点でそれほど複雑ではないことがわかったのだ．)

(1) では話し手が不快であることの背後の事情が "it is that" から始まる構文（以下，It is that 節構文と呼ぶ）で同定されている．(2) では米国所得税法は複雑であるという世間のイメージを打ち消す内実の判明が "it turns out that" から始まる構文（以下，It turns out that 節構文と呼ぶ）で披瀝されている．[1] いずれの構文においても，聞き手には容易には知りがたい情報が that 節内で伝達されている．興味深いことに，両構文が同一談話で連続生起する事例が観察される．(3) ではタカから身を隠す幼鳥の行動に関する新事実が判明したことが It turns out that 節構文で披瀝され，次いで幼鳥がタカから身を隠せばよいとわかることの内情が It is that 節構文で提示されている．

(3) But how do they know to hide when the hawk flies over? [...] When the ethologist looks more closely at the behavior of young birds, however, <u>it turns out that nestlings react defensively to all birds flying past</u>. It's just that they will stop doing it for the familiar birds.
(W. H. Calvin, *Almost Us: Portraits of the Apes*)
(では，幼鳥はタカが上を飛ぶときに身を隠せばよいとどうしてわかるのだろうか？［…］しかしながら，動物習性学者が幼鳥の行動をもっと

---

[1] 両構文の主節動詞 be と turn の時制や相の容認度には相違がある (=(i), (ii))．また，It is that 節構文の主節部 it is が省略されて "not that"，"just that"，"rather that" から始まる場合 (=(iii)) や，It turns out that 節構文の主節要素 it が顕現しない場合 (=(iv)) もある．
  (i) It {is/was/*has been/*is being} that Mary hates Tom.
  (ii) It {turns/turned/has turned/is turning} out that Mary hates Tom.
  (iii) {Not that/Just that/Rather that} Mary hates Tom.
  (iv) 'Course, we found out what was going on in the end. Lee Jordan's dad had had a bit of trouble getting money off Bagman as well. Turns out he's in big trouble with the goblins. (J. K. Rowling, *Harry Potter and the Goblet of Fire*: 大竹 (2013a))
  （もちろん，おれたちも最後にゃ，わけがわかったさ．リー・ジョーダンの父さんもバグマンから取り立てるのにちょっとトラブったことがあるらしい．バグマンは小鬼（ゴブリン）たちと大きな問題をおこしたってことがわかったのだ．［訳は松岡佑子訳『ハリー・ポッターと炎のゴブレット』，静山社から引用］)
本研究ではこれらの変異形を含む文を総じて It is that 節構文，It turns out that 節構文と呼ぶ．なお，両構文の主語要素 it が意味内容のない形式主語や仮主語ではなく指示性を備えた表現であるとする分析については Otake (2002)，大竹 (2009, 2013a, 2013b) を参照のこと．

詳しく調べると，巣雛は飛び越してゆく全ての鳥に防衛的反応を示すことがわかったのだ．ただ，巣雛は身近な鳥には防衛的反応を止める習性があるだけなのだ．）

本研究では，従来は個別的又は部分的に論ぜられてきた両構文の意味特性，発話条件，談話機能を統一的視座で比較対照することで，聞き手には容易には知りがたい情報が言語化され，談話に切り出されるメカニズムを解明する．

2. It is that 節構文と It turns out that 節構文の意味特性と発話条件

両構文の意味特性と発話条件の異同を実際の用例に基づいて確認しよう．

It is that 節構文は先行情報が話し手の知識にすでに獲得されていることを指示表現 it で積極的に表示したうえで，その情報を自分の持ち合わせている知識と関連付けて同定し，論理的解釈や事の実情・真相を披瀝することがその基本的意味である．[2] 論理的帰結を合図する so を冠した (4a) の It is that 節構文は，直前の相手の発話から推論される話し手の解釈を表現している．(4b) の同構文は，話し手が泣き出した原因が自分のせいと誤解して詫びる相手の発話を受け，相手には非がないという内情を表明している．

(4) a. Will: Never. They took Miss Swann.
   Jack: Oh, so it is that you've found a girl.
   (*Pirates of the Caribbean: The Curse of the Black Pearl* (2003): 映画の台詞)
   (Will: そんなことはない．海賊が Swann さんをさらったんだ．
   Jack: ああ，そうか，つまり好きな女を見つけたんだな．)

   b. Peggy burst into tears in a release of tension and worry. "Aw. I'm sorry," Ray said. "No, it's that you're okay."
   (R. Whitlow, *The Trial*)
   (Peggy は緊張や不安が解けてわっと泣き出した．「ああ，すまな

---

[2] It is that 節構文を推論の観点から考察した研究に Declerck (1992), Koops (2007) がある．また，Ikarashi(2014) は同構文の推論形成過程の解明を試みている．Otake (2002), 大竹 (2009), Kato (2011) は同構文の it と「の (だ)」構文の「の」の情報既定化機能を比較し，両構文の異同を検証している．なお，「の (だ)」と他言語の形式と意味の普遍性と個別性を説明する最近の論考，Horie (2012), 牧野 (2013), 益岡 (2014) は大竹 (2009) で示された両構文に関する分析の一部に論及している．

い.」と Ray が言った.「いえ, あなたは何も悪くはないんです.」)

一方, It turns out that 構文の基本的意味は, 先行文脈や話題中の事柄の内実や新事実が調査や実験などの検証を経て明らかになったことを披瀝することである.³ (5) の同構文は世間の人々が現象自体はすでに認識していたが, 謎であった満月時の光度上昇の内実が研究により判明したことを披瀝している.

(5) Back in 1963, a paper published by Hapke in the *Journal of Geophysical Research* unraveled a phenomenon that people had long noticed, but couldn't previously explain. A full moon seems to have some extra surge of brightness that cannot be anticipated by simply charting the increasing luminosity of the moon as it waxes. Not surprisingly, it turns out that moon dust is very special. Moon dust, created by rocks slamming into the lunar surface over many eons, is a very fine powder. [...] (*Chicago Tribune*, 2000/1/6)
(1963年に遡り, Hapke が *Journal of Geophysical Research* に発表した論文は, 人々が長きに渡り認識はしていたが説明不可能だったある現象を解明した. 満ちる月の増加光度を単純に図表化することでは予測不可能なほど満月は光度が急上昇するように見える. 驚くことではないが, 月塵は非常に特殊だと判明したのだ. 月塵は微細塵で, 長い年月をかけて石が月面に衝突を繰り返してできる. [...])

実際の談話を観察すると, 両構文にはさまざまな特性の相違が観察される.
第一に, 両者は発話環境が異なる. It is that 節構文は発話の契機となる情報が先行文脈で言語的に与えられていない談話冒頭での発話は容認されない. それは, 同構文が先行情報を話し手の知識と関連付けて同定し, 解釈を与えるからである.⁴ 一方, It turs out that 節構文は新聞の見出し (=(6a)) や冒頭文 (=(6b)) でしばしば使用されるという重要な発話上の特徴を示す. 物事の「判

---

³ 中右 (2013) は It turns out that 節構文を非人称 it 主語構文のひとつとして取り上げ, it の特性について機能論的かつ認知論的見地から分析している.
⁴ It is that 節構文は (i), (ii) が示すように, 言語的文脈ではなく場面的状況を受けての発話は容認されない. 詳細な分析については大竹 (2009) を参照のこと.
 (i) [土筆が顔を出しているのを見て] a. Spring has come./ b. *It is that spring has come.
 (ii) [話し手が脚を掻きながら] a. I was bitten by a mosquito./ b. *It is that I was bitten by a mosquito.

明」は問題意識のないところからは生じ得ない．事の内実や新事実の判明を伝える同構文は，判明対象の事柄が聞き手の目下の関心を集め，判明されるべきものとして意識中に存在していると話し手が想定すれば，発話の契機となる情報が先行文脈中に与えられていない環境であっても発話される．

(6) a. Turns out the mini-laptop revolution was just child's play
(*The Observer*, 2008/4/13)
(ミニノート PC 革命はただの子供の遊びだったことがわかった)
b. NEW YORK—It turns out gold is just another metal after all.
(*The Wall Street Journal*, 2012/1/9)
(ニューヨーク―金は結局普通の金属にすぎないことがわかった．)

第二に，聞き手には容易には知りがたい情報が伝達されるとき，予め想定される誤解が打ち消されたり，物事のうわべや表面が否定されることがある．解釈や実情を表現する It is that 節構文は，予想される聞き手の誤解や誤認の可能性が打ち消されてからしばしば発話される（=(7)）．一方，It turns out that 節構文は事の内実や新事実の判明を披瀝する．そのため，同構文に先行して，物事のうわべや表面の情報が否定される用例が観察される（=(8)）．

(7) "I'm sorry, Nick. I truly am. I wish there was something I could do. It's not that I don't want to help you. It's that I can't. I literally can't." (M. Sakey, *Brilliance*)
(「すまない，Nick．本当にすまない．僕に何かできることがあればよいんだが．君を助けたくないんじゃないよ．助けることができないんだよ．本当にできないんだよ．」)
(8) Europe has a rich history of wars, invasions and migrations, seemingly enough to have mixed its population pretty thoroughly. But it turns out that there is a geographical pattern to European genetics.
(*The New York Times*, 2008/9/1)
(ヨーロッパは戦争，侵略，移住という長い歴史があり，一見すると，住民がすっかり混融しているように思える．しかし，ヨーロッパ人の遺伝的特徴には地理的パターンがあることがわかったのだ．)

興味深いことに，両構文がこうした談話特性を示しながら互いにつなぎ合わされる現象が観察される．次例では，十代の子供たちは異星人の如きであると話し手が考える背後の事情として，「異星人の如くその外見が異様である」という

聞き手の念頭に成立すると予想される解釈が予め否定され，次いで「彼らは一見したところ何の理由もなく（seemingly no reason）奇異な行動をする」という実情が It is that 節構文で伝えられている．その直後に，脳研究者の研究の結果，話し手が問題意識をもつその行動には「実は理由がある」という事実が判明したことが It turns out that 節構文で披瀝されている．

(9) Some days I just look at our teenagers and think they must have dropped off an alien planet. It's not that they have three eyes or green skin; it's that they do the strangest things for seemingly no reason. It turns out there *is* a reason! Brain researchers found the frontal lobe, which controls impulses and the ability to anticipate consequences and react accordingly, is undeveloped in teenagers.
　　　　(E. D. Hill, *I'm Not Your Friend, I'm Your Parent*: 大竹 (2013a))
（私は十代の子供たちを何日か観察して，彼らは異星人の惑星から落ちてきたに違いないと思っています．三つ目だとか肌が緑色だとかいうのではありません．一見したところ何の理由もなく，彼らは奇異な行動をするのです．ところが，なんと実は理由があることがわかったのです！脳研究者は，衝動を抑制し，結果を予見して状況に応じて反応する能力をコントロールする前頭葉が十代は未発達であるということを発見したのです．）

また，It turns out that 節構文が表す内実や新事実の判明は検証によって必然的，あるいは偶発的に得られた結果であり，意識的で自己制御可能な解明や発見行為ではない点も注意すべき特性である．

(10) a. Inevitably, it turns out that the truth is very different from the story that is being told.　　　　(A. H. Lostocco, *U.S. Internships*)
（必然的に，その真相は伝えられている話とは全然違うということがわかった．）
　　b. Just by chance, it turns out that there is a sale on milk.
　　　　　　　　　　　　　　　(J. Gibbons, *The Norm of Belief*)
（偶然にも，牛乳の特売があるということがわかった．）
(11) {*Deliberately / *Voluntarily}, it turns out that Mary hates Tom.

さて，ある事実が常識的知識に基づけば容易に確認可能であるにも関わらず，聞き手には容易には知りがたい情報として両構文の that 節内に顕現すること

はあるのであろうか．次例では今日の曜日が that 節内で伝えられている．

(12) [...], "Isn't that a pretty sound? It's just that it's Sunday today. Everything makes itself beautiful." (C. F. Ramuz, *Beauty on Earth*)
([…],「きれいな音だとは思わないか？ 今日は日曜日ってだけなんだよ．全てが美しくなるんだ．」)

(13) In the morning it turns out that it's Sunday and there are no dentists.
(K. Capek, *Believe in People*)
(朝になり，今日は日曜日で歯医者は休診だということがわかった．)

(12) の It is that 節構文は，屋外できれいな音がする事情を同定する情報として今日が日曜日であることを伝えている．(13) の It turns out that 節構文は，歯痛で歯医者に行くことにしていた話し手が，朝になり今日が実は休診日の日曜日であることが判明したことを披瀝している．今日の曜日は容易に確認可能な情報であるが，上記両構文の発話場面においては想起しがたい実情，新たに認識に至った内実を表す情報として that 節内で伝達されている．

　第三に，両構文はいずれも that 節内の情報を事実として伝える反面，その真実性には相違がある．It is that 節構文の that 節内にはその場逃れの虚偽情報が事実を装いとっさに示される場合がある．(14) の Pauline は化粧の事実を隠すため顔が赤いのは紅潮のせいであると虚偽の事情説明をしている．

(14) Mrs. Harris: Too much colour, girl. You look painted!
　　　Pauline: Oh, no. It's just I—I'm flushed.
　　　Mrs. Harris: And you don't smell respectable drenched in scent.
(*Ann of Green Gables-The Sequel* (1988): 映画の台詞)
(Mrs. Harris: 顔がとっても赤いわね．あなた化粧しているわね．
　Pauline: えっ，いいえ．赤面しているだけなんです．
　Mrs. Harris: それに香水の匂いがぷんぷんしないかしら．)

一方，It turns out that 構文は話し手の偽情報や立証しがたい情報ではなく，しかるべき検証を経た事実の判明を伝達する．同構文の前後で，調査などの検証作業に言及する文が発話されるのはそのためである．ただし，検証自体に疑義があれば判明内容は事実としては聞き手に容認されない．(15) では，Dawson 氏の作品を目にした結果，彼がすばらしい芸術家だとわかったと述べる Rose に対して，Cal は「芸術」の定義が Rose と異なるため，その判明内容を事実として受け入れることには懐疑的態度をとっていることがわかる．

(15) Rose: It turns out that Mr. Dawson is quite a fine artist. He was kind enough to show me some of his work today.
Cal: Rose and I differ somewhat in our definition of fine art. Not to impugn your work sir. (*Titanic* (1997): 映画の台詞)
(Rose: Dawson さんはとてもすばらしい芸術家だとわかったの．親切にも作品を何点か今日見せてくれたの．
Cal: Rose と私とは芸術の定義が少し違うんです．ああ，Dawson さん，あなたの作品を批判しているわけではありませんよ．)

また，同構文が表す判明事実が聞き手にとって既知情報であるならば，情報交換は円滑に成立せず，結果的に話し手の信頼が損なわれる可能性がある．

(16) Ian: All right, I learned something. Turns out "goodnight moon" is good only for nighttime, not naps. Didn't know that.
Lucy: Um, I told you that. You just didn't believe me.
(*Port Charles* (2003): ABC TV ドラマの台詞)
(Ian：ところで，あることを学んだよ．"goodnight moon"（「おやすみなさい．おつきさま．」）は夜にだけ使えて，昼寝には使えないってことがわかったんだよ．そんなこと，知らなかったよ．
Lucy: 前に教えたわよ．私が言ったことを信じてなかったのね．)

第四に，両構文が話し手自身の私的な事柄を披瀝する場合にも that 節内の命題内容の情報特性は異なる．先に見た (1) や (4b) の It is that 節構文では話し手の現在の感情や評価判断といった，他者には客観的に把握しがたい私的内情が披瀝されている．しかし，このような話し手自身の私的内実や個人的嗜好が判明したことを表す場合であっても，It turns out that 節構文は，自問や自省を通して自らの心中を検証した結果，事実として判明したという意識で発話される点に同構文の特徴がある．[5] (17a, b) では自問や実体験を通して，新たな事実の自覚や認識が生じたことが表現されている．

(17) a. "We've had you here since Sunday." "Yes." "It's Wednesday. I

---

[5] Siepmann (2005) は，It turns out that 節構文は「通例，書き手独自の調査結果ではなく他者の調査結果に言及する」推論表現であると指摘する．しかしながら，(17a, b) が例示するように，話し手が自問や自省を通して自らの心中を検証した結果，事実として判明したという意識で発話されるならば同構文は容認されることが確認できる．

feel like I know you. I think I do. But when I ask myself, it turns out I hardly know anything about you. I want to know."

(K. Geoege, *The Odds*)

(「日曜日からあなたをここに泊めているわ.」「そうだね.」「今日は水曜日.あなたのことがわかったような気になっているわ.わかっていると思っていたの.でも,自らに問いかけてみると,あなたのことを何も知らないことがわかったの.知りたいわ.」)

 b. She raised her red plastic cup, tilting it to show me the contents. It was pretty big, at least twenty-four ounces, and more than halfway full. "Turns out I like beer," she said, shrugging in a who-woulda-thunk-it sort of way. (T. Perrotta, *Nine Inches*)

(彼女はプラスチックの赤いカップを持ち上げ,傾けて中身を私に見せた.それは大きく24オンスはあり,半分以上入っていた.「私,ビールが好きだってわかったの.」と,誰がそんなこと想像したでしょうかといった感じで肩をすくめて彼女は言った.)

第五に,It turns out that 節構文の that 節が担う「知りがたい情報」の特性は主節動詞の現在時制の使用に端的に現れている.同構文は,判明時が過去時であるにも関わらず,問題意識の発生から発話時現在の事実判明に至るまでの「時間の隔たり」意識が現在時制として具現化する点に特徴がある.(18) では,文頭の副詞表現 now (今になってようやく) と共に,「時間の隔たり」の大きさを具体的に表す副詞表現 several decades later が現れている.この事実は,一定時間の検証過程を経なければ判明に至らないような知りがたい情報が同構文の that 節内で伝達されることを裏付けている.[6]

(18) As a sci-fi-loving child of the 60s and 70s, I believed that you could learn everything you needed to know about politics from watching the *Planet of the Apes* movies. Now, several decades later, it turns out that idea wasn't so crazy after all; [...].

(*The Observer*, 2013/3/3: 大竹 (2013b))

(60年代,70年代の SF 好きの子供だった私は,映画「猿の惑星」を見れば政治について知っておくべきことが何でも学べると思っていた.

---

 [6] It turns out that 節構文の主節動詞で使用される現在時制の特性については大竹 (2013b) を参照のこと.

それから数十年経ち，今になってようやく，やはり当時の考えはさほど突拍子もない考えではなかったことがわかった．[…].)

同構文の主節部の単純現在形は，問題意識の発生から判明に至るまでの「時間の隔たり」を表現するが，その「判明」自体は瞬時的な出来事である．次例では，発話時現在の判明に至るまでの「時間の隔たり」は now で積極的に合図され，判明自体の瞬時性は all of a sudden によって具体化されている．

(19) Three years we've been together, sharing the hassles, and building this place up into a well known craft centre. Now, all of a sudden, it turns out we don't know you at all.
(D. James, *Heart of Glass*: 大竹 (2013b))
([訳一部省略]ところが今になって，突然，私たちはあなたのことをまったく知らなかったということがわかったのです．)

第六に，It turns out that 節構文はその判明したばかりの事柄の意外性がきわめて高いと判断される場合には，聞き手に情報を明かす Guess what? のような談話標識に導かれて談話に切り出されることがある (= (20a, b))．一方，It is that 節構文は事実判明を披瀝するのではなく事柄の内情を同定するため，聞き手に情報を明かす談話標識に導かれて発話されることはない (= (21))．

(20) a. Guess what? It turns out she's Geller's analyst as well as his supervisor. (J. Telushkin & A. Estrin, *Heaven's Witness*)
(聞いて．彼女は Geller の指導者かつ分析者だとわかったんだ．)
b. See, it turns out, actually, that after all of that, *Tory and Ross were involved.* (*Guiding Light* (2002): CBS TV ドラマの台詞)
(知ってる？ なんと，結局 Tory と Ross が関わっていたの．)
(21) Guess what? {It turns out that / *It is that} Mary was right.

本節では両構文の意味特性と発話条件の異同を確認した．次節ではこうした意味特性が両構文の談話機能にどのように反映されるのかを検証する．

3. It is that 節構文と It turns out that 節構文の談話機能

第一に，It turns out that 節構文が表現する「判明」は驚嘆の含意を伴うと指

摘されることがある。[7] 実際，次例では驚くべき情報の伝達を予告する表現 Surprise, surprise に導かれて，ある事実の判明が披瀝されている．

(22) Surprise, surprise ... <u>it turns out that women are at higher risk for panic attacks than men.</u>
　　　　　　(J. Wider, *The Doctor's Complete College Girls' Health Guide*)
（驚かないでください．<u>男性より女性のほうがパニック発作のリスクが高いということが判明したのです．</u>）

しかしながら，同構文が表す新事実の判明は常に驚きの念を伴って伝達されるわけではない．先に見た (5) では not surprisingly が，次例 (23a, b) では予測可能性を合図する of course, predictably が同構文に付され，事実の判明が話し手の予測や想定可能な範囲内であることが確認できる．

(23) a. When news comes that he has died on the campaign, [...]; <u>of course it turns out that the news was false,</u> and he is alive, [...]
　　　　　　(P. Womack, *English Renaissance Drama*)
（彼が戦役中死んだという知らせが届いたとき，[…]．<u>当然だが，その知らせは誤っていたことがわかった．</u>彼は生きていて，[…]．）
　　b. <u>Predictably, it turns out they didn't know him at all.</u>
　　　　　　(B. Boone & R. S. Boon, *Inside Job*)
（予測通り，<u>彼らは彼とまったく面識がなかったことがわかった．</u>）

第二に，両構文が派生する談話機能の一つに相手を安心させる機能がある．It is that 節構文は単なる思い付きを伝えるのではなく，話し手が先行情報を発話に先立って十分に認識処理したうえで解釈を断言する．このことから相手を安心させる談話機能が派生する．[8] It turns out that 節構文もまた相手を安心させる談話機能（=(24a)）を派生する．気掛かりな事柄を受けて同構文でその実体や経緯が明かされるとき，相手は事柄の内実を具体的に理解して不安から解放されるからである．一方，It is that 節構文とは異なり，同構文が相手の情報収集力の無さを嘲るような調子で発話される用例（=(24b)）も見受けられる．

---

[7] *Cambridge Advanced Learner's Dictionary*, 4th ed. (2013) Cambridge University Press, Cambridge は "to be known or discovered finally and surprisingly"（とうとう，そして驚いたことに，何かが明らかになったり，判明すること）との説明記述を "turn out" に与えている．

[8] It is that 節構文の談話機能の詳細な分析については Otake (2002)，大竹 (2009) を参照のこと．

(24) a. For example, I was once convinced that I was peeing blood because my pee had a strong rusty color to it. Not to worry! It turns out that the beets I had eaten the night before were staining my urine.
(B. King, *The Big Book of Gross Stuff*)
（［訳一部省略］でも，心配ご無用！ 前日の夜に食べたビートが尿を着色していたことがわかったのです.）

b. "And we found some interesting things on Nicole's brother," Mike said. "What?" Frank asked? "Well, it turns out he was picked up ten years ago for selling cocaine," Mike said, arrogantly.
(Z. Gates, *Cure*)
（［訳一部省略］「やれやれ，彼が10年前にコカインを売って捕まったことがわかったんだ.」とMikeは尊大な態度で言った.）

また, It turns out that 構文は内実や新事実を談話に導入することから，話題中の事柄に無関心な聞き手に，判明したばかりで情報価値が高い事実を突きつけて事の重大さを認識させる場面で積極的に使用される.

(25) "So what?" "So what? Turns out Franz used to hang out in that barn. Turns out he hid the lion's share of his bankroll [...]."
(R. Boyer, *Gone to Earth*)
（「だから何？」「だから何って？ Franzはその納屋に出入りしていたことがわかったんだ．やつはうまい汁を吸っていたんだぞ[…].」）

第三に，両構文とjustとの共起現象を考察する．It is that 節構文は相手の誤解を意識しつつ，それに代わる話し手の解釈や実情を表現する．裏を返せば，同構文には相手の解釈の誤りや知識の欠如を問題にする可能性がついてまわる．そうした含意を積極的に回避するため，同構文は先に見た (3), (12), (14) が示すように対人関係を良好に保つ緩衝用法の just としばしば共起する．[9] 一方, just と共起する It turns out that 節構文は話題中の事柄に関する全ての事実の開示が求められる状況で，ある事実の判明以外に打ち明けるべきことはないことを積極的に表現する場合に発話される. (26a) は全てを包み隠さ

---

[9] Lee (1991) は "That's not serious, it's just a cyst." のような just を "depreciatory" just (「情報価値を下げる」just) と呼び，関連する情報の重要度を下げる just の緩衝機能を分析している．It is that 節構文と緩衝用法の just との共起現象の具体的分析については大竹 (2009) を参照のこと.

ず話すよう求める相手に，最も敬愛する女性は相手であるとわかったことだけであると告げる用例，(26b) は話したくない事情の説明を要求する相手に，話を切り上げるためにある事実の判明だけを要点として伝える用例である．[10]

(26) a.　Kendall:　Oh. You're not hiding anything at all.
　　　　Zach:　There's nothing to hide. In this world, there's plenty of women that I like and respect. It just turns out I like and respect you the most.
　　　　　　　　　　　　(*All My Children* (2006): ABC TV ドラマの台詞)
　　　　(Kendall: あら，何も隠していないって言うの．
　　　　Zach: 何も隠していないよ．この世に，敬愛する女性はたくさんいる．けど，最も敬愛するのは君だとわかっただけなんだ．)
　　b.　"[...] So what's the issue?" "Well, Richard, it just turns out he's harassing me. I don't want to really talk about it. It's too upsetting."　　　　　　　　　　　　(H. Sawler, *Saving Mrs. Kennedy*)
　　　　(「[…] 結局何が問題なんだい？」「そうね，Richard, 彼が私に嫌がらせをしていることがわかっただけなのよ．そのことについては本当に話したくないのよ．本当に腹立たしいのよ．」)

さて，両構文の主節部は格下げを受けて談話標識としての機能を果たす点で共通している．It is that 節構文は，it is (just that) 部分が直後に休止を伴って独立し，話し手が思慮を巡らせながら解釈や内実を切り出したり，弁解や教示を伝達する際の談話標識としての機能を果たす．[11] 時には，話し手が言葉を選んでいるこうした間隙に相手が切り込んでくる事例が観察される．

---

　[10] just を伴う It is that 節構文内に It turns out that 節構文が生ずる場合がある．次例は，事情説明を求める相手に対して，要点となる事実の判明だけを事情として伝えて話を切り上げる意識の下で発話されている．ただし，このような構文の生起実例は (26a, b) の構文に比べて少ない．
　　(i)　John:　What baby are we talking about?
　　　　Natalie:　It's a long story. It's just it turns out that Rex isn't who he thought he was.
　　　　　　　　　　　　(*One Life to Live* (2010): ABC TV ドラマの台詞)
　　　　(John: どの赤ちゃんについて話しているんだ？
　　　　Natalie: 話せば長くなるわ．ただ，要するに，Rex は彼が思っていた赤ちゃんじゃないってわかっただけなのよ．)
　[11] It is that 節構文の談話標識機能に関連する議論については大竹 (2009) を参照のこと．

(27) "It's just that ..." "What? What is it just? It's just what? Just what is it?" "Well, sir, it's just that it's past four-thirty and the maids go off duty." (S. Elkin, *The Franchiser*)
(「ただ，その，実は，」「何だ？ただ，その，何だ？ただ，何なんだ？ただ何が実はだ？」「はい，ただ，その，もう4時半を過ぎていまして，メイドは勤務が終わりなのでございます.」)

同構文の主節部が独立して生起するのは口語の文頭位置に限られ，談話標識としての独立性は高くはない．一方，It turns out that 節構文の主節部 it turns out は口語のみならず文語でも，文頭（=(28a)），文中（=(28b)），文末（=(28c)）の各位置で独立した談話標識として使用されることが確認できる．[12]

(28) a. It turns out, there are two possible sources.
(*The Times*, 2009/11/22)
b. The line, it now turns out, is more than just a song lyric.
(*Chicago Tribune*, 2011/4/1)
c. I'm about the only person in town who didn't, it turns out.
(D. Tenorio, *Betting Hearts*)

坪本 (1998) は文を連結する「と」の「語り」の用法を分析し，「偶発性」，「突発性」の意味合いを伴う「と」や談話標識「すると」には高い文脈効果をあげる語り手の表現意図が込められることを明らかにしている．It turns out that 節構文は本研究で検証したように，問題意識がもたれてきた事柄の内実や新事実が「瞬間的」に判明したことを披瀝する．この文脈効果の高さから，同構文も文を連結する接続機能を発揮し，"it turns out"，"turns out" 部分は知りがたい事実の判明を合図する談話標識としての用法を確立しつつある．

---

[12] 接続詞 as が冠された it turns out には次のような完全な独立用法が観察される．
(i) "From there," Mr. Cera added, "it's a hard thing to motivate a play to happen and push it uphill. As it turns out." (*The New York Times*, 2014/8/24)
(Cera 氏は言い添えた．「そこから，演劇を始める動機を与えて，その後も何とか続けてゆくのは難しいことだ．結局のところ．」)
なお，次例では it turns out が評言節として文中に現れている．
(ii) At one point, Al-Ghizzawi's guards told him —falsely, it turns out —that he had AIDS. (*Chicago Tribune*, 2009/5/10)
(あるとき，護衛たちが Al-Ghizzawi はエイズである（今になってそれは誤りであることがわかったのであるが）と彼に伝えた．)

4. まとめ

本研究では，It is that 節構文と It turns out that 節構文の異同を統一的視座で観察しながら，前者は話し手の知識と関連付けて先行情報の論理的解釈や事の実情・真相を同定するが，後者は調査などの検証を経て事の内実や新事実が判明したことを披瀝するという意味特性を有することを確認した．併せて，両構文の that 節内において聞き手には容易には知りがたい情報が言語化されるプロセスの異同，主節部の談話標識機能などを明らかにした．両構文と東西諸言語の同種の構文の普遍性と個別性の究明は今後の課題である．

参考文献

Declerck, Renaat (1992) "The Inferential *It Is That*-Construction and Its Congeners," *Lingua* 87, 303–330.

Horie, Kaoru (2012) "The Interactional Origin of Nominal Predicate Structure in Japanese: A Comparative and Historical Pragmatic Perspective," *Journal of Pragmatics* 44, 663–679.

Ikarashi, Keita (2014) "The *It Is That*-Construction and Abductive Inference," *English Linguistics* 31, 161–172.

Kato, Masahiro (2011) "Review Article: *"No (da)" ni Taiosuru Eigo no Kobun*, by Yoshio Otake (2009)," *English Linguistics* 28, 334–343.

Koops, Christian (2007) "Constraints on Inferential Constructions," *Aspects of Meaning Construction*, ed. by Günter Radden, Klaus-Michael Köpcke, Thomas Berg and Peter Siemund, 207–224, John Benjamins, Amsterdam and Philadelphia.

Lee, David A. (1991) "Categories in the Description of *Just*," *Lingua* 83, 5–28.

牧野成一 (2013)「翻訳によって失われるものはなにか」*Proceedings of the 20th Princeton Japanese Pedagogy Forum,* 255–268.

益岡隆志 (2014)「拡張コピュラ構文の意味分析」第 36 回中日理論言語学研究会．<https://www1.doshisha.ac.jp/~cjtl210/data1/36_masuoka.pdf>

中右実 (2013)「非人称 it 構文：語法と文法の不可分な全体を構文に見る」『英語語法文法研究』第 20 号，英語語法文法学会(編)，5–34，開拓社，東京．

Otake, Yoshio (2002) "Semantics and Functions of the *It Is That*-Construction and the Japanese *No Da*-Construction," *MIT Working Papers in Linguistics* 43, 143–157.

大竹芳夫 (2009)『「(の) だ」に対応する英語の構文』くろしお出版，東京．

大竹芳夫 (2013a)「S + turn + out (+ to + be + that) 節構文の主語要素の選択と出没に関する意味論的研究」『言語の普遍性と個別性』第 4 号，1–25，新潟大学大学院現代社会文化研究科「言語の普遍性と個別性」プロジェクト．

大竹芳夫 (2013b)「主節部に単純現在形が現れる It turns out that 節構文に関する記述的研究」『新潟大学言語文化研究』第 18 号, 13-26.

Siepmann, Dirk (2005) *Discourse Markers Across Languages: A Contrastive Study of Second-Level Discourse Markers in Native and Non-Native Text with Implications for General and Pedagogic Lexicography*, Routledge, London and New York.

坪本篤朗 (1998)「文連結の形と意味と語用論」『モダリティと発話行為』, 中右実(編), 日英語比較選書第 3 巻, 99-193, 研究社出版, 東京.

いわゆる「アジア式関係節」について*

John Whitman
国立国語研究所・コーネル大学

1. はじめに

バーナード・コムリーは一連の研究 (Comrie (1996, 1998, 2010)) において「アジア型」関係節の存在を提唱している. これらの研究では, 寺村 (1975, 1977a, 1977b) や Matsumoto (1997) の研究を引き, 日本語を代表的な例として挙げているが, 寺村や Matsumoto よりも普遍的な仮説を提唱している. その仮説は, アジア大陸を中心に, 日本語に代表される一群の言語には, いわゆる連体修飾構文が下記の (1) の特徴を示しているというものである.

(1) a. 関係節とその他の連体修飾構文はすべて同じ構造を有する.
　　b. 関係節における空範疇はすべて空の代名詞 (pro) であり, 移動 (抽出) の痕跡 (trace) ではない.

(1) の特徴を示す連体修飾構文を Matsumoto, Comrie and Sells (forthcoming) は Noun-Modifying Clause Constructions (NMCC) と名付けている. 本稿では, NMCC がすべて (1) の特徴を持つという仮説を Generalized Noun-Modifying Clause Construction Hypothesis (GNMCCH, 統一連体修飾構文仮説) と呼ぶことにする (Bugaeva and Whitman (2014) 参照). 本稿の目的は NMCC「統一名詞修飾構文仮説」を検討することである. 本稿の結論は概ね下記の 3 つである.

(2) a. いわゆる「アジア型」の連体修飾構文は日本語を始めアジアの言語に限られたものではなく, 英語など,「非アジア型」の言語にも対応

---

* この研究は韓国学中央研究院の補助金 (MEST) (AKS-2011-AAA-2103) の援助を受け行ったものである. 同研究院に謝す.

する構造が存在する.
b. 寺村がいう「内の関係」の関係節には移動(関係節化)による派生の根拠がある.島制約がかかる.
c. 表面上は島制約がかからないように見える例は,上位節の「大主語」の関係節化により派生される (Heycock (1993), Sakai (1994)).いわゆる「アジア型」言語における関係節の特殊性は連体修飾構文それ自体によるものではなく,「大主語構文」の存在によるものである.
d. いわゆる「連体修飾構文」は二つに分類することができる.名詞補文類と関係節類である.この二種類の間には構造的な違いが見られる.

2. 「アジア型」の名詞修飾表現はアジアの言語に限られたものではない

「連体修飾構文」は,生成文法の流れでは,Ross (1967) の研究以来, complex NP「複合名詞句」と呼ばれてきた.「複合名詞句」という用語では,連体節と主要名詞の間の関係は「修飾」(modification) には限られない.日本語の代表的な複合名詞句構文は下記の (3)-(6) である.

(3) 関係節(寺村:内の関係)
 [[太郎が e_i 焼く] 魚 $_i$]
(4) 命題態度名詞補文 Propositional attitude noun complements (寺村:外の関係)
 [[太郎が魚を焼いた] 証拠]
(5) 知覚名詞補文 Perception noun complements (寺村:外の関係)
 [[太郎が魚を焼く] 匂い]
(6) 付加節の関係節 Adjunct relative
 [[トイレに行けない] コマーシャル]   (Matsumoto (1993: 102))

(3) と (4) はそれぞれ一般的な関係節と名詞補文節である.日本語の場合,関係節と名詞補文の具現は表層的には同じであるが,これは (7), (8) の英語の対応例に関しても言えることである.

(7) [the fish [that Taro roasted]] (関係節)
(8) [the proof [that Taro roasted the fish]] (命題態度名詞補文)

いうまでもなく，(7) と (8) の間には意味・統語論的な違いが数多くあるが，それは，第 3 節で示すように日本語の (3)，(4) に関しても同様である．GNMCCH では，複合名詞句の主要名詞とそれにかかる節との関係は，日本語のような言語では「何でもあり」，つまり自由だと主張し，それは英語のような言語における複合名詞句と大きく違うという．その主張を裏付けるために (5) と (6) のような例がよく挙げられる．(5) の場合は，対応する英語の複合名詞句は，(9)のように表面上は異なって見える．

(9)　[the smell of [Taro roasting fish]]

日本語の (5) の複合構文の述語は連体形であり，形態論上テンスが示されているように見えるのに対して，英語の (9) の複合構文の述語は現在分詞で，テンスが示されていない．

しかしこの違いは両言語の複合名詞句構造の間の違いによるものではなく，知覚述語 (perception predicate) の間の一般的な違いである．(5) と (9) は，知覚述語が複合名詞句の主要名詞になっているが，知覚述語が動詞であっても，その補文の述語は日本語の場合には連体形，英語の場合には現在分詞となる．

(10)　私は [太郎が魚を焼くの] を嗅いだ／見た．
(11)　I smelled/saw [Taro roasting fish].

このように形態論的に異なるにもかかわらず，知覚述語の補文は日英両語で極めてよく似た特徴を示す．述語が動詞でも，主要名詞でも，構造的に上位のモダリティは容易には許容されない．

(12) a. *私は [きっと太郎が魚を焼くだろうのを] 嗅いだ／見た．
　　　b. *[[きっと太郎が魚を焼くだろう] 匂い]
(13) a. *I smelled/saw [apparently Taro roasting fish].
　　　b. *the smell/sight of [apparently Taro roasting fish].

これに対して，(4) の命題態度名詞補文の中には「きっと … だろう」や probably のようなモーダルは許容される．

(14)　[[きっと太郎が魚を焼いただろう] 証拠]
(15)　the proof that [apparently Taro roasts fish]

(6) も日本語的，つまり「アジア型」複合名詞句の代表例とされるが，同じよう

な構造は英語でも可能である.

(16) [the (kind of) commercial [where you can't go to the bathroom]]

(18a, b) がその実例である.

(18) a. It was [the kind of commercial [where people watching TV yelled to others in the house, "Quick! Get in here! That commercial I was telling you about is on!]] (Hillsman (2004: 25))
b. You have to watch out that you don't have [the kind of commercial [where people in bars start throwing things at the screen]. (http://www.nytimes.com/1989/04/13/nyregion/campaign-matters-tune-in-comedy-drama-or-sports-you-ll-get-lauder.html)

英語の (17), (18) には関係代名詞 where が入っているが, 主要名詞と関係節の関係は単なる「場所」ではなく, (6) と同様,「場面」である. 日本語の (6) と同様 (17), (18) も, 寺村がいう「外の関係」を示す複合名詞句である. その根拠は「遠距離解釈」(long distance interpretation) が成り立たないことである.「内の関係」を示す一般的な関係節の場合, 主要名詞は関係節の中に埋め込まれた従属節の中で解釈することができる.

(19) [[e_1 トイレに行けないと] 太郎がいう] 人 $_1$]

ところが,「外の関係」の場合には, 上位の述語をとばした「遠距離解釈」は不可能である. つまり, (20) でいうコマーシャルの属性は「トイレに行けない」だけではなく,「トイレに行けないと太郎がいう」という内容でなければならない.

(20) [[[トイレに行けないと] 太郎がいう] コマーシャル]

これは英語の (21) でも同じである.

(21) [the kind of commercial [where Taro says [you can't go to the bathroom]]]

3. 関係節における空範疇はすべて空の代名詞と振る舞いが違う

Kuno (1973) は日本語の関係節の中に主要名詞と同指示の再述代名詞 (resumptive pronoun) が許容される環境があることを指摘している (Haig (1976), 井上 (1976) も参照).

(22) [[自分$_1$／?彼女$_1$が／e_1 可愛がっていた] 犬が死んでしまった] 女の子$_1$
(23) [[自分$_1$／?彼$_1$が／e_1 着ている] 洋服が汚れていた] 紳士$_1$

音形を持つ代名詞が空の代名詞と交替する現象はよく見られるが, Kuno や Haig は下記のような関係節には再述代名詞は許容されないことを指摘している（例文は Haig (1976) に基づく）.

(24) [*自分$_1$／*彼女$_1$が／e_1 犬を可愛がっている] 女の子$_1$
(25) [*自分$_1$／*彼$_1$が／e_1 洋服を着ている] 紳士$_1$

(22), (23) とは違い, (24), (25) では主要名詞と代名詞の間に節の境界が1つしか介入していない. 一般の従属節の場合には, 同じ環境, つまり先行名詞との間に節の境界が1つしか介入していない環境には, 代名詞は許容される（話者により再帰代名詞でない「彼女」・「彼」は許容度が落ちる）.

(26) 花子$_1$ は [自分$_1$／?彼女$_1$が／∅$_1$ 犬を可愛がっていた] と言った.
(27) 太郎$_1$ は [自分$_1$／?彼$_1$が／∅$_1$ 洋服を着ていた] と言った.

関係節における空範疇と一般の埋め込み文における空の代名詞を同一視する GNMCCH では, (22), (23) と (26), (27) では空範疇が代名詞と交替するのに, (24), (25) ではなぜ交替しないのかを説明する必要がある.「空範疇の先行名詞句が明らかでない場合に限って代名詞との交替が可能だ」というような単純な説明では不十分である. なぜなら, (23) のような関係節では,「着ている」の主語は明らかに「紳士」であり, (28) の非文法性から分かるように「紳士」以外の主語ではありえない.

(28) *太郎が着ている洋服が汚れていた紳士

それに対して, (23) から分かるように, この構造では空範疇と代名詞との交替が許容される.

関係節における空範疇と再述代名詞の交替はさらに複雑である. 主要名詞との間に節の境界が1つしか介入していない場合でも再述代名詞との交替が許容されることがある.

(29) a. そこ₁から代表がたくさん来た村₁　(Kuno (1973) の例に基づく)
    b. 自分₁／*彼女₁の犬が死んでしまった女の子₁

おもしろいことに，今まで見て来た例と違って，(29b) の関係節では「自分」との交替は許容されるが，「彼女」との交替は許容されない．この理由については，次節で述べる．

4.　大主語関係節化分析

Kuno (1973) は，(22) や (23) のような関係節は島制約（正確には，Ross (1967) の述べる複合名詞句制約 Complex NP Constraint）の違反であることを指摘している．このような島制約の違反を根拠にして，GNMCCH を提唱する研究者は (1b) の如く，日本語の関係節は移動（抽出）により派生されるものではないと主張する．ところが Heycock (1993: 181) は，(22) や (23) のような例は「大主語」が関係節化された例であると指摘した (Sakai (1994) も参照)．本稿では，Heycock と Sakai によるこの分析を「大主語関係節化分析」と名付けることにする．大主語関係節化分析では，(22) と (23) は複合名詞句制約の違反ではない．この分析では (22) の構造は (30) のようになる．

(30)　[t₁ [自分₁／彼女₁が／pro₁ 可愛がっていた] 犬が死んでしまった] 女の子₁

移動（関係節化）の痕跡は，島となるはずの内側の関係節「可愛がっていた犬」の中にあるのではなく，島の外側の大主語の位置にある．日本語においてこの位置に大主語が可能であることは (31) で分かる．

(31)　女の子₁が [自分₁／彼女₁が／pro₁ 可愛がっていた] 犬が死んでしまった．

大主語関係節化分析では前節で紹介した再述代名詞は，実は大主語の痕跡に先行される，一般的な代名詞と見なすことができる．再述代名詞を特別に仮定する必要はない．(29a), (29b) の構造は下記の (32) のようになるのであるが，代名詞の許容度は対応する大主語構文 (33) と平行している．

(32) a.　[t₁ そこ₁から代表がたくさん来た] 村₁
    b.　[t₁ 自分₁／*彼女₁の犬が死んでしまった] 女の子₁
(33) a.　その村₁がそこ₁から代表がたくさん来た．

b. その女の子₁が自分₁/*彼女₁の犬が死んでしまった．

70年代以来，何人かの研究者が指摘したように，日本語の関係節において島制約は自由に違反できるものではない（井上 (1976)，Whitman (1976)，Hasegawa (1981)，Hoshi (1995, 2004) 参照）．特に，関係節化された名詞句が主語でない場合及び，主要名詞が抽出された関係節が主語でない場合には，「二重関係節化」が許容されがたいことが井上 (1976) によって指摘されている．(34) が前者の例である．

(34) *[[[[その学者が e_1 e_2 送った] 書店₁] が焼けた] 本₁]
(Inoue (1976: 179))

大主語関係節化分析で予測されるように，(34) に対応する大主語構文も許容度が低い．

(35) *その本₂が [[その学者が e_1 e_2 送った] 書店₁] が焼けた．

Inoue (1976) が述べたこの Subject out of Subject Condition (SOS 条件) の反例があることも Whitman (1976) 以来広く指摘されている．Comrie (1996: 1978) は Haig (1996) の次の例を引用している．

(36) [[[[e_1 e_2 食べた] 人] がみんな死んでしまった] 毒饅頭]
(Haig (1996: 60))

(36) は，(35) と同じく主要名詞「毒饅頭」が関係節「食べた人」の直接目的語に対応するが，(35) と比べて許容度が高いとされる．大主語関係節化分析で予測されるように，(36) に対応する大主語構文も (35) と比べて許容度が高い．

(37) その毒饅頭₂が [[e_1 e_2 食べた] 人] がみんな死んでしまった．

Kuno (1973: 70) が指摘するように，「大主語化」が可能な名詞句は普段，文の最左にあるものである．Kuno が指摘するこの「最左条件」は井上の SOS と極めてよく似ている．(35) と (37) では，大主語化された名詞句は最左の位置にある e_1 ではなく，その右にある e_2 であるので，最左条件の違反である．(37) のように，最左条件の違反が許されるのは，文が大主語の属性を表すように解釈しやすい場合に限られる．つまり，(35) と (37) の違いは，「（それを）食べた人がみんな死んでしまった」ことは「毒饅頭」の属性として捉えやすいのに

対して,「その学者が(それを)送った書店が焼けた」ことは「本」の属性として捉えにくいということである.同じことを関係節 (34) と (36) についても言えるが,それは関係節独特の特徴ではなく,関係節が派生された大主語構文の特徴である.次節に示すように,一見「アジア式関係節」を有するように見える言語でも,大主語構文がなければ (22), (23) や (36) のような関係節は存在しない.

5. 重要なパラメーターは「アジア式関係節」ではなく,「日本式大主語構文」である

Han and Kim (2004) は韓国語における二重関係節化も大主語を関係節化したものだと述べ,Heycock (1993) と Sakai (1994) と同じ大主語関係節化分析を採用している.韓国語も大主語構文を有する言語である.大主語関係節化分析の予測通り,(38a) のように二重関係節化が韓国語で許容される例には必ず (38b) のような大主語構文が対応する.

(38) a. 디자인한 표지가 당선된 그 학생
  [[[[e_1 e_2 ticainha-n] phyoci$_1$] ka tangsentoy-n] ku haksayng$_2$].
  デザインした 表紙 が 当選された その学生
  「デザインした表紙が選ばれたその学生」
            (Han and Kim (2004: 324))
 b. 그 학생이 디자인한 표지가 당생되였다.
  Ku haksayng1 i [[pro_1 e_2 ticainha-n] phyoci$_2$] ka tangsentoy-ess-ta.
  その学生 が デザインした 表紙 が 当選された
  「その学生がデザインした表紙が当選された.」

Han and Kim によると,(39a) のように大主語構文が許容されない場合には,(39b) のように対応する二重関係節化も許容されないという ((39a), (39b) に対応する日本語は可能である).

(39) a. *그 아이가 강아지가 짖었다.
  *Ku ai ka kangaci ka cic-ess-ta.
  その子が 子犬 が 吠えた
  「その子が子犬が吠えた」   (Han and Kim (2004: 325))

b. *강아지가 짖는 아이
　　*[[kangaci　ka　cic-nun]　ai]
　　　子犬　　　が　　吠える　　子
　　「子犬が吠える子」

　一見「アジア式関係節」を有しても，大主語構文を有しない言語は少なくない．サハ（ヤクート）語は日本語と同様，「外の関係」の複合名詞句は「内の関係」の関係節と同じ形である（Kornfilt and Vinokurova (2012) 参照）．

(40)　[et　buh　　-ar]　　　　sït　　-a
　　　肉　焼ける　-過去分詞　匂い　-3人称単数
　　「肉が焼けた匂い」　　　　　　（Kornfilt and Vinokurova (2012)）

　サハ語にも (41) のような，一見島制約の違反に見える例もある．

(41)　[[[[e_1 e_2 ket-er]　　taŋah-a$_2$]　　kirdeex]　kihi$_1$]
　　　　着る-過去分詞　　洋服-3人称単数　汚れている　人
　　「着ている洋服が汚れている人」　　（Kornfilt and Vinokurova (2012)）

　ただし，(41) の関係節には3人称単数の属格一致語尾 -a がついている．この語尾は関係節の主要名詞とも関係節の中の主語とも一致を示す．単文には主語と一致する語尾は一つしかないので，日本語や韓国語にあるような大主語構文（言い換えれば，一つ以上の主語が可能となる構文）は認められない．Kornfilt and Vinokurova の分析では，サハ語の関係節の主要名詞に後続する一致の語尾は，関係節の中の空の再述代名詞を認可するという．一致の語尾に認可される場合以外，日本語や韓国語のような二重関係節化は認められないという．

(42)　[[[[e_1 e_2 *abaahïkör-ör　　ministr$_1$beje-tiger　　tiij-im-mit
　　　　　悪魔見る-過去分詞　大臣　自分-3人称与格　至る-再起-過去
　　　presiden$_2$-e
　　　大統領 -3人称
　　「(自分を) 嫌っている大臣が自殺した大統領」

(41) には「大統領」を「悪魔見る」(＝「嫌う」) の目的語として認可する一致の語尾がないので，関係節は非文となる．サハ語には，「アジア式関係節」で見られるはずの「外の関係」の複合名詞句 (40) が存在するにも関わらず，大主語構文がないため，一致の語尾に認可される場合以外には日本語や韓国語にあ

6. 関係節化分析のいわゆる問題点について

「大主語関係節化分析」を根本的に採用する立場の研究でも，Hoshi (2004: 11) は (43) のような慣用句からの関係節化が不可能であることを指摘している．

(43) a. 太郎が臍を固めていた．
    b. [[[太郎が再び同じ過ちをすまいと] 固めていた] 臍]

(43a) の「臍を固めていた」には「決心を決めていた」という，慣用句としての意味があるが，関係節 (43b) にはその意味がない．それに対して，(44a) のような英語の関係節では，慣用句の意味が保たれる．

(44) a. [The headway$_i$ [that Mary made t_i]] was impressive.
    b. *The headway was impressive.

関係節の主要名詞 headway は (44b) で分かるように単独で述語 be impressive の主語として成り立たないので，その主要名詞が派生上，元々関係節の中で，make (headway) の目的語として解釈されるという結論になる．これは関係節化の移動派生説を裏付ける古典的な議論であるが，(43) を見る限り，その議論は日本語の場合には妥当でないようである．

ところが，英語にも関係節化が不可能な慣用句は少なくない．(45), (46) がその例である．

(45) a. Mary bought the farm.
       慣用句の意味＝「メリーが死んだ」
    b. [[the farm [that Mary bought]]
       「メリーが買った農場」(慣用句の意味がない)
(46) a. Mary kicked the bucket.
       慣用句の意味＝「メリーが死んだ」
    b. [[the bucket [that Mary kicked]]
       「メリーが蹴った桶」(慣用句の意味がない)

一般的には，慣用句内の名詞の量化あるい修飾語が可能な場合にのみ慣用句の関係節化が可能である．

(47) a. Mary made a lot of headway.（慣用句の意味）
「メリーがたくさん捗った」
   b. Mary kicked the heavy bucket.（慣用句の意味不可）
「メリーが重い桶を蹴った」
   c. Mary bought the little farm.（慣用句の意味不可）
「メリーが小さい農場を買った」

実際には，日本語にも関係節化が可能な慣用句はある．(48) がその実例である．

(48) a. X に楯突く（慣用句の意味は「X に反抗する」）
   b. ［一度親に突いた盾］をすごすごと撤回するのもプライドが許さなかった．
（白石末子「いのち燃やしてミシン和裁にかけた女の挑戦」, 81）

(48b) の関係節では，英語の (44) と同様，慣用句の意味が保たれる．関係節化の移動派生説を否定する GNMCCH では，(48b) の動詞「突いた」の目的語は「盾」に先行された空の代名詞とみなすかもしれないが，(49) で分かるように，「盾」の代わりに空の代名詞を入れると慣用句の意味が保たれない．

(49) A: 花子が親に盾を突いたね．
   B: #はい，それを／∅ 突いたね．

Davis (2006) は日本語の関係節の移動派生説に対するもう一つの問題点を指摘している．(50) のような英語の関係節には二通りの解釈がある (Bhatt (2002))．

(50) the first book that John said that Tolstoy has written (Bhatt (2002: 57))
   a. 「高い」解釈: the λx first [book, x] [John said that Tolstoy had written x]
   ('the first book about which John said that Tolstoy had written it')
   b. 「低い」解釈: the λx [John said that [first [Tolstoy had written [book, x]]]]
   ('the x such that John said the first book Tolstoy had written was x')

Davis (2006: 5) は，再述代名詞には「高い」解釈しかないことを指摘している．

(51) This is the first book that they said if Shakespeare wrote it, then the Norton Anthology would need revising.
　a.「高い」解釈： the λx first [book, x] [they said if Shakespeare wrote x then the Norton Anthology would need to be revised] ('the first book about which they said if Shakespeare wrote it then the Norton Anthology would need to be revised')
　b.「低い」解釈（不可）： the λx [they said that if [first [Shakespeare wrote [book, x] then the Norton Anthology would need to be revised]]] ('the x such that they said if x was the first book Shakespeare wrote then the Norton Anthology would need to be revised')

日本語の関係節 (52) には「低い」解釈は不可能である (Davis (2006: 3)).

(52) [[[三島が書いたと] 先生が教えてくれた] 最初の本]
　a.「高い」解釈： the λx first [book, x] [teacher said that Mishima wrote x]
　　「三島が書いたと，先生がはじめて教えてくれた本」
　b.「低い」解釈（不可）： the λx [teacher said that [first [Mishima had written [book, x]]]]
　　「三島がはじめて書いたと，先生が教えてくれた本」

この事実に基づいて，Davis (2006) は日本語の関係節における空範疇は空の再述代名詞であると結論づける．
　ところが，(52) の上位の述語「教えてくれた」は叙実的述語である．英語でも，叙実的述語の場合には「低い」解釈は不可能である．

(53) (the first book that John informed Mary that Tolstoy wrote
　a.「高い」解釈： the λx first [book, x] [John told Mary that Tolstoy wrote x] ('the first book in reference to which John told Mary that Tolstoy wrote it')
　b.「低い」解釈（不可）： the λx [John told Mary that [first [Tolstoy had written [book, x]]]] ('the x such that John told Mary that the first book Tolstoy wrote was x')

日本語でも，上位の述語を非叙実的述語に取り替えると，「低い」解釈が可能に

なる（この指摘は坪本篤朗氏に謝す）．

(54)　[[[太郎が失くしたと] 花子が言ってた] 最初の恋]
　　a.　「高い」解釈：　the λx first [love, x] [Hanako said that Taro$x$]
　　　　「太郎が失くしたと，花子がはじめて言った恋」
　　b.　「低い」解釈：　the λx [Hanako said that [first [Taro lost [love, x]]]]
　　　　「太郎がはじめて失くしたと，花子が言った恋」

　(53)にも(54)にも再述代名詞を入れることができるが，(54)に入れると「低い」解釈が再びなくなる．

(55)　[[[太郎がそれを失くしたと] 花子が言ってた] 最初の恋]

(55)と(54)の解釈上の違いを考慮すると，(53)の空範疇は再述代名詞ではあり得ないことが分かる．

　本節では，移動派生説にとって問題点として指摘された二つの現象を再検討した．いずれの問題点も，より精密に考えると，実際には移動説を支持するように理解できることが分かった．

7.　関係節と名詞補文

　(1a)で述べたように，GNMCCHでは，関係節とその他の連体修飾構文はすべて同じ構造を有するとされる．トルコ語は日本語と同じく，関係節に関係代名詞がなく，関係節と名詞補文がどちらも主要部後置型の言語であるが，名詞補文の主要部にのみ3人称単数の所有格一致語尾が付く．関係節と名詞補文の間のこの違いに基づいて，Comrie (1998)はトルコ語は「アジア式関係節」を有する言語でないという．ところが，Bugaeva and Whitman (2014)は，先行研究では「アジア式関係節」を有するとされるサハ語，ネネツ語とアイヌ語にも，トルコ語と同じ関係節と名詞補文の間の違いが見られることを指摘している．サハ語の知覚名詞補文(40)の主要部名詞には3人称単数の所有格一致語尾-aが付くが，(41)の主要部名詞 kihi「人」には付かない（同じ(41)の内側の関係節の主要部 taŋah「洋服」に付く語尾-aは，主語との一致を示すもので，機能が違う）．

　日本語には一致がないが，関係節と名詞補文を区別する現象は容易に見つかる．関係節にはMcGloin (1985)が名付けた「ノ代名詞化」(*No Pronominalization*)が可能であるが，知覚名詞補文と命題名詞補文には可能ではない．

(55) a. [[漁師が焼いた] 魚] は無くなったが，[[君が焼いた] の] は残っている．
　　b. *[[さんまを焼いた] 匂い] は消えたが，[[いわしを焼いた] の]は残っている．
　　c. *[[さんまを焼いた] 証拠] は消えたが，[[いわしを焼いた] の] は残っている．

この違いは主要部名詞の内容と関係がない．(55c) の「証拠」は抽象名詞であるが，同じ名詞を関係節 (56) の主要部名詞にすると，ノ代名詞化が可能になる．

(56) [[花子が見つけた] 証拠] は消えたが，[[太郎が見つけた] の] は残っている．

トルコ語，サハ語，ネネツ語，アイヌ語では一致を示す名詞補文の主要部が，なぜ日本語ではノ代名詞化を可能にするのだろうか．意味論的に考えると，名詞補文は主要名詞の項であるのに対して，関係節は純粋な修飾要素である．項は一致を引き起こす．同じように，項のほうが主要部に近いとされる．DP 説で考えると，主要部の項である名詞補文は N の投射 NP の中にあるが，関係節は NP の外，DP の投射にあると言われる．ノ代名詞化というのは，N の投射を「ノ」に取り替える現象だとすれば，(55a) と (55b, c) の違いは説明できる．このように考えると，トルコ語などと同じように，日本語の関係節と名詞補文の間に構造的な違いがある，という結論になる．

8. まとめ

本稿は「アジア式関係節」をめぐる統一連体修飾構文仮説 (GNMCCH) を再検討した．表層の形態素の羅列だけ考慮すると，日本語に代表される主要部後置型の複合名詞句には，英語の関係節や名詞補文などで見られるような細かい，統語的，意味的な性質が欠落しているように見えるが，それらの性質は，おそらく普遍的なものと考えることができる．

参考文献

Bhatt, Rajesh (2002) "The Raising Analysis of Relative Clauses: Evidence from Adjectival Modification," *Natural Language Semantics* 10, 43-90.

Bugaeva, Anna and John Whitman (2014) "Deconstructing Clausal Noun Modifying Constructions," *Japanese/Korean Linguistics 23*, ed. by Michael Kenstowicz, Ted Levin and Ryo Masuda, CSLI Publications, Stanford.

Comrie, Bernard (1996) "The Unity of Noun Modifying Clauses in Asian Languages," *Pan-Asiatic Linguistics: Proceedings of the Fourth International Symposium on Languages and Linguistics*, January 8-10, 1996, Volume 3, 1077-1088.

Comrie, Bernard (1998) "Rethinking the Typology of Relative Clauses," *Language Design* 1, 59-86.

Comrie, Bernard (2010) "Japanese and the Other Languages of the World," *NINJAL Project Review* 1, 29-45.

Davis, Christopher (2006) "Evidence against Movement in Japanese Relative Clauses," Handout presented at ECO5 2006, Massachusetts Institute of Technology, March 4th, 2006.

Haig, John (1976) "Shadow Pronoun Deletion in Japanese," *Linguistic Inquiry* 7:2, 363-371.

Haig, John (1996) "Subjacency and Generative Grammar: A Functional Account," *Studies in Language* 20:1, 53-92.

Han, Chung-hye and Jong-Bok Kim (2004) "Are There "Double Relative Clauses" in Korean?" *Linguistic Inquiry* 35:2, 315-337.

Hasegawa, Nobuko (1981) *A Lexical Interpretive Theory with Emphasis on the Role of Subjects*, Doctoral dissertation, University of Washington.

Heycock, Caroline (1993) "Syntactic Predication in Japanese," *Journal of East Asian Linguistics* 2:2, 167-211.

Hillsman, Bill (2004) *Run the Other Way: Fixing the Two-Party System, One Campaign at a Time*, Free Press, New York.

Hoshi, Koji (1995) *Structural and Interpretive Aspects of Head-Internal and Head-External Relative Clauses*, Doctoral dissertation, University of Rochester.

Hoshi, Koji (2004) "Parameterization of the External D-System in Relativization," *Language, Culture and Communication* 33, 1-50, Keio University.

井上和子 (1976)『変形文法と日本語 (上：統語構造を中心に)』大修館書店, 東京.

Kornfilt, Jaklin and Nadya Vinokurova (2012) "Turkish and Turkic Complex Noun Phrase Constructions," ms., Syracuse University.

Kuno, Susumu (1973) *The Structure of the Japanese Language*, MIT Press, Cambridge, MA.

Matsumoto, Yoshiko (1993 [1997]) *Noun-Modifying Constructions in Japanese: A Frame-Semantic Approach*, John Benjamins, Amsterdam.

Matsumoto, Yoshiko, Bernard Comrie and Peter Sells (forthcoming) "Noun-Modifying Clause Constructions in Languages of Eurasia: Reshaping Theoretical and Geographical Boundaries" (tentative title).

McGloin, Naomi Hanaoka (1985) "NO-Pronominalization in Japanese," *Papers in Japanese Linguistics* 10, 1-15.

Ross, John Robert (1967) *Constraints on Variables in Syntax*, Doctoral dissertation, MIT.

Sakai, Hiromu (1994) "Complex NP Constraint and Case-Conversions in Japanese," *Current Topics in English and Japanese*, ed. by Masaru Nakamura, 179-203, Kurosio, Tokyo.

寺村秀夫 (1975)「連体修飾のシンタクスと意味 その1」『日本語・日本文化』4, 71-119, 大阪外国語大学留学生別科.

寺村秀夫 (1977a)「連体修飾のシンタクスと意味 その2」『日本語・日本文化』5, 29-78, 大阪外国語大学留学生別科.

寺村秀夫 (1977b)「連体修飾のシンタクスと意味 その3」『日本語・日本文化』6, 1-35, 大阪外国語大学留学生別科.

Whitman, John (1976) *Rules with Too Much Power*, Honors thesis, Harvard College.

Whitman, John (2013) "The Prehead Relative Clause Problem," *Proceedings of the 8th Workshop on Altaic Formal Linguistics*, ed. by Umut Özge, 361-380, MIT Working Papers in Linguistics, Cambridge, MA.

第III部
空所化, 省略, 削除

右枝節点繰上げと削除分析*

木村　宣美

弘前大学

キーワード：右枝節点繰上げ，in-situ 削除分析，対称性の破綻，対称的述語と統語上の島，統語とインターフェイスの分業

0. はじめに

典型的な右枝節点繰上げ (Right Node Raising: RNR) 構文では，(1) に示されているように，すべての等位項の右側にある要素が RNR 要素として，等位構造の一番右側の等位項に生じる．(本稿では，RNR 要素に下線を施すことにする.)

(1)　Sally might be, and everyone believes Sheila definitely is, <u>pregnant</u>.
(Ross (1967: 97))

(1) では，すべての等位項の右側に共通に生じる pregnant が RNR 要素として，一番右側の等位項に生じている．一方，Abbott (1976)，Jackendoff (1977)，Gazdar (1981) 等が指摘するように，対称的述語 (symmetric predicates) や関係形容詞 (relational adjectives) や a total of の表現や分離先行詞 (split antecedents) が含まれる表現が RNR 要素となる場合には，RNR 要素が

---

　*　本稿は，日本言語学会第 145 回大会（平成 24 年 11 月 24 日，九州大学箱崎キャンパス）で口頭発表した内容の一部に加筆修正を施したものである．なお，本研究は，平成 22 年度－平成 24 年度日本学術振興会科学研究費補助金（基盤研究 (C) 研究課題『句構造の非対称性・線形化と構造的依存関係に関する理論的・実証的研究』（課題番号 22520487））及び平成 26 年度日本学術振興会科学研究費助成事業（学術研究助成基金助成金）（基盤研究 (C) 研究課題『右方移動現象の分析に基づく併合と感覚運動体系における線形化のメカニズムの解明』（課題番号 26370557））に基づく研究成果の一部である．なお，例文の文法性の判断は，弘前大学人文学部の Carpenter, Victor Lee 氏による．ここに記し，感謝申し上げる．

すべての等位項に生じる文を仮定することができない.

(2) a. I borrowed, and my sisters stole, a total of $3000 from the bank.
b. I borrowed a total of $3000 from the bank and my sisters stole a total of $3000 from the bank. (Abbott (1976: 642))

(2b) は (2a) の元となる文ではない. (2a) の a total of $3000 from the bank は「借用」及び「盗用」の合計金額であり,「借用」及び「盗用」の金額がそれぞれ a total of $3000 である (2b) とは意味が異なるからである.

RNR 構文を導く分析として, 概略,「移動 (movement) 分析」(Ross (1967), Postal (1974), Saito (1987), Sabbagh (2007)),「削除 (deletion/ellipsis) 分析」(Wexler and Culicover (1980), Hartmann (2000), Bošković (2004), Ha (2006)),「多重支配 (multidominance) 分析」(McCawley (1982), Wilder (1999), Abels (2003), Bachrach and Katzir (2009), Citko (2011), Kluck and de Vries (2013)) が提案されているが, RNR 構文の特性を包括的に説明するために, 削除分析と多重支配分析の両方の分析が必要であるとする分析が木村 (2011, 2012) や Barros and Vicente (2011) で提案されている.[1,2]

---

[1] 1) 島 (islands) の条件の効果が観察されない, 2) 右屋根制約 (right roof constraint) に従い, 有界である, 3) 適正束縛条件 (proper binding condition) の違反が生じない, 4) 束縛条件 (binding condition) (C) の効果が観察される, 5) 動詞句削除 (VP deletion) や動詞句前置や動詞句の代用形 so や名詞句の代用形 one に RNR 要素が含まれる, 6) 前置詞句からの抜き出しや前置詞残留 (preposition stranding) の効果が観察されない, 7) 再帰代名詞が RNR 要素の右側に生じる等の特性に基づき, RNR 構文は移動規則が適用されて導かれる構文ではないと本稿では仮定する.
ただし, Wilder (1999), Abels (2003), Bošković (2004), Sabbagh (2007) 等で指摘されているように, RNR 構文では右端制約 (right edge restriction) を満たすために, 右方移動 (rightward movement) が適用されなければならない場合がある. ただし, この移動は構造的に高い位置に付加する効果を持つ移動ではなく, 等位項内での移動である. また, 外置 (extraposition) と RNR がそれぞれ規則適用の入力 (input) となることを Kluck and de Vries (2013) が指摘している.
[2] Barros and Vicente (2011) では, 削除分析を支持する現象である屈折の不一致 (inflectional mismatches) や多重支配分析を支持する現象である累積的一致 (cumulative agreement) と same/different 等の関係形容詞の内部読み (internal readings) が同一文内に生じる時には, その文が非文法的となることが指摘されている.
また, Barros and Vicente (2011: 4) では, 次の (i) に見られるように, それぞれの等位項の主語が三人称単数であるにもかかわらず, 助動詞が have となる現象が存在し, 多重支配分析を支持する累積的一致現象であるとの主張がなされている.

木村 (2011, 2012) や Barros and Vicente (2011) で仮定されている削除分析に基づく RNR 構文の構造と多重支配分析に基づく RNR 構文の構造は，概略，次の (3a) と (3b) である．(X は RNR 要素で，X̄ は削除された RNR 要素である．)[3,4]

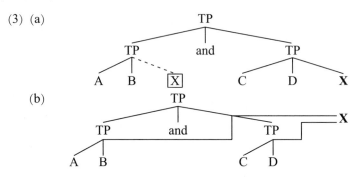

木村 (2011, 2012) や Barros and Vicente (2011) では，削除分析と多重支配分析が必要であるとの提案がなされ，McCawley (1982) が仮定する構造，すなわち，不連続な構成素性 (discontinuous constituency) を示す構造 (3b) の X が多重に支配されていると仮定されているが，本稿では，この「多重に支配されている」とはどういうことなのか，(3b) の X の構造的特性に基づき，木村 (2011, 2012) で提案されている RNR 構文に対する3種類の分析を再検討する．

本稿の構成は，以下の通りである．第1節では，全域的 RNR 構文と対称的

(i) Alice is proud that Beatrix, and Claire is happy that Diana, {have/*has} travelled to Cameroon.

しかしながら，(i) は RNR 構文ではない．(ii) から明らかなように，RNR 要素の動詞句は非定形 (non-finite) 動詞句であり，定形 (finite) 動詞句ではないからである．

(ii) a. *John swore that Kathy, and Albert succeeded in proving that Sally, was a virgin.
(Hankamer (1972: 207))
b. Tom said he would, and Bill actually did, eat a raw eggplant.
(Postal (1974: 126))

[3] 本稿では，RNR 構文の構造として，RNR 要素が等位構造の外側 (external) にある構造は仮定しない．(cf. Ross (1967), Postal (1974), Saito (1987), Sabbagh (2007, 2014)) Sabbagh (2014) は，RNR 要素が等位構造の内側 (internal) にある構造に関して，削除分析と多重支配分析に基づく分析に言及している．

[4] Munn (1993) や Johannessen (1998) や Zhang (2010) 等では，統語的非対称性を捉えるために，等位構造の非対称的構造が提案されている．ただし，本稿の議論とは直接的な関連はないので，構造として (3) を仮定することにする．

RNR 構文の 2 種類の RNR 構文を仮定する木村 (2011, 2012) の分析を概観する．RNR 構文の対称性を捉えるための分析として，様々な多重支配分析 (Williams (1978), McCawley (1982), Goodall (1987), Moltmann (1992), Citko (2011)) が提案されているが，第 2.1 節では，Citko (2011) の分析を中心に，多重支配に基づく分析を概観し，第 2.2 節では，等位項における対称性が破綻している現象に基づき，全域的 RNR 構文の分析として，多重支配分析より削除分析の方が優れていることを論じる．第 3 節では，木村 (2011, 2012) が対称的 RNR 構文として特徴づけた RNR 構文の RNR 要素が等位項内の位置にあることを示し，全域的及び対称的 RNR 構文の RNR 要素はともに等位項内の位置にあり，削除分析に基づき説明されるとする RNR 構文の in-situ 削除分析を提案する．

1. 2 種類の RNR 構文：全域的 RNR 構文と対称的 RNR 構文

木村 (2011, 2012) は，RNR 構文の特性に基づき，全域的 RNR 構文と対称的 RNR 構文の 2 種類の RNR 構文に峻別する必要があることを論じた．

全域的 RNR 構文とは (1) のような RNR 構文で, (4) から明らかなように，すべての等位項の右側に生じる要素 pregnant が RNR 要素として等位構造の一番右側の等位項に生じる構文のことである．このタイプの RNR 構文の構造は (3a) である．

(4) Sally might be pregnant, and everyone believes Sheila definitely is pregnant.

他方，対称的 RNR 構文とは RNR 要素をすべての等位項に仮定することのできない (2) のような RNR 構文のことで，その構造は (3b) である．

(5) a. John whistled and Mary hummed at equal volumes.
   b. *John whistled at equal volumes and Mary hummed at equal volumes.
   (Jackendoff (1977: 192-193))
(6) I thank Mary and respect Susan, for {their/*her} help.
   (Erteschik-Shir (1987: 110))

(5) の RNR 要素 at equal volumes は, (5b) が非文法的であることから明らかなように，すべての等位項に生じることはない．また, (6) のような代名詞の

分離先行詞を含む前置詞句も，すべての等位項に生じることはできない．[5] このような RNR 構文の特性を踏まえ，木村 (2011, 2012) は，(7a, b) の仮説を組み込んだ RNR 構文の分析を提案した．

(7) a. 全域的 RNR 構文：RNR 構文の in-situ 削除分析：[6,7]
　　　RNR 要素は，一番右側の等位項内にある．
　　b. 対称的 RNR 構文：RNR 構文の ex-situ 多重支配分析：
　　　RNR 要素は，すべての等位項に多重に支配されている．

(7a, b) から明らかなように，全域的 RNR 構文の RNR 要素は等位項内にあるが，対称的 RNR 構文の RNR 要素は RNR 構造から RNR 要素を除いた部分と関連付けられるという意味で多重に支配されているとの分析を提案した．

2. RNR 構文と多重支配分析

RNR 構文の対称性を捉える分析として，ATB format に基づく分析 (Williams (1978))，不連続構成素性に基づく分析 (McCawley (1982))，句構造標識のユニオンに基づく分析 (Goodall (1987))，三次元句構造標識に基づく分析 (Moltmann (1992))，Parallel Merge に基づく分析 (Citko (2011)) があるが，第 2.1 節では，RNR 構文の対称性という観点で，Citko (2011) の分析を中心に，多重支配分析を概観する．第 2.2 節では，全域的 RNR 構文の RNR 要素が右側の等位項と密接な関連を示し，RNR 構文の対称性が破綻している現象に基づき，多重支配分析より削除分析の方が優れていることを論じる．

2.1. RNR 構文の対称性と多重支配分析

Citko (2011: 68) は，RNR 要素を構造的に高い位置に付加する移動分析の

---

[5] Ha (2006: 26-27) では，(ia) の左側に生じる最初の動詞 sings は自動詞であり，(ib) から導かれる RNR 構文ではなく (ii) の解釈を持つとの分析が提案されている．
　(i) a. Peter sings and Mary whistles a similar tune.
　　　b. *Peter sings a similar tune and Mary whistles a similar tune.
　(ii) Peter sings, and then Mary starts whistling with a similar tune.
[6] Ha (2006) 等で指摘されている削除分析を支持する現象，すなわち，sloppy identity の解釈，vehicle change，some と any の交替，動詞の形態や数詞と名詞の数の不一致等の現象に基づき，本稿では，全域的 RNR 構文は削除に基づき導かれると仮定する．
[7] 全域的 RNR 構文 (RNR 構文の in-situ 削除分析) には，一致効果が観察される場合とされない場合がある．この点に関しては，木村 (2011, 2012) を参照のこと．

不備を指摘し，Parallel Merge 構造 (8b) を仮定し，RNR 構文の対称性を捉える分析を提案している．

(8) a. John likes and Bill dislikes <u>TV shows about vampires</u>.

b.
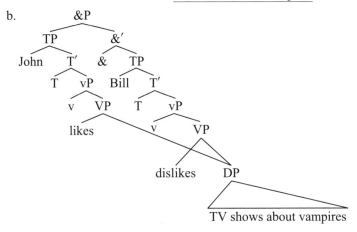

Citko (2011) によれば，(8a) の RNR 要素 TV shows about vampires は左右の等位項で共有 (shared) されていて，(8a) は (8b) に示されている Parallel Merge 構造を持つ．TV shows about vampires は 2 つの等位項内にある他の要素と対称的な関係 (symmetric relationship) にあり，この分析は，McCawley (1982), Levine (1985), Wilder (1999), Abels (2003), Bachrach and Katzir (2009), Barros and Vicente (2011) 等で提案されている多重支配分析であると述べられている．

Williams (1978) や McCawley (1982) や Goodall (1987) や Moltmann (1992) の多重支配分析も，Citko (2011) の分析と同様に，等位構造の対称性に基づく分析であると考えることができる．例えば，Williams (1978) では，Ross (1967) の ATB 規則適用を精緻化・形式化し，構造が ATB format で生成され，例えば，WH 疑問文の派生に関して，同じ因子 (factor) にある複数の WH 語が瞬時にして (simultaneously) 移動するという分析が提案されている．また，Goodall (1987) では，等位構造は複数の文のユニオン (union) から導かれ，2 つの等位項は同じ線形 (the same linear) の位置にあるとの分析が提案されている．Moltmann (1992) では，例えば，ATB 抜出しの現象は，潜在的な等位構造 (implicit coordination) を仮定する三次元句構造標識に基づく分析で説明することができると主張されている．このように，多重支配に基づく従来

の分析では，等位構造の対称性・平行性を捉えるために，RNR 要素が形態的に同一の語・句・節等である RNR 構文が分析の対象として，取り上げられている．このような分析では，一致効果（matching effects）が期待されるが，一致効果が認められない場合がある．この点を次節で概観する．

2.2. RNR 構文と一致効果の欠如

第 2.2 節では，多重支配分析で保証されるべき一致効果が認められない現象を概観する．これらは，RNR 構文に対称性を仮定する多重支配分析の不備を示す現象である．[8]

2.2.1. 動詞形態

RNR 構文の RNR 要素が左側ではなく右側の等位項との一致効果を示す現象に RNR 要素の動詞形態（verbal morphology）がある．(9) に示されているように，動詞句に RNR を適用することができる．

(9) a.　George will, and I believe that Bob might, take the course.

(Quirk et al. (1972: 585))

　　b.　He ought to, but probably won't, make a public apology.

(Huddleston and Pullum (2002: 1343))

RNR 要素の動詞形態の一致に関して，左側ではなく右側の等位項の助動詞との一致がなされる現象が，Terazu (1975: 57) で指摘されている．[9,10]

(10) a.　The House has, and the Senate can, pass the bill.

---

[8] RNR 要素が右側の等位項との一致効果を示す再帰代名詞の分布に関する分析は，Kimura (1986) を参照のこと．また，否定極性表現（negative polarity item）の any の分布に関しては，Ha (2006) を参照のこと．

[9] Terazu (1975: 57) では，(10) は文法性の判断の分かれる文であり，形式ばらない使用（informal use）で用いられることが指摘されている．また，Quirk et al. (1972) や Huddleston and Pullum (2002) でも，ある限られた状況において，等位項内での RNR 要素の一致の原則が守られないことが指摘されている．

[10] Barros and Vicente (2011: 3) では，動詞句削除と同様に，屈折の不一致が RNR 構文においても許されることが指摘されている．

　　(i)　I usually don't, but Alice wakes up early every day.

Bošković (2004) でも，RNR 構文と動詞句削除の類似性が指摘され，動詞の屈折の違いが無視されることが指摘されている．

b. The House has, and the Senate will be, passing the bill.
(Terazu (1975: 57))
(11) a. *The House has, and the Senate can, passed the bill.
b. *The House has, and the Senate will be, passed the bill.

(10) と (11) から明らかなように，左側と右側の等位項の動詞形態に一致が見られない場合，RNR 要素の動詞形態は右側の等位項の動詞形態に一致する．

2.2.2. 動名詞と不定詞の選択

RNR 要素が右側の等位項との一致効果を示す現象として，動名詞と不定詞の選択がある．この選択に関して，Terazu (1975: 62) では，左側ではなく右側の等位項との一致がなされることが指摘されている．

(12) a. Tom wants to, and Bill feels capable of, raising chickens.
b. *Tom wants to, and Bill feels capable of, raise chickens.

(12a) と (12b) の文法性から，RNR 要素として動名詞あるいは不定詞のいずれが選択されるかは右側の等位項内にある要素により決まることがわかる．すなわち，(12) の左側の等位項には to 不定詞が，右側の等位項には前置詞 of があるが，前置詞 of に対応する動名詞 raising chickens が選択され，右側の等位項との一致がなされている．

3. RNR 構文と削除分析

第 3 節では，第 2 節で考察した RNR 構文の対称性が破綻している現象が，木村 (2011, 2012) で対称的 RNR 構文として特徴づけた RNR 構文の RNR 要素にもあてはまることを指摘し，この現象に基づき，RNR 要素は等位項内の位置にあり，多重支配分析ではなく，削除に基づく分析を仮定しなければならないことを論じる．この分析から，木村 (2011, 2012) や Barros and Vicente (2011) とは異なり，RNR 構文の in-situ 削除分析に基づき，RNR 構文が統一的に分析されることになる．[11]

---

[11] Sabbagh (2007) は，RNR 要素が元々の位置にはないこと (anti- 'still there' effects) を示す現象 (quantifier scope/antecedent contained deletion/same and different) を取り上げ，RNR 構文に対する移動分析を提案している．

3.1. 形態的不一致と関係形容詞の内部読み

削除分析を支持する現象である屈折の不一致と多重支配分析を支持する現象である累積的一致や関係形容詞の内部読みが同一文内に生じる時には，その文は非文法的となることが Barros and Vicente (2011) で指摘されている．例えば，形態的不一致 (削除効果) と関係形容詞の内部読み (多重支配効果) が矛盾をきたし，同一文内において一緒に認可されることはない．

(13) a. Alice must, and Beatrix should, work on different topics.
     b. Alice has, and Beatrix wants to, work on different topics.
(Barros and Vicente (2011: 7))

Barros and Vicente (2011) によれば，(13a) には動詞の形態上の不一致がなく different の内部読みが可能であるのに対して，(13b) には worked/work という形態的不一致があり内部読みが許されない．これは，RNR 構文に対する取捨選択的折衷主義仮説 (an eclectic hypothesis) が予想する結果であると Barros and Vicente (2011) は主張する．[12]

しかしながら，Larson (2012) では，Barros and Vicente (2011) や木村 (2011, 2012) の削除分析と多重支配分析の両方を仮定する分析には不備がある，また，RNR 構文に対する移動分析・削除分析・多重支配分析は，RNR 構文の特性すべてを説明することはできず，いずれの分析にも不備があると主張されている．[13] その証拠として，Larson (2012: 147) では，削除効果であるとされる形態上の不一致と多重支配効果であるとされる different の内部読みが，Barros and Vicente (2011) の予測に反して，矛盾することなく文法的であることが指摘されている．

(14) Alice must, and Iris ought to be, working on different topics.

(14) では，Larson (2012) によれば，動詞の形態的一致が保証されていないにもかかわらず，different の内部読みが可能である．形態的不一致は削除効果を示す現象であり，対称的述語/関係形容詞 different が関与する対称的 RNR 構

---

[12] Barros and Vicente (2011) では，形態的不一致と vehicle change (削除効果) と累積的一致と関係形容詞の内部読み (多重支配効果) が同一文内に生起し認可されることのない 4 つの言語現象が指摘されている．

[13] Grosz (2009) や Larson (2012) も，Barros and Vicente (2011) と同様に，RNR 構文ではない定形動詞句や法助動詞を含む述語が右端にある文を分析対象として，累積的一致が議論されている．

文に対して，多重支配に基づく分析をすることはできないように思われる．等位項の対称性が破綻しているからである．[14] (14) の文法性は，対称的 RNR 構文に対しても全域的 RNR 構文と同様に，多重支配分析ではなく，削除分析を仮定する必要があることを示している．

3.2. 動名詞と不定詞の選択と関係形容詞の内部読み

対称的 RNR 構文に対する削除分析を支持する証拠，すなわち，削除効果と多重支配効果が同一文内に生起しても文法的である現象を指摘したい．すなわち，前置詞 of に後続する節としての動名詞と不定詞の選択（削除効果）と関係形容詞 different の内部読み（多重支配効果）が同一文内に生起し，矛盾することなく文法的である．

(15) a. Tom wants to and Mary feels capable of making different proposals.
　　 b. *Tom wants to and Mary feels capable of make different proposals.

(15a, b) の左側の等位項は不定詞を，右側は動名詞を形態上要求する．(15a) の RNR 要素は making different proposals で，(15b) は make different proposals である．右側の等位項が形態上要求する動名詞が生じている (15a) が文法的であり，形態上の一致が保証されていないにもかかわらず，(15a) の

---

[14] Larson (2012: 149) では，動詞が形態的に一致していないにもかかわらず，(i) において，Sabbagh (2007) が指摘しているように，普遍数量詞 every が存在数量詞 some より広い作用域を取ることが指摘されている．
　(i) Some woman must, and some man ought to be, working with every student.
本稿の分析に従えば，動詞の形態的不一致は削除分析を示唆する現象であり，RNR 要素 working with every student は等位項内の位置にある．この現象は論理形式部門（Logical Form: LF）の解釈に関わる現象であり，本稿では，非顕在的数量詞上昇（covert quantifier raising）に基づき分析されることになる．このように，本稿では，解釈に関わる現象がすべて構造に反映されなければならないとは考えていない．
　また，構造と解釈の問題は峻別すべきであるということを示す現象に，例えば，(ii) のように再帰代名詞が RNR 要素として生じている現象がある．
　(ii) John hit(,) and Bill shot(,) himself.　　　　　　　　　　　(Banfield (1981: 15))
(ii) の himself は John と Bill を指示する再帰代名詞である．これは，構造上ではなく，解釈上の問題であるように思われる．また，RNR 要素の名詞句の指示内容が異なってもいいことが，奥野 (1989: 340) で報告されている．
　(iii) Bob ate, but Joe turned down, a piece of pie.
(iii) では，ボブが食べたパイとジョーが断ったパイが別物であってもいいのである．このように，統語部門とインターフェイス LF 部門は分業の関係にあるとの想定のもと，解釈に関わる現象は，構造とは別に，LF で扱われるべきであると仮定する．

different の内部読みが可能である．等位項の対称性，すなわち，形態上の一致が求められる多重支配分析では，(15a, b) の文法性の違いに説明を与えることができない．この動名詞と不定詞の選択が係わる現象も，多重支配分析ではなく，対称的 RNR 構文に対する削除分析を示唆する現象である．

3.3. 統語上の島と関係形容詞

対称的 RNR 構文の RNR 要素が等位項内の位置にあることを示す現象として，統語上の島の領域内に関係形容詞が生じる現象を指摘したい．Chaves (2011) は，2 種類の異なる RNR 構文が存在することを主張し，削除分析と外置と等位構造の文法から導かれるとする分析を提案している．木村 (2011, 2012) で対称的 RNR 構文として特徴づけた (16) のような RNR 構文は加法的 (additive) RNR と呼ばれている．

(16) a.　John defeated and Mary lost to very different opponents.
　　　b.　Fred spent and Mia lost a total of $10,000 (between them).
(Chaves (2011: 1))

この加法的 RNR 構文の RNR 要素は，全域的 RNR 構文とは異なり，意味的に結合 (semantically combined) されているという特徴を持つ．

興味深い現象として，Chaves (2011: 1) は，(17) のような長距離 (long-distance) 加法的 RNR が存在することを指摘している．

(17) a.　I know a man who lost and you know a woman who spent a total of $10,000 between them.
　　　b.　I know the NY Times wanted to publish and Sue suspects that USA Today might try to scoop exactly the same scandal.

(17a) の RNR 要素 a total of $10,000 between them は関係詞節内に，(17b) の exactly the same scandal は従属節内にある．また，(18) から明らかなように，これらの RNR 要素が，通例，左方移動されることはない．

(18) a.　*A total of $10,000 between them I know a man who lost and you know a woman who spent.
　　　b.　*Exactly the very same scandal I know the NY Times wanted to publish and Sue suspects that USA Today might try to scoop.

(17) の文法性は，多重支配分析を支持すると従来分析されてきた対称的述語

や関係形容詞や a total of の表現や分離先行詞が含まれる表現が RNR 要素として生じる場合でも，RNR 要素が等位項内の位置にあることを示唆し，排他主義的仮説 (an exclusivist hypothesis) のもと，RNR 構文の in-situ 削除分析を仮定する必要があることを示している．

4. まとめ

木村 (2011, 2012) や Barros and Vicente (2011) で仮定されている多重支配分析の構造，すなわち，McCawley (1982) の不連続な構成素性を示す構造では RNR 要素は等位項に多重に支配されていると規定されているが，この「多重に支配されている」とはどういうことなのかということに関して，新たな言語資料に基づき，本稿では検討を加えた．

第 1 節では，全域的 RNR 構文と対称的 RNR 構文の 2 種類の RNR 構文を仮定する木村 (2011, 2012) の分析を概観した．第 2 節では，RNR 構文の対称性を捉えるための分析として，様々な多重支配分析が提案されているが，第 2.1 節では，Citko (2011) を中心に，多重支配分析を概観し，第 2.2 節では，等位項における対称性が破綻している現象に基づき，全域的 RNR 構文の分析として，多重支配分析より削除分析の方が優れていることを指摘した．第 3 節では，木村 (2011, 2012) が対称的 RNR 構文として特徴づけた RNR 構文の RNR 要素が等位項内の位置にあることを示し，全域的及び対称的 RNR 構文の RNR 要素はともに等位項内の位置にあり，削除分析に基づき説明されるべきであるとする，RNR 構文の in-situ 削除分析を提案した．すなわち，木村 (2011, 2012) で分析された 3 種類の RNR 構文 ([1] RNR 要素が等位項内にあり，一致効果が示され，対称性が保証されている RNR 構文, [2] RNR 要素は等位項内にはあるが，一致効果の見られない RNR 構文, [3] 対称的述語や関係形容詞や a total of の表現や分離先行詞を含む表現が RNR 要素となる RNR 構文) に対して，本稿では，RNR 構文の RNR 要素は等位項内の位置にあり，削除分析に基づき説明されるとする排他主義的仮説に基づく RNR 構文の in-situ 削除分析を提案した．

参考文献

Abels, Klaus (2003) "Right Node Raising: Ellipsis or Across the Board Movement," *Proceedings of the 34th Annual Meeting of the North East Linguistic Society*, 45-59.

Abbott, Barbara (1976) "Right Node Raising as a Test for Constituentfood," *Linguistic Inquiry* 7, 639-642.

Bachrach, Araf and Katzir Roni (2009) "Right-Node Raising and Delayed Spell-Out," *InterPhases: Phase-Theoretic Investigations of Linguistic Interfaces*, ed. by Kleanthes Grohmann, 283-316, Oxford University Press, Oxford.

Banfield, Ann (1981) "Stylistic Deletion in Coordinate Structures," *Linguistic Analysis* 7, 1-32.

Barros, Matthew and Luis Vicente (2011) "Right Node Raising Requires both Ellipsis and Multidomination," *University of Pennsylvania Working Papers in Linguistics* 17, 1-9.

Bošković, Željko (2004) "Two Notes on Right Node Raising," *University of Connecticut Working Papers* 12, 13-24.

Chaves, Rui (2011) "Extraposition and Additive Right Node Raising,"A Paper read at *the 18th International Conference on Head-Driven Phrase Structure Grammar*, University of Washington, Seattle.

Citko, Barbara (2011) *Symmetry in Syntax: Merge, Move, and Labels*, Cambridge University Press, Cambridge.

Erteschik-Shir, Nomi (1987) "Right Node Raising," *MIT Working Papers in Linguistics* 9, 105-117.

Gazdar, Gerald (1981) "Unbounded Dependencies and Coordinate Structure," *Linguistic Inquiry* 12, 155-184.

Goodall, Grant (1987) *Parallel Structures in Syntax: Coordination, Causatives, and Restructuring*, Cambridge University Press, Cambridge.

Grosz, Patrick (2009) "Movement and Agreement in Right-Node Raising," *MIT Generals Paper in Syntax*.

Ha, Seungwan (2006) "Multiple Dominance CAN'T, but Ellipsis CAN account for Right Node Raising," *CLS 42-1: The Main Session (Papers from the 42nd Annual Meeting of the Chicago Linguistic Society)*, 17-32.

Hankamer, Jorge (1972) "On the Nonexistence of Mirror Image Rules in Syntax," *Syntax and Semantics* 1, ed. by John P. Kimball, 199-212, Seminar Press, New York.

Hartmann, Katharina (2000) *Right Node Raising and Gapping: Interface Conditions on Prosodic Deletion*, John Benjamins, Amsterdam.

Huddleston, Rodney and Geoffrey Pullum (2002) *The Cambridge Grammar of the English Language*, Cambridge University Press, Cambridge.

Jackendoff, Ray (1977) $\bar{X}$ *Syntax*, MIT Press, Cambridge, MA.

Johannessen, Janne (1998) *Coordination*, Oxford University Press, Oxford.

Kimura, Norimi (1986) "Right Node Raising: A Null Anaphor Analysis," *English Linguistics* 3, 118-133.

木村宜美 (2011)「全域的右枝節点繰上げ構文と削除分析」*Ars Linguistica* 18, 日本中部

言語学会, 17-35.
木村宣美 (2012)「右枝節点繰上げ構文：削除分析と多重支配分析」『日本言語学会第145回大会予稿集』, 208-213.
Kluck, Marlies and Mark de Vries (2013) "Cumulative Rightward Processes," *Rightward Movement in a Comparative Perspective*, ed. by Gert Webelhuth, Manfred Sailer and Heike Walker, 281-317, John Benjamins, Amsterdam.
Larson, Bradley (2012) "A Dilemma with Accounts of Right Node Raising," *Linguistic Inquiry* 43, 143-150.
Levine, Robert (1985) "Right Node (Non-)Raising," *Linguistic Inquiry* 16, 492-497.
McCawley, James (1982) "Parentheticals and Discontinuous Constituent Structure," *Linguistic Inquiry* 13, 91-106.
Moltmann, Friederike (1992) *Coordination and Comparatives*, Doctoral dissertation, MIT.
Munn, Alan (1993) *Topics in the Syntax and Semantics of Coordinate Structures*, Doctoral dissertation, University of Maryland.
奥野忠徳 (1989)『変形文法による英語の分析』開拓社, 東京.
Postal, Paul (1974) *On Raising*, MIT Press, Cambridge, MA.
Quirk, Randolph, Sidney Greenbaum, Geoffrey Leech and Jan Svartvik (1972) *A Grammar of Contemporary English*, Longman, London.
Ross, John (1967) *Constraints on Variables in Syntax*, Doctoral dissertation, MIT. [Reproduced by the Indiana University Linguistics Club 1968.]
Sabbagh, Joseph (2007) "Ordring and Linearizing Rightward Movement," *Natural Language & Linguistic Theory* 25, 349-401.
Sabbagh, Joseph (2014) "Right Node Raising," *Language and Linguistics Compass* 8:1, 24-35.
Saito, Mamoru (1987) "Three Notes on Syntactic Movement in Japanese," *Issues in Japanese Linguistics*, ed. by Takashi Imai and Mamoru Saito, 301-350, Foris, Dordrecht.
Terazu, Noriko (1975) "Coordinate Deletion, Gapping, and Right Node Raising," *Studies in English Linguistics* 3, 19-65.
Wexler, Kenneth and Peter Culicover (1980) *Formal Principles of Language Acquisition*, MIT Press, Cambridge, MA.
Wilder, Chris (1999) "Right Node Raising and the LCS," *The Proceedings of the Eighteenth West Coast Conference on Formal Linguistics*, 586-598.
Williams, Edwin (1978) "Across-the-Board Rule Application," *Linguistic Inquiry* 9, 31-43.
Zhang, Niina (2010) *Coordination in Syntax*, Cambridge University Press, Cambridge.

日本語の目的語省略における有生性の影響
―量的データからの考察―*

澤﨑　宏一

静岡県立大学

キーワード：文理解，文処理，目的語省略，有生性，名詞句の階層性

1. はじめに

　日本語は，主語や目的語といった文中の要素の省略が比較的容易だが，そのためには，一定の条件に従う必要がある．Nariyama (2003) は，名詞句の特性と談話的効果のふたつの側面から，省略のされやすさについての原則を提唱した．本稿は，この原則に含まれる，無生名詞は有生名詞よりも省略が起こりにくいという制約に焦点をあて，Nariyama (2003) ではあまり議論されていない目的語の有生性とその省略の可能性について，実験から得た量的データを用いて検証する．そして，文脈のない他動詞文（単一節）が目的語の省略を伴って提示された場合に，無生目的語は有生目的語よりも省略されにくいことを示し，これと似た現象が中国語にも見られる可能性を指摘する．

2. 日本語における主語と目的語の省略について

2.1. Nariyama (2003) の「名詞のランク」

　日本語の文中要素の省略については，古くは久野 (1978) が，省略要素が文脈から復元可能である旧情報であることや，視点の同一性といったことを省略の条件として挙げている．これは，談話レベルにおける制約と言える．
　近年になって，文レベルと談話レベルの両方の視点から，Nariyama (2003)

---

　* 本研究は，2012 年日本第二言語習得学会秋の研修会での発表の一部を発展させたものです．本稿の準備にあたり貴重なご意見を下さった坪本篤朗先生と，中国語への翻訳を手伝って下さった賀佳さんに心より感謝します．

や成山 (2009) は省略に関する新しい考え方を提唱している.

(1) 名詞のランク　　1人称＞2人称＞3人称＞動物＞無生物
　　　トピック性　　　高い ←----------------------------→ 低い
　　　主語になる条件　主語 ←----------------------------→ 非主語
　　　省略されやすさ　省略されやすい ←--------→ 省略されにくい

(成山 (2009: 100))

(1) の「名詞のランク」とは，左端の1人称名詞が最もランクが高く，人間（有生）＞動物（有生）＞無生物のように，右に移動するほどランクが低くなるというもので，「有生名詞＞無生名詞」という関係が含まれる．

(1) についてまず Nariyama (2003) は，名詞のランクが高いほど文の主語になりやすいと述べる（主語になる条件）．

(2) a.　私は太郎をみつけた．
　　　b.??太郎が私をみつけた．
(3) a.　太郎が猫をひいた．
　　　b.??車が太郎をひいた．

(Nariyama (2003: 178-179))

例えば，(2a) と (3a) は自然な文と言えるが，それは主語と目的語（非主語）が名詞のランクの高いものから低いものに沿う順番で現れるからだという（私→太郎，太郎→猫）一方，(2b) と (3b) は文として不自然であり，それは主語と目的語が名詞のランクに逆行する順番で現れるからだとする．(2b) では，1人称の「私」よりも前に，ランクの低い3人称の「太郎」が現れる．(3b) では，3人称の「太郎」よりも前に，ランクの低い無生物である「車」が現れる．つまり，文頭の主語がランクの高い名詞であるほど，文末にかけてランクのより低い名詞が現れる可能性が大きいので，主語として立ちやすいことになる（主語になる条件）．この名詞ランクと主語になりやすさとの関係は，文レベルにおける制約と言える．

次に，談話レベルでみると，(1) のトピック性がこれにあたり，名詞のランクが高いほど主題性（トピック性）が高くなるというものである．この考えは，Kuno (1976: 433) や Kuno and Kaburaki (1979: 652-653) の視点の階層などを援用していると思われる．

(4) The Speech-Act Participant Empathy Hierarchy
　　　Speaker ＞ Hearer ＞ Third Person
(5) Humanness Hierarchy
　　　Human ＞ Animate Nonhuman ＞ Thing

例えば，(4) について久野 (1978: 146) は,「話し手は，常に自分の視点をとらなければならず，自分より他人寄りの視点をとることができない」とし，話題性の強さには上記のような話し手の視点が関係していることを示した．

つまり，名詞のランクが高いものは文の中で主語になりやすく，また文脈的にも主題性が強まる．そしてこのランクは，名詞句の省略のされやすさとも連動しており，名詞ランクが高いほど省略もされやすくなるというのが (1) の意図するところである．[1] 例えば，(6) のような文において，「私」の省略は自然だが，3 人称の「太郎」の省略は不自然となり，さらに無生名詞の「本」を省略することは最も不自然となるという (Nariyama (2003: 233-235))．

(6) a.　私は太郎に本をあげた．
　　b.　[φ] 太郎に本をあげた．
　　b.　?私は [φ] 本をあげた．
　　b.??私は太郎に [φ] あげた．

2.2. 目的語の有生性と省略の可能性

(1) の名詞ランクは，主語および目的語の両方について有効な原則である．そして，主語よりも名詞ランクが低いことが多い目的語は，省略が起こりにくいと言える．しかし，例えば次の (7) と (8) のように，有生目的語と無生目的語がそれぞれ省略される文を較べた場合，2 つの文の間に許容度の違いが生まれるかどうかについては Nariyama (2003) では言及されていない．

(7)　若い男は高いレストランで [恋人を] 待った．
(8)　若い男は高いレストランで [食事代を] 払った．

Nariyama (2003: 245) は，名詞ランクの低い項の省略は，名詞ランクの高い項も同時に省略されている場合に限り可能であると述べており，それによると，(7) も (8) も不自然ということになる．(7) の場合，主語「若い男」と目的

---

[1] Nariyama (2003) などでは，省略について，単文構造，複文構造，文章の観点から検討しているが，本稿では，単文に限って議論する．

語「恋人」はどちらも有生名詞なので名詞ランクは同じだが，主語は自動的に談話のトピック性が高められ，故に「若い男」の方が名詞ランクが高くなる (Nariyama (2003: 212)).² (8) の場合も，有生性の違いから，主語「若い男」と目的語「食事代」では明らかに主語（有生名詞）の方が名詞ランクが上である．つまりどちらの文も，目的語の名詞ランクは低く，名詞ランクのより低いもの（目的語）だけが省略されるのは不適切ということになる．これは先行研究の指摘とも合致し (Miyagawa (1989: 10-11))，コーパス研究を見ても主語の省略が圧倒的に多く，目的語の省略は少ないことがこれまでに報告されている (Hinds (1983)).

しかし，(7) と (8) を比べると，有生名詞を省略する (7) の方が，無生名詞を省略する (8) よりも，許容度が高いように思われる．澤崎 (2009: 102-103, 注9) は，日本語母語話者10名を対象に，下のような4種類の文の自然度を比較したところ，目的語の有生性により省略の許容度が異なるという結果を得ている．

(9) a.　先生が [φ] 批判した．　　　　（有生目的語を伴う動詞：目的語省略）
　　b.　[φ] 先生を批判した．　　　　（有生目的語を伴う動詞：主語省略）
　　c.　先生が [φ] つけた．　　　　　（無生目的語を伴う動詞：目的語省略）
　　d.　[φ] ラジオをつけた．　　　　（無生目的語を伴う動詞：主語省略）

調査の結果，(i) 目的語の省略は主語の省略に比べて不自然と感じられたが，(ii) 同じ目的語省略でも，(9c) のような無生目的語を伴う文の方が，(9a) のような有生目的語を伴う文よりも不自然だと報告されたのである．この結果は，目的語単独の省略においても，名詞の有生性による許容度の違いがあることを示唆する．

しかし，この澤崎 (2009) の結果は，10名という少ない調査参加者からのデータが基になっている．また，有生目的語文「先生が批判した」と無生目的語文「先生がつけた」とでは，動詞が異なるので，ふたつの文に自然度の違いが見られたとしても，それが目的語の有生性に由来するものであるのか，動詞の違いによるものであるのか，解釈が難しいという問題もある．

そこで本稿では，実験文と分析方法を工夫し，より多くの調査参加者を対象に，目的語の有生性がその省略の許容度に影響を与えるのかについて，改めて

---

² さらに，「若い」という修飾語が付加されることで，名詞の定性 (definiteness) も高まり，その結果トピック性も高まる (Nariyama: 219-220).

実証実験を行った．もし，目的語の省略のされやすさが，「有生名詞＞無生名詞」の制約を受けるならば，有生目的語の方が省略が起こりやすい（無生目的語は省略されにくい）はずである．

3. 実験

本実験では，二項動詞文から目的語のみが省略された場合，その目的語が有生名詞である場合は省略されやすい（無生名詞の場合は省略されにくい）と言えるかどうかを，文脈を伴わない単文での自然度判断により調査した．

3.1. 実験参加者と実験文

実験には，静岡県内の公立大学に通う日本語母語話者 52 名が参加した．皆，人文・社会科学を専攻しており，平均年齢は 19 歳（SD:1.17）であった．

実験では次のような文が印刷されたものを参加者が読み，その自然度・不自然度を，1 文ずつ判定していった．([ϕ] は実際には表示されていない．)

(10) 有生目的語文
 a. 口うるさい患者が若い看護師を病室で怒った．（完全文）
 b. [ϕ] 若い看護師を病室で怒った．（主語省略）
 c. 口うるさい患者が [ϕ] 病室で怒った．（目的語省略）
(11) 無生目的語文
 a. 病気の友達が大好きなたばこを健康のためにやめた．（完全文）
 b. [ϕ] 大好きなたばこを健康のためにやめた．（主語省略）
 c. 病気の友達が [ϕ] 健康のためにやめた．（目的語省略）

(10) も (11) も，二項動詞から作られた完全文 (a) と，(a) から主語を省略した (b)，目的語を省略した (c) とからなる．(10) は有生名詞を目的語にとる他動詞文であり，(11) は無生名詞を目的語にとる他動詞文である．

(10) や (11) のような 3 文 1 組のものを，有生目的語文，無生目的語文それぞれ 3 組ずつ用意し，実験の目的が目立たないようにこれらとは無関係なフィラー文 22 文を混ぜ込んだ上で，ばらばらに配置したものを実験文とした．[3]

---

[3] ただし，同じ動詞と名詞からなる実験文を同じ参加者が全部読んで自然度の判定をすると，先に読んだ実験文の判断が次の文に影響を与える可能性が高い．このことを避けるため，一人につき，(a) から (c) 文のうち一文だけを読むことになるように調整をした．

（実験文全6組は，添付資料を参照.）

3.2. 実験手順

参加者はアンケート用紙に印刷された実験文を一文ずつ読み，その自然度あるいは不自然度を判断し，点数で評定した．まず最初に，基準となる文「社長は本社ビルのアルバイトにバナナを借りた」を読み，この文の自然度・不自然度を点数化した．点数には上限がなく，正の整数の中から自由に選ぶことができたが，自然な文ほど点数を低く（1点に近い），不自然であるほど点数を高くするよう指示された（Magnitude Estimation 法）．その後実験文を読み，最初の基準文に対しての自然度あるいは不自然度を一文ずつ点数化していった．

3.3. 予測

実験文の自然度・不自然度は，省略のされやすさ・されにくさと対応していると考えられる．つまり，省略されやすい目的語は目的語省略文の自然度が高くなり，逆に省略されにくい目的語は目的語省略文の自然度が低くなる．このことから，もし有生目的語の省略がされやすく，無生目的語の省略がされにくいのであれば，次のような3つの予測が可能であろう．

まず，完全文 (10a) と (11a) の間には自然度の差が生じないが，有生目的語省略文の (10c) と無生目的語省略文の (11c) の間には違いが生じ，(11c) の方が不自然だと判断されるはずである．しかし，(10) と (11) では動詞もその項情報もまったく異なるため，たとえ (10c) と (11c) の間に自然度の差が現れたとしても，その差は文の構成語彙の違いに起因する可能性が残る．そこで，さらなる予測を立てた．

2つ目の予測は，完全文 (a) と目的語省略文 (c) の自然度の違いに着目する．省略が起こりにくいと予想される無生目的語文の場合，完全文 (11a) と目的語省略文 (11c) の間には，自然度の違いがある程度現れると予測できる（(11c) の方がより不自然）．そしてこの自然度の違いは，有生目的語文（(10a) と (10c) の違い）のときに比べて大きくなるはずである．

3つ目の予測では，主語省略文 (b) と目的語省略文 (c) を比較する．主語省略に比べて目的語省略の方が起こりにくいという先行研究の知見に沿うなら，(10) も (11) も，主語省略の (b) 文より目的語省略の (c) 文の方がより不自然と感じられるはずである．しかし，有生目的語が無生目的語より省略されやすいなら，有声目的語文の (10b) と (10c) の間に見られる自然度の違いは比較的小さく，逆に無生目的語文の (11b) と (11c) の間の自然度の違いは比較

的大きくなると考えられる．

上の2番目と3番目の予測では，構成語彙が同じ文同士を比べて，その間で生じる自然度の違いを検討している．このため，ここで効果が現れるとすれば，1番目の予測で指摘したような語彙の違いによって生じるものではなく，本研究が問題とする有生性の違いが理由である可能性が高い．

3つの予測をまとめると，次のような式として表すことができる．すなわち，もし有生目的語よりも無生目的語の方が省略されにくいのであれば：

(12) 実験文の自然度に関する予測
    a. 自然度：(10a) = (11a)　かつ　不自然度：(10c) < (11c)
    b. (10a) と (10c) の差　<　(11a) と (11c) の差
    c. (10b) と (10c) の差　<　(11b) と (11c) の差

3.4. 結果

実験から得られた自然度・不自然度の評点は，最高点と最低点の幅が参加者により異なる．この異なりを調整するため，点数は参加者ごとに z-score に変換された．z-score[4] とは，平均が0，標準偏差が1となるような正規分布に値をおきかえたもので，これにより統計比較が可能となる．

まず，条件文ごとの平均 z-score を確認しておく．図1は，縦軸に z-score をとり，0を中心として値が高いほど不自然度が高く，値が低いほど自然度が高い．この図から，有生性に拘わらず完全文と主語省略文は自然度が高く，目的語省略文は相対的に不自然と受け止められていることがわかる．3つの文タイプと2つの有生性条件を独立変数とし，z-score を従属変数とした分散分析を行ったところ，文タイプでは主効果が観察された ($p<.001$)．自然度の高いものから順に主語省略文＞完全文＞目的語省略文となり，多重比較を行ったところ，全ての文タイプ間で有意差が認められた ($ps<.001$)．これは，目的語省略が主語省略に較べて不自然であるという先行研究の知見と一致する．

次に，有生性条件では主効果が現れず ($p=.172$)，文タイプと有生性の交互作用は有意であった ($p=.006$)．交互作用が有意だったので個々の条件の比較（単純主効果の検定）を行ったが，紙幅の都合上，その結果は脚注に示し，必要に応じて本文中で言及することとする．[5] 以下では，前節で挙げた3つの予測に沿って，結果を報告していく．

---

  [4] z-score の計算式は，「z-score =（個々の評点－平均評点）/ 標準偏差」．

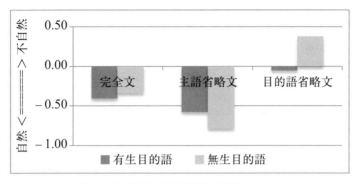

図 1. 自然度・不自然度の平均 z-score

	有生目的語 (10)	無生目的語 (11)
予測 a：完全文 (a)	−0.41	−0.34
予測 a：目的語省略文 (c)	−0.05	0.38
予測 b：目的語省略文 (c) ― 完全文 (a)	0.35	0.72
予測 c：目的語省略文 (c) ― 主語省略文 (b)	0.52	1.17

表 1. 予測毎の平均 z-score

3.4.1.「予測 a」の結果

予測 a は，「自然度：(10a) = (11a) かつ 不自然度：(10c) < (11c)」であった．つまり，有生目的語文と無生目的語文を比較した場合，完全文同士は自然度の違いがないが，目的語省略文同士では無生目的語文の方がより不自然だと評定されることを予測している．結果はどうだろうか．

単純主効果の検定結果（脚注 5）は，この予測に沿う形となった．まず，完全文同士の間には有意差が見られなかった（$p=.564$）．しかし，目的語省略文間では，無生目的語文の方が有意に不自然であると判断されたのである（$p=.013$）．

---

[5] 単純主効果の検定結果は以下の通り．

（比較項目）	有生目的語/ 無生目的語
完全文	
主語省略文	
目的語省略文	*

（比較項目）	完全文/ 主語省略文	完全文/ 目的語省略文	主語省略文/ 目的語省略文
有生目的語			**
無生目的語	**	***	***

表 I 単純主効果の検定結果（* $p<.05$ ** $p<.01$ *** $p<.001$）

3.4.2. 「予測 b」の結果

予測 b は,「(10a) と (10c) の差 ＜ (11a) と (11c) の差」であった．つまり，無生目的語を含むとき，完全文と目的語省略文の自然度の違いは大きいはずで，その違いは有生目的語を含む場合の完全文と目的語省略文の自然度の違いよりもさらに大きいという予測である．

この結果は，表 1 を見るとわかりやすい．予測 b に該当する「目的語省略文 (c) ―完全文 (a)」と示されている行を見ると，(10a) と (10c) の自然度の差の平均は 0.35 で，(11a) と (11c) の自然度の差の平均は 0.72 であり，予測通り無生目的語を含む文の方が自然度の差が大きかった．これを片側 t 検定にかけたところ，有意差が確認された ($p=.044$).[6]

3.4.3. 「予測 c」の結果

最後の予測 c は,「(10b) と (10c) の差 ＜ (11b) と (11c) の差」であった．つまり，主語省略文と目的語省略文の間には自然度の違いがあるはずだが，その違いは有生目的語を含む文よりも無生目的語を含む文のときの方が大きいという予測である．

表 1 の「目的語省略文 (c) ―主語省略文 (b)」と示されている行を見ると，(10b) と (10c) の自然度の差の平均は 0.52 で，(11b) と (11c) の自然度の差の平均は 1.17 であり，予測通り無生目的語を含む文の方が自然度の差が大きかった．これを片側 t 検定にかけたところ，やはり有意差が確認された ($p=.003$).[7]

以上，前節 (12) で示した 3 つの予測について，実験から得られたデータを検証したところ，全ての予測が支持される結果となった．

4. 考察

本研究の目的は，目的語の省略文において，名詞の有生性が省略のされやすさに影響を与えるかどうかを検証することであった．文の自然度アンケートを用いた実験の結果，予測通り，無生目的語の省略の方が，有生目的語を省略するよりも不自然と判断されることがわかった．

---

[6] ただし，両側 t 検定の場合は，有意傾向となった ($p=.088$).
[7] 両側 t 検定の場合も有意となる ($p=.006$).

先行研究の知見では，目的語の省略は不自然であるという指摘にとどまるものであった．しかし，本研究の結果はここから一歩進んで，目的語の省略は主語省略に較べて不自然ではあるものの，有生目的語と無生目的語の間には明らかな省略のされやすさの違いがあることを示した．図1からわかるように，有生目的語に限って言えば，目的語の省略は必ずしも不自然とは限らないとも言える．

このように，名詞の有生性と省略の関係（「有生名詞」＞「無生名詞」）は，目的語の省略に作用することがわかったが，これは，第2節で示したとおり，Nariyama (2003) や成山 (2009) の「名詞のランク」という考え方から抽出したものである．以下では，この名詞のランクについて少し説明したい．

4.1. 名詞のランク：名詞句の階層性

名詞のランクという考えは，Silverstein (1976) が提唱した「名詞句の階層性」が基になっている (Nariyama (2003: 106))．そして名詞句の階層性とは，元来，能格言語に見られる複雑な分裂格の現象を説明するために提案された原則であった (Dixon (1979) や Silverstein (1976))．

(13) 名詞句の階層性

(Dixon (1979:85) 図1をもとに作成)

(13) は，Dixon (1979: 85) の案をもとにした名詞句階層で，左側にいくほど階層性が高い．階層の高さは，動作行為者のなりやすさと連動していると言われ，1人称や2人称代名詞は最も行為者として立ちやすいが，無生物の普通名詞は行為者として最も適さないことを示している．逆に，図の右側にいくほど，他動詞の被動者になりやすいとも言われる (Silverstein (1976: 121)，Dixon (1979: 86))．

能格言語は，必ず絶対格・能格の格付与がなされる訳ではなく，主格・対格の格付与がある程度混在するのが一般的で (Dixon (1979))，これを格の分裂と呼ぶ．2種類の格付与システムがどのように分裂（混在）するかは言語により異なるが，そこには規則性があり，(13) の名詞句の階層性が関係している．つまり，階層のある地点より左の名詞句は主格・対格となり，ある地点より右

の名詞句は絶対格・能格となるような分布が見られるのだという．

4.2. 日本語における名詞句の階層性の影響

対格言語である日本語にとって，絶対格・能格の話は馴染みが薄く，無関係に見える名詞句の階層性を，Nariyama (2003) は名詞句の省略という観点から日本語と関係づけた．また，角田（1991: 61）は，「名詞句階層は非常に普遍的な原理である」として，日本語との関連性を，先行研究を挙げながらより広い視点で論じている．[8]

例えば，能動文と受身文の使い分けに名詞句の階層が影響することを，山田（1981）の調査結果を引用して示している．

(14) a.　私は女を殺した．
　　 b.　?女は私に殺された．
　　 c.　?女は私を殺した．
　　 d.　私は女に殺された．
(15) a.　女は熊を殺した．
　　 b.　?熊は女に殺された．
　　 c.　?熊は女を殺した．
　　 d.　女は熊に殺された．

(角田（1991: 45-46）より）

上に見るように，語順が名詞句階層の高いものから低いものに流れる形で展開される能動文（a 文）は，受動文（b 文）にすると不自然となる．また，名詞句の階層に逆行する形で能動文（c 文）が展開されると不自然だが，それを受動文（d 文）に替えると自然な文となる．つまり，能動文と受動文の選好性は，名詞句階層という点において相補的分布を成していると言える．これは，第2節の（1）に挙げた，「主語になる条件」に通じるものである．

また，(1) の「トピック性」に関しても，第2節では（4）と（5）に挙げた視点の階層（Kuno (1976), Kuno and Kaburaki (1979)）と関連づけて示したが，これらも全て名詞句の階層と同根であると角田（1991）は示唆する．つまり，角田（1991）に従えば，名詞句の省略に関する原則は，名詞句の階層という，より大きな言語の原則に収束していくことになる．

---

[8] 角田（1991: 39）は無生物名詞をさらに「自然の力の名詞」と「抽象名詞・地名」に区分している．

4.3. 中国語母語話者からのデータ

角田 (1991) は，ナホボ語の語順やジャル語の付属代名詞 (clitics) の表れ方といった現象についても，名詞句の階層が関係していることを指摘しており，言語を超えた名詞句の階層の影響を示している．では，本稿で示した，主語・目的語の省略と有生性の関係は，例えば中国語のような，主語や目的語の省略を許す日本語以外の言語でも観察されるのだろうか．

本研究の結果が，中国語でもあてはまるかどうかを確かめるために，本研究の実験文を中国語に訳して，日本の大学に在籍する中国語母語話者11人に対して同じ調査を行った．図2がその結果である．

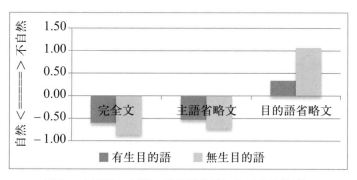

図2. 中国語の主語・目的語省略における自然度・不自然度の平均 z-score

分散分析による比較の結果，日本語と中国語の間には弱い類似性が認められた．まず，日本語と共通していたのは，文タイプの主効果があり ($p<.001$)，目的語省略文が最も不自然と判断されたことであった．しかし，次の2点において日本語と中国語は異なっていた．まず，日本語では主語省略文が最も自然であったのに対し，中国語は，完全文と主語省略文との間に有意差がなかった．次に，日本語では確認された，文タイプと有生性条件の交互作用が，中国語では見られなかった ($ps>.1$)．交互作用は確認できなかったものの，目的語省略文だけを取り出して有生条件と無生条件の比較をしてみたところ，無生目的語の方が有意に不自然となり ($p<.001$)，この点は日本語と同じであった（脚注5参照）．さらに興味深いことに，中国語母語話者を日本滞在年数の長いグループと短いグループに分けて較べたところ，日本滞在年数の長いグループの方が，日本語により似通った結果を示したのである．これは，日本語学習者の日本語の知識が増えたことにより，中国語にも潜在的には存在する省略の原則

が強化され，具現化したことが原因かも知れない．[9]

参加者が 11 人という少ない人数であるので，この結果に対する断定的な解釈は避けるべきである．その上で，日本語との間に弱い類似性しか見られなかったのは，中国語と日本語の省略のしくみが同じではないことが理由かも知れない．中国語は，主語の省略も目的語の省略も可能だとする指摘がある一方で (Li and Thompson (1979))，主語の省略は日本語の省略よりも制約が多く (王 (2009))，また「中国語の目的語省略はできない場合が多い」(文 (1996: 148)) という知見もある．もともと日本語よりも省略を許しにくいのであれば，有生性の制約は潜在的にはあるとしても，日本語に見られたような強い省略の効果を中国語に期待することは難しいだろう．そのような状況で，有生性について日本語の知識を得た話者が，その知識を無意識のうちに中国語にあてはめたのだとしたら，名詞句の有生性とその省略に関する普遍的な原則を考える上で，大変示唆的な結果であると言えよう．

5. 結論

本稿は，無生名詞の省略が有生名詞の省略よりも起こりにくいという制約が，主語だけではなく目的語にもあてはまるということを，量的データにより示した．名詞の有生性による省略の許容度は，これまでも先行研究で指摘されてきたが，文脈を伴わない単文における目的語のみの省略について，本研究は新しい知見を提示できたと言える．

本研究の知見を中国語における名詞句省略と比較してみたところ，日本語と中国語の間にはある程度の共通性が見られた．また，日本滞在歴の長い中国語母語話者からは，日本語で得た知識が母語である中国語に影響を与えている可能性もうかがえた．これらは，名詞句の階層性が普遍的な言語の原則であるという角田 (1991) の主張に沿うものと考えられる．しかし，中国語のデータは量的にも実験計画としても充分であったとは言えない．追実験を経たさらなる知見の積み重ねを，今後期待したい．

---

[9] 第二言語習得研究では，目標言語の言語事象が，学習者の母語にも現れるようになる現象を指して，「逆行転移」と呼び，語用論の研究などで知られている (清水 (2012))．

参考文献

Dixon, Robert M. W. (1979) "Ergativity," *Language* 55:1, 59-138.
Hinds, John (1983) "Topic continuity in Japanese," *Topic Continuity in Discourse: A Quantitative Cross-Language Study*, ed. by T. Givón, 43-93, John Benjamins, Amsterdam.
Kuno, Susumu (1976) "Subject, Theme, and the Speaker's Empathy—A Reexamination of Relativization Phenomena." *Subject and Topic*, ed. by C. N. Li, 417-444, Academic Press, New York.
久野暲(1978)『談話の文法』大修館書店,東京.
Kuno, Susumu and Etsuko Kaburaki (1979) "Empathy and Syntax," *Linguistic Inquiry* 8:4, 627-672.
Li, Charles N. and Sandra A. Thompson (1979) "Third-Person Pronouns and Zero-Anaphora in Chinese Discourse," *Syntax and Semantics* 12: *Discourse and Syntax*, ed. by T. Givón and Ute Language Program, 311-335, Academic Press, New York.
Miyagawa, Shigeru (1989) *Syntax and Semantics* 22: *Structure and Case Marking in Japanese*, Academic Press, San Diego.
Nariyama, Shigeko (2003) *Ellipsis and Reference Tracking in Japanese*, John Benjamins, Amsterdam.
成山重子(2009)『日本語の省略がわかる本』明治書院,東京.
澤崎宏一(2009)「日本語学習者の関係節理解——英語・韓国語・中国語母語話者の読み時間からの考察——」『第二言語としての日本語の習得研究』第12号, 86-106.
清水崇文(2012)「語用論的転移の双方向性——日本人英語学習者とアメリカ人日本語学習者の対照研究——」『第二言語習得研究と言語教育』,畑佐一味・畑佐由紀子・百済正和・清水崇文(編), 150-171, くろしお出版, 東京.
Silverstein, Michael (1976) "Hierarchy of Features and Ergativity," *Grammatical Categories in Australian Languages*, ed. by R. M. W. Dixon, 112-171, Humanities Press.
角田太作(1991)『世界の言語と日本語』くろしお出版, 東京.
王鳳莉(2009)『主語省略における日中両言語の対象研究』奈良女子大学博士論文.
文楚雄(1996)「中国語の目的語の位置」『立命館言語文化研究』7巻5-6号, 147-164.

添付資料(実験文リスト)

1 a. 年寄りのおばあさんがかわいい孫をバス停まで見送った.(全文)
  b. 年寄りのおばあさんがバス停まで見送った.(目的語省略文)
  c. かわいい孫をバス停まで見送った.(主語省略文)
2 a. 口うるさい患者が若い看護師を病室で怒った.
  b. 口うるさい患者が病室で怒った.

c. 若い看護師を病室で怒った．
3 a. なまいきな社員がえらそうな部長を会議で無視した．
　　b. なまいきな社員が会議で無視した．
　　c. えらそうな部長を会議で無視した．
4 a. 有名な俳優がきれいな写真を撮った．
　　b. 有名な俳優が撮った．
　　c. きれいな写真を撮った．
5 a. 病気の友達が大好きなタバコを健康のためにやめた．
　　b. 病気の友達が健康のためにやめた．
　　c. 大好きなタバコを健康のためにやめた．
6 a. 小さな子供が部屋の電気を泣きながらつけた．
　　b. 小さな子供が泣きながらつけた．
　　c. 部屋の電気を泣きながらつけた．

空所化現象再考*

関　茂樹

大阪市立大学

キーワード：空所化，転位化，歴史的不定詞，知覚動詞補部，主語 vs. 目的語

1. 序

Jespersen (1949: 327-328) では，歴史的不定詞 (Historical Infinitive) に関する記述がある．関連する箇所を下記に引用する．

(1) A loose infinitive corresponding to the historical infinitive in French and other languages was formerly in use in English, but has never been frequent.　(p. 327)

例文として Chaucer の例が挙げられている．また同書では，(2) に示すようなアイルランド英語の例 (P. W. Joyce) が1例挙がっている (p. 328)．

(2) "How did the mare get that hurt?" "Oh Tom Cody to leap her over the garden wall yesterday, and she to fall on her knees on the stones."

歴史的不定詞に関する同様な記述が安藤 (2005: 214) にも見られる．該当箇所と例文を下記に引用する．

(3) 独立不定詞の一種で，叙述法過去に対応する意味を表す．物語に用いられ，継起的動作を躍動的に表す．本来ラテン語やフランス語の文法で用いられる用語で，英語ではきわめてまれである（下線部強調は論者による）．

---

* 問題点を考える上で廣瀬幸生氏から様々な助言を受けている．草稿の段階では西田光一氏からも数多くの助言を受けている．ここに記して厚く御礼申し上げる．

(4) With another gay laugh the girls separated, Diana to return to Orchard Slope, Anne to walk to the post-office.
(もう一度陽気に笑って，少女らは別れた．ダイアナはオーチャードスロープへ帰り，アンは郵便局へ歩いて行った（以上，p. 214））．

両者はともに英語では，歴史的不定詞の用法は稀であるとしている．実際，Jespersen は，現代の英語の例を挙げてはいない．しかしながら，論者のごく限られた読書の範囲でもこのタイプの例は散見されるのであり，「英語ではきわめてまれである」という所見には些か疑問を感じる．以下で，若干の例を挙げる．ある場所で複数の人間が別れて別々の方向へ進む，という状況を述べる際に典型的に用いられる表現であり，さほど特異な表現とは思われない．

(5) The car drew up and the two men got out, Martin to depart for a long and well-deserved dinner, Wexford to see Stevens who was already waiting for him in his office .... (R. Rendell, *Some Lie and Some Die*)

(6) "... Presumably they were both in the Pict house when you and Alice Stockton searched the moor for them and when you separated—she to go home to Craddoch and you to go on to Blaine's house at the loch."
(H. McCloy, *The One That Got Away*)

(7) Again, Tuppence turned. But this time, before she reached the shelter, the couple had parted abruptly, the girl to cross the road leaving the sea front, Carl von Deinim to come along in Tuppence's direction.
(A. Christie, *N or M?*)

次に，文の形式上，類似の例を見てみよう．(8) では，等位接続要素 Anthony and Johnny to the right において，Anthony and Johnny (were going) to the right の going が先行要素を受けて，省略されているとみることができる．外見上は明示的な動詞要素を含んでいないけれども，歴史的不定詞の用法との類似性を示唆している．省略部分を補った文が (8′) である．このような省略現象は空所化 (Gapping) の一種とみることができ，外見上は，歴史的不定詞の用法と空所化現象とを繋ぐ中間的な文と位置づけることができる．(9) の例も同様であり，省略要素を補うと (9′) のように示される．

(8) And then they separated, Mirrie, Georgina and Mrs Fabian going to the left, and Anthony and Johnny to the right. For a time there were the sounds .... (P. Wentworth, *The Fingerprint*)

(8′) And then they separated, Mirrie, Georgina and Mrs Fabian (were) going to the left, and Anthony and Johnny (were going) to the right.
(9) They were standing still now on the street corner, he about to go in one direction, she in the other .... (R. Rendell, *Means of Evil*)
(9′) They were standing still now on the street corner, he (was) about to go in one direction, she (was about to go) in the other.

なお，混同を避けるために，もう一つの類似の文を検討してみよう．外見上(10) は (5)-(7) と同様な歴史的不定詞を含む文に見えるが，実際は，両者は別のタイプの文である．(10) は (10′) が示すように，二箇所に空所が生じているけれども，問題とされる部分は目的を表わす不定詞節であり，歴史的不定詞を含む文ではないことに注意する必要がある．

(10) They sat down together in a few moments' time at the little oilcloth-topped kitchen table, he to eat, she to watch him. He was wearing a robe over his pajamas, now. (G. Hopley, *Fright*)
(10′) They sat down together in a few moments' time at the little oilcloth-topped kitchen table, he (sat down) to eat, she (sat down) to watch him.

これまでの観察から，歴史的不定詞を含む文は，平行的な構造からなる二つの節が等位接続され，その節内にある種の空所が生じていることがわかる．以下では，このような歴史的不定詞の用法を分析の手掛かりとして，従来，あまり取り上げられることのなかった空所化現象を考察したいと思う．[1]

---

[1] 歴史的不定詞とは異なり，形式上，不定詞節を欠いているものの，同様な役割を担う，空所を含む等位節の例として，下記の文を参照されたい（空所 ø の表示は論者による）．
 (i) They parted on the steps of the Athenaeum, David ø to a conference on the Energy Crisis organized by the *Financial Times*, Robin ø to his home in Berkshire ....
(J. Archer, *Not a Penny More, Not a Penny Less*)
 (ii) They got into their cars, and drove out of the parking lot, and then off in opposite directions, Carella ø to his house in Riverhead, Willis ø to the house on Harborside Lane. (E. McBain, *Poison*)
 (iii) On the pavement of South Audley Street they kissed again on both cheeks before going their separate ways, one ø to the east and the other ø to the west.
(J. Archer, *Twelve Red Herrings*)

2. 空所化現象と先行研究

本節では，はじめに空所化について概観し，続いて関連する先行研究を取り上げる．(11)，(12) のように，等位節構造において節の中間にある動詞を含む要素を省略するのが，空所化の典型である．空所化の一つの特徴として，等位節内部に生じるが，(13) が示すように，従属節内部には生じることができない (cf. Jackendoff (1971))．以下では，空所を ø で表示する．

(11) a. Max ate the apple and Sally the hamburgers.
b. Max ate the apple and Sally ø the hamburgers.
(Jackendoff (1971: 21))
(12) a. John has written the words, and Paul the music.
b. John has written the words, and Paul ø the music.
(Jackendoff (1971: 23))
(13) a. *Sam played tuba whenever Max ø sax.
b. *McTavish plays bagpipe despite the fact that McCawley ø the contra-fagotto d'amore.
(Jackendoff (1971: 22))

ただし，(13) のように第 2 等位項だけが副詞節の場合には，空所化は許されないが，従属節の内部に等位節そのものが生じる場合には，問題はない．下記の例文を参照されたい．なお，以下で取り上げる他の例文と同様に，(14)，(15) では等位接続詞 and が現れていないことに注意する必要がある．

(14) I looked at Allan Steele as we both stood up, I ø from the prisoner's bench, he ø from the witness stand .... (W. Irish, *The Blue Ribbon*)
(15) ... Sorensen looked as if he were made of metal, his skin ø of copper, his hair ø of silver, his suit ø of pewter.
(R. Rendell, *The New Girlfriend*)

次に，小早川 (1998) の分析を簡単に見ることにしよう．小早川 (1998) は，典型的な空所化現象に加えて，(16)，(17) のタイプの文を分析し，これらの例は本来の空所化の拡張事例と考えている．(16′)，(17′) はそれぞれ空所を補充した文を表わす．通常の空所化の場合とは異なり，空所が 2 箇所あることに注目されたい．空所化現象では，省略されずに残された要素が対比の解釈を受けることが小早川 (1998) で指摘されているが，本稿が対象とする空所化現

象についても同じことが当てはまる.[2]

(16) 'Discourse analysis' is without a doubt one of the most widely used and loosely defined terms in the entire field of linguistics. At least two reasons for this come to mind, one a positive one, the other a negative one.

(16′) At least two reasons for this come to mind, one (is) a positive one, the other (is) a negative one.

(17) In this section, we give an intuitive characterization of the kind of facts that might be best understood in terms of a claim that entailments are linguistically ordered. In doing this, we shall make two assumptions: one semantic, the other pragmatic.

(17′) In doing this, we shall make two assumptions: one (is) semantic, the other (is) pragmatic.

小早川 (1998) の (16), (17) の例では, 空所の前にある種の先行節が生じている (cf. At least two reasons for this come to mind/ In doing this, we shall make two assumptions). これに対して, 空所化された部分では, 先行節に表わされた二つの理由 (reason), 二つの仮定 (assumption) の中身がそれぞれ特定されている. 本稿ではこのような先行節に表わされた名詞句の指示対象を特定する空所化も取り上げるが, 先行節に表わされた出来事・状況の中身を特定する別の空所化現象も併せて考察する.

上述の先行研究からわかるように, 従来の空所化の分析では, 空所化が生じる文の先行要素 (先行節) の役割は, あまり考慮されることがなかった. しかしながら, 後述するように, 実際の例を検討してゆくと後続節に対して導入的な説明を行う先行要素の役割が重要であることがわかる. 例えば (18) では, 後続節は先行節に表わされた出来事・状況の中身を特定する関係にないので, (18′) のような空所化は許されない. 他方, ある個体・状況を表わす there 存在文は, 問題とされる文の先行節としてふさわしい役割を担うことができる. (19) が示すように, 先行節である夫婦の存在が導入され, 後続節でその夫婦の状況が特定されている. 個体・状況の導入からその特定化へという配列に不自然さを伴うことはないのである.

---

[2] このような文の要素の対比的解釈については久野・高見 (2007) も参照.

(18) The telephone rang at ten-thirty that evening, when Rose was in bed reading and Guy was in the den watching television.
(18′) *The telephone rang at ten-thirty that evening, when Rose ø in bed reading and Guy ø in the den watching television.
(19) The dining-room was empty and there was only one elderly English couple sitting in the shade of the terrace, she writing postcards, he fast asleep.
(19′) The dining-room was empty and there was only one elderly English couple sitting in the shade of the terrace, she ø writing postcards, he ø fast asleep.

3. 多様な空所化現象

　本節では導入的な先行節に後続する空所化現象の多様な用法を考察する．通常の空所化現象の場合は，省略される動詞要素は，第2等位項およびそれに後続する項である．他方，ここで取り上げる現象は，(16), (17) と同様に，第1等位項と第2等位項の動詞要素がともに省略され，等位節が平行的な構造からなるという特徴がある．以下では，先行節に含まれる動詞と同じ動詞が省略される場合，先行動詞と省略動詞が一致しない場合の順に検討する．

3.1. 先行動詞と省略動詞が一致する場合

　はじめに取り上げるのは，先行節の動詞と省略される動詞が一致する場合である．(20) では，(16), (17) と同様に，先行節には facts という名詞句が現れ，後続節でその指示対象の中身が特定されている．他の例の先行節ではいずれも，ある種の出来事・状況が表わされ，後続節でその内容が特定されるという相違があることに注目されたい．(20)-(22) の先行節の動詞要素はそれぞれ knew, lay motionless, were であり，主語の指示対象の状態を表わしている．省略要素を補充した文が (20′)-(22′) である（以下では，先行節を下線部で表示する）．

(20) "Elizabeth and I knew no more than those two facts. Elizabeth that Verity was going to marry Michael. And I that those two were going to marry, that they had arranged it and that they were coming on a settled day and time ...." (A. Christie, *Nemesis*)

(20′) "Elizabeth and I knew no more than those two facts. Elizabeth (knew) that Verity was going to marry Michael. And I (knew) that those two were going to marry, that they had arranged it and that they were coming on a settled day and time."
(21) Both boys lay motionless, Wladek because he was still dazed by the blow and the sudden weight of Leon's body on top of him, and Leon because he was dead. (J. Archer, *Kane and Abel*)
(21′) Both boys lay motionless, Wladek (lay motionless) because he was still dazed by the blow and the sudden weight of Leon's body on top of him, and Leon (lay motionless) because he was dead.
(22) That next day she reached what seemed like a sensible and realistic view of things. They were both at fault; he for being thoughtless and self-absorbed, she for failing to express and explain her discontent ....
(I. Revin, *Rosemary's Baby*)
(22′) They were both at fault; he (was at fault) for being thoughtless and self-absorbed, she (was at fault) for failing to express and explain her discontent.

一方, (23)-(25) では, 先行節の動詞要素はそれぞれ ate, found out about it, came であり, 主語の指示対象の状態ではなく, 行為・動作を表わしている.

(23) They ate, he with chopsticks, she with a fork.
(I. Levin, *Son of Rosemary*)
(23′) They ate, he (ate) with chopsticks, she (ate) with a fork.
(24) During the next four weeks, Florentyna and Richard found out as much as they could about their parents' feud, Florentyna by asking her mother and George Novak a set of carefully worded questions, Richard from his father's filing cabinet .... (J. Archer, *Kane and Abel*)
(24′) During the next four weeks, Florentyna and Richard found out as much as they could about their parents' feud, Florentyna (found out about it) by asking her mother and George Novak a set of carefully worded questions, Richard (found out about it) from his father's filing cabinet.
(25) My sisters and I used to visit them on the farm. We came each summer — Jessica from deep in the Ozarks, Leonie from a little town in Kansas, and I from New York, where I worked in television, then a new indus-

try, very mysterious to my family ....

(J. Carleton, *The Moonflower Vine*)

(25′) My sisters and I used to visit them on the farm. We came each summer — Jessica (came) from deep in the Ozarks, Leonie (came) from a little town in Kansas, and I (came) from New York, where I worked in television, then a new industry, very mysterious to my family.

3.2. 先行動詞と省略動詞が一致しない場合

3.1 節の例とは異なり，先行動詞と省略される動詞要素が一致しない場合がある．例えば (26) では，先行の動詞は looked であるが，後続の動詞要素は was であり，一致は見られない．(27), (28), (29), (30) でも先行節の動詞は wore, went, finished, stayed without moving であるが，後続節は be 動詞であり，動詞要素は一致していない．なお，本節で分析する文の後続等位節に現れる複数の動詞要素（省略動詞）は同じであり，空所化の原則に従っていることを付言しておきたい．

(26) They looked at me, Pelegrina picking at his fat chin nervously ... and Freeman tugging at one bushy eyebrow ....

(V. Canning, *The Python Project*)

(26′) They looked at me, Pelegrina (was) picking at his fat chin nervously ... and Freeman (was) tugging at one bushy eyebrow.

(27) They both wore white linen suits, Freeman's neat and well pressed, Pelegrina's rumpled and a little too small for him ....

(V. Canning, *The Python Project*)

(27′) They both wore white linen suits, Freeman's (was) neat and well pressed, Pelegrina's (was) rumpled and a little too small for him.

(28) We turned north and went along the riverbank, Ness and I walking ahead, Angus following with the deerhound, Rob Roy ....

(H. McCloy, *The One That Got Away*)

(28′) We turned north and went along the riverbank, Ness and I (were) walking ahead, Angus (was) following with the deerhound, Rob Roy.

(29) They finished the song together, Nelly laughing and wiping her eyes, Errol full of joy again .... (C. Dale, *A Dark Corner*)

(29′) They finished the song together, Nelly (was) laughing and wiping her

eyes, Errol (was) full of joy again.
(30) They stayed without moving for a moment, Mr Didcot fixing his gaze on Errol as though to force his acquiescence, Errol hangdog and confused .... (C. Dale, *A Dark Corner*)
(30′) They stayed without moving for a moment, Mr Didcot (was) fixing his gaze on Errol as though to force his acquiescence, Errol (was) hangdog and confused.

(26)-(30) の空所を含む後続節は，いずれも先行節に対する付帯状況を表わす関係にある．したがって，先行動詞と省略動詞が一致しない文は，それが一致する文 (cf. (20)-(25)) に比べ，空所を含む後続節が先行節に対する付帯状況を表わす可能性が高いということができる．

なお，(26)-(30) からは明らかではないが，後続節に主格代名詞が含まれる場合について述べておきたい．例えば (31) のような主格代名詞の存在は奇異に思われるかもしれない．が，これは (31′) のような文の派生過程を想定するとわかりやすい．(31) では，省略された動詞要素は be 動詞であり，先行動詞の set off ではないこと，付帯状況を表わす後続節には等位接続詞 and が生じていないことにも注目する必要がある．

(31) He shrugged. But he ate, standing up staring at the window, sightless. Then we set off again, he in front, I behind, pub after pub, silently ....
 (M. O'Brien, *Close-up on Death*)
(31′) a. Then we set off again, with him being in front, (and) me being behind, pub after pub, silently.
  b. Then we set off again, him in front, me behind, pub after pub, silently.
  c. Then we set off again, he in front, I behind, pub after pub, silently.

本節の分析の要点は次のようにまとめることができる．導入的な先行節に後続する等位節の空所化現象には，先行節の動詞と後続節の省略動詞が一致する場合と一致しない場合の二種類がある．いずれの場合も先行節では，ある種の出来事・状況が表わされ，後続節でその内容が特定されるという関係にある．

4. 知覚動詞構文と空所化

これまでは主語の指示対象に関わる空所化の例を主に取り上げてきた．では，目的語の指示対象に関わる省略現象は存在するのだろうか．その答えは知覚動詞構文に求めることができる．例えば (32) では，鏡に映る知覚対象 (Sylvia と Fen) をまず代名詞 them で表わし，後続節でその指示対象の付帯行為が特定されている．後続節には空所化が生じており，省略要素は (32′) のように示される．(33)-(35) も同様に後続節でその指示対象の付帯行為・状況が特定されている．これらの後続節は空所を含み，省略要素は (33′)-(35′) のように表示できる．

(32) She could see them in the mirror over the table. Sylvia talking animatedly, taking off her wide black hat so her face emerged more clearly into the light; Fen questioning, his light hair shining above the gray, tweedish jacket he was wearing. He looked, as always, very clean and well-groomed and fresh, ...　　　　　(M. G. Eberhart, *Never Look Back*)

(32′) She could see them in the mirror over the table. Sylvia (was) talking animatedly, taking off her wide black hat so her face emerged more clearly into the light; Fen (was) questioning, his light hair shining above the gray, tweedish jacket he was wearing.

(33) The opal-like tints of early morning ... found them as the night had left them. He in an armchair that stood off in a far corner. She in bed, eyelids down, one cheek turned toward him.　　　　　(G. Hopley, *Fright*)

(33′) The opal-like tints of early morning ... found them as the night had left them. He (was) in an armchair that stood off in a far corner. She (was) in bed, eyelids down, one cheek turned toward him.

(34) Leaf moved toward Stiph's rigid figure and leaned over the body, bringing his face right up to Stiph's peaceful countenance, and Cook backed out of his office, watching the two of them — the one thin and gaunt and dead, the other roundish and bustling ....
　　　　　(D. Carkeet, *Double Negative*)

(34′) ... and Cook backed out of his office, watching the two of them — the one (was) thin and gaunt and dead, the other (was) roundish and bustling.

(35)　And suddenly I saw our reflection in the mirror.　Sylvia choking and myself strangling her ....　　　　　(A. Christie, *The Regatta Mystery*)
(35′)　And suddenly I saw our reflection in the mirror.　Sylvia (was) choking and myself (was) strangling her.

ところで，(32)-(35) の例は，外見上は右方転位化 (Right Dislocation) を含む文に似ている．右方転位文の例として，例えば (36)-(38) を挙げることができる．

(36)　Nobody appears to have seen it, the moon rising over the mountain.
　　　　　　　　　　　　　　　　　　　　　(Declerck (1981: 148))
(37)　I saw it — John cheating on his test.　　　　(Gee (1977: 469))
(38)　We've seen it often enough, John walking about the garden.

問題とされる (32)-(34) の例と右方転位文 (36)-(38) との間には，注目すべき相違がある．まず，前者の場合は，先行節の知覚対象はモノ（個体）として捉えられ，人称代名詞 them が用いられている．一方，右方転位文では，知覚対象はコト（出来事）として捉えられ，代名詞 it が用いられている．この点を端的に示す例として，(38) と (39) の許容性の相違を比較されたい．

(38)　We've seen it often enough, John walking about the garden.
(39)　*We've seen him often enough, John walking about the garden.

また，(32)-(34) に関して，右方転位文の派生前の基本文の語順に換えることができないのは自明である．問題とされる文は，書き言葉に特有な修辞的な特徴をもっており，口語的な右方転位文とは区別する必要がある．先行節で用いられる動詞は典型的に知覚動詞であるので，知覚動詞の目的語の指示対象の性質・状況が後続節で特定される文として位置づけることができる．なお，3 節では，先行節の主語の指示対象の行為・状況が後続節で特定される場合を考察したことを想起されたい．

ついでながら，(32)-(35) とは少し異なり，先行文は SVO の語順ではなく，SVOC の語順からなる知覚動詞構文の例がある．例えば (40) では，目的語 both of them の指示対象である Harry と Kitty の特徴が後続節で特定され，(41) では目的語 them の指示対象である Gerald と Elsa と Jimmy の眼の表情が特定されている．空所を補充すると (40′), (41′) のように示される．

(40) So when she invited me to come to her at Wanaha Base for a long visit I had come at once. And found both of them very little changed — Harry a little older, a little graver with the years of increasing responsibility. Kitty a little plumper, a little sober when she thought of their son ... but the same Kitty, pretty, gay, adept and by now well trained in her position of Commanding Officer's wife ....
(M. G. Eberhart, *Man Missing*)

(40′) So when she invited me to come to her at Wanaha Base for a long visit I had come at once. And found both of them very little changed — Harry (was) a little older, a little graver with the years of increasing responsibility. Kitty (was) a little plumper, a little sober when she thought of their son.

(41) ... Shayne saw them looking at each other; Gerald's black eyes disturbed; Elsa's fringed with her long lashes, green and inscrutable; Jimmy's naked and dull. (B. Halliday, *A Taste for Violence*)

(41′) Shayne saw them looking at each other; Gerald's black eyes (were) disturbed; Elsa's (were) fringed with her long lashes, green and inscrutable; Jimmy's (were) naked and dull.

　(32)-(35), (40), (41) において, 問題となる後続節は, いずれも非定形節であり, 知覚動詞構文のある種の拡張と考えることができる. 興味深いことに, 知覚動詞補部が照応代名詞を残すことなく, もとの文からそのまま遊離したように見える現象がある (下記の例文の該当箇所を下線部で示す). この場合も後続節は非定形節であるが, 分詞を含む場合だけが許され, 原形不定詞は許容されない (cf. (42′)-(44′)).³ これら二つのタイプは, 文構造の観点から (i) 知覚動詞構文のある種の拡張型と (ii) 知覚動詞補部の遊離型とに分けることができるが, 両者は意味解釈の点でも異なっている. 後者の場合は表記からも明らかなように, 先行文の目的語の指示対象の意外な行為に対する話し手の感嘆的表現であるのに対して, 前者の場合にはそのような強い感情表出の意味合いはない.

---

　³ 知覚動詞補部を非定形節からなる統語的補部と定形節 (that 節) からなる意味的補部とに分ける分析については, 和田 (2009) を参照.

(42) "I peeked in," said Tony, "ever so quiet, see, not a breath. I peeked in, and I *saw* her! Poking about in your bureau. In that thing with drawers, I mean," he amended.　　　(C. Fremlin, *The Hours Before Dawn*)
(43) "It was Wilson," cried Noel. "I saw him. Running down the hall toward the back —"　　　(M. G. Eberhart, *The Chiffon Scarf*)
(44) "You should have seen him! Practically foaming at the mouth!" Curt doubled over the table with laughter.
　　　　　　　　　　　　　　　　(R. Hardwick, "His Brother's Caper")
(42′) "I peeked in, and I *saw* her! *Poke about in your bureau."
(43′) "I saw him. *Run down the hall toward the back —"
(44′) "You should have seen him! *Practically foam at the mouth!"

5. 結語

　この小論では，従来とは異なる多様な空所化現象を考察してきた．導入的な先行節と空所を複数以上含む後続節という二つの節構造からなる文を中心に取り上げ，新しい視点から空所化現象を分析した．なかでも，主語の指示対象の行為・状況に関わる空所化に加え，目的語の指示対象の行為・状況に関わる省略現象を知覚動詞構文を通して考察した．言語資料として小説のテクストを主に用いたが，空所化の修辞的な特性は，通常考えられている以上に多様であることが明らかになった．

参考文献

Declerck, Renaat (1981) "Pseudo-Modifiers," *Lingua* 54, 135-163.
Gee, James (1977) "Comments on the Paper by Akmajian," *Formal Syntax*, ed. by Peter Culicover et al., 461-481, Academic Press, New York.
Jackendoff, Ray (1971) "Gapping and Related Rules," *Linguistic Inquiry* 2, 21-35.
Jake, Janice (1977) "Gapping, Pragmatics, and Factivity," *Papers from the Thirteenth Regional Meeting of the Chicago Linguistic Society*, 165-172.
Jespersen, Otto (1949) *A Modern English Grammar. vol. V*, George Allen & Unwin, London.
小早川暁 (1998)「空所化構文の意味論」『英語青年』第 144 巻第 9 号，515-518.
久野暲・高見健一 (2007)『英語の構文とその意味』開拓社，東京.
McCawley, James (1983) "What's with *With*?" *Language* 59, 271-287.

関茂樹 (2007)「テクストにおける知覚動詞構文の諸相」『英語語法文法研究』第 14 号, 52-65.
和田尚明 (2009)「『内』の視点・『外』の視点と時制現象——日英語対照研究——」『「内」と「外」の言語学』, 坪本篤朗・早瀬尚子・和田尚明(編), 249-295, 開拓社, 東京.

省略の要因をめぐって

内田　恵

静岡大学

キーワード：省略，削除，会話の格律，情報構造，関連性理論

0. はじめに

「表現されないこと」とは，通例ならばあるはずの要素が，何かしらの理由で消失している事象である．一見何かが表現されていない構文の成立についての分析としては，削除，ゼロ形態（音形のない見えない要素）の仮定，要素の元々の欠如などが代表的なものとしてあげられる．

(1) I asked Bill to leave, but he refused ϕ.

(1) において ϕ の位置が省略されているのではないかと，母語話者は直感的に，非母語話者は理論的に推測する．これは，refuse が持つ（後ろに何かを伴う可能性がある）特性を把握しているからである．しかしその実態を説明することは意外にむずかしい．次の例を見てみよう．

(2) a. Peter was praised ϕ.
    b. Peter was praised by Mary.
    c. Peter was praised by everybody.

統語的に (2b) と (2c) が基底構造となり，(2a) は要素が省略されたと考えることができる．しかし，(2a) をあえて発話することで，「ほめた人間が誰か」の認定や推量に幅が出る．(2a) の ϕ の部分を復元する候補の一番手として，(2b) のように固有名詞の場合は人物が特定化される．また (2c) は不特定の人間がほめたということを強調している効果を持つ．さらに (2a) からは人間以外が（比喩的に）ほめたという想定もできる．このように見ていくと，(例えば refuse や praise という) 動詞の性格だけから省略現象を説明することはで

きない.

　本稿のテーマは大きく二つある.一つは「省略される場合にどういう経緯があるのか」ということに方向性をつけてみること,もう一つは「省略にいたる動機づけは何か」ということを語用論の立場から考えてみることである.1節では省略現象の代表的な二種類である動詞句削除と空所化について先行研究を紹介検討する.2節では,省略現象の裏側にあるプロセスを三つの視点から観察してみる.そして3節では,2節で見た省略現象が起こる理由を言語運用面から考える.[1]

1. 省略現象のプロセスと規則性

　英語構文の中で動詞句が関係する省略にはさまざまなタイプがある.その中で「動詞句削除 (VP deletion)」と「空所化 (gapping)」について比較しながら観察してみよう.

1.1. 動詞句削除現象

次の例文を見てみよう.

(3) a.　Peter can drive a car, and Mary can *drive a car* too.
　　b.　Peter can drive a car, and Mary can ϕ too.

(3a) の斜字体 *drive a car* が省略されて (3b) が派生したという考えがある. (3b) を観察すると, i) 助動詞 can がそのまま残っていること, ii) 動詞を中心としたまとまり(動詞句)がまとめて省略されているということが,まず目に留まる.このような現象を動詞句削除現象と呼ぶ.助動詞がない文では,一般動詞が 'do+V' という形に内部では分解されていると仮定するので,助動詞扱いの do の変化形が動詞句削除の際に必ず残置していなければならない.さらに不定詞句を示す to も残置することができ, (4A) の go there が削除されて, (4B) が派生する.

(4) A:　Do you want to go there?
　　B:　Yes, I want to ϕ.　　　[A と B は対話を表す]

---

[1] 本稿ではその経緯や理由はさまざまであるが,本来あるべき構成要素が表面的に顕在しない部分がある構文を「省略現象」と呼ぶことにする.

「助動詞や不定詞の to が残置しなければならない」という制限のほかに，さらに動詞句削除が適用される環境とそれにまつわる制限について次のような点を検討しておこう．

(5) a. 重文，複文のいずれにも適用可能か．
b. 削除に順序はあるのか．
c. どの範囲を動詞句ととらえるのか．

まず VP 削除は重文のみならず複文にも起こり得る．

(6) a. Tom hit a boy after Sandy did ϕ.
b. Sandy hit everyone that Bill did ϕ.

(6a) は従属接続詞 after，(6b) は関係代名詞 that を含む複文構造である．次に (5b) について (7) の順序関係を比較してみよう．

(7) a. Sandy *went to the grocery stores* because Betty didn't ϕ.
b. Because Betty didn't ϕ, Sandy *went to the grocery stores*.

(7b) のように because の節が前置されている場合に，*went to the grocery stores* の前で省略が起こっていても問題はない．

さらに (5c) の副詞句が関与する場合に，どこまでそれらを削除してよいかという問題を，日本語訳との対応で観察してみよう．

(8) When did John want to go to Paris?
解釈 A: ジョンはパリにいつ行くことを望んだか．
解釈 B: ジョンはパリに行くことをいつ望んだか．
(9) He wanted to go to Paris in September.
解釈 A: ジョンはパリに 9 月に行くことを望んだ．
解釈 B: ジョンはパリに行くことを 9 月に望んだ．
(10) He did in September.
解釈 A: *ジョンはパリに 9 月にいくことを望んだ．
解釈 B: ジョンは，パリにいくことを 9 月に望んだ．

((8)-(10): 久野・高見 (2007: 15 改))

久野・高見 (2007) によれば，(8) と (9) には二通りの読みがあり，解釈 A の読みは，「パリに行く」という部分すなわち go to Paris が動詞句を構成しているのに対して，解釈 B「9 月に行くことを望んだ」の読みは wanted to go to

Paris が動詞句を構成していると仮定できる．ところが (10) には B の解釈しか存在しないという．このことから，A の読みの場合は，動詞句削除が動詞句 go to Paris に適用された場合に適格になるが，wanted to go to Paris まで削除してしまった場合は動詞句削除規則に抵触して排除される．ただし，動詞句削除は原則的には動詞句内にある要素のみを削除するが，どこまでを動詞句とするかの判断は談話的要素に求められることもある．[2]

1.2. 空所化

空所化は 1.1 節で見た動詞句削除と同様の動詞がらみの省略である．しかし等位接続詞で結ばれた「助動詞＋動詞＋α」を削除することはできるが，助動詞のみを残置することはできない点で動詞句削除とは異なる．典型的な例を見ておこう．

(11) a. John ate a fish and Bill ate a steak.
 b. John ate a fish and Bill ϕ a steak.

(11b) は (11a) から派生したと考えられるが，動詞句削除とは異なる特徴を示すので以下にまとめてみよう．

(12) a. 等位接続詞 and, but, or, nor に導かれる重文に起こる省略である．
 b. 構成素構造にないような省略が可能である．
 c. 省略される動詞の後に語句を（通例二語まで）残す．
 d. 後半の節内で動詞が省略されても，等位接続詞に導かれた前後の節の意味的内容の力関係は同等である．

(10) に文を追加した (13) で，動詞句削除の特徴と対比してみよう．

(13) a. John wanted to go to Paris in September, and Mary wanted to go to Paris in October.
 b. John wanted to go to Paris in September, and Mary ϕ in October.
  [ϕ= did wantto go to Paris]
  解釈 A: 10 月に行く．
  解釈 B: 10 月に望んだ．　　　　　　　　　　　（久野・高見 (2007: 154)）

---

[2] 久野・高見 (2007) では，(8) に対する応答として He wanted to in September. も可能であり，この場合にも「ジョンはパリに 9 月に行くことを望んだ．」という解釈はないという事実を含め，副詞修飾語との関係に着目して機能論的な立場で説明している．

動詞句削除では構成素を成していない要素を削除した読みは成立しなかった．しかし (13b) で A と B の両方の解釈が可能であるのは，空所化が構成素を成す成さないに関係なく適用される証拠となる．また，(11) と (13) の例からわかるように，空所化は後ろに語句を残置する．

(12) にまとめたように，空所化は統語的な制約は少ない文法規則だが，久野・高見 (2007) は (14) のような機能的制約を提案している．

(14) 「空所化」構文の対比的焦点情報性
空所化（穴あけ）規則の適用後に残された二つ（あるいはそれ以上）の構成要素は，前半の文の中の同一文法機能の二つ（あるいはそれ以上）の構成要素と対応して，対比的焦点情報を表さなければならない．
(ibid.: 157)

(14) を (15) で説明してみよう．

(15) 暗黙の，あるいは，実際の質問：**Who** like *what*?
 a. **Mary** likes *fish*, and **Jane** likes *pork*.
 b. **Mary** likes *fish*, and **Jane** ϕ *pork*.
 c. *Mary$_i$ likes *fish*, and she$_i$/ her$_i$ ϕ *pork*. (ibid.: 157-158)

まず，(15a) で人名の Mary と Jane および食べ物である fish と pork は対比的であり，焦点となることが可能なのでそれぞれ対比的焦点情報を成す．すると (15b) では空所化が行われた後に対比要素が残置している．しかし (15c) では空所化後の文で人名に対する対比要素が欠落しているので，非文となると分析される．

この例でもう一つ大事なことは残置要素が空所化された語の前後に配置されているということである．通例は省略要素の後に要素を二つ残置すると考えられがちだが，(14) の制約を充足すれば，残置要素の位置はこだわらないことがわかる．このことから，(14) の機能的制約は，統語的制約の少ない現象に対して，より強力な制約力を持つものと想定される．

1.3. 省略の度合い

1.1 節と 1.2 節で，省略現象の代表的なものとして動詞句削除と空所化について，その特徴を (5) と (12) のようにまとめてみた．ところでこのような省略では，義務的なものと随意的なものの境界線はどこにあるのだろうか．

(16) A: Were you already in Japan in 2007?
　　　B: a. Yes, I was already in Japan in 2007.
　　　　　b. Yes, I was.
　　　　　c. Yes, I was in Japan.
　　　　　d. ?Yes, I was in 2007.

(16B) の答において，(16B-c) では A の疑問文中の in 2007 を省略して in Japan を残置しているのに対して，(16B-d) は逆に in Japan を省略して，in 2007 を反復している．副詞句の順序が「場所から時へ」という一般的配置原則を遵守する形で配列されている二つの要素の省略に，なぜこのような判断の揺れが生じるのだろうか．3 節で考えてゆく．

2. 省略の要因
2.1. 統語論的先行詞と語用論的先行詞
　省略現象が生じるときは，最低限省略されている部分の内容がどこかで保証されていなければならない．この保証を「復元可能性」と呼び，省略部分が具体的に指示する部分は先行詞と呼ばれる．
　この先行詞は，動詞句削除や空所化の例のように明示的に存在している場合が多いが，実際の談話などでは，一見存在していないように見える例がある．次の例を見てみよう．

(17) A: I'm going to stuff a 9 inch ball through a 6 inch hoop.
　　　B: a: It's not clear that you'll be able to ϕ.
　　　　　b: It's not clean that you'll be able to do it.
(18) [A attempts to stuff a 9 inch ball through a 6 inch hoop.]
　　　B: a. #It's not clear that you'll be able to ϕ.
　　　　　b. It's not clean that you'll be able to do it.
　　　　　　　[# は，談話上は不適格であることを示す]
　　　　　　　　　　　　　　　　((17), (18): Hankamer and Sag (1986: 392))

(17A) の明示的先行詞が会話の中に存在する例に対して，(18) の [ ] では「A が 6 インチの穴に 9 インチのボールを押し込もうとしている」行為を眼前にしていると仮定する．H&S によれば，先行詞が明示的に存在する (17B) と比べて，明示的先行詞が存在していない場合に動詞句削除を適用すると，

(18B-a) のように容認可能性が低くなるという．それに対して (17B-b) と (18B-b) の両方ともに代名詞 it を置くことは，先行詞が言語的および非言語的状況のどちらであっても問題はない．特定の語句を受けるのではなくて，非言語的な場面で [　] の中身を先行詞として受けることになるコントロールを「語用論的コントロール (pragmatic control)」と呼び，文法的コントロールと区別する．語用論的コントロールは，do it の他に文照応の it，不定代名詞 one などが受けることができる．また，1 節で触れた動詞句削除や空所化は，文法的コントロールのみを通例は許す．[3]

2.2. 省略補部に関する三種類の分析

省略現象には語用論的コントロールが関係することを 2.1 節で見たことを踏まえて，省略補部に特化して，そのルーツに関する考察を比較する．本節では (i) 何かを削除してできあがったとする考え，(ii) ゼロ代用形を仮定する考え，(iii) もともと何もなくて，そのままの文が基底から派生してきたという考え方の三つに集約してみる．

2.2.1. 削除分析と問題点

関係代名詞の種類により，容認可能性に差異が出る例を見てみよう．

(19) a. Mary lives in the house which you claimed she lives in.
　　 b. *Mary lives in the house which you claimed.
　　 c. Mary lives in the house that you claimed she lives in.
　　 d. Mary lives in the house that you claimed.

(Napoli (1983: 4))

表面的な分析をすれば，(19b) が非文であるのは wh 句で導かれる関係代名詞節内で省略補部を作ることが許されないということになる．それに対して (19d) からわかるように，関係代名詞 that で導かれる関係節内において省略補部現象は許されるという事実がある．もしも補部が削除されたと仮定すると，(19b) においては wh 移動規則が適用される前に補部の削除があったので非文になり，(19d) では that を wh 移動した後に補部が削除されたので問題が起こ

---

[3] 語用論的コントロールの例として，再帰代名詞を除く人称代名詞を使い実際の談話で指示物を指して発話する場合，他方，文法的コントロールとして，間接疑問文縮約などがあげられる．

らなかったという分析も一見可能にように見える.しかし,wh 語の種類によって,削除を行う時点がまちまちになるのは文法理論にとって望ましくない.したがって削除分析の問題点として分析される.
　また Hankamer and Sag (1986) は (20) の例を指摘している.

(20)　The oats had to be taken down to the bin.
　　　a. #So Bill did [take the oats down to the bin].
　　　b. So Bill did it.
　　　c. So Bill volunteered [to take the oats down to the bin].
　　　　　　　　　　　　　　(Hankamer and Sag (1986: 413))

H&S によれば,統語論的立場である動詞句削除は同一語句削除しか認めない,欠如している [　] の能動態部分とその先行詞となる受動態部分では態が異なる.これは動詞句削除規則に抵触するので,(20a) は容認可能性が低くなる.しかし (20b) で文末に it が置かれ,(20c) では削除される部分が異なるのにもかかわらず,両者が正しい文であるという説明を求めるのには,語用論的コントロールの考え方が有効となる.仮に削除分析を採用すれば,誤って非文と予測してしまう.

2.2.2.　ゼロ形態分析と問題点

　二番目として省略補部の後にゼロ形態素を仮定する分析について検討してみよう.

(21) a.　After John made his bed, he left.
　　　b.　*He left after John made his bed.
(22)　John succeeded ϕ, even though he didn't try impress.
(23)　John did promise ϕ, although I still worry whether he is coming.
　　　　　　　　　　　　　　　((22), (23): Napoli (1983: 14))

(21b) に見られる「he—John」という配列は「代用表現—先行詞」という順序のために逆行照応制約違反となり,通例は非文と判定される.同様な考え方を省略現象がある (22) と (23) に当てはめてみよう.succeed と promise の後にそれぞれ音形がないがゼロ形態という存在物を仮定すると,「ゼロ形態—先行表現」という順序が認められる.このことが逆行照応制約違反になり,正しい文である事実を誤って非文として排除することになる.省略部分にゼロ形態を予想する元々の分析に問題が生じてくる.

2.2.3. 基底分析と問題点

　基底で生成するという考え方は，簡単に言えば，一見すると，他動詞のような用いられ方をしている動詞の用法をすべて自動詞用法の一種であるとみなすことである．次の例を考えてみよう．

(24)　He likes every friend of mine, I think.

(24) のような挿入節構文の派生は変形論的，解釈論的のいずれの立場をとるにせよ，使われている動詞が補部に対してコメントを表すような場合，基底で自動詞として派生するという考え方も妥当性がある．しかし，挿入節には次のような例がある．

(25)　Everybody, he said, has a little sweetheart.
(26)　He seemed to be a little boy, Lydia mocked.
(27)　He would do it, he chuckled.

(25) から (27) の文の挿入部分は文副詞に置き換えることはできない．そして命題との結びつきは (24) と比べて，はるかに密接である．このタイプは直接話法との関連性が高いので基底でいきなり he said などの挿入部分を派生するのは無理がある．また (26) や (27) の mock, chuckle という動詞はそもそも補部をとらないので自動詞用法と考えがちであるが，「笑いながら話す」という意味を表しているので，say+α という式で表される．したがって命題とは無関係とは言えないので，この事実は基底分析の問題点となる．

2.3. 三分析の比較

　省略補部を持つ文について，削除分析，ゼロ形態分析，基底分析という派生過程についての三つの説を分析してきた．それぞれの説に反例と思われるものがある以上，完全な説はないので，どの説がより包括的に通用するかを比較検討してみよう。ところで省略補部現象が多く見られる動詞を列挙すると，(28) のようにまとめられる．

(28)　approve, complain, promise, refuse, succeed, volunteer, wonder, worry, etc.

(28) の動詞は，表わす内容に著しい隔たりがないままで他動詞用法と自動詞用法を持つ．これは，自動詞用法の中に他動詞の目的語（補部）となる典型的意味要素を暗黙のうちに内在していると言ってもよい．簡単な例は省略現象と

まではいかないが次のような動詞に見られる．

(29) a. John is eating.
b. Bill was drinking.

(29a) は食事をしているのであれば，後続には種類は何であれ食べられる物が来る．また (29b) では，(ソフトドリンクではなく) 酒を飲んでいるということは目的語がなくても明らかである．これらの省略は動詞の持つ語彙特性の中に後続部分の省略にも耐えられる語彙要素が含まれているから成立すると分析できる．

このように考えると省略補部が起こる要因は，統語と意味という分野から推測すれば，基底生成説が最も有力で，「基底生成＞ゼロ形態＞削除」という順序がつけられるように思われる．

3. 語用論から見た省略

1節と2節では，省略現象の具定例と，省略現象のルーツは何であるのかを比較検討した．動詞句削除であれ，空所化であれ，統語的な派生規則の裏には削除も含めて三種類の考え方が存在することを紹介した．しかし，実際の文脈の中で，どうしてそのような省略が起こるかということの説明にはほとんど触れられていない．そこで3節では，語用論の立場から省略現象の動機づけについて議論する．

3.1. 会話の格律から関連性理論へ

まず，語用論的に見た「文の意味」とは，(30) のように「言語運用面を重視した意味」ということになる．

(30) 使用状況から予測できる事態を加味した，多面的な意味解釈を秘めた意味

それでは円滑かつ平易な言語運用とはいかなるものであろうか．答えは「いつも相手が文を聞いたときにすぐにその内容が理解できる」状況であり，そのための前提条件を列挙すると次のようになる．

(31) a. 構文の形式，語彙そのものが単純である．
b. 話者と聴者の理解・解析能力に共通性がある．

c. 話者と聴者の間に共通の関心事がある．

　言語運用研究では，「内在的な意味」すなわち「言外の意味」の解析方法が重要な課題となってくる．このために広く伝達行為の発信元と受信先にまつわる分析が進められてきた．言外の意味を分析するときの手法について，代表的なものとしてグライスの「会話の格律 (conversational maxim)」を見ておこう．

(32) a. 量 (quantity) の格律：　言いたいことを過不足なく話しなさい．
　　　b. 質 (quality) の格律：　内容について自信のあることを話しなさい．
　　　c. 関係 (relation) の格律：　状況に即して要点を話しなさい．
　　　d. 方法 (manner) の格律：　明確に話し，あいまいな言い方は避けなさい．

　(32a) は「会話には適切な情報量が必要であり，情報不足も困るが情報過多も困る」ということを意味する．(32b) は「嘘であるように思われることや，妥当性を欠くことは言ってはいけない．誠実に話をしてくれるものであるという相手の期待感を裏切ってはいけない．」ということである．また，(32c) は「会話の中に関係のないようなことばかり含めると，混乱のもとになりかねない」ということを示している．さらに，(32d) は「表現の不明瞭さを回避して，順序立てて会話を進めなさい．敬語など相手を意識したことば使いをしなさい．音調なども考慮する必要がある．」ということを言っている．具体例を見てみよう．

(33) A: Where is my hat?
　　　B: It's on the table.　　　　　　　　[A と B は対話を表す]

　(33A) の質問に対して，(33B) は「明解 (32d)」に「正しいこと (32b)」を「適切な分量 (32a)」で「的確 (32c)」に答えている．これらの格律を遵守して会話が行われれば，安定的な情報伝達ができる．

　しかし，会話の格律は「話し手への指針」だけに焦点をしぼっており，運用全体の包括的な議論にまで発展しないのではないかという疑問が生じる．それに対して関連性理論は伝達行為の中で，特に聞き手あるいは解釈する側がどのようなメカニズムで話し手の伝達しようとする内容（特に伝達的意図）をとらえるかを解明する理論である．したがってグライスの理論を聞き手側から再検討することから始め，伝達にかかるエネルギーや時間のコストについて踏み込んだ研究を行っている．

(34)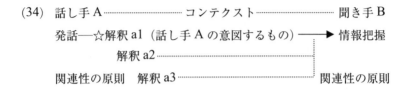

(34) の意味するところとして，1) 関連性の原則は話し手と聞き手の両方の作業に関与すること，2) 表意を決定していく上でコンテクスト効果が重要な役割を果たすということ，3) 表意は解釈上多様性があっては望ましくない，の三点をあげてみよう．そこで関連性理論で最も重要である表意決定の方法論をSperber and Wilson (1986, 1995) の分析を踏まえて見ていくことにする．[4]

実際の発話では，人間は全認知能力を駆使して，状況に合致し，かつ新たな情報が付加された解釈を探そうとする．これを「関連性を求める認知能力」と呼び，重要な能力の一つである．この関連性を求める認知能力をつかさどる原理を Sperber and Wilson (1986, 1995) では次のように定義している．

(35) 〈関連性の認知原則 (Cognitive Principle of Relevance)〉
人間の認知は，関連性の最大化と連動するように働く傾向がある．
(36) 〈関連性の伝達原則 (Communicative Principle of Relevance)〉
すべての意図明示的伝達行為は，それ自体の最適な関連性の見込みを伝達する．

((35), (36): Sperber and Wilson (1995: 260) （吉村訳））

日常かわす会話や情報伝達には，無秩序に周囲を飛び交う情報と，明確な意図を持って相手側に提供しようとする情報が混在している．談話において話し手の意図が十分に聞き手に伝わるかどうかは，話し手の発話がどのような形で聞き手の認知能力の中に入り込み，素早く意図の伝達にあった反応をすることができるかということに関係してくる．(35) は「聞き手が話し手の発話を最大限，当該の談話と関連を持たせるように解析するという作業を行う」という作

---

[4] 命題の中で話し手が伝えたい真意のことを，関連性理論では「表意 (explicature)」と呼ぶ．表意は基本構文から得られる情報だけではなく，周辺から得られる情報も含まれるところに特徴がある．

業仮説である．また (36) は「そもそも意図や意志を持った情報伝達は相手が最も率直に情報内容を把握してくれるように工夫をされたものでなければならず，実行されれば関連性の尺度から見て最適である」という主旨である．

3.2. 関連性理論と省略

3.1 節で概観した関連性理論の主張を，省略を含む構文に適応してみよう．まず挿入節について考えてみよう．2.2.3 節の例を再掲する．

(37)(=(24))　He likes every friend of mine, I think.
(38)(=(25))　Everybody, he said, has a little sweetheart.
(39)(=(27))　He would do it, he chuckled.

言外の意味を表面に示唆するのには 1) コンテクストを持つこと，2) 聞き手が話し手の心理に関する何らかの糸口をつかむ要素が構文内に含まれていることである．挿入節は 2) の典型例であり，挿入節の有無により，聞き手にとっての文の裏側まで読み取る労力に歴然とした差が生じてくる．

例えば (37) は「断定的なことは言えない」ということが意図される．(38) は，「客観的にことばとして話された」という事実を聞き手に伝えることが he said という語句から伝わる．さらに興味深い例として (39) では，「くすくす笑いながら話す」という，聞き手が，情景にまで踏み込んだ情報収集が容易にできるという利点がある．そして，本来は文を補部にとらないのにもかかわらず，あたかも補部 (he would do it) が省略されたように見える現象が許されてしまうという事実がある．労力（コスト）がかからないことが派生段階に何等かの影響を与えた構文であると言える．聞き手がどのようにそのニュアンスを命題に関連づけて理解するかという努力をしていることがわかる．

次に there 構文を運用面から考えてみよう．典型的な構文は (40a) であるが，(40b) のような場所句のない例に注目してみよう．

(40) a.　There are many students in the university.
　　 b.　There is a Santa Claus.

まず，there 構文は場所句を伴うというのが通例である．なぜならば there という語そのものが意味を持たなくなってしまったからである．ところが (40b) は場所句がない there 構文である．この理由は「サンタクロースが入ってくるのは煙突から」という一般常識があるので，話し手も聞き手も暗黙の了解事項だから省略されていると考えられる．このような話し手と聞き手の 1 対 1 の

了解事項は，伝達という観点から言うと，とても経済性が高く，関連性が強いと言える．ただし，文脈により比喩的な意味を持つ場合もあり，複数の表意がないかを想定しなければならない．しかし Santa Claus というあまりにも有名な固有名詞が使われているので，言外の意味を付加しにくい状況にある．複数の解釈や言外の意味は生じにくく，ここでも (40b) は，伝達の経済性が高いと言える．一般常識という旧情報が，省略現象を後押して，それが慣例化した例と言える．

最後に，1.3 節で触れた，会話における省略例について再検討してみよう．

(41)(=(16))　A:　Were you already in **Japan** in 2007?
　　　　　　　Ba:　Yes, I was already in Japan in 2007.
　　　　　　　Bb:　Yes, I was in Japan.
　　　　　　　Bc:　Yes, I was.
　　　　　　　Bd:　?Yes, I was in 2007.
　　　　　　　　　　　　　[(41A) では Japan を強く発音する]

(41) の応答において，(41B-b) では A の疑問文中の in 2007 を省略して in Japan を残置しているのに対して，(41B-d) は逆に in Japan を省略して，in 2007 を反復している．「旧―新」という情報構造の配列原則よりも副詞句「場所から時へ」という一般的配置原則を優先する形で配列されていることと，Japan にアクセントが置かれていることから，(41A) では Japan が in 2007 よりも，より情報度が高いことがわかる．ではどうして二つの要素の省略に関して，(41B-b) と (41B-d) のように判断の揺れが生じるのであろうか．

ここで「反復は，より新しい要素から旧い要素へ順に行われる」と仮定してみよう．まず (41B-c) は，何も余分なことを語っていない．これは聞き手 B の返答として最もコストがかからず，答を受け取った質問者（話し手）A にとっても，支障なく理解が進む．次に (41B-b) は，日本という場所を念押ししていることになるが，質問を受けた聞き手がその質問内容の中心 (Japan) を認識したことをシグナルとして返している発話である．丁寧さと確認の基に成立する意義のある反復である．他方 (41B-d) は，質問の核心部分とは関係のない 2007 年という部分を余分に表現する必要性に乏しくなり，あまり適格な応答ではないと判断される．会話がしつこい感じを与え，コスト的に見ても歓迎されない．

4. 結びにかえて

本稿では，英語の省略現象について，語用論的立場に立ってその要因を中心に議論した．まず1節では，省略される過程に課される統語的制限について，動詞句削除と空所化を例に先行研究を概観した．特に空所化については，統語的規制が少ない反面，機能的な制約が広範囲に適用されるという久野・高見 (2007) の主張を支持した．2節では，省略現象の存在そのものについて議論した．消失したように見える補部に対する 1) 何かが削除された，ii) ゼロ形態素を仮定する，iii) 省略ではなくそのまま基底から生成された，という三種類の分析を比較検討した．そして3節では，言語運用時に省略現象が起こる要因について，関連性理論の立場から説明を試みた．

関連性理論では，談話における聞き手の認識と推論の分析を重視しており，聞き手が受け入れやすい最良の話し手の発話とは何かを議論する．この点はグライスの「会話の格律」を発展させたものと言える．3.3節で関連性理論を用いた構文分析の一端を提示したが，Birner and Ward (1998) の情報構造を細分化する議論などとも連動した，さらなる展開が期待される．その点については稿を改めたい．

参考文献

Birner, B. and G. Ward (1998) *Information Status and Noncanonical Word Order in English*, John Benjamins, Amsterdam.
Cole, P. and J. L. Morgan (1975) *Syntax and Semantics* 3: *Speech Acts*, Academic Press, New York.
福地肇 (1985)『談話の構造』(新英文法選書第10巻)，大修館書店，東京.
Grice, H. P. (1975) "Logic and Conversation," in Cole and Morgan (eds.) (1975), 41-58.
Hankamer, J. and I. Sag (1976) "Deep and Surface Anaphora," *Linguistic Inquiry* 7:3, 391-428.
東森勲・吉村あき子 (2003)『関連性理論の新展開』(英語学モノグラフ第21巻)，研究社，東京.
Kuno, S. (1987) *Functional Syntax*, University of Chicago Press, Chicago.
久野暲・高見健一 (2007)『英語の構文とその意味』開拓社，東京.
Levinson, S. (1983) *Pragmatics*, Cambridge University Press, Cambridge.
中村捷・金子義明 (2002)『英語の主要構文』研究社，東京.
Napoli, D. J. (1983) "Missing Complement Sentences in English," *Language* 12:1,

1-28.
Sperber, D. and D. Wilson (1986, 1995^2) *Relevance: Communication and Cognition*, Blackwell, Oxford.［内田聖二他(訳)（1999）『関連性理論』研究社，東京.］
内田恵・前田満（2007）『語用論』（英語学入門講座第 11 巻），英潮社，東京.

第Ⅳ部
テンス・アスペクト

2種類の「可能動詞+テイル」構文*

竹沢　幸一
筑波大学

キーワード：可能動詞，テイル，アスペクト，強制，脱使役化

1. はじめに

状態動詞が継続相マーカーのテイル[1]と共起しないことはよく知られた事実である（金田一（1950），他）．

(1) a.　机の上に書類がある／*あっている
　　b.　太郎は妹がいる／*いている[2]
　　c.　太郎はお金がたくさん要る／*要っている

また，可能動詞（「できる／V-(rar)e-ru」）も状態動詞に属するとみなされており，通常 (2) のようにテイルと共起しないと言われている．

(2)　太郎は数学がよくできる／*できている

しかしながら，実際には (3) に示すように可能動詞にテイルが後続する例が存在することはこれまでもしばしば指摘されてきた．（寺村（1982），井島（1991），島岡（1995），他）

(3) a.　うちの子が泳げている　(oyog-e-te-i-ru)

---

　*　本稿の執筆にあたっては阿久澤弘陽氏と鈴木彩香氏にお世話になった．感謝の意を表したい．
　[1]　形態論的には，テイルは動詞の分詞形（テ形）にコピュラの現在形が後続したものであるが，ここではそうした形態上の成り立ちにはこだわらず，慣例に従ってテイル形と呼ぶことにする．テ形の形態統語的分析については内丸（2006）参照．
　[2]　ただし，しばしば指摘されるように，関西方言では「いる」はテイル形と共起可能である．

b. この論文はよく書けている　(kak-e-te-i-ru)

本論文では，本来は許容されないとされる「可能形+テイル」という述語形式をもつ構文の文法的特徴について，特に動詞の語彙的アスペクトと文法的アスペクトの関係に関する問題に焦点を当てながら考察を行い，可能形+テイルという述語形式をもつ文は，進行相解釈をもつタイプと結果状態相の解釈をもつタイプの2つに分類されることを示すとともに，そうした2つのタイプの解釈がどのような統語的メカニズムによって導出されるかを検討する．

2. 2種類の可能動詞+テイルとアスペクト解釈の違い

1節では，可能動詞がテイル形を伴って現れている例として (3) の2文を挙げたが，それらの例を注意深く観察してみると，(a) と (b) ではかなりタイプの異なった文であることに気がつく．両者の違いがごく限られた特殊な現象ではなく，多くの動詞に見られる一般的な現象であることをはっきりさせるために，それぞれの類例を下にもういくつか挙げる．以下では便宜上，それらをそれぞれタイプ1，タイプ2と呼ぶことにする．

(4) タイプ1
 a. フォワードの選手がよく動けている
 b. ほら見て，こどもでも上手に操作できているよ
 c. あの役者さん，今度は間違えずに演技できている
 d. 君はさっきうまく台詞を言えていたのに
(5) タイプ2
 a. そのぞうきんはきれいに縫えている
 b. この帯は上手に結べている
 c. この英文書類はミスなく翻訳できている
 d. この煮物はおいしく味付けできている

これら2つのタイプを詳しく比較する前に，ここで扱う例文の可能動詞の形態について注意すべき点を一つ述べておく．可能形は一段動詞の場合，受動形と形態的に同一の形 V-rare-te-i-ru をとるので，形態上の特徴のみで両者を区別することはできない．一方，五段動詞の場合，可能形 V-e-te-i-ru は受動形 V-are-te-i-ru と異なる形態をとり，両者を形態的に区別できる．またサ変動詞の場合，可能形には「する」の補充形 (suppletive form) である「できる」とい

う不規則形態が用いられる．ここでは，可能形以外の可能性を排除するため，形態だけで特定可能な五段動詞「V-e-ru」およびサ変動詞可能形「できる」を含んだ例文を用いて考察を進めていく．[3]

　話を戻して，可能動詞＋テイルのタイプ 1 とタイプ 2 の基本的な違いがどこにあるかを見てみよう．最初に意味的な特徴に注目して 2 つのタイプを比較してみると，両者の間にはまずテイルのアスペクト解釈に関する違いが存在することに気がつく．金田一以来，テイルの中核的意味として，「動作の継続」（進行相）と「結果状態の継続」（結果相）という 2 つの解釈があることはよく知られているが，両タイプともに可能形にテイルが付加した形態をもっているにもかかわらず，タイプ 1 は進行相，タイプ 2 は結果相の解釈をもっているという違いが見られる．それぞれの解釈を叙述様式の観点も加えてもう少し詳しく述べるなら，タイプ 1 では，主語名詞句が内的に所有する能力がある時点において（現在形であれば，発話時において，過去形であれば，過去時において）一時的に目に見える形で発現されている最中であることを描写している事象叙述文として特徴づけられる．(3a) の例で具体的に説明すると，現在時において，主語「うちの子ども」が有する「泳げる」という内的能力が，実際の「泳ぐ」という行為として実行されつつあるという動作継続の状況を表している．それに対して，タイプ 2 は，主題のハによってマークされた主動詞の意味上の目的語である名詞句が，動詞が表す行為によって引き起こされた結果状態に基づいて特徴づけを与えられた属性叙述文の一種と捉えることができる．例えば (3b) の例では，誰かの「書く」という活動の結果として，いい論文ができあがり，その結果状態によって「この論文」の質の良さを表した文であると言うことができる．

　以上，本節では，可能形＋テイルには 2 つのタイプがあり，それぞれがどのような解釈上の特徴をもっているのかを大まかに概観した．このようにどちらのタイプも可能形＋テイルという述語形式を含んでいながら，異なったアスペクト解釈をもっているわけであるが，ではどのような条件の下でそうした解釈の違いが生じるのか，またそれはなぜなのかについて，それぞれのタイプの文法的な特徴を詳しく観察しながら，両者の違いの分析を試みる．

---

[3] いわゆる「ら抜き」は可能形でしか現れず，受動形では起こらないので，「ら抜き」形態を用いれば，一段動詞でも可能形態を受動形態から区別して扱うことも原理的に可能ではあるが，「ら抜き」は，動詞ごとによって，また人によって許容度がかなりの幅で異なるため，ここではそうしたデータを用いることはしない．

3. タイプ1：進行相解釈の可能動詞+テイル

前節では，タイプ1の可能動詞+テイルは，進行相解釈をもっていることを指摘したが，可能動詞が状態述語に属するのであるなら，それにテイルが後続するのはそもそも不可能なはずである．では，なぜ (3a) や (4a-d) のようにそうした連鎖が可能となっているのかという点がまず説明すべき問題となる．さらに，テイルには進行相と結果相という2つの解釈が存在するのであるが，この場合にはなぜ進行相の解釈をもつのかという事実にも説明が要求される．

さて，状態動詞を非状態動詞から切り分ける際に最も基本的であるとみなされている基準は，単純現在形で現在の状況を表すという特徴であり，その基準に照らしてみると，(3a) および (4) に現れている可能動詞は (6) に示すようにすべて状態動詞ということになり，したがって原理的にはそれらにはテイルが付加できないはずであるが，実際には (3a), (4) はすべて容認可能である．

(6) a. うちの子は泳げる
    b. あの選手はよく動ける
    c. 君はうまく台詞を言える
    d. あの役者さんは間違えずに演技できる
    e. こどもでも上手に操作できる

ではこの現象をどのように捉えればいいのか？ここで，(3a), (4) のような状態述語とテイルとの共起に関する問題を考えるに当たって手がかりを与えてくれるのが，英語の進行形に関する現象である．Vendler (1957), Lakoff (1970), Dowty (1979) 等の研究を初めとしてその他の多くの研究でも観察されているように，英語の進行形 "be V-ing" は基本的には状態動詞とは共起できないが，状態動詞であっても進行形になることができる場合があることが知られている．そうした進行形を許す状態述語の中でも下に挙げた (7) の例は形容詞述語文の場合であるが，形容詞の種類によって進行形と共起できるものがあることはこれまでも繰り返し指摘されてきた．

(7) a. John is kind/polite/rude
    b. John is being kind/polite/rude

kind/polite/rude といった形容詞は，(7a) の単純現在形では静的な状態を表し，叙述機能の観点から述べるなら，主語に対する属性叙述文，つまり John という人間の性格を叙述する表現となる．一方，(7b) のように進行形とともに用

いることも可能であり，その場合にはそうした形容詞の意味内容から想起することができる動的な活動，つまりなんらかの親切な行い，礼儀正しい振る舞い，乱暴な行動を一時的に行っているという意味をもった事象叙述文として成立する．もちろん，そうした動的な事態推移の想起を引き起こさない tall/fat/bald などの形容詞も存在し，それらは進行形の構文の中に入れても容認可能な文とはならない．

(8) a.　John is tall/fat/bald
  b.　*John is being tall/fat/bald

つまり，本来，形容詞は語彙的に状態性または非動態性という指定をもっており，基本的には動的な述語を要求する進行形とは馴染まないはずであるが，(7) で起こっていることは，一定の条件が整えば，進行形という構文的なフレームが逆に語彙的に指定されたアスペクトタイプを静的状態から動的活動へ変化させることができるということである．このような状況は「強制」(coercion) による「タイプシフト」と呼ばれており，語彙的意味の変化や拡張に関わる現象を捉えるために多くの研究で利用されている考え方である (Pustejovsky (1995), Jackendoff (1997), De Swart (1998), Arche (2014), Dölling (2014), 等)．このような構文的環境が語彙指定を変える「強制」あるいは「タイプシフト」という操作を理論的にどのように位置づけるかについては，語彙指定のあり方，あるいは「構文」という概念の文法的位置づけなど難しい問題ではあるが，そうした理論的な問題はさておき，この操作がどのような現象を捉えようとしているかは明らかであろう．

さて，本節で扱っている日本語のタイプ 1 の可能動詞+テイルの問題にも，この英語の状態述語の進行形における強制によるタイプシフトと同様のことが起こっていると考えることができる．下の (9a) は単純現在形の可能文，(9b) はそのテイル形であり，どちらも容認可能な文である．[4]

(9) a.　うちの子は泳げる
  b.　うちの子が泳げている

(9a) は主語「うちの子」が泳ぎの能力を所有していることを表す状態文であり，単純現在形の場合は主語が主題マーカーのハを伴って現れ，次の (10) の

---

[4] 主節において，属性叙述文では主語に主題のハが，眼前の事態を描写する文では中立叙述のガが用いられることが一般的である．ここではハ・ガの分析には立ち入らない．

文と同じように，その属性を表している．

(10) うちの子は運動神経がいい

一方，(9b) は，既に 2 節で述べたように，状態述語によって表された主語の特性が実際に行為として具現化された，主語による一時的活動を表した事象文であり，これは英語の (7b) の状況と並行的であるとみなすことができる．つまり，英語の状態述語の進行形が，単純現在形で表される個人の特性が一時的に目に見える活動として具現化されたことを表しているのと同じように，可能動詞のテイル形も能力の所有という特性が実際の活動として具現化したことを表していると捉えることができる．

もちろん，そうした動的な活動を想起しにくい場合，別の言い方をすれば，完全な個体レベル述語 (individual level predicate) としての可能形も存在する．1 節の (2) に挙げたテイルをとれない可能文はそうした例と考えることができる．

(2) 太郎は数学がよくできる／*できている

これは数学一般に関する能力によって生じる一定の活動が想起できないため，英語の (8) の例と同じように，テイルによる強制がしにくいためであると考えられる．これに対して，(2) の「数学」を「計算」という動作性名詞に置き換えると容認度が上がるが，この事実は可能述語から特定の一時的な活動が想起しやすいか否かによっているものと考えられる．[5]

(11) a.*?太郎はどんどん数学ができる
b. 太郎はどんどん計算ができる

以上，本節ではタイプ 1 の可能形+テイルについて考察した．基本的にこのタイプは，英語の状態述語の進行形と同様，強制により可能述語が静的述語から動的活動を表す述語にタイプシフトすることによって産み出される現象であり，活動動詞にテイルが後続する場合と同じように進行相解釈をもつことについてもその理由がうまく捉えられることになる．

---

[5] cf. 数学*(を) する／計算 (を) する

4. タイプ2: 結果相解釈の可能動詞+テイル

本節では，タイプ2の可能動詞+テイル構文について，その統語的，意味的特徴の分析を行う．まず，1，2節で挙げたタイプ2の例文を再掲する．

(3) b. この論文はよく書けている
(5) a. そのぞうきんはきれいに縫えている
　　b. この帯は上手に結べている
　　c. この英文書類はうまく作成できている
　　d. この煮物はおいしく味付けできている

タイプ2は，進行相解釈のタイプ1とは大きく異なり，アスペクト的に結果状態の解釈をもっていることを2節で指摘した．以下では，タイプ2の統語的な特徴に焦点を当てながら，なぜタイプ2がタイプ1とは異なり，結果状態解釈をもつのかについて考察を行う．

　統語的観点から見て，タイプ2がタイプ1と大きく違う点は主語に関してである．タイプ1では，基体動詞の外項がそのまま可能構文の主語として保たれて現れており，生成文法の一般的な分析では，こうした可能構文は可能動詞が基体動詞を主動詞とする節を埋め込んだ複文コントロール構造を有していると分析されてきた．例えば (9a) の「うちの子は泳げる」という典型的な可能文は，可能動詞が (12) に示すような「能力所有者」項を主語としてとる構造をもつ．

(12) [TP うちの子$_i$ [TP PRO$_i$ oyog]-e-ru]

他方，タイプ2ではそうした基体動詞の外項は表面上現れておらず，基体動詞の直接内項，つまり直接目的語のみが表面上の唯一の項となっている．実際，(3b) および (5) の例では能力所有者を統語的に表示することはできない．

(3′) b. *太郎 (に) はこの論文がよく書けている
(5′) a. *花子 (に) はそのぞうきんがきれいに縫えている
　　b. *花子 (に) はこの帯が上手に結べている
　　c. *太郎 (に) はこの英文書類がうまく作成できている
　　d. *花子 (に) はこの煮物がおいしく味付けできている

このことは，タイプ2がタイプ1と同じように形態素「-e-ru／できる」を含んではいるものの，「能力所有者」項を外項としてもつ状態性の可能構文ではな

く，むしろ可能形態が一種の自動詞化接辞として機能していると捉える方が妥当であることを示すものである．つまり，タイプ2は可能動詞と同じ形態をもつ自動詞化辞「-e-ru／できる」の付加によって，基体動詞の外項が抑制されて統語構造には投射されず，また本来，内項に与えられるはずの他動詞の対格の付与が阻止されるため，内項が主語位置に繰り上がった(13)のような非対格構造をもっていると分析することができる．

(13) [TP この論文が [VP この論文 kak-e-te-i]-ru]

このようにタイプ2の可能形態を自動詞化接辞とみなす分析は，タイプ2の構文で外項がなぜ出現しないかだけでなく，テイルの解釈についても一貫した説明を与えてくれる．これもまた金田一 (1950) 以来よく知られているように，(14)-(16) のようないわゆる自他交替のペアにおいてテイルの解釈に違いが見られる．

(14) a. 太郎が木を倒している　（進行相解釈）
　　 b. 木が倒れている　　　（結果相解釈）
(15) a. 太郎が塀を壊している
　　 b. 塀が壊れている
(16) a. 花子がポスターをはがしている
　　 b. ポスターがはがれている

「回す／回る」，「転がす／転がる」，「流す／流れる」のようないわゆる「非対格ミスマッチ」(unaccusative mismatch: Levin and Rappaport (1989)) と呼ばれる特別な例を除いて，自他交替を起こす動詞ペアでは，(14)-(16) の (a) のように使役他動詞に付加するテイルは進行相解釈を，(14)-(16) の (b) のように非対格自動詞に付加するテイルは結果相解釈をもつ．[6]

前出の (3b) および (5) の例に関して，可能形態は使役他動詞に付加しており，もととなっている他動詞テイル形の進行解釈に対して，可能形が付加したものは結果解釈をもっている．

---

[6] テイルの解釈については，金田一 (1950) をはじめ膨大な研究があるが，多くの研究は解釈の違いに基づく単なる動詞分類にとどまっている．竹沢 (1991) では統語的な観点から「束縛」(binding) のメカニズムを用いてどのように結果相の解釈が生じるかを分析している．

(17) a. 太郎が論文を書いている　　（進行相解釈）
　　 b. 論文が書けている　　　　　（結果相解釈）
(18) a. 花子がぞうきんを縫っている
　　 b. ぞうきんが縫えている
(19) a. 花子が帯を結んでいる
　　 b. 帯が結べている
(20) a. 太郎が英文書類を作成している
　　 b. 英文書類が作成できている
(21) a. 花子が煮物を味付けしている
　　 b. 煮物が味付けできている

　この対応関係はまさに，タイプ2における可能形が自動詞化の機能を担っているとする証拠となる．
　以上，本節ではタイプ2の可能形態は，タイプ1の状態性を有する可能形態とは異なり，他動詞を自動詞に転換させる自動詞化接辞としての機能をもっており，そう考えることによって，外項が統語的に現れないこととともにテイルが結果相解釈をもつことにも一貫した説明が与えられることを示した．

5. タイプ2のさらなる特徴：脱使役化

　前節では，タイプ2に現れる可能形態「-e-ru／できる」は外項を抑制し対格付与を阻止する自動詞化接辞であり，したがってそれに後続するテイルは結果相解釈をもつと論じた．しかし，タイプ2構文が可能接辞の付加による自動詞化によって派生されたものであるとすると，一つの大きな疑問が生じる．タイプ2としてこれまで見てきた例文に使われている「書く／縫う／結ぶ／作成する／味付けする」といった動詞は自動詞形をもたないいわゆる無対他動詞であり，一般的に「壊す／壊れる」「砕く／砕ける」「暖める／暖まる」「冷やす／冷える」「起きる／起こす」「拡大する（自他両用）」などのような自他交替のペアを成さないと考えられてきた．では，前節で見た可能接辞による自動詞化とこれまで一般的に自他交替と考えられてきた現象との関係はどうなっているのであろうか？本節では，特にタイプ2構文に現れる主動詞の特徴に注目しながら，そこに関与している自動詞化とはどのような操作なのかについて考察を行う．
　この問題を考えるに当たっては，日本語の自動詞化に2種類の異なったプロ

セスが存在するとする影山 (1996, 2000) の提案が手がかりを与えてくれる．以下では，影山の「反使役化」(anticausativization) と「脱使役化」(de-causativazation) という二つの自動詞化の区別を参考に，タイプ2の自動詞化について考えていくことにする．

影山は，日本語の自他交替に関する観察を基に，他動詞の外項を統語構造に写像するのを阻止して自動詞を導くための語彙的プロセスが2種類あると考え，それを語彙概念構造 (Lexical Conceptual Structure: LCS) に基づく語彙操作として定式化しようと試みている．ここでは影山の採用する理論的枠組みやLCS表示に関わる技術的な問題に踏み込む余裕はないので，そうした問題は横に置いて，以下ではもっぱら2つの自動詞化を区別するための影山の経験的議論を確認し，その上で，タイプ2の自動詞化の特徴について考えていく．

まず自動詞化の大前提となるのは，他動詞における使役 CAUSE と変化 BECOME の含意である．他動詞をもとに自動詞を導出するためには，もととなる他動詞にこのどちらもが含まれた次のようなLCSをもつ達成動詞である必要がある．

(22) [x CAUSE [y BECOME [y BE-AT z]]]

つまり，「たたく／さわる」のような打撃・接触類動詞のように何らかの行為の結果として対象が変化を被らなければ，自他交替は起こらない．

さて (22) の意味構造に基づいて自動詞化というプロセスを統語的に考えるなら，それはxに当たる項を統語構造に投射させないことであると捉えられるが，そのための操作として影山は，使役者xを不特定の人物として非可視化し，統語的に表示させない「脱使役化」操作 (23a) と，xとyを同定して単一項とすることによってxを統語構造に投射させない「反使役化」操作 (23b) の2つの語彙的なプロセスがあることを主張する．

(23) a. 脱使役化：[x→φ CAUSE [y BECOME [y BE AT z]]]
 b. 反使役化：[x = y CAUSE [y BECOME [y BE AT z]]]

(23b) が意図する反使役化適用の意味的条件とは，使役者と変化対象が同一であること，つまり自らが自身を再帰的に変化させる「自発性」あるいは「内的使役性」(Levin and Rappaport Hovav (1995)) をもっていることであるのに対して，(23a) の脱使役化の場合は，使役者と変化対象が別個の要素であること，つまり対象が変化を受ける際に自らの内的な特性によるのではなく，他の使役者による外からの力の行使が求められる場合に可能になるということである．

要するに，反使役化は使役者項と変化対象項が同一指示をもつことによって単一項化された結果生じる自動詞化であるのに対して，脱使役化は，意味概念上は存在する外的使役者を強制的に抑制して統語構造への投射を禁じ，それによって対象項のみを統語構造へ投射させるかなり強力な語彙的操作であるということであると言える．

反使役化が使役者と対象が同一であることを条件とし，脱使役化が両者が別個であることを条件としているということは，この2つの自動詞化プロセスが正反対の意味的条件をもっているということになるが，影山は，日本語には反使役化，脱使役化の2つのプロセスが共存しているのに対して，英語には反使役化しか存在しないと指摘する．つまり，日本語には外的使役者が概念上必要とされているような事態を表す他動詞でも，自動詞化されるものがあるのに対して，英語ではそうした場合を表す動詞は決して自動詞化されない．（影山 (1996: 188) 参照）

(24) a. They planted cherry trees in the park
 b. *Cherry trees planted in the park
(25) a. They packed the books in the box
 b. *The books packed in the box
(26) a. They saved the boy
 b. *The boy saved.
(27) a. They collected a sufficient amount of money
 b. *A sufficient amount of money collected
(28) a. 彼らが木を植えた
 b. 木が植わった
(29) a. 彼らが本を箱に詰めた
 b. 本が箱に詰まった
(30) a. 彼らが少年を助けた
 b. 少年が助かった
(31) a. 彼らが十分な金額を集めた
 b. 十分な金額が集まった

影山は，脱使役化に関するこの日英語の違いは両言語の形態的な特徴に帰せられると指摘する．つまり，英語では自他交替の際，基本的に形態変化が伴わないのに対して，日本語では，自他動詞のペアの間に見られる形態的な違いが2つのプロセスの区別を可能にしており，上記の例では -ar という形態の出現が

脱使役化を引き起こしていると分析する。[7]

以上，影山の反使役化と脱使役化の区別を見てきたが，その区別を踏まえ，もう一度タイプ2の例に戻ろう．先に取り上げた (3a) と (5) のタイプ2に使われている「書く／縫う／結ぶ／作成する／味付けする」といった動詞は，ものの作成・加工を表す動詞であり，決して事態が対象の独力によって完成することはあり得ず，常に人間の行為が求められるものばかりである．さらに類例を追加してみる．

(32) a. その線は真っ直ぐ引けている (hik-e-ru)
　　 b. その模型はよく作れている (tukur-e-ru)
　　 c. この彫刻は上手に彫れている (hor-e-ru)
　　 d. この壁はムラなく塗れている (nur-e-ru)
　　 e. この包帯は上手に巻けている (mak-e-ru)
　　 f. この着物はきれいにたためている (tatam-e-ru)
　　 g. このポスターはきれいに印刷できている
　　 h. この車はよく整備できている
　　 i. この野菜は細かくカットできている
　　 j. 彼女の髪型はきちんとセットできている

(32) に含まれている動詞もすべていわゆる無対他動詞であり，意味的に人間が関与する作成・加工の活動を表すものである．そしてそれらの動詞に可能形態とテイルが付加したすべての文は結果相の読みをもつタイプ2の構文であり，これはまさにタイプ2が脱使役化によるものであることをさらにサポートする例となる．[8]

さらに，上で使役・変化の含意があることが，反使役化，脱使役化にかかわらず，他動詞から自動詞への転換の条件であることを述べたが，タイプ2の場合にも，予想通り，目的語が変化をしない下のような例はすべて非文となる．

(33) a. *この模型はよく使えている (tuka(w)-e-ru)

---

[7] ただし，-ar という形態の存在と脱使役化の対応は絶対的なものではない．Matsumoto (2000)，影山 (2000) を参照．
[8] 影山 (2000) では ar 以外にも，e という形態も脱使役化を引き起こす場合があることが指摘されている．またそれと関連して，次のような受動的可能文と呼ばれる構文もあるが，その詳細は，紙面の都合上，別稿に譲る．(cf. 寺村 (1982))
　(i) この水は飲める／*飲めている

b. *このガムはよくかめている (kam-e-ru)
c. *この金属の表面はよくたたけている (tatak-e-ru)
d. *この本はよく読めている (yom-e-ru)
e. *このジュースはおいしく飲めている (nom-e-ru)
f. *この会議室はよく使用できている
g. *このボールは強くキックできている
h. *そのドアは優しくノックできている
i. *このマウスは規則正しくクリックできている

以上,タイプ2の自動詞化は影山の言う脱使役化の特徴をもっていることを論じた.

6. まとめ

本論文では,可能形態素+テイルに進行相の読みをもつものと結果相の読みをもつものの2つのタイプがあることを指摘し,それぞれの文法的特徴を明らかにした.一つは,状態性をもつ可能動詞に付加するテイルであり,それは強制によるタイプシフトによって,原則的には容認されないはずの状態述語+テイルの形に進行の意味が付与されて可能になる場合であり,もう一つは,可能形態が脱使役の働きをして自動詞を作り出す要素であり,その結果,テイルが結果相解釈を生じさせることを論じた.紙幅の都合でここではもっぱら現象面を中心に観察を行ったが,理論的分析については稿を改めて論じたい.

参考文献

Arche, María J. (2014) "The Construction of Viewpoint Aspect: The Imperfective Revisited," *Natural Language and Linguistic Theory* 32:3, 791-831.
De Swart, Henriette (1998) "Aspect Shift and Coercion," *Natural Language and Linguistic Theory* 16:2, 347-385.
Dölling, Johannes. (2014) "Aspectual Coercion and Eventuality Structure," *Events, Arguments, and Aspect*, ed. by Klaus Robering, 189-226, John Benjamins, Amsterdam.
Dowty, David (1979) *Word Meaning in Montague Grammar*, Reidel, Dordrecht.
Jackendoff, Ray (1997) *The Architecture of the Language Faculty*, MIT Press, Cambridge, MA.

Lakoff, George (1970) *Irregularity in Syntax*, Holt, Reinhart and Winston, New York.
Levin, Beth and Malka Rappaport Hovav (1989) "An Approach to Unaccusative Mismatches," *Proceedings of NELS 19*, 314-328, UMASS, Amherst, GLSA.
Levin, Beth and Malka Rappaport Hovav (1995) *Unaccusativity*, MIT Press, Cambridge, MA.
Matsumoto, Yo (2000) "Causative Alternation: A Closer Look," *English Linguistics* 17: 1, 160-192.
Pustejovsky, James (1995) *Generative Lexicon*, MIT Press, Cambridge, MA.
Vendler, Zeno (1957) "Verbs and Times," *Philosophical Review* 66, 143-160.
井島正博 (1991)「可能文の多層的分析」『日本語のヴォイスと他動性』, 仁田義雄(編), 149-189, くろしお出版, 東京.
内丸裕佳子 (2006)「動詞のテ形を伴う節の統語構造について——付加構造と等位構造との対立を中心に——」『日本語の研究』2:1 (『国語学』通巻 224 号), 1-15.
影山太郎 (1996)『動詞意味論』大修館書店, 東京.
影山太郎 (2000)「自他交替の意味的メカニズム」『日英語の自他の交替』, 丸田忠夫・須賀一好(編), 33-70, ひつじ書房, 東京.
金田一春彦 (1950)「国語動詞の一分類」『言語研究』第 15 号 [金田一春彦(編) (1976)『日本語動詞のアスペクト』5-26, むぎ書房, 東京に再録]
島岡紀子 (1995)「日本語の可能表現のアスペクト——「可能＋テイル」をめぐって」筑波大学文芸・言語研究科, 中間評価 (修士) 論文.
竹沢幸一 (1991)「受動文, 能格文, 分離不可能所有構文と「ている」の解釈」『日本語のヴォイスと他動性』, 仁田義雄(編), 59-81, くろしお出版, 東京.
竹沢幸一 (1998)「格の役割と構造」『日英語比較選書 9 格と語順と統語構造』, 竹沢幸一・John Whitman (共著), 研究社, 東京.
寺村秀夫 (1984)『日本語のシンタクスと意味 II』くろしお出版, 東京.

補助動詞「てしまう」における「不可逆性」の意味基盤*

田村　敏広

静岡大学

キーワード：補助動詞「てしまう」，不可逆性，モダリティ，アスペクト，本質的意味

1. はじめに

以下にみるように，補助動詞「てしまう」（以下，「てしまう」）はモダリティを表出しうる表現形式である．なお，本論では中右 (1994: 42) に従い，モダリティを「発話時点における話し手の心的態度」と定義する．

(1) a.　お手伝いさんにも，お弟子さんにも夏休みあげちゃったんです．
　　　　　　　　　　　　　　　　　　　（野田秀樹『表へ出ろい！』）
　　b.　ごめんな，忘れたわけじゃないんだよ．打ち合わせ，長引いちゃってさ．　　　　　　　　　　　　　　　（永井愛『ら抜きの殺意』）

どちらの例においても，「てしまう」を使用しない場合に比べて，話し手の感情的な色合いが感じられる．このように「てしまう」は，文脈に応じて様々なモダリティを表出することが知られている（藤井 (1992) など）.[1]

この「てしまう」のモダリティについては，国語学や日本語学において様々な議論がなされてきた．例えば，寺村 (1984: 153) は「てしまう」には「そのことが起こって，もはや起こる前の状態に戻ることはできない」という心理が張り付くことになると述べており，これがモダリティの表出に繋がることを示

＊ 本論文の執筆の過程において，坪本篤朗先生より多くの助言と激励のお言葉をいただいた．ここに記して深く感謝を申し上げる．また，深田智先生，小町将之先生より有益な助言をいただいた．あわせて感謝を申し上げたい．なお本文中の誤りは全て執筆者によるものである．

[1] 筆者の知る限り，「てしまう」のモダリティ的意味を最初に指摘したのは高橋 (1969) である．高橋は「てしまう」に「期待外」という話し手の心理が表出されることを指摘した．

唆している．また，金水 (2004: 32) は「てしまう」のそのような性質を「不可逆性」と呼び，寺村同様に「もはや取り返しの付かない憂うべき事態であるという方向へと解釈されることになる」と述べている．

本論では，「てしまう」のモダリティを直接生み出す話者の心理基盤を，金水 (2004) にならい「不可逆性」と呼び，この不可逆性がいったいどのような本質的意味性質に根ざしているのかを明らかにしたい．

2. 「てしまう」のモダリティについて

まず「てしまう」のモダリティについて観察しておこう．藤井 (1992) は，次のような例を挙げ，「てしまう」には様々な種類のモダリティが表出されることを明らかにしている．

(2) a. 嗚呼可哀想な事をしてしまった．
　　b. もう決めちゃった．
　　c. 何だか淋しくなっちゃった．
　　d. あれじゃ，まるでわたしが悪者になってしまうじゃないか．

(藤井 (1992: 27-30))

藤井によれば，このような「てしまう」には，話し手の後悔や無念さ ((2a))，実行へのためらいのなさ ((2b))，悲しみや困惑 ((2c))，聞き手への非難 ((2d)) 等のモダリティが表出しているのだという．これら以外にも，藤井 (1992) では実に様々な種類のモダリティを表出する例が挙げられている．このように多くの場合，「てしまう」は話者の否定的な感情を表出するが，話者の肯定的な感情をも表出しうることにも注意しておきたい (高橋 (1969)，寺村 (1984) など)．

(3) a. 彼にかわいいねって言われちゃった！
　　b. オーディションに受かっちゃった！

これらの例では話者の否定的な感情ではなく，予想外の喜びや驚きといった肯定的な感情が表出されている．[2]

このような「てしまう」のモダリティはどこから生じるのだろうか．例えば，

---

[2] 杉本 (1991) は，話者にとって望ましい事態に対して表出されるモダリティ的意味を「(予想外の) 驚き」としている．

藤井 (1992: 21) は「てしまう」を「主体の動作や変化や状態の実現あるいは終了を，しくじり，不都合としてとらえる話し手の評価，失望，困惑，感慨としてとらえる話し手の感情をあらわしている」と述べ，「てしまう」の全ての用例にモダリティが表出されることを示唆している（鈴木 (1998) も同様）.[3] すなわち，藤井は「てしまう」のモダリティ的意味をその本質的意味としてみなし，本来的なモダリティ形式と結論づけているのである．

しかし，素朴な疑問として，次のような例が果たして本当にモダリティを表出しているのだろうか.

(4) a. アイロン台と一緒に押入れの中にしまってしまうと，僕の頭はいくぶんすっきりとしたようだった.

(村上春樹『ねじまき鳥クロニクル』)

b. どうやら受付を通らずに入ってきてしまった社外の人間だと誤解したらしい. (三浦しをん『舟を編む』)

水掛け論になってしまう危険性をはらむが，(2) のような例と比べて，これらの例においてはモダリティの表出がほとんど感じられない．感じられるとしても，モダリティの表出には程度差があることは明らかである．このような程度差は，「てしまう」のモダリティが文脈に支えられて語用論的に表出されることを示唆しているのだと考えられないだろうか．また，先にみたように，「てしまう」が様々なモダリティを表すこともモダリティが語用論的産物であることを指し示しているように感じられる．つまり，冒頭に述べたように，「てしまう」には「不可逆性」が張り付くがゆえに，文脈次第では，話者の感情表出が読み取れるようになるのではないのだろうか．文脈に支えられて語用論的に生じるからこそ，多彩なモダリティが生まれうるのだと考えられる．

3. 「てしまう」のアスペクトについて

これまで多くの先行研究において「てしまう」がアスペクトに関わる形式であることが議論されてきた（松下 (1928), 金田一 (1955), 高橋 (1969), 吉田 (1971), 吉川 (1979), 寺村 (1984), 杉本 (1991, 1992), 守屋 (1994), 西川

---

[3] 鈴木 (1998: 50) も「話者が事態を望ましくないととらえているか，または実現しにくいととらえていることを前提とする」とし，本来的にモダリティ的意味が備わっていると述べている．

(1996), 倉持 (2000), 内山 (2012) など). 例えば, 杉本 (1991, 1992) は「てしまう」に「完結相」と「実現相」という二つのアスペクト的意味があると述べている. 次の例をみてみよう.

(5) a. 太郎はその本を全部読んでしまった.　　　　　　　（完結相）
　　b. 私は緊張のあまり汗をかいてしまった.　　　　　　（実現相）
　　　　　　　　　　　　　　　　　　　　　　（杉本 (1992: 61)）

杉本によれば, (5a) の完結相は「ある過程が完結する」ことを表し, (5b) の実現相は「ある出来事が実現する」ことを表すアスペクト的意味だという. 先行研究によってどのようなアスペクト的意味を認めるかの仔細は異なっているものの,「てしまう」がアスペクト的意味をもつ形式であることは広く認められていると言える.[4]

また, 内山 (2012) によれば,「てしまう」のアスペクト的意味は, 連用形節によって表される事態の内的限界性の有無によって決定されるという.[5] 内的限界点とは, 事態が「ある状態をもってそれ以上展開しない」点を指す. 次の例をみてみよう.

(6) a. 休みの間に調子の悪いパソコンを直してしまおう.
　　b. 思わず, お手伝いするね, と椅子や荷物を動かしていまいます.
　　　　　　　　　　　　　　　　　　　　　（内山 (2012: 7-8)）

(6a) の「パソコンを直す」という動詞句の事態は内的限界点をもつため, 完結相として解釈される.[6] 一方, (6b) の「椅子や荷物を動かす」という事態は, 内的限界点をもたないために, その事態の開始を表す実現相として解釈されることになる.

内田 (2012) でも指摘されるように, 事態の内的限界点の有無は必ずしも動詞句の性質によってのみ決定されるわけではなく補語によっても加えられうることにも注意しておきたい.

---

[4] 金田一 (1955) では「終結態（ある動作・作用が完全に行われること）」と「既現態（その動作・作用がかりそめではなく本当に行われる）」に分類している. また, 寺村 (1985) やグループジャマシイ (1998) などは「完了」にまとめている.

[5] 内田 (2012) では, 内的限界点に加えて,「過程持続性（事態における開始から終了までの時間を要する過程）」もアスペクトの意味決定に関与することが述べられているが, 本稿では必要な議論ではないために触れていない.

[6] 内田 (2012) は「完了アスペクト」としている.

(7) 隣の部屋まで椅子を動かしてしまった．

「動かす」という動詞は内的限界点をもたないものの，ここでは「隣の部屋まで」といった副詞句により事態の内的限界点が設定されている．これにより，実現ではなく，事態の完結を表すアスペクト的意味として解釈されることになる．

これはつまり，「てしまう」が（少なくとも完結相と実現相という二つの）アスペクト性に関しては中立的であることを示唆しているのではないだろうか．次の例を考えてみよう．

(8) a. ご飯を食べてしまった．
 b. ダイエット中にご飯を食べてしまった．
 c. あっという間にご飯を食べてしまった．

(8a) のような例は補語や文脈等によって，(8b) のように実現相としても，(8c) のように完結相としても解釈される潜在性をもつ．つまり，「てしまう」はアスペクト性において未指定 (underspecified) であり，実現相としての解釈と完結相としての解釈の両方に開かれているのである．[7, 8]

では，このようなアスペクト性がどこから生じるのかを考えてみよう．以下にみるように，テ形それ自体にアスペクト性が備わっていると考えられる．

(9) a. ご飯を食べて，寝た．
 b. ご飯を食べて，気付いた．

(9a) の場合，「食べる」という行為全体が完結し，次の行為にうつったと解釈

---

[7] 「てしまう」のこのような性質は起動動詞 (inchoative verb) と呼ばれる英語動詞 get と類似している (Gronemeyer (1999))．動詞 get は，起動相，すなわち事態の実現を表すアスペクトであるが，同時に事態の完結とその結果状態に焦点を当てる (Kimball (1977), Vanrespaille (1991), Tobin (1993), Downing (1996), Tamura (2009) など)．Tobin (1993: 266) では "The GET-passive focuses on much more strongly on the outcome of the action predicated in the verb, on the resultant state of affairs ..." と述べられている．更に興味深いのは，動詞 get を用いた受動文（Get 受動文）でも，「てしまう」と同様に話者の感情表出が感じられることである (Lakoff (1977), Chappell (1980), 岩澤 (1993, 2001), 田村 (2013))．このような「てしまう」と動詞 get（あるいは Get 受動文）の共通点は単なる偶然ではなく，その本質的意味において共通点を多く有していると考えられる．詳しくは，田村 (2013) を参照．

[8] 吉田 (2013) は，「てしまう」によって示される事態は，分析的に，つまり事態のある一面を取り出したのではなく，ひとまとまりに捉えられていると述べ，「てしまう」にはそもそもアスペクトは含まれていないと主張している．

される.すなわち,テ形それ自体で完結を表しうるのである.一方,(9b) の場合には同じテ形でもやや事情が異なっている.ここでの「食べる」は (9a) での解釈とはそのアスペクト性において必ずしも同じではない.(9b) の場合には「食べる」という行為全体が必ずしも完結している必要はなく,例えば,ご飯を一口食べた瞬間にはっと気付いた場合のように,「食べる」という事態の開始を表しうる.つまり,テ形によって事態の完結が表されるだけではなく,事態の開始を表すといった起動相のようなアスペクト性を示すこともある.すなわち,「てしまう」の完結相と実現相というアスペクト性がテ形を直接的な基盤として生み出されるものであると考えられる.

ただし,「てしまう」のアスペクト的意味の全てをテ形に帰することができると考えているわけではない.仮にテ形が「てしまう」の全てのアスペクト的意味を担ってしまうとしたら,他のテ形補助動詞などにおいても同様のアスペクト性が備わっていてもおかしくはないはずである.テ形に後続する「シマウ」こそが先にみたような「てしまう」のアスペクト的意味を発生させる鍵となっているのではないだろうか.次節では,「シマウ」の意味的役割について考察するとともに,「てしまう」の不可逆性の意味基盤となる本質的意味を探る.

4. 「シマウ」の意味的役割

前節でみたように,「てしまう」のアスペクト的意味はテ形を基盤として生じると考えられるが,それだけでは十分ではない.「シマウ」によってもたらされる意味性質がテ形のアスペクト性を補完することで,完結相や実現相のようなアスペクト的意味が発生するのではないだろうか.本節では,「シマウ」が「てしまう」のアスペクト性にどのように寄与しているのかを考察する.[9]

まず,「てしまう」の「シマウ」は,動詞「しまう(事物を片付ける・済ます)」とは異なっていることを確認しておきたい.次の例を比較してみよう.

(10) a. 本を読んで,(本棚に)しまう.

---

[9]「テ」と「シマウ」という構成要素それぞれが独立的に意味を担っていると主張しているのではない.「てしまう」は,いわばゲシュタルト的に,それぞれの構成要素には還元できない意味が備わっていることは明らかである.例えば,杉本 (1991) で指摘される「無意志化」,また,守屋 (1994) や鈴木 (1998) 等で指摘される「ひとまとまり性」などはテ形あるいは「シマウ」に還元することは難しいであろう.しかし,どこまでを構成要素に還元できるのかを探ることは,日本語補助動詞の性質や体系を明らかにする上で重要なことだと考えられる.

b. 本を読んでしまう．
c. 散らかっていた本をしまってしまう．

言うまでもなく，(10b) の「てしまう」は補助動詞としてアスペクト的意味あるいはモダリティを表出しており，(10a) のような動詞「しまう」の意味は表していない．事実，両者には意味的な冗長性はないため，(10c) のように用いることが可能である．

ここで素朴な疑問が生じる．補助動詞「てしまう」は動詞「しまう」とは無関係なのであろうか．[10] 一般的に，テ形補助動詞は本動詞の文法化によって成立したと考えられており，「てしまう」も例外ではないだろう（吉田 (2012))．確かに (10) でみたように，「シマウ」は，動詞「しまう」と同じ意味は表していないものの，動詞「しまう」から文法化を経て成立したのだとしたら，何らかの意味性質を継承していたとしても何も不思議ではない．

それでは「シマウ」が動詞「しまう」のどのような意味性質を継承しているのかを考えてみよう．動詞「しまう」は現代日本語においては，そのほとんどの用法において具体物を目的語にとり，「片付ける」の意味で使用される（「夏物をしまう」など）．しかし，動詞「片付ける」とはその意味はやや異なり，かばんや保管庫など納めるべき場所に納めること，という要素が必須である．[11] また，汎用性は低いが，「仕事をしまう」や「店をしまう」のように事態名詞あるいはそれに準ずる名詞を目的語にとり，物事を終結させることを表すこともある．このような意味性質から，動詞「しまう」には「終う」や「了う」などの漢字が当てられ，「お終い」「終いには」のように名詞化して物事の終結を表す場合に用いられたりするのである．

本稿では動詞「しまう」の「物体を納める場所に納める」ことや「物事を終結させる」という（事物の）終結への強い意識が「てしまう」の「シマウ」に継承されているのではないかと仮定する．[12] すなわち，「てしまう」においてテ形と「シマウ」はそれぞれ以下のような意味を担っていると考えることができ

---

[10] 松下 (1928) によれば，「てしまう」の拡張元の動詞は「済む（物事が済んで片付く）」から転じた「済まふ」であるという（吉田 (1971))．

[11] 大堀 (2002) では，このような動詞「しまう」の経路を表すイメージスキーマが「てしまう」にも継承されているとし，両者に拡張関係があることを論じている（他にも Ono (1992) など）．

[12] 梁井 (2009) は，通時的な観点から「てしまう」の文法化を考察し，江戸語の「てしまう」には終了という「シマウ」の意味が色濃く残っていることを指摘している．

る.

(11)　　　テ形　　　　＋　　　　シマウ
　　　【アスペクト性】　　　【終結への強い意識】

3節において，テ形はアスペクト的に事態の完結だけではなく，事態の開始を表しうることをみたが，「シマウ」が継承している終結への強い意識がテ形のアスペクト性を補完し，完結相や実現相として具現化されるのではないだろうか．つまり，テ形が事態の完結を表す場合には，行為連鎖の終結部に，「シマウ」によって終結への強い意識が付加されることになる．一方，テ形が事態の開始を表す場合には，行為連鎖における開始部の終結に強い意識が当てられる，すなわち，「てしまう」は事態が発生することに焦点を当てた実現相として解釈されるのである．(8)を例に考えてみよう．(8)を(12)として以下に再掲する．

(12) a. ご飯を食べてしまった．
　　 b. ダイエット中にご飯を食べてしまった．
　　 c. あっという間にご飯を食べてしまった．

(12a)のような「てしまう」はアスペクト的意味において中立的であり，(12b)のように実現相としても，(12c)のように完結相としても解釈される潜在性をもつ．これまでの議論に従えば，(12b)と(12c)はそれぞれ以下のように示すことができよう（[ ]はテ形によって表されるアスペクトを表す）．

(13)　ダイエット中にご飯を食べてしまった．（実現相の解釈）
　　　[開始部 →] 中間部 →終結部
　　　　↑
　　　【終結への強い意識】

(14)　あっという間にご飯を食べてしまった．（完結相の解釈）
　　　開始部 → 中間部 [→終結部]
　　　　　　　　　　　　　　↑
　　　　　　　　　　　【終結への強い意識】

「てしまう」が終結への強い意識をもつことは，例えば，坪本(1998)の二つの事態を連結する「〜ないうちに」についての議論が有用であろう．坪本(1998)によれば，「〜ないうちに」は，従属節の事態と主節の事態を時間的に連続する事態として連結する表現で，主節の事態の終結が明確であるほど容認

度が上がるという．次の例をみてみよう．[13]

(15) a. ?赤ちゃんが目をさまさないうちに食事した． 　（坪本 (1998: 152)）
　　 b. 赤ちゃんが目をさまさないうちに食事してしまった．

(15a) の場合，主節内の動詞句「食事した」では事態の終結が明示的ではないために容認度が低いのだという．一方，(15b) のように「てしまう」を用いると，「～ないうちに」と問題なく共起することができるようになる．[14] これは「てしまう」によって事態の終結が明瞭になるからだと考えられる．

また，「てしまう」によって表される事態はキャンセルが不可能であることも，この形式が事態の終結に重きを置くことを示している．次の例をみてみよう．

(16) a. その湿った丸太は，燃やしても燃えなかった．
　　 b. 寒かったので，エンジンを掛けても掛からなかった．
　　　　　　　　　　　　　　　　　　　　　　（影山 (1996: 288)）
(17) a. *その湿った丸太は，燃やしてしまっても燃えなかった．
　　 b. *寒かったので，エンジンを掛けてしまっても掛からなかった．

(16) の影山 (1996) の例は問題なくキャンセルが可能であるのに対して，(17) のように「てしまう」を用いるとキャンセルが不可能である．つまり，「てしまう」を用いた場合，テ形によるアスペクト的意味が「シマウ」によって補完され，事態が終結したことが強調されるために，キャンセルが不可能になるのだと考えられる．

最後に，テ形と「シマウ」それぞれの役割についてまとめておこう．「てしまう」において，テ形はアスペクト的意味を生み出す直接的な基盤であるのに対して，「シマウ」はテ形によって表されるアスペクト的意味の終結に強い意識を向ける補完的役割を果たしている．先行研究で述べられるような「てしまう」の実現相あるいは完結相といったアスペクト性は，テ形と動詞「しまう」の意味性質を継承した「シマウ」の相互作用によって生み出されていると考えられる．

このような「てしまう」の意味性質こそが完結相や実現相のアスペクト的意味を生み出し，更には，冒頭で述べた「そのことが起こって，もはや起こる前

---

[13] (15a) は久野 (1976) からの例である．
[14] (15b) は完結相としてしか解釈されない．

の状態に戻ることはできない」という「不可逆性」を生じる直接的な基盤となっていると結論付けられる.杉本 (1992) や倉持 (2000),金水 (2004) などで指摘されているように,この不可逆性が張り付いた「てしまう」が,話者にとって望ましくない,あるいは予想外である等の文脈で用いられた場合,モダリティが読み取れるという仕組みである.

5. おわりに

先行研究の多くは「てしまう」を,完結相や実現相と呼ばれるアスペクト的意味をもつ形式として捉え,不可逆性を通じてモダリティを表出するとしている.本稿も「てしまう」のアスペクト性が不可逆性の基盤となり,結果的にモダリティを表出すると考える点において,多くの先行研究と基本的な考え方は同じである.しかし,先行研究では「てしまう」がなぜそのようなアスペクト的意味をもつのかはほとんど説明されてこなかった.これに対して,本稿は「てしまう」のテ形と「シマウ」のそれぞれの意味的役割を追求し,「てしまう」の不可逆性に繋がるより本質的な意味性質を提案した.ただし,「てしまう」には本稿では考察の対象としなかった意味性質もある.それらはゲシュタルト的な意味性質として「てしまう」に張り付いていると考えられる.今後の研究課題としたい.

参考文献

Chappell, Hilary (1980) "Is the *Get*-Passive Adversative?"*Papers in Linguistics* 13, 411-452.
Downing, Angela (1996) "The Semantics of *Get*-Passives," *Functional Descriptions: Theory in Practice*, ed. by Ruqaiya Hasan, Carmel Cloran and David Butt, 179-205, John Benjamins, Amsterdam.
藤井由美 (1992)「「してしまう」の意味」『ことばの科学 5』17-40, むぎ書房,東京.
グループ・ジャマシイ (1998)『日本語文型辞典』くろしお出版,東京.
Groneyer, Claire (1999) "On Deriving Complex Polysemy: The Grammaticalization of *Get*," *English Language and Linguistics* 3:1, 1-39.
岩澤勝彦 (1993)「Get 受動文の語用論的含意はどこから来るか?」経済理論 254 号, 33-51.
岩澤勝彦 (2001)「感情表出としての Get 受動文と完了概念」『意味と形のインターフェイス中右実教授還暦記念論文集』,中右実教授還暦記念論文集編集委員会(編), 257-

265, くろしお出版, 東京.
Kimball, John (1973) "Get," *Syntax and Semantics* 2, 205-215, Academic Press, New York.
金田一春彦 (1955)「日本語動詞のテンスとアスペクト」『日本語動詞のアスペクト』金田一春彦 (編), 27-62, むぎ書房, 東京.
金水敏 (2004)「文脈的結果状態に基づく日本語助動詞の意味記述」『日本語の分析と言語類型柴谷方良教授還暦記念論文集』, 影山太郎・岸本秀樹 (編), 45-56, くろしお出版, 東京.
久野暲 (1973)『日本文法研究』大修館書店, 東京.
倉持保男 (2000)「補助動詞「(〜テ) シマウ」について」『日本語意味と文法の風景——国広哲弥教授古希記念論文集』, 山田進・菊池康人・籾山洋介 (編), 289-300, ひつじ書房, 東京.
Lakoff, Robin (1971) "Passive Resistance," *CLS* 7, 149-162.
松下大三郎 (1928)『標準日本語文法』勉誠社, 東京.
守屋三千代 (1994)「「シテシマウ」の記述に関する一考察」早稲田大学日本語研究教育センター紀要, 49-70.
中右実 (1994)『認知意味論の原理』大修館書店, 東京.
西川真理子 (1996)「「てしまう」の本来的機能」『奥田博之教授退官記念論集言語と文化の諸相』, 75-88, 英宝社, 東京.
Ono, Tsuyoshi (1992) "The Grammaticization of the Japanese Verbs *oku* and *shimau*," *Cognitive Linguistics* 3:4, 367-390.
大堀壽夫 (2002)『認知言語学』東京大学出版, 東京.
杉本武 (1991)「「てしまう」におけるアスペクトとモダリティ (1)」九州工業大学情報工学部紀要 (人文・社会科学篇) 第4号, 109-126.
杉本武 (1992)「「てしまう」におけるアスペクトとモダリティ (2)」九州工業大学情報工学部紀要 (人文・社会科学篇) 第5号, 61-73.
鈴木智美 (1998)「「−てしまう」の意味」日本語教育 97号, 48-59.
高橋太郎 (1969)「すがたともくろみ」『日本語動詞のアスペクト』, 金田一春彦 (編), 117-153, むぎ書房, 東京.
Tamura, Toshihiro (2009) "*Get*-Passives," *Tsukuba English Studies* 27, 133-144.
田村敏広 (2013)「言語のアスペクト的性質を基盤とした話者の感情表出：日本語の補助動詞「てしまう」と英語の Get 受動文を例に」『静岡大学教育研究』第9号, 1-10.
寺村秀夫 (1984)『日本語のシンタクスと意味Ⅱ』くろしお出版, 東京.
Tobin, Yishai (1993) *Aspect in the English Verb: Process and Result in Language*, Longman, New York.
坪本篤朗 (1998)「文連結の形と意味と語用論」『モダリティと発話行為』, 中右実 (編), 99-193, 研究社, 東京.
内山潤 (2012)「補助動詞「テシマウ」のアスペクトについて」『金城学院大学人文科学編』8:2, 1-11.

Vanrespaille, Mia (1991) "A Semantic Analysis of the English *Get*-Passive," *Journal of Applied Linguistics* 5:2, 95-112.
梁井久江（2009）「テシマウ相当形式の意味機能拡張」『日本語の研究』第5巻1号，25-29.
吉田金彦（1971）『現代日本語助動詞の史的研究』明治書院，東京.
吉田妙子（2012）『日本語動詞テ形のアスペクト』晃洋書房，東京.
吉川武時（1973）「現代日本語動詞のアスペクトの研究」『日本語動詞のアスペクト』，金田一春彦(編)，155-328，むぎ書房，東京.

英語の単純現在形の分析再び*

和田　尚明

筑波大学

キーワード：単純現在形，時制構造，時間構造，時制解釈，時間焦点，断定

1. はじめに

　英語の単純現在形の用法は多岐に渡っており，どのような時制理論であれ，記述的な妥当性を得るためには，この点を体系的に分析できるものでなければならない．意味的な分析に限ってみても，これまでに Brisard (2002), Declerck (1991, 2006), Hirtle (1967, 1995), Hirtle and Curat (1986), Huddleston and Pullum (2002), Langacker (1991, 2001, 2011) など多数が存在する．筆者も，かつて和田 (2001) においてこの現象を分析した．しかしながら，そこで扱った用法は主に以下の7用法であり ((4)-(7) は Leech (2004) からの借用)，未分析の用法もいくつか残っている．

(1) Mary is sick.（状態的現在）
(2) John walks to school.（習慣的現在）
(3) Beavers build dams.（総称的現在）
(4) Adams intercepts, plays it up-field.（瞬間的現在）
(5) The train leaves at eight o'clock tomorrow.（未来構文）
(6) When you wake up, you'll remember nothing.
　　　　　　　　　　　　　　　　　（従属節における未来時指示）
(7) At that moment in comes a message from the Head Office, telling me

---

　* 本稿の内容に関して貴重なコメントをいただいた，廣瀬幸生先生，渡邊淳也氏，五十嵐啓太氏ならびに筑波大学大学院文芸・言語専攻フランス語学領域の院生諸氏に感謝申し上げる．本稿は，日本学術振興会科学研究費補助金（課題番号 24520530・24320088）の補助を受けた研究成果の一部である．

the boss wants to see me in a hurry.（歴史的現在）[1]

例えば，Hirtle (1995) が「指示発令 (instruction-giving)」と呼ぶ用法 (8)，either-A-or-B 構文に生じる用法（「二者択一」用法）(9)，now と共起する近未来指示用法 (10)，「ト書き (stage direction)」用法 (11)，「メモ」用法 (12) などである．

(8) You take the first turning on the left past the roundabout, then you cross a bridge and bear right until you reach the public library.
(Leech (2004: 17))
(9) Either that alligator goes or I go.　　　　(Hirtle (1995: 274))
(10) We go to Headington now...　　　　(BNC KRL)
(11) Biff and his friends hop into a car parked outside. Marty stares at George as George is eating. George becomes very uncomfortable and turns to Marty.　　　　(Screenplay 'Back to the Future' p. 62)
(12) I am in room 2114.　　　　(Declerck (2003: 86))

本稿の目的は，小生の時制理論の発展版（和田 (2009, 2011), Wada (2009, 2011, 2013)）を用いることで，これら未分析の 5 用法と (1)-(7) の 7 用法とを統一的な観点からより体系的に分析することにある．[2] まず，2 節では小生の

---

[1] 「歴史的現在」と似た用法に「ナラティブ現在」(Fleischman (1990: 78)) や「小説用法」(Leech (2004: 16)) があるが，本稿では「歴史的現在」の仲間として扱う．

[2] Huddleston and Pullum (2002) は，Reichenbach (1947) の 3 つの原始時間概念を援用しつつ，参照時 (reference time) をさらに 2 つに下位分類した時間図式による分析を行っている (Reichenbach の枠組みの批判については，Comrie (1985) や Declerck (1991) を参照). 次に，Declerck (1991, 2006) は，単純現在形に時間領域 (temporal domain) を確立する絶対時制と時間領域内の同時性を表す相対時制（もしくは，疑似絶対時制）の 2 種類を認め，各用法の特徴を記述している．また，Hirtle の一連の分析 (Hirtle (1967, 1995), Hirtle and Curat (1986)) では，ギョーム流の普遍時 (universe time) と事象時 (event time) の関係を基に，単純現在形用の 3 つの時間図式が構築され，それに基づいた各用法の分析が行われている．認知言語学による分析については，Langacker (1991, 2001, 2011) や Brisard (2002) などがある．Langacker (2001) は，時間的一致 (temporal coincidence) 分析を採用し，単純現在形が表す実際の事象もしくは仮想事象が発話時に当てはまると主張するが，Brisard (2002) は，Langacker 流のエピステミック・モデル (epistemic model) に基づく分析（現在時制は，当該状況に対して認識的確実性 (epistemic certainty) を保証する immediate givenness という概念と関わるとする分析）を採用し，英語の単純現在形は「基準時において構造的 (structural) である」状況を表すと主張する．(Langacker (2011) は両分析を比較検討し，基本的に自らの分析を正当化している．）しかしながら，これらの分析は，単純現在形の多様な用法の共通項（す

時制モデルを概観し，続く3節では，時間構造に基づいた当該12用法の分析を行う．4節はまとめである．

2. 合成的時制理論

小生の時制理論は，基本的には，時制形式の時間値計算（時制解釈）を合成的に行う．本理論は，まず，任意の時制形式自体がもつ文法的時間情報を表す抽象的な意味構造（時制構造）が関わる時制構造レベルと，人間の認知に基づいた，時間軸と結びつく時間情報（時制解釈値）を捉えるための基盤となる意味構造（時間構造）が関わる時制解釈レベルを区別する．この区別により，時制解釈レベルで同定される単純現在形の各用法が同一形式で表されるのは，同一時制構造を共有するためと動機づけることができる．

次に，この理論では，絶対時制形式と相対時制形式という2種類の時制形式を認める．絶対時制形式は，人称・数・法と一体化した時制形態素（A-形態素）をもつ時制形式で，英語の定形動詞がこれに当たる．相対時制形式は，人称・数・法と一体化していない時制形態素（R-形態素），すなわち，英語では非定形マーカーをもつ時制形式のことである．[3]

英語には，定義上，現在時制形態素と過去時制形態素という2種類のA-形態素が存在するので，絶対時制形式としては現在形と過去形がある．A-形態素が表す文法的時間情報は，話者の時制視点（文法的時間の直示的中心）と時間区域（文法的時間帯）との位置関係である．現在時制形態素が表す現在時区域（文法的現在）は「話者の時制視点が時間区域に含まれる」という時制構造情報を，過去時制形態素が表す過去時区域（文法的過去）は「話者の時制視点が時間区域より時間的に後にくる」という時制構造情報を表す．

各時制形式から時制形態素を差し引いた動詞語幹が関与する時制構造情報が，出来事時である．出来事時とは，任意の動詞(句)もしくは文が表す状況（行為・出来事・状態を表すカバーターム）の関連部分が当てはまる時間と定義され，絶対時制形式の場合，その出来事時はA-形態素が表す時間区域内に生じる．ここで注意されたいのだが，出来事時は必ずしも当該状況が当てはまる時

なわち，なぜ多様な用法を単純現在形という1つの形式が表すのか）を説明できても，なぜ各用法は異なる言語現象を示すのか（示しうるのか）を時間構造の観点から説明しきっていない．本稿の枠組みは，この点も説明できる．

[3] 非定形マーカーは相対的時間関係を表す（Comrie (1985: 56-63)）という点で，本時制理論では一種の時制形態素とみなす．

間の長さすべてに対応するわけではない．例えば，John said that Mary was sick という文では，過去形 was が表す時制構造情報は「当該動詞の出来事時は過去時区域内に生じる」であり，デフォルトの場合，この過去時区域（文法的過去）は過去時領域（認知的過去）に対応する（このデフォルト対応のメカニズムは，以下で見る）．この動詞句が表す状況自体は発話時まで続いている可能性があるが，当該状況の出来事時は過去時領域内に限定される．

英語の現在形と過去形の時制構造を図式化したものが，図 1 である．

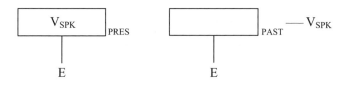

(i) 現在形の時制構造　　(ii) 過去形の時制構造

図 1：英語の絶対時制形式の時制構造

V_{SPK} は話者の時制視点を，E は出来事時を，PRES 付き長方形は現在時区域を，PAST 付き長方形は過去時区域を，横線は継起関係を，縦線は同時または包含関係を表す．

これらの時制構造をもつ定形動詞が実際にどのような時制解釈値を表すのかを同定する段階で，まず時制構造（文法的時間情報）が（認知的時間に関わる）時間軸上に投射されなければならない．その際，文法的時間の基点である話者の時制視点がどの時点に位置づけられるのかが決まることで，時間軸上の時間関係を測るための出発点が決まる．したがって，時制解釈レベルではまずこのプロセスが遂行される．デフォルト（無標）の場合，話者の時制視点は，認知的時間の基点である発話時（当該話者（思考者）の発話（思考）の瞬間）に置かれる．なぜなら，話者の時制視点は時制構造情報を測るための基点（直示的視点）であり，特別な事情がない限り，当該時制形式を選択する話者（主体）の意識（発話や思考などのあらゆる精神活動を行う時の心の状態）と「融合」する（同一時空間を占める）と解釈されるのだが，その意識は定義上発話時に存在するからである．

英語の単純現在形の時間構造（デフォルトの場合）の原型は，図 2 に表される．

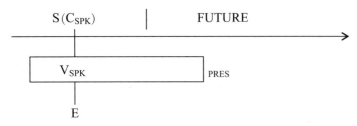

図2：英語の単純現在形の時間構造（デフォルトの場合）の原型

矢印は時間軸（時間の流れ）を表す．話者の時制視点（V$_{\text{SPK}}$）が発話時（S）に存在する話者の意識（C$_{\text{SPK}}$）と融合した結果，現在時区域は認知的時間帯である現在時領域（S(C$_{\text{SPK}}$)を含む時間帯）と未来時領域（FUTURE）をカバーすることになり，出来事時は両時間領域内に生じることができる．事実，単純現在形の出来事時は，(1)-(4) では現在時領域に，(5), (6) では未来時領域に当てはまるが，(13) が示すように，過去時領域には当てはまらない．

(13) *Mary is sick {yesterday/last week}.

（なお，(7) の「歴史的現在」は過去時に言及しており，一見反例のように見えるが，その時間構造はデフォルトの場合ではない．この点は後で見る．）

ただし，単純現在形による未来時言及がいつも可能というわけではない．

(14) a. *I know French next week.　　　　　　(Prince (1982: 455))
　　　b. *Next month John likes Mary.　　　　　(Prince (1982: 455))

これは，原則として，統語的には無標である非モダル形式（法助動詞や法副詞を伴わない直説法形式）に「断定」のモダリティが伴っていると考えることで説明できる（cf. 中右 (1994)）．本モデルでは，「断定」のモダリティは「当該状況を事実と断ずる時の話者の心的態度（エピステミック・スタンスの一種）」と定義される．したがって，(14) の例が容認されないのは，話者の「断定」のモダリティが当てはまる発話時（断定時）に比べて未来にくる状況は，通例，事実と断ずることができない（「断定」の制約）ためと説明できる．他方，(5), (6) で未来時言及が可能なのは「断定」の制約に抵触しないからであるが，詳細は次節で見る．

　最後に，話者が描写する場面を捉える際，その中の特定状況に注意を向けていると考えられることがある．この場合，話者は当該状況に焦点を当てているといえる．本理論では，このような状況が表す出来事時には「時間焦点」

が当てられる．例えば，同じ未来時に言及する表現でも will-文は未来時指向であるのに対して，be going to-文は現在時指向であるとよくいわれる (Fleischman (1982))．これは，will-文では未来時に生じる不定詞の出来事時に時間焦点が当てられるのに対し，be going to-文では現在時に当てはまる予兆や準備段階を表す be going to という動詞ユニットが表す出来事時に時間焦点が当てられるためと説明できる (Wada (2001))．[4]

3. 単純現在形の時間構造と各用法

以上，分析の基盤となる枠組みを概観したので，本節では (1)-(12) を具体例とする 12 用法について，時間構造を用いて分析する．まず3.1節では，すでに和田 (2001) で扱った7用法 ((1)-(7)) を，続く3.2節では，本稿で新たに取り上げる5用法 ((8)-(12)) を分析する．

3.1. 和田 (2001) で扱った単純現在形の7用法[5]

まず，「状態的現在」と「瞬間的現在」の時間構造は，図3のように図式化される．

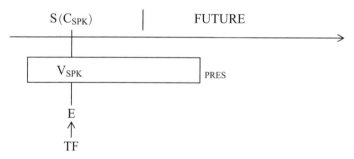

図3：「状態的現在」・「瞬間的現在」用法の時間構造

---

[4] 本理論では，助動詞や動詞ユニットも1つの出来事時を表すという立場に立っている (cf. 中右 (1994))．

[5] 和田 (2001) では，時制解釈レベルにいくつかの段階を認めることで，7用法間の類似性の度合いを捉えやすくする分析を行っている．この7用法については，基本的には和田 (2001) の分析を基に，発展版の枠組みで捉え直してある．

この 2 用法が共通の時間構造をもつのは，(1) が「メアリーの現在の状態」を，(4) が「あるサッカー選手の瞬間的現在のプレイ状況」を表すという点で状態的状況か非状態的状況かの違いはあるが，どちらも発話時に当てはまる特定状況に言及しているからである．両用法とも特定状況に注意が向けられているので，時間焦点（TF）が出来事時（E）に当てられる．「状態的現在」では，当該状況が実際に当てはまる時間幅は「瞬間的現在」より長いが，どちらの用法においても当該状況の関連する時間幅は発話時と同じなので，定義上，出来事時もその長さとなる．[6]

英語の単純現在形は，通例，非状態的状況の場合に現在時指示を許さないが，(4) のようなスポーツの実況中継をはじめ，マジックの実演，料理番組，遂行文などの特殊な文脈では許す．これらは，一般に，Goldsmith and Woisetschlaeger (1982) のいう「構造記述」という特徴を反映しているといわれる．「構造記述」とは，話者が所属する「世界」がいかに構成されているか（世の中の仕組みや慣習など）に関しての記述・描写である．例えば，This car runs on kerosene という文は，我々の住む世界を構成する状況（「世界の構造」）の 1 つに「この種の車は燈油で走ること」があるということを表す．ここでいう「世界」は，広く世間一般から，特定の社会やグループ，そして，特定のルールや価値観にまで及ぶが，「構造記述」であるためには，その世界における決まった手順や仕組みもしくはそれらに則って生じる状況を表さなければならない．したがって，解説者が眼前で観察して報告する（必ずしも予想通りに行かない）スポーツの実況中継（(4)）に用いる単純現在形や，話者が発話することではじめて状況が成立する遂行文（例：I name this ship *Yamato*.）における単純現在形は，厳密には「構造記述」とは言い難く，本理論では「瞬間的現在」として扱う．[7]

次に，「習慣的現在」と「総称的現在」の 2 用法であるが，これらの時間構造は図 4 のように図式化される．

---

[6] 和田 (2001) では，この 2 用法は別の時間構造をもつものとして扱われていたが，本稿の出来事時の定義により，本稿では同一時間構造をもつ用法として扱う．このことは，両者が同一用法であるというわけではない．

[7] 当該タイプのスポーツの実況中継を表す「瞬間的現在」用法と「構造記述」が関わる各用法を分ける根拠として，前者の場合，その「世界」を構成する場面描写であっても単純現在形が使えない場合があることが挙げられる．
   (i)   The manager {is walking/*walks} slowly toward the mound.

(Langacker (2011: 60))

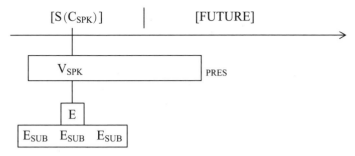

図4:「習慣的現在」用法と「総称的現在」用法の時間構造

「習慣」ならびに「総称」という概念は不特定の同種の状況の集合 (3つの E_{SUB} を含む長方形で表してある) から成る.話者は特定状況に焦点を当てているわけではないので,時間焦点は関与しない.これらの用法では,習慣的行為 ((2) ではジョンが徒歩通学するという習慣) やある範疇の特徴的記述 ((3) ではビーバーという種の一般的特徴) が発話時において当てはまり,出来事時はこれらの状態が真である,発話時と同時間帯を占める部分に対応する時間となる (E で表してある).ただし,「習慣的現在」は発話時を中心とした時間幅 (持続的現在) 内に複数の同種の状況が当てはまることを表すのに対して,「総称的現在」は,通例,(当該指示対象が存在する限り) 永続する時間幅 (永遠の現在) に言及するので,時間軸との関連性が希薄となる (超時間的となる) (cf. Calver (1946)).したがって,「総称的現在」の時間構造の場合は,S (C_{SPK}) と FUTURE を角括弧で囲むことで,時間軸との関連性を弱めてある.この主張は,以下の例の容認性の差によっても支持される.

(15) a. John walks to school {now/these days}.
    b. *Beavers build dams {now/these days}.

次に,「未来構文」であるが,その時間構造は図5のように表される.

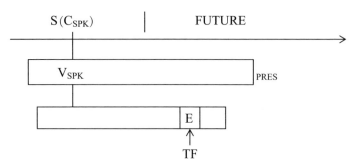

図5:「未来構文」用法の時間構造

2節で見たように,英語の単純現在形（非モダル形式）は「断定」のモダリティを伴うので,通例,未来時言及はできない.しかしながら,当該状況が話者や発話時を取り巻く「世界」を構成する要素であると解釈できれば,それが未来に生じる場合でも,現在に当てはまる「世界の構造」から必然的に生じる要素として捉えられるため,話者は断定できる.(5)は,列車の時刻表に基づいての発話と解釈できるが,時刻表はわれわれの住む「世界」を構成する要素であり,特別な事情が発生しない限り,列車は予定通りに発車する.したがって,当該状況が未来時に生じるのは確定（必然）的と捉えられ,あたかも事実であるかのように断ずることができるのである.図5の出来事時（E）は長方形の中の一部分を占めているが,これは当該出来事時に対応する状況が「世界の構造」を構成する要素であることを表している.この用法は,未来時に生じる1回限りの特定状況を表すので（cf. Calver (1946: 323)),当該出来事時に時間焦点が当てられる.

今度は,従属節における単純現在形に目を向けてみよう.時間構造は図6に図式化され,Oは基準時を表す.

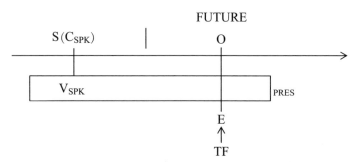

図6:「従属節における未来時指示」用法の時間構造

(6) では,「目覚める」という従属節状況は,実現すれば未来時に生じるので,その出来事時は未来時領域に置かれる.当該出来事時を測るための基準時は,未来時領域に置かれる主節動詞 remember が表す出来事時である.時間節は主節に依存する環境なので,その出来事時は主節時を基準時とした時間関係を表すからである (cf. Leech (2004: 64)).When のもつ意味特性から (cf. Declerck (2006)),当該時間関係は同時関係となる.当該出来事時に時間焦点が当たっているのは,従属節状況が主節状況成立のための時間的枠組みを設定し,かつ,その特定状況の実現が想定されているために (Hamann (1989: 51)),そこに注意が向けられることになるからである.

この言語環境で制限なく未来時言及ができるのは,「未来構文」の時とは違って,「断定」のモダリティが伴わないからである.本モデルでは,時間節や(直接的因果関係を表す) if 条件節は話者の心的態度を反映しない言語環境である.そのため,単純現在形は,デフォルトの場合(図2),もともと未来時言及できる時間構造をもっているので,「断定」の制約がない言語環境では自由に未来時言及できると説明できる.また,「未来構文」用法は未来時副詞との共起が必要なのに対し (??The plane arrives. (Langacker (2001: 267))),この用法は必ずしもそうではない.これらは,両用法を区別する根拠となる.

本節の最後に扱う「歴史的現在」の時間構造は,図7に図式化される.

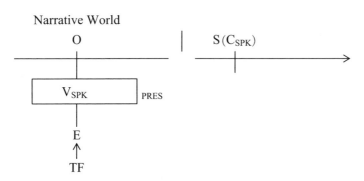

図7:「歴史的現在」用法の時間構造

時間軸上に断絶があるのは,ナレーターのいる世界 ($S(C_{SPK})$ を含む時間帯) は,通例,物語の世界 (Narrative World) から続く時間の流れの延長線上にあるわけではないからである.他方,「語り」の性質上,物語の世界は,通例,過去に生じたものとして語られる (Fleischman (1990: 23-24)).また,物語の世界の特定状況に注意が向けられているので,当該出来事時に時間焦点が当てら

れている．
　「歴史的現在」は，物語の語りの部分において過去形に代わって出てくる現在形の総称で，完結相状況の場合，当該部分の前景化を強調した解釈となり，眼前性効果が生じるといわれる（Fleischman (1990: 170)）．本モデルでは，この眼前性効果は，物語の世界に移動した話者の時制視点（当該時制形式を使用するナレーターの「目」）が当該状況の眼前に置かれた結果であると説明できる．図7から明らかなように，この時間構造では，デフォルトの場合（図2）と違って話者の時制視点は自らの意識と融合しておらず，現在時区域は過去時と認識される時間に対応している．したがって，デフォルトの場合と違って（(13)）過去時を指す時の副詞類と共起できる（(7)）．

3.2. 本稿で取り上げる単純現在形の5用法

　次に，本稿で新たに取り上げる5用法を見ていく．まずは，「指示発令」用法と「二者択一」用法からである．これらの用法には，当該状況全体が非過去時において生じる見込みが高い場合に用いられるという共通点がある（Hirtle (1995)）．したがって，両用法の時間構造は図8のようになる．

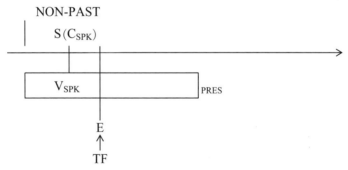

図8：「指示発令」・「二者択一」用法の時間構造

　出来事時（E）は非過去時領域（NON-PAST）内の発話時（S）に後続するどこかの時点を占める．また，両用法とも，特定状況を念頭においての発話であるため，時間焦点（TF）が関与する．
　両用法は，時間構造を共有はするが，異なる用法である．まず，「指示発令」用法は「一般論ではなく個別事例としての指示伝達」に用いられる．[8] Hirtle

---

[8] (8)では主語に2人称が用いられているため，いわゆる主語つき命令文と解釈されるかも

(1995: 272, 275) によると，(8) は，例えば，ある人に行き先を尋ねられた警察官がそこへの道順を指示する時の発話で，警察官はその人が自分の指示に従って行動を起こすつもりであり，発話後すぐにその指示を実行する（すなわち，単純現在形で表される状況が実現する）と想定している．[9] すなわち，話者（指示者）は，聞き手（被指示者）が自分の出した指示に従って初めから終わりまで行動する場面を想像しながら発話していると考えられる．したがって，この用法の単純現在形（非モダル形式）は，いわば話者の想像の世界においてこれから実現する状況を表している（それゆえ，現在時領域と未来時領域の区別はあまり問題とならない）．それゆえ，現実世界では問題となる未来時言及の際の「断定」の制約は問題とはならず，単純現在形での未来時指示が可能となる．

次に，「二者択一」用法は，現実世界において二者のうちどちらかが実現するという場面で使用されるので，「指示発令」用法とは異なる．この用法では，either-A-or-B 構文における A か B のどちらかが必ず実現すると話者が想定して発話しているため，実現の不可避性という効果が生じる．[10] しかしながら，それは構文全体から出てくるものであって，A や B において用いられる単純現在形（非モダル形式）そのものから出てくるわけではない（Hirtle (1995: 272))．（それゆえ，一方の状況が時間軸上のどの時点に生じるのかが問題となるわけではないので，現在時領域と未来時領域の区別は問題にならない．）すなわち，「二者択一」用法では，either-A-or-B 構文全体が表す上位状況が「断定」の対象となっていて，その上位状況の実現が不可避であるということになる．したがって，話者は「断定」の制約に抵触することなく，「断定」という心的態度でもってこの構文を発話していると説明できる．なお，A もしくは B 自体から実現の不可避性が生じているわけではないことは，通例，（当該状況の実現の必然性を表す）「未来構文」用法に現れることのできない動詞が「二者択一」用法には現れることができることからも支持される (16).

しれないが，そうではない．命令文の場合には you にストレスが置かれるが，(8) の you にはストレスが置かれないためである (Leech (2004: 17))．

[9] 「指示発令」用法は，決定した取り決めや定まった計画を表す必要がないという点で，「未来構文」用法とは異なる (Hirtle (1995: 269))．

[10] この点に関して，Wekker (1976: 84-86) は，「話者の眼前において A か B かの選択が必然的」と述べている．また，Hirtle and Curat (1986: 64-65) は，単純現在形が未来時言及する際の必要条件として「必然性 (inevitability)」を挙げているが，ここでいう「実現の不可避性」と同義である．

(16) a. *It rains tomorrow.　　　　　　　　　　　(Wekker (1976: 85))
　　 b. Either it rains or it doesn't.　　　　　　　　(Hirtle (1995: 274))

　今度は，now と共起する近未来指示用法である．この用法は，現在時領域 (S(CSPK) を含む時間帯) に言及する時間副詞 now と共起するため，その出来事時は必ず現在時領域内に生じる．時間構造は図9のようになる．

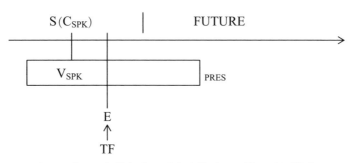

図9:「now と共起する近未来指示」用法の時間構造

ここでは，単純現在形が表す非状態的状況 ((10) では「ラジオでヘディントンとの中継へ移ること」) のアスペクト特性により，その出来事時は発話時に後続する時間帯にくる．その理由は，以下の通りである．1回限りの状況の場合，完結動詞は基準時 (この場合，発話時) との同時性を表せない．当該動詞は現在形であり，時制形式の選択は発話時を基点とするため，過去時言及はできない．したがって，当該状況は発話時以降に生じることになる．この用法も特定状況を想定しているので，時間焦点が関与する．単純現在形 (非モダル形式) に伴う「断定」のモダリティについては，当該用法が現在時領域を確立する now と共起していることから，その出来事時は現在時領域内に生じるため，当該状況は断定可能な現在の状況に準ずるものとみなされる．それゆえ，「断定」の制約には抵触しない．
　次に，映画のシナリオなどで用いられる「ト書き」用法へと移ろう．この用法も「構造記述」が関わる用法の1つで，シナリオを書く時よりも未来に公演される (と想定される) 映画や劇の世界の場面解説に用いられる．時間構造は図10のようになる．

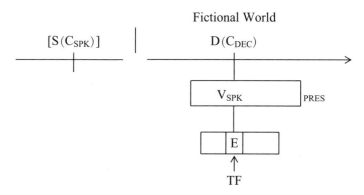

図 10：「ト書き」用法の時間構造

(11) では,「バック・トゥ・ザ・フューチャー」という映画の世界を構成する場面の解説が単純現在形で行われている．この用法は虚構世界 (Fictional World) の描写に用いられるので,現実世界の時間軸は実質的には関与しない（したがって,S(C_{SPK}) が角括弧で括られている）．それゆえ,時制形式の選択は話者（書き手）の意識が存在する発話時ではなく,解読者（例えば,観客）がその映画を体験する時点を基点として行われる (cf. Leech (2004: 16))．その結果,話者の時制視点は,デフォルトの場合（図 2）とは異なり,解読時（映画を見る時）における解読者の意識と融合する（解読時は,通例,映画のシナリオを書いた時よりも後にくるので,原理的には,虚構世界は未来時と認識される時間に位置づけられる）．D は解読時を,C_{DEC} は解読者の意識を表す．この用法は,映画や劇の世界の中の特定状況に言及するので,時間焦点が関与する．映画や劇の「世界の構造」は E を含む長方形で表されるが,3.1 節で見た「構造記述」用法と違って,この用法が想定する「世界」は虚構世界である．虚構世界における話者（シナリオの書き手）は全知全能であるため,「断定」の制約にとらわれることなく,自由に単純現在形（非モダル形式）を使用できる．

最後に,「メモ」用法を考察する．この用法は, (12) が示すように,書き手（話者）の現在（発話時）よりも未来にくる時点（未来時領域）において,読み手（解読者）がメモを読んだ時に当てはまっている状況を表すのに用いられる (Declerck (2003))．時間構造は図 11 のようになる．

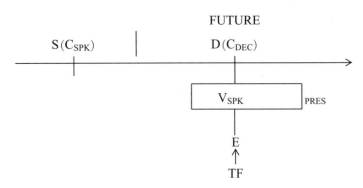

図11:「メモ」用法の時間構造

　書き手は，読み手が当該メモを見る時点 (D) を時間軸の中心として想定しており，書き手の時制視点が未来に存在する読み手の意識 (C_{DEC}) と結びつくことで，それが保証されている．それ以外は，「状態的現在」用法と同じである．ここでも，特定状況が想定されているため，時間焦点が関わる．

4. おわりに

　本稿では，和田 (2001) で扱った単純現在形の7用法 (1)-(7) と扱わなかった5用法 (8)-(12) を，小生の時制理論の発展版を用いることで統一的に説明できることを見てきた．とりわけ，これらの用法はすべて同じ時制構造（図1(i)）をもつために同一形式によって表されるが，それぞれ異なる時間構造をもつために異なる意味解釈を表すと主張した．同時に，使用環境が大きく異なれば，時間構造を共有していても異なる用法であると主張した．単純現在形の用法は多種多様であり，現在・過去・未来という特定時から時間を超越した状況にまで言及できることから，現在時を指さない，特定時指示を超越した時制形式といわれることもある．しかしながら，それではこの形式がもつ「現在時指向性」という傾向を説明できないので，真の意味で分析したことにはならない．本稿のように，一般時制理論に基づいた体系的な分析を行えば，この時制形式の本質はやはり「現在」であることがわかる．

参考文献

Brisard, Frank (2002) *Grounding: The Epistemic Footing of Deixis and Reference*, Mouton de Gruyter, Berlin.
Calver, Edward (1946) "The Uses of the Present Tense Forms in English," *Language* 22, 317-325.
Comrie, Bernard (1985) *Tense*, Cambridge University Press, Cambridge.
Declerck, Renaat (1991) *Tense in English: Its Structure and Use in Discourse*, Routledge, London.
Declerck, Renaat (2003) "How to Manipulate Tenses to Express a Character's Point of View," *Journal of Literary Semantics* 32, 85-112.
Declerck, Renaat (in cooperation with Susan Reed and Bert Cappelle) (2006) *The Grammar of the English Verb Phrase Volume I: The Grammar of the English Tense System: A Comprehensive Analysis*, Mouton de Gruyter, Berlin and New York.
Fleischman, Suzanne (1982) *The Future in Thought and Language: Diachronic Evidence from Romance*, Cambridge University Press, Cambridge.
Fleischman, Suzanne (1990) *Tense and Narrativity: From Medieval Performance to Modern Fiction*, University of Texas Press, Austin.
Goldsmith, John and Erich Woisetschlaeger (1982) "The Logic of the English Progressive," *Linguistic Inquiry* 13, 79-89.
Hamann, Cornelia (1989) "English Temporal Claues in a Reference Frame Model," *Essays on Tensing in English Vol. II: Time, Text and Modality*, ed. by Alfred Schopf, 31-154, Niemeyer, Tübingen.
Hirtle, Walter H. (1967) *The Simple and Progressive Forms: An Analytical Approach*, Presses de l'Université Laval, Québec.
Hirtle, Walter H. (1995) "The Simple Form Again: An Analysis of Direction-Giving and Related Uses," *Journal of Pragmatics* 24, 265-281.
Hirtle, Walter H. and Violetta N. Curat (1986) "The Simple and The Progressive: 'Future' Use," *Transactions of the Philosophical Society* 84, 42-84.
Huddleston, Rodney and Geoffrey K. Pullum (2002) *The Cambridge Grammar of the English Language*, Cambridge University Press, Cambridge.
Langacker, Ronald (1991) *Foundations of Cognitive Grammar Volume II: Descriptive Application*, Stanford University Press, Stanford.
Langacker, Ronald (2001) "The English Present Tense," *English Language and Linguistics* 5, 251-272.
Langacker, Ronald (2011) "The English Present: Temporal Coincidence vs. Epistemic Immediacy," *Cognitive Approaches to Tense, Aspect, and Epistemic Modality*, ed. by Adeline Patard and Frank Brisard, 45-86, John Benjamins, Amsterdam.

Leech, Geoffrey (2004) *Meaning and the English Verb*, 3rd ed., Longman, London.
中右実 (1994)『認知意味論の原理』大修館書店, 東京.
Prince, Ellen F. (1982) "The Simple Futurate: Not Simply Progressive Futurate Minus Progressive," *CLS* 18, 453-465.
Reichenbach, Hans (1947) *Elements of Symbolic Logic*, Free Press, New York.
Wada, Naoaki (2001) *Interpreting English Tenses: A Compositional Approach*, Kaitakusha, Tokyo.
和田尚明 (2001)「英語の単純現在形に対する統一的説明」『筑波英語教育』22, 1-16.
Wada, Naoaki (2009) "The Present Progressive with Future Time Reference vs. *Be Going to*: Is Doc Brown Going Back to the Future Because He Is Going to Reconstruct It?" *English Linguistics* 26, 96-131.
和田尚明 (2009)「「内」の視点・「外」の視点と時制現象――日英語対照研究――」『「内」と「外」の言語学』, 坪本篤朗・早瀬尚子・和田尚明(編), 249-295, 開拓社, 東京.
Wada, Naoaki (2011) "On the Mechanism of Temporal Interpretation of *Will*-Sentences," *Tsukuba English Studies* 29, 37-61.
和田尚明 (2011)「日英語時制現象の対照言語学的研究――条件節を事例研究として――」『文藝言語研究:言語篇』60, 69-120.
Wada Naoaki (2013) "On the So-Called Future-Progressive Construction," *English Language and Linguistics* 17, 391-414.
Wekker, Herman Chr. (1976) *The Expression of Future Time in Contemporary British English*, North-Holland, Amsterdam.

第V部
文法化, (間)主観化

懸垂分詞を元にした談話機能化について
―granted の意味機能変化―*

早瀬　尚子

大阪大学

キーワード：懸垂分詞，過去分詞，談話機能化，譲歩，構文化

1. はじめに

　英語には懸垂分詞構文と呼ばれる，主節主語と分詞節主語とが一致しない事例が，規範的ではないとされながらも存在する．早瀬 (2009) ではこの構文が認識動詞や現在時制，状態などに大きく偏って分布していることを明らかにし，この構文の意味が発話の現場に密着して話者から発せられる，話者にとっての状況の見え方・感じ方・あり方を表現するものであることを主張した．またこの懸垂分詞部分がさらに意味変化して，コメント機能や談話機能を発達させていることも概観している（早瀬 (2011, 2012, 近刊), Hayase (2014)）．

　これまでの一連の研究はすべて現在分詞の形の懸垂分詞を対象としてきたが，本稿では過去分詞 granted で始まる懸垂分詞を扱う．そしてこの事例が懸垂分詞の接続詞的な使われ方に端を発し，モダリティを表す副詞的で対人関係的な使われ方をすること，またそれに伴って用いられる but に代表される 2 つの事態の関係が変化し，もともと懸垂分詞節として表していた「譲歩」の解釈から談話機能的な機能を新たに果たすように変化しつつある可能性について考察する．

---

* 坪本先生とは，2007 年 11 月の日本英語学会のワークショップでご一緒させていただく光栄に恵まれました．本研究はその折の拙発表に端を発したものとなっています．貴重なご縁と示唆をいただけたこと，心より感謝申し上げます．尚，本研究は科学研究費（基盤研究（C））26370564 の助成を受けています．

2. Granted について

過去分詞 granted に始まる表現は多くの場合〈granted ..., but ~〉という定型のつながりで具体化され，全体として譲歩の解釈を導く．

(1) *Granted that* there are millions of poor people in the world, but they're struggling to come out of their poverty.
（確かに世界には貧しい人たちが大勢いるが，彼らは貧困から逃れようともがいている）

この過去分詞 granted が何に由来するのかは必ずしも決定づけられないが，コーパスで最も頻度が高い It is taken for granted からの省略とも，また頻度は低いが時に見られる It is granted that... からの省略とも考えられる．いずれの場合でも，granted はその形式上の主語と主節の主語とが一致しておらず，懸垂分詞であることには変わりがない．むしろ，that 節内容を grant する主体と主節の事態を認識する主体とが同じく概念化者という点で一致しており，懸垂分詞構文のもつ構文的意味（早瀬 (2009)）と共通した構造を持っていると言える．

(1) の granted は懸垂分詞でありつつも，文法化を起こしてそれ自体が後続の that 節を導く接続詞的な働きをしているとも考えられる．しかし，次の例ではその接続詞的な役割が変化しつつある．

(2) a. "You can't imagine how great it is to shut the door and walk to my studio," she says. "*Granted*, it's only eight feet away, but it's an important eight feet."
（「ドアを閉めて私の書斎に歩いてくることがどんなにすばらしいとか，あなたにはわかりますまい」と彼女は言う．「確かに，たったの 8 フィートしか離れていないけれど，とても大切な 8 フィートなのです」）

b. Ah. I was beginning to understand. But I still didn't get why Rico hadn't told me, had decided instead to Trey on the problem. *Granted*, Trey was a former SWAT officer with martial arts training. *But* I was Rico's best friend.
（だんだんわかってきたが，まだわからないのは，リコがなぜその問題を私に言わずトレイに言おうと決めたのかだ．確かにトレイは海

事訓練のある元 SWAT だ．でも私はリコの親友なのに．）

このような granted の歴史的変遷については川端 (2010) による小論があるが，この意味の派生プロセスについては議論が成されておらず，詳細がまだ明らかになっているとは言えない．本論では，この派生に関わる要因について，意味的・語用論的・認知言語学的な観点からいくつか考察を加えていく．

3. Granted の統語的・形式的変化

川端 (2010) によれば granted は「従属節→等位節→談話」の順に歴史的発展をとげていると報告されている．この発展のプロセスは共時的にも共存しており多義の例として確認できる．このプロセスを大きく前半と後半に分けて，以下具体的に見てみたい．使用するデータはすべて COCA および SOAP コーパスから採った．

3.1. 従属節から等位節へ

まず前半のプロセスの特徴として，granted に導かれる（はずの）従属節の統語的独立性が高まることが挙げられる．(3) にあるように granted は形式的には従属節を導き，それに対応する主節が後続するのが「規範」的用法と考えられる．

(3) a. *Granted that* much evil had been done in the course of establishing Western empires, Western moral attitudes toward empire-building had changed radically by the 1920s.
（西洋の帝国を確立する過程で多くの悪がなされたのは確かだが，帝国設立に帯する西洋の倫理的態度は 1920 年代までに劇的に変化した）

b. this is typical of heart-shot animals. *Granted that* four animals do not constitute total proof, I *still* don't require any further convincing.
（動物 4 例だけでは全体の証明にはならないのは確かだが，私はこれ以上説得力のある事例を求めようとは思わない）

多くの場合は (3b) のように，主節に still など逆接を表す副詞表現が含まれて，全体として譲歩を表す．この譲歩の意味は大変出現率が多く，その頻度の高さゆえにこのパターンに付随する意味として組み込まれていると考えられる

ため，(3a) のように主節には非明示である場合も多々ある．
　しかしこの規範的な形式をとらない事例も見られる．1つは granted that ... という従属節的形式を保持しつつも，主節に but という等位接続詞が生じる事例である．

(4) a. *Granted that* there are millions of poor people in the world, *but* they're struggling to come out of their poverty.
（何百万もの貧しい人が世の中にいるのは確かだ，しかし彼らはみな貧困から抜け出そうと努力している．）
　b. Good evening. *Granted that* television journalists often do strange things, *but* even we would not have traveled all the way to Tokyo to report on the release of Terry Anderson from his long imprisonment in Lebanon.
（こんばんは．テレビのジャーナリストというのは確かによく奇妙なことをします．しかしわざわざ東京までやってきて，テリー・アンダーソンがレバノンでの長い拘留から釈放されたことを報道するなんてことはしなかったでしょう．）

Granted that ... の従属節的位置づけ，および後続する文の主節的な位置づけが，(3) と比べてここでは崩れていることに注目したい．等位接続詞 but が存在することから，(4) では granted that 節を独立した節として見なすことが可能となっているのである．
　実際に，granted 節が形式的にも単独で独立して存在する事例が見られる．

(5) a. (...) *Granted that* the systems that are improving is[sic] a good situation. *Still*, you have ethnic cleansing that's going on in northeast Bosnia. (...) Are you optimistic that will improve?
（たしかにシステムが改良されつつあるのは良い状況です．それでも北東ボスニアでは民族浄化が起こっているのですよね．）
　b. *Granted that* the Dan say their forms are inspired by human facial features they admire; *however*, these elements are subsumed into the standard local model of the mask face, as indicated by the field researches of Fischer (1970: 15-41) and Himmelheber (1972: 25-41).
（たしかに彼らの形式は彼らが崇拝する人間の顔の特徴からヒントを得たものだそうだ．しかしこれらの要素は標準的に地元で見られ

c. *Granted that* literate adults do not read the "Styles" section. *Granted, too, that* the editorial page has become less interested in persuading readers about the correctness of its positions than in finding new ways to have tantrums. One can put up with all that, *but* it is disturbing to find the news columns bent out of shape.
(確かに文人は「スタイル」欄など読まないし，編集部のページも自分たちの立場の正当性を読者に説得しようとするよりはむかっ腹を立てる新しい方法を見つけようとしている．そういったことには我慢できる．しかしニュース欄が憤慨したりするのはいかがなものか．）

　これらの事例ではいずれも still, however, but に導かれる文とは明確に独立した節として grant 節が使われている．このように，granted 節には従属節から等位節への変化が見られるのである．
　この従属節から等位節の変化については，川端 (2010) でも考察がすでになされている．そしてこの変化について，Hopper and Traugott (2003[2] [1993]: 176-184) が述べる「等位接続から従属接続へ」という文法化の一般的方向性とは逆の流れであると指摘している．川端 (2010) はこれに対する「解決方法」として「構文」とみなす可能性を指摘はしているが，それ以上詳しくは述べていない．本論ではこの現象を insubordination (従属節の主節化：Evans (2007)) の一例としての構文化と捉えられると考える．Insubordination とは，本来従属節だった形式がそれ単独で主節として成立するようになり，同時にその形式に対応する特殊な意味機能を発展させる現象である．ここでは従属節 granted that ... が後続の主節との統語的依存性を失って自立するようになっていると考えられる．特に granted はここではもはや従属節を導く接続詞ではなく，It is true などに言い換えが可能な話者のモダリティ（「確かに」「なるほど」などに訳出可能である）を表す表現に変化していると見なせる．つまり，granted 節単独で，話者が命題内容に対して是認を加えるモダリティ文になっているのである．
　さらに，この話者のモダリティを表す要素と考えられる granted それ自体が独立化している事例も見つけられる．以下のようにカンマで後続文とのつながりを断ち切られているものがその例である．

(6) a. "I'll start by saying that the bad beer at Bagger's was a problem on

his end of the system. *Granted*, there's a remote possibility it happened here, but that part of the process is under tight control, so I'm not talking to you to redeem my honor or anything like that."
((…) たしかにその問題がここでおこったというわずかな可能性はあるが, しかしその処理を行う部分は厳格な管理の下にある.(…))

b. There will be a limited number of events (in Olympics). I mean, *granted*, it will be an awful lot of hours and an awful lot of events, *but* you won't see everything. You can see everything on pay-per-view.
(たしかに何時間にもわたってさまざまな試合があるけれども, すべてを見ることはしない. ペイパービュー方式ならば見ることができるけれども)

c. "I liked Dad. He was a bit lazy, *granted*, and he had some strange ideas. *But* generally—" "Now, don't you 'generally' me, Ryder Jarvis," my mother said, taking up her shovel and plunging it into the soil.
(確かに父はだらしないし変わった考え方もする. でも概して…)

granted はすべて独立表現として副詞的に機能している. (6a) では granted がカンマで区切られているし, (6b) では granted が本来従属接続詞として導くはずであった He was a bit lazy に後置されており, いずれにおいても granted の独立性が統語的にも明確である. またそれと呼応して, 等位接続詞 but が常に生じており, 従属節から等位節への変化も確認できる. さらに (6c) では granted が挿入表現となり, かつ後続の文は but に導かれるそれ自体が独立した等位節となっている. このように, granted が従属接続詞としての統語的役割を失い, 2つの文が等位接続される形になっていく例を経て, granted 自体が独立した副詞的モダリティ表現として新しく構文化されていると考えられる.

また granted と同じく, 懸垂分詞(節)が独立して用いられて談話管理やモダリティなど話者のメタ的機能を果たす例は, 他の語彙にも見られる. 文頭の moving on, speaking of which や having said that, 文尾の considering, そして supposing〜? などはその例で, いずれも懸垂分詞構文由来の意味変化を起こしている (早瀬 (2011, 近刊), Hayase (2014), 大橋 (2014)). これらの共通性を構文スキーマとして捉え, 個々の語彙レベルを包括した一般的な懸垂分詞節のレベル (の一部) で構文化現象が生じていると考えることもできる. この

可能性については稿を改めて論じる．

3.2. 意味的側面からみた節連結関係の変化

次に見るのは意味的側面での変化である．この granted 節に関わる意味機能は〈譲歩〉であった．granted で導かれる節内容を是認した上で，それと対立する内容を後続する主節で表す，というものである．この対立は典型的には but などの等位接続詞によって表され補強される．しかしこの「対立」のあり方は実はさまざまであり，その多様性は but 本来の持つ多様性とも連携している．3.1 で but の意味機能について概観した後，それを元に 3.2 で granted の生じる文脈および granted 自体の機能役割の変遷を考察したい．特に，granted の意味的側面については川端 (2010) ではあまり詳細に検討されていないため，本節では特に節結合（Clause Linkage）の意味機能およびその表す意味レベルの違いという観点から検討したい．

3.2.1. but の意味機能

but をもつ文には少なくとも 2 つの用法が認められるとされる．「意味的対立（semantic opposition）」と「期待の否認（denial of expectation）」である (Lakoff (1971), Blakemore (1992))．「意味的対立」用法では，前件と後件の語彙項目の意味的対立が示されるが，「期待の否認」の用法では前件の前提を後件が否認する．

(7) a. John is tall but Bill is short.（意味的対立）
　　b. John looked at her for help but she was indifferent.（期待の否認）

(7a) の「意味的対立」では語彙項目が意味的反義を成す．一方 (7b) の「期待の否認」では対立しているのは介在する前提や推論である．(7b) の前件からは「(助けを求めて見たなら) 彼女は反応するだろう」という推論が存在し，これが後件 she is indifferent によって否認される．

さらに話を談話レベルに広げると，文レベルの 2 分類に加えて少なくとももう 1 つの but の機能を認める必要がでてくる．それは，先行発話とは異なる内容を後続発話で述べることから，話題を転換する機能が生まれることである（松尾 (2009)）．

(8) Have you reached a verdict? We have Your Honor. Your Honor we have agreed to hold for the plaintiff Deborah Anne Kaye and against St.

Catherine Laboure Doctors Towler and Marx. *But* Your Honor are we limited on the size of the award? – *The Verdict* [映画台本]「評決に達しましたか？」「はい，裁判長．私たちは原告のデボラ・アン・ケイの訴えを認め，聖キャサリン・ラバリー病院とタウラー，マルクス両医師の抗弁を退けます．ところで裁判長，私たちは裁定額については制限されるのでしょうか？」　　　　　　　　　　　　　　（松尾 (2009: 33)）

ここでの but は必ずしも論理的な意味での対立を構成しているとは言えない．むしろ but の意味が要素間の「意味的対立」から出発して「推論結果の対立」へと拡大化された結果，結果的にその「対立」の意味がゆるめられて「元とは異なる話題」という関係をも含めるようになったと考えられる．特に会話や談話などの日常会話においては，意味的な厳密性ばかりを追求することよりもこちらのゆるめられた関係を表す but の方が多いようである．

3.2.2. Granted にまつわる節同士の関係

では，granted に関連する節同士の関係はどのようになっているだろうか．まず純粋な「対立」用法と考えられる例は以下の通りである．

(9) We're right outside of the town of Gothic, where the Rocky Mountain Biological Laboratory has received nearly $500,000 in stimulus money to study wildflowers. *Granted*, Gothic is the wildflower capital of the world. *But* Gothic is also a ghost town.

(10) Mr. WILL:　(...) I believe—it is arguable, at least—and you're from California, you can correct me on this—that the biggest practitioner of racial discrimination in the country is the California university system and the victims are Asian-Americans.
Ms. ROBERTS:　Absolutely right.
Mr. MAYNARD:　You're right. *Granted*.
Mr. WILL:　So it's a poison that spreads through all kinds of areas. But second, you know, one way of ...
Mr. MAYNARD:　*But* you might want to notice that the University of California at Berkeley now has an Asian chancellor and the difference in the attitudes of admissions people at that campus has changed dramatically and it's a good example of how justice can triumph in this area.

(9) では (野生植物に関して) 世界でも中心的な街 (capital) であることと, ゴーストタウンであることとは対立することなので, 意味的対立用法に分類されると考えられる. また (10) では Maynard 氏が granted という発言により, Will 氏の発言内容である「カリフォルニア大学のシステムが人種差別をしていてアジア系アメリカ人が被害者となっている」を是認しているが, しばらく発言を許してからその後, but による反論発言を続けて, 「カリフォルニア大学も今やアジア人学長を迎えて状況が変わっている」と述べている. 人種差別をめぐるカリフォルニア大学の評価は, 以前と今とで論理的に対立関係にあると考えて良い.

しかし, 厳密な意味での「対立」関係を表す事例は限られていて見つけることが困難なほどである. 大部分の例は「期待の否認」と分類されるタイプに属している. つまり, 命題自体が対立関係にあるのではなく, 結果として得られる非明示の推論命題と対立関係にあるというものである. たとえば次の例を見られたい.

(11) Now, *granted*, consumers can bypass high price patented drugs for cheaper generics, exact chemical copies of the patented brand, but generics become available only when the 17-year patent expires.

(12) Were I the care giver, I would treat that patient as though, yes, that patient had AIDS. But when we talk about the window period, *granted*, one is not going to catch everyone, *but* catching many could prevent this from happening.

(13) "Parents need to build legitimate expectations," although, *granted*, *that*'s often easier said than done. "Many parents are afraid to tell their kids no."

(11) の主節命題である「ジェネリック薬が買えるのは 17 年の特許が切れた時だ」は, 厳密には granted に後続する命題「ジェネリック薬を買えば高い値段を回避できる」と対立しているというよりも, そこから推論される「今すぐ高い薬を回避できる」と対比されている. また (12) でも, 「AIDS の可能性のある人をすべて把握するわけではない」という言説から導かれる「AIDS の蔓延の可能性を消し去ることができない」という推論と, but 以下の「できるだけ多くの人を把握すれば蔓延を防ぐことができる」とが対を成している. 同様に (13) でも「親というものは, 子どもにこうあるべきだという期待を明確にもつ必要がある」ということと, 「実行は難しい」ということとは, 厳密には対立し

ていない．対立しているのは，むしろ前件の「期待を明確に示す必要がある」ことから推論される「（だから）それを実行し，だめなものには NO と言うべきだ」という内容であると考えられる．つまり，いずれの場合も命題同士が対立関係にあるのではなく，命題から推論される内容と対立関係にあると言える．

　以上見てきた事例において，2つの事態の対立性が，推論を挟んだ間接的なものとなっていることに注意したい．つまり，厳密な意味での論理性は希薄になってきているのである．論理性が希薄になるということは，結びつけられている2つの事態同士の関係も厳密な反義関係には限定されず，次に見るようなもう少しゆるい関係でも許されるようになることである．

(15) And I heard you say something earlier that there's no way anything the foundation does could compare to the life of your children. *Granted*. Because they're two different things. *But* you have no idea how many people watching you right now, in this country and throughout the world, this was the day they had decided would be their last day, and because they've seen you, they've made another decision to go on. You have no idea. You have no idea.

ここで話者は，一旦は自らの先行発話内容を是認するが，後にその内容に反する内容を加えている．ただしここでの対立関係も単純ではない．「あなたは，子どもの命に匹敵するようなことが基金には何もできないと述べた（そうですね）」ことと，「あなたには何も考えがない」ということとは，厳密には対立しない．対立するのは，「基金には何もできないと言った」ならば「代替案として何かある」とインタビュアーが推測するにも関わらず「何も考えがない」ことである．このように，対立関係は推論結果にも及ぶため，聞き手によってはその推論をフォローできるとは限らない．「何もできない」と言ったからといって「何も考えがない」とは必ずしも成り立たないことから，この思考過程はインタビュアー個人のものであり，万人にとって成り立つものとはいえないのである．つまり，but に代表される「対立」関係は当初議論の出発点とした論理的・意味的な対立から，推論を介在する間接的な対立を経て，その推論が個々人に委ねられ，必ずしも周りからは復元可能とはいえないような「ゆるい」対立関係へとその範囲が拡大されているのである．

　この拡大傾向の中，当初論理レベルで述べられていた対立関係は，単に元と何らかの側面で「異なる」内容を述べる，という側面に焦点が当たるようになる．その結果として，新たな内容への「話題転換」という機能に焦点がシフト

していく流れが見られる．次のオバマ氏のオハイオ州立大学での演説をめぐってのリポートを見てみよう．

(16) At OSU, at Ohio State yesterday, in a stadium that seats about 18,000, there were roughly 14,000 people there. Now, *granted*, those 14,000 were very excited. They supported the President. *But* there were still more than 4,000 empty seats. Doesn't that indicate that there is a problem you're facing when it comes to fewer people who are excited about the President?

「大学スタジアムに集まった14000名は熱狂し，オバマ氏を支持していた」ということと対立するのは「4000の椅子が空席だった」ことというよりも，厳密にはそこから推論される「支持しない人もいた」ことである．この2つは同じ事態の裏表のようなものであり，最初の発言とは違った側面に光を当てることで，インタビュアーはさらに前言と対立する否定的な事実解釈へと話を新たに展開させている．同じく話題転換に焦点が当たっている例として以下の例も挙げられる．

(17) We did tend to sort of brush over those one million-plus people that the Dalai Lama claims were killed by the Chinese in Tibet. Now, *granted*, you said you didn't see them, but I'm not sure how you would have or why you expected to.

ここでは「チベットで多くの人が殺されたことを見ていない」と事実を述べていることを受けて，「なぜそもそも殺人を目撃できると考えたのかわからない」と相手の意図のレベルへ焦点を移している．ここで発言者は焦点化のレベルを変え，話題を事実そのものから事実についての相手の考えへと移していくことになる．ここでのgrantedは，次の話題に移ることを暗に示す表現になっているとも言える．

　事実から意図へ，というのはある種メタレベルへの転換と考えることができる．次の例はこのメタ的な修正に相当する例である．

(18) As a way to save the world, digging a ditch next to a hillock of sheep dung would seem to be a modest start. *Granted*, the ditch was not just a ditch. It was meant to be a "swale," an earthwork for slowing the flow of water down a slope on a hobby farm in western Wisconsin.

「羊の堆肥の小山の隣に掘るべき用水路 (ditch) は単なる用水路ではなくて，水の流れを緩める低湿地 (swale) なのだ」というくだりである．ここでは ditch という先述の言葉をメタ的に否定した上で，本来目標とする swale を提示し，より適切な言葉づかいをめざしている．それにより，同じ事態に対して異なる新たなものの見方・解釈を提示しているのである．そしてこの後はこの新たな物の見方についての話題が続くことになる．つまりここで話題の転換が起こっているのである．

話題転換が前面に出されると，「対立」の意味合いが薄れるため，必ずしも but という表現が必要ではなくなってくる．

(19) SAM DONALDSON: Well, there's a shortage of good law in many areas, George.
   COKIE ROBERTS: Aside from the "should" question — "should" Congress be acting or not — there is the "is" question, and it is not. And I really think very little is going to get accomplished between now and the election because there's too much — there's too much political reason not to do it.
   SAM DONALDSON: Well, all right, he's not going to get any health care, right, *granted* that. Do we get campaign reform, Cokie?
   COKIE ROBERTS: I think it's very difficult to do. You got to get the Democrats to agree with the Democrats and that will be kind of tough.

「いろいろすべきだというもっともな意見はあるが，当面の選挙まではあまりなにもできない」という意見を受けて「わかりました，あまり保険医療については何もするつもりはないのですね」と言った上で「選挙改革についてはどうでしょうか」と尋ねている．ここで提示されている命題は必ずしも「対立」関係にあるとは限らず，単に「前とは異なる話題」を提示しているに過ぎない．そうなると，granted の後に but があるべき必然性は薄れてくる．そして実際この例では but は存在していない．むしろ granted (that) だけで「おっしゃりたいことはわかりました」と言いつつ1つの話題をこれで終結するシグナルとなり，次に新たに話題が転換されることを間接的に示すことになる．

この終結シグナルとしての使い方が顕著なのが以下の例である．

(20) WOMAN 2: No man's supposed to put his hands on no woman.

DORTHA: But he drove her to her death.
MARTELL-Sr.:   OK. OK. OK.   *Granted. Granted.*
WOMAN 2:   I don't care if she was on drugs.
MARTELL-Sr.:   Hold it.   Hold on.   Hold on.
WOMAN 2:   I don't care if she was drunk.   I don't care if she was out at 2:00 in the morning.   No man puts his hands on no woman.
MARTELL-Sr.:   *Granted — granted*, young lady — OK.   No, no ...

　ここで，Martell 氏の「言いたいことはわかったからもうそれ以上言うのはやめてくれ」という発言に注目したい．相手の発言を認めてその逆を提示する，という点では，逆接に基づく「譲歩」の構造を取っている，と言えるかも知れない．しかしよく吟味するとその内容は純粋な「譲歩」とは異なっている．譲歩では相手の発言内容を一旦は是認した上で，それとは反対の内容を持ち出すものだ．しかしここでは必ずしも相手の発言を「是認」してはおらず，また後続する内容も相手の発言内容に反対，反論するものでもない．つまりここでの granted の文脈は，論理レベルの逆接を構成してはいないのである．逆接構造が保持されているとしたら，むしろメタレベルにおいて写像されていると考えられる．(20) であれば，まず是認するのは相手の発言内容というよりその発言の意図であり，次に否定するのは発言内容ではなく発言続行の意図，という形式を取っているのである．しかしそのようなメタレベルの対立よりも，ここではむしろ話題をこれから転換させる前段階としての終結シグナルとしての役割の方が前面に出されていると考えられる．

5.   まとめ

　以上，granted を用いた表現形式の変遷について，共時的なデータを元にして議論してきた．granted に導かれる複文構造が表していた〈譲歩〉の意味関係が，granted 前後の文の関係が等位構造的に変化すると共に，譲歩の前提となっていた〈対立〉関係がゆるめられ，granted が副詞化し，話題終結・転換的機能へと変化していることを見た．統語的・形式的な変化と共に，副産物としての意味機能的変化が見られている．興味深い現象である．特に，もともとは granted と共起するだけの環境的な要素だった but が，granted そのものの意味変化にも影響を与えていることは見逃せない．譲歩から対人関係機能が発現するのは，「それまでとは論理的に反対の方向に話題転換する」という譲歩から

「それまでとは無関係な方向へ話題転換する」というもの，つまり，意味的方向性の指定がなくなると同時に話題転換機能へと意味の焦点が移っていった結果と考えられる．これはもともと but 自体にも見られる談話機能だが，granted はそれと複合的に絡み合い，but がなくともその機能を果たすことができるように構文化していったと考えられる．

参考文献

Ariel, Mira (2013) "Having trouble verbalizing? Take *or*, or something. Or whatever," A Paper Presented in a Panel on The verbalization of experience in honor of Wallace Chafe, organized by John W Du Bois and Patricia Clancy, The 12th International Cognitive Linguistic Conference at University of Alberta.
Blakemore, D. (1992) *Understanding Utterances: An Introduction to Pragmatics*, Blackwell, Oxford. ［武内道子・山崎英一(訳) (1994)『ひとは発話をどう理解するか: 関連性理論入門』ひつじ書房，東京．］
Evans, Nicholas (2007) "Insubordination and Its Uses" *Finiteness: Theoretical and Empirical Foundations*, ed. by Irina Nicholaeva, 366–431, Oxford University Press, Oxford.
Givón, Talmy (1995) *Functionalism and Grammar*, John Benjamins, Amsterdam.
Goldberg, Adele (1995) *Constructions: A Construction Grammar Approach to Argument Structure*, University of Chicago Press, Chicago.
Goldberg, Adele (2006) *Constructions at Work: the Nature of Generalization in Language*, Oxford University Press, Oxford.
Kortmann, Bernd (1991) *Free Adjuncts and Absolutes in English: Problems of Control and Interpretation*, Routledge, London/New York.
Kortmann, Bernd and Ekkehard Konig (1992) "Categorial Reanalysis: The Case of Deverbal Prepositions," *Linguistics* 30, 671–697.
早瀬尚子 (2002)『英語構文のカテゴリー形成』勁草書房，東京．
早瀬尚子 (2009)「懸垂分詞構文を動機づける「内」の視点」『「内」と「外」の言語学』，坪本篤朗・早瀬尚子・和田尚明(編)，55–97，開拓社，東京．
Hayase, Naoko (2011) "The Cognitive Motivation for the Use of Dangling Participles in English," *Motivation in Grammar and the Lexicon: Cognitive, Communicative, Perceptual and Socio-Cultural Factors*, ed. by Klaus-Uwe Panther and Gu=nter Radden, 89–106, John Benjamins, Amsterdam/Philadelphia.
早瀬尚子 (2011)「懸垂分詞派生表現の意味変化と(間)主観性—considering と moving on を例に—」『言語における時空をめぐって』9, 51–60，大阪大学言語文化研究科．
早瀬尚子 (2012)「英語の懸垂分詞構文とその意味変化」『日英語の構文研究から探る理論言語学の可能性』，畠山雄二(編)，57–69，開拓社，東京．

早瀬尚子 (2013)「日本語の「懸垂分詞的」接続表現について:「考えてみると」をめぐって」『時空と認知の言語学 II』大阪大学大学院言語文化研究科.

Hayase, Naoko (2014) "The Motivation for Using English Suspended Dangling Participles: A Usage-Based Development of (Inter)subjectivity," *Usage-Based Approaches to Language Change*, A Series of Studies in Functional and Structural Linguistics, ed. by Evie Coussé and Ferdinand von Mengden, 117-145, John Benjamins, Amsterdam/Philadelphia.

早瀬尚子 (近刊)「Supposing 節の構文化現象」『日英語の文法化と構文化 (仮)』, 秋元実治・青木博史・前田満(編).

Hopper, Paul J. and Elizabeth Closs Traugott (2003^2 [1993]) *Grammaticalization*, Cambridge University Press, Cambridge.

川端朋宏 (2010)「Granted の談話標識用法」『英語研究の次世代に向けて―秋元実治教授定年退職記念論文集』, 吉波弘他(編), 383-395, ひつじ書房, 東京.

Lakoff, Robin (1971) "If's, and's and but's about Conjunction," *Studies in Linguistic Semantics*, ed. by C. J. Fillmore and D. T. Langendoes, Holt, Reinhart and Winston, New York.

松尾文子 (2009)「英語の談話標識の特性及び日本語との比較」『梅光学院大学論集』42, 30-44.

大橋浩 (2013)「Having said that をめぐる覚え書き」『言語学をめぐる眺望』大橋浩他 (編), 12-27, 九州言語学会.

副詞的「やばい」の公的表現志向性とその動機付け*

今野　弘章

奈良女子大学

キーワード:「やばい」, 副詞的成分, 公的表現志向性, ミスマッチ解消, 動機付け

1.　はじめに

現代日本語の口語表現では, 話者による否定的評価を本来的に表す形容詞「やばい」が肯定的評価をも表す用法が浸透している (Sano (2005), 矢澤 (2005))．

(1)　最近の若者の間では「こんなうまいものは初めて食った．やばいね」などと一種の感動詞のように使われる傾向がある．

(『新明解国語辞典』, 第7版)

さらに,「やばい」が,「やばく」とは活用せずに, 直接他の用言を修飾してその程度を強調する拡張用法も見受けられる (Sano (2005), 洞澤・岩田 (2009), 阪口 (2013))．[1]

(2) a.　タマゴボーロ［商品の写真］やばいよ！やばいうまいよ！
　　　　(http://blog.crooz.jp/shoccih/ShowArticle?no=123)

---

* 筆者が2010年にある学会で研究発表した際, 坪本先生が「面白かったよ」と声をかけて下さった．当時研究に関して漠然とした不安を抱えていた筆者にとって, 先生からの小さな一言は大きな励みとなった．この機会に記して心より感謝申し上げます．

本稿はワークショップ「構文と意味の拡がり」(2013年10月於和光大学) および第42回奈良女子大学英語英米文学会年次大会 (2013年11月於奈良女子大学) で口頭発表した内容に基づいている．ワークショップで発表する機会を与えて下さった益岡隆志先生と早瀬尚子氏, 研究過程で有益なコメントを下さった大澤舞, 草山学, 小柳智一, 阪口慧, 西田光一, 三宅知宏, 吉村あき子の各氏, 例文の容認度判断に協力して下さった方々に感謝申し上げる．本研究はJSPS科研費24720223の助成を受けたものである．

[1] 以下, 例文中の下線は全て筆者による．

b. チャーハン NOW(^O^)／しかしタイ米やばい不味い
　　(http://twitter.com/shoendo7/statuses/122990787427450880)

　本稿では，(2)のように，「やばい」が他の用言を修飾する拡張用法に注目し，当該の用法が廣瀬 (1997) の「公的表現」としての機能を基本とすることを指摘する．そして，その機能的特性が，形と意味のミスマッチ解消という観点からすると，恣意的なものではなく，動機付けられたものであることを論じる．

2. 先行研究——Sano (2005), 佐野 (2012)——

　本節では，議論の前提として，Sano (2005) および佐野 (2012) による「やばい」の意味変化と用法拡張の分析を紹介する．[2] 佐野は，(1) や (2) に見られる形容詞「やばい」の意味変化およびそれに伴う用法拡張を 2 つの段階に分けて説明している．その要点は以下の通りである．まず，主語の（話者にとって）望ましくない異常な状態を記述する形容詞「やばい」（例：(試験の結果が悪いのを見て)「この点はやばい」）の意味成分のうち，否定的意味を表す部分が意味の漂白化 (semantic bleaching) によって失われる．その結果，形容詞「やばい」が，主語が示す特性・状態の程度の異常さ，すなわち甚だしさを述べる程度形容詞（例：(素敵な人を見て)「あの人やばい」）に変化する．この程度形容詞としての「やばい」は，主語の特性・状態の程度の甚だしさを述べるだけであり，その甚だしさが具体的にどのような特性・状態に関するものなのかは文脈によって決まる（例：(不味いものを食べて／美味しいものを食べて)「この料理はやばい」）．
　さらに，「すごい」などの程度形容詞と同様，終止形・連体形と同じ活用形態に連用形としての役割も担わせる類推的水平化 (analogical leveling) が起こる（例：「すごくうまい」→「すごいうまい」）．そして，他の形容詞を修飾して程度の甚だしさを表す連用形としての「やばい」（例：「やばいうまい」）が生じる．以上が佐野の分析の骨子である．本稿では，この佐野による分析を基本的に受け入れて議論を進める．[3]

---

　[2] 他に「やばい」の意味変化を扱った研究には，大堀 (2005: 3), 洞澤・岩田 (2009), 秋田 (2012: 217), 阪口 (2013) がある．本稿では，議論に直接関連する佐野の研究のみを取り上げる．
　[3] 「基本的に」という制限付きである理由については次節以降の議論を参照．

3. 「やばいうまい」における「やばい」のカテゴリ

　ここで，「やばいうまい」のように「やばい」が他の用言を修飾して程度の甚だしさを表す用法における「やばい」の統語範疇，すなわち当該の「やばい」が形容詞か副詞かという問題について考えてみたい．この問題について，佐野 (2012: 221) は，2節で紹介したように，当該の用法を活用の類推的水平化によって生じた連用形形容詞と見なし，次のように述べている．

(3) 　[(2) のような「やばい」の用法] を「形容詞の副詞化」と見る向きもありますが，形容詞が活用を失ったのではなく，特定の活用形が変化を起こしているので，厳密に言うとこの見方は現象を正しくとらえてはいません．

これに従えば，「やばいうまい」の「やばい」の統語範疇は（連用形）形容詞であり，副詞ではないということになる．
　佐野の指摘を念頭に置き，以下に挙げる一般的な副詞の定義を見てもらいたい．

(4) 　副詞は，動詞・形容詞・副詞を修飾する．活用はしない．
　　　　　　　　　　　　　　　　　（日本語記述文法研究会 (2010: 107)）

この定義を踏まえると，「やばいうまい」の「やばい」が（連用形）形容詞なのか副詞なのかは容易には判断できないということになる．というのも，「やばい」が用言を修飾する場合，以下に示すように，その修飾対象には動詞 ((5))，形容詞 ((6) および (2))，副詞 ((7)) が可能であり，それらのいずれの場合においても，「やばく」とは活用させずに用いられるからである．

(5) 　元ネタわかる人いますかねーいたらやばい喜ぶ
　　　　　(http://ameblo.jp/k-ranka180310/entry-11452984663.html)
(6) 　なんで宝塚の女優さんは年をとったら，あんなやばいきれいになんねんろ！？　　　(http://ameblo.jp/shinji1211/entry-10164611096.html)
(7) 　とりあえず一安心！　やばいドキドキしたわ．
　　　　　(https://twitter.com/mmmmiki11/statuses/508119922249965568)

「やばいうまい」の「やばい」が表面的に活用を起こさないという事実自体は佐野が指摘する通りである．だが，そのことだけでは，必ずしも当該の「やばい」が連用形形容詞であるという結論を導くことはできない．本節で論じたよう

に,「やばいうまい」の「やばい」は,活用が水平化した連用形形容詞としてだけでなく,活用しない副詞としても見なすことが可能である.

以上から明らかなのは,「やばいうまい」における「やばい」の統語範疇を,形容詞と副詞のいずれか一方に経験的に決定することはできないということである.この関連で,日本語記述文法研究会 (2009: 198) による次の指摘を見てもらいたい.

(8) 程度を表す副詞的成分のうち,特に程度が大きいことを表すものは,より斬新な表現が求められるため,さまざまな品詞の語が,程度を表す副詞的成分として用いられることがある.

(5)-(7) で見た「やばい」の振る舞いは,まさにこの記述と合致する.そこで,本稿では,統語範疇の問題にはこれ以上立ち入らず,「やばいうまい」の「やばい」を,(8) の副詞的成分 (adverbial) とみなし,「副詞的『やばい』」と呼ぶ.

4. 副詞的「やばい」の使用場面

副詞的「やばい」が持つ語用論的特徴に関して,これまで指摘されていない事実がある.それは,廣瀬 (1997) の「公的表現／私的表現」の区分からすると,副詞的「やばい」が使用場面の偏りを示すというものである.問題の事実を観察する前に,廣瀬による公的表現と私的表現の定義を確認しておこう.

(9) a. 伝達を目的とした,社会的営みとしての思考表現行為を「公的表現行為」と呼び,公的表現行為で用いられる言語表現を「公的表現」と呼ぶ.
b. 伝達を目的としない,個人的営みとしての思考表現行為を「私的表現行為」と呼び,私的表現行為で用いられる言語表現を「私的表現」と呼ぶ.

(廣瀬 (1997: 6))

公的表現と私的表現は,話者が聞き手の存在を考慮に入れるか入れないかという語用論的性質において決定的に異なる (廣瀬 (1997: 7)).以下では,この差を「聞き手志向性の有無」と呼ぶ.

ある言語表現が公的表現あるいは私的表現として機能できるかどうかは,文法的テストによって判断できる.発話の聞き手志向性の有無を標示する手段として,現代日本語には一定の呼びかけ表現や感嘆表現が存在する.廣瀬

(1997) によれば，話し手から聞き手に対する呼びかけを示す感動詞「おい」や終助詞「～よ」は，共に発話を構成する成分と公的表現を形成する．また，Hasegawa (2006) によれば，話し手の感動を表す感動詞「わー」や詠嘆の終助詞「～なぁ」は，共に発話を構成する成分と私的表現を形成する．つまり，「おい」や「よ」は公的表現標識，「わぁ」や「～なぁ」は私的表現標識ということである．

(10a) に示すように，「ねぇ X よ」という発話は，ともに公的表現を導入する呼びかけ表現の「ねぇ」と「～よ」から構成されており，聞き手志向性があるという点で一貫しているため容認される．それに対し，(10b) の「ねぇ X なぁ」という発話は，聞き手志向性の有無が発話の始点と終点で一致せず，単一の発話としては容認されない．

(10) a. ねぇおいしいよ．
　　 b. *ねぇおいしいなぁ．

同様に，(11a) に示すように，「わぁ X なぁ」という発話は，ともに私的表現を導入する感嘆表現「わぁ」と「～なぁ」から成っており，聞き手志向性がないという点で一貫している．(11b) の「わぁ～よ」という発話は，(10b) と同じく，発話内の聞き手志向性の有無が一貫しておらず，単一の発話としては容認されない．

(11) a. わぁおいしいなぁ．
　　 b. *わぁおいしいよ．

(10a) と (11a) が示すように，形容詞「おいしい」は，「ねぇ X よ」と「わぁ X なぁ」どちらの X 部にも生起可能である．このことから，「おいしい」という形容詞自体は，公的表現／私的表現の指定を内在化させておらず，聞き手志向性に関して無標 (unmarked) の表現だといえる．

(10) と (11) に関する議論から，「ねぇ X よ」と「わぁ X なぁ」という鋳型が，ある言語表現が公的表現あるいは私的表現として機能できるかどうかを判断する文法的テストとして利用可能だということが分かる．すなわち，ある言語表現が「ねぇ X よ」と「わぁ X なぁ」両方の X 部に生起可能な場合，その表現は，公的表現としても私的表現としても機能できるといえる．次に，ある言語表現が「ねぇ X よ」の X 部には生起できても「わぁ X なぁ」の X 部には生起できない場合，その表現は公的表現に特化しているといえる．そして，ある言語表現が「わぁ X なぁ」の X 部には生起できても「ねぇ X よ」の X 部には

生起できない場合，その表現は私的表現に特化しているといえる．[4]

以上を踏まえ，副詞的「やばい」の語用論的特性の話に移ろう．副詞的「やばい」は，以下で提示する調査結果が示すように，聞き手志向性の有無に関して興味深い振る舞いを示す．調査では，(2) の拡張用法を許容する 8 名の話者に対し，形容詞「やばい」を肯定的意味で用いた（佐野の程度形容詞としての用法に該当する）例と副詞的「やばい」を用いた例のそれぞれについて，「ねぇねぇ X よ」と「わぁ X なぁ」の X 部として用いることができるかどうかを尋ねた．その結果，話者の判断は 3 タイプに分かれた．

まず 1 つめのタイプ（調査した 8 名中 3 名）は，(12) と (13) に示すように，形容詞「やばい」と副詞的「やばい」のどちらも，「ねぇねぇ X よ」「わぁ X なぁ」と共起可能だと判断する話者である（「タイプ A」と略記）．

(12) （「やばい」を良い意味で解釈して）
　　a.　ねぇねぇこれやばいよ．
　　b.　うわぁこれやばいなぁ．
(13) a.　ねぇねぇこれやばいうまいよ．
　　b.　うわぁこれやばいうまいなぁ．

タイプ A の話者では，形容詞「やばい」と副詞的「やばい」は，ともに，公的表現としても私的表現としても機能するといえる．

2 つめのタイプの判断（8 名中 3 名）は，(14) と (15) に示すように，形容詞「やばい」が「ねぇねぇ X よ」と「わぁ X なぁ」のどちらとも共起可能なのに対し，副詞的「やばい」は「ねぇねぇ X よ」とのみ共起可能というものである（「タイプ B」と略記）．

(14) （「やばい」を良い意味で解釈して）
　　a.　ねぇねぇこれやばいよ．
　　b.　うわぁこれやばいなぁ．
(15) a.　ねぇねぇこれやばいうまいよ．
　　b.??うわぁこれやばいうまいなぁ．

タイプ B の話者では，形容詞「やばい」が公的表現としても私的表現としても機能できるのに対し，副詞的「やばい」は公的表現としてのみ機能できるといえる．

---

[4] 本稿では，どちらの鋳型の X 部にも生起できない言語表現は考察対象から除外する．

最後のタイプの話者（8名中2名）は，(16) と (17) に示すように，形容詞「やばい」と副詞的「やばい」のどちらも，「ねぇねぇ X よ」とのみ共起可能と判断する（「タイプ C」と略記）．

(16) （「やばい」を良い意味で解釈して）
 a. ねぇねぇこれやばいよ．
 b. ??うわぁこれやばいなぁ．
(17) a. ねぇねぇこれやばいうまいよ．
 b. ??うわぁこれやばいうまいなぁ．

タイプ C の話者は，形容詞「やばい」と副詞的「やばい」のいずれをも公的表現としてしか用いないといえる．

(12)-(17) で観察した事実を表1にまとめて示す．[5]

	公的「やばい」	私的「やばい」	公的「やばいうまい」	私的「やばいうまい」
タイプ A (3/8)	✓	✓	✓	✓
タイプ B (3/8)	✓	✓	✓	??
タイプ C (2/8)	✓	??	✓	??

表 1

表1の太枠で囲んだ部分に注目すると，副詞的「やばい」が示す1つの重要な語用論的特徴が見えてくる．[6] それは，公的表現としての副詞的「やばい」はタイプ A～C 全ての話者が容認するのに対し，私的表現としての副詞的「やばい」はタイプ A の話者しか容認しないという点である．私的表現としての副詞的「やばい」が容認されるなら必ず公的表現としての副詞的「やばい」も容認されるが，公的表現としての副詞的「やばい」が容認されるからといって，私的表現としての副詞的「やばい」も容認されるとは限らないのである．このことから，副詞的「やばい」は，公的表現としての用法を私的表現としての用法よりも基本とするといえる（「副詞的『やばい』の公的表現志向性」と略記）．なお，副詞的「やばい」の公的表現志向性は，当該の用法が示す語用論的傾向を意味し，当該の用法が公的表現に特化していることは意味しない点に注意さ

---

[5] 表1では，公的表現を「公的」私的表現を「私的」と略記してある．
[6] 表1の太枠部分のみに注目した場合，話者の判断はタイプ A 対タイプ B・C の 2 種類に分類される．

れたい.

5. 副詞的「やばい」の公的表現志向性に対する動機付け

では，副詞的「やばい」が示す公的表現志向性は何に起因するのだろうか．本節では，この問題を解決する可能性を，副詞的「やばい」という現象外の視点と当該の現象内の視点から考察する．結論を先回りして述べると，問題の志向性は，形と意味のミスマッチ解消およびそれに伴う聞き手志向の語用論的原理の充足という現象内的観点から動機付けられる．

5.1. 外的要因の観点から

副詞的「やばい」の公的表現志向性は，以下の4つの理由から，当該の現象外の要因によるものとは考えにくい．まず，副詞的「やばい」の公的表現志向性を，形容詞「やばい」の肯定的用法から継承されたものと考えることはできない．タイプCの話者のみに注目するとそのような説明も可能なように思えるが，(14) と (15) および表1から明らかなように，タイプBの話者は，副詞的「やばい」のみに公的表現志向性を認め，形容詞「やばい」にはその志向性を認めないからである．

次に，副詞的「やばい」の公的表現志向性は，佐野が類例として挙げる副詞的「すごい」（例：「すごいうまい」）からの類推（2節参照）に起因すると考えることもできない．タイプA-Cの話者は，副詞的「やばい」についての判断の差とは関係なく，副詞的「すごい」を用いた以下の例を等しく容認する．

(18) a. ねぇねぇこれすごいうまいよ．
　　 b. うわぁこれすごいうまいなぁ．

このことから，タイプA-Cの話者が，副詞的「すごい」を公的表現としても私的表現としても用いることができること，すなわち副詞的「すごい」には公的表現志向性を認めないことが分かる．

さらに，副詞的「やばい」の公的表現志向性は，当該の用法が新規表現（あるいはいわゆる「若者言葉」）であるという社会言語学的性質に帰すことも難しい．以下の例が示すように，新規表現が常に公的表現志向性を示すとは限らないからである．

(19) a. *ねぇねぇ，うまっ．(cf. ねぇねぇ，うまい（よ）.)

b. *なぁなぁ，臭っ．(cf. なぁなぁ，臭い（よ）．)

(今野 (2012: 20))

　今野 (2012) によれば，(19) 下線部の「イ落ち構文」は，形容詞終止形活用語尾の「い」を欠き，私的表現に特化した構文である．イ落ち構文が私的表現に特化しているという語用論的特性は，(19) において，当該構文が呼びかけ表現と共起しないことからも確認できる．このイ落ち構文は，(19) の括弧内にある通常の形容詞表現と比べると，新規表現として認識され易いと思われるが，副詞的「やばい」とは異なり，公的表現志向性を示さない．

　最後に，副詞的「やばい」の公的表現志向性は，日本語の一般的な語用論的特性に還元することもできない．廣瀬 (1997) は，「日本語では私的表現が（英語では公的表現が）無標の言語表現のレベルである」と指摘している (cf. 池上 (2007))．副詞的「やばい」の公的表現志向性は，この日本語の無標の語用論的特性とはちょうど逆の性質を示す．以上，4 つの可能性の検討から，副詞的「やばい」の公的表現志向性を外的要因に還元することはできないといえる．

5.2. 内的要因の観点から

　前節で論じたように，副詞的「やばい」が示す公的表現志向性は，類推や継承といった外的要因によって動機付けることはできない．このことを踏まえると，問題の性質には，副詞的「やばい」という現象内の要因，すなわち副詞的「やばい」をもたらす文法変化そのものの特性が関わっていると考えられる．

5.2.1. 再び Sano (2005)，佐野 (2012) の分析について

　ここで，2 節で紹介した佐野の分析を思い出してもらいたい．議論の便宜上，佐野による形容詞「やばい」の意味・用法変化の分析の概要を (20) に図式化して示す．

(20)　i. 事態の望ましくなさを表す形容詞
　　　　　↓　意味の漂白化
　　　ii. 程度の甚だしさを表す程度形容詞（具体的意味は文脈が指定）
　　　　　↓　活用の類推的水平化
　　　iii. 程度の甚だしさを表す連用形形容詞

佐野によれば，副詞的「やばい」は，否定的意味を表す形容詞「やばい」((20i)) の程度形容詞化 ((20ii)) とそれに続く活用の類推的水平化 ((20iii)) によって

生じたものである．では，佐野のモデルは，副詞的「やばい」の公的表現志向性を動機付けることができるだろうか．

　佐野のモデルにおいて副詞的「やばい」をもたらすとされる活用の類推的水平化は，形態・音韻的な経済性に関わるという点で，話し手志向の変化だと考えられる．一方，副詞的「やばい」が志向する公的表現は，4節で論じたように，聞き手の存在を前提とするという点で聞き手志向である．したがって，佐野の分析をそのまま用いるだけでは，副詞的「やばい」の公的表現志向性を捉えることはできないといえる．

5.2.2. ミスマッチ解消に伴う語用論的原則の充足

　副詞的「やばい」が示す公的表現志向性の問題を解決するため，本稿は，佐野による副詞的「やばい」の派生モデルを修正し，以下に述べる新たなモデルを仮定する．派生の第一段階として，話者による否定的評価を表す形容詞（以下，「否定的形容詞」と略記）としての「やばい」が存在する．否定的形容詞「やばい」は，統語的には形容詞句の主要部であり，意味的には「望ましくない」という主語の特性あるいは状態を記述する．

　ここで重要なのは，否定的形容詞一般が示す語用論的特性である．それは，否定的形容詞が実際に発話として用いられると，聞き手は，その形容詞が記述する特性・状態の程度を高めて解釈することが可能だということである．

(21) 　（Bが作った料理をAが食べて）
　　　A: これまずいよ．
　　　B: え，本当？／え，そんなに？

(21)のAの発話に対し，Bは，純粋にAの発話の真偽を問うこと（「え，本当？」）も，Aの著しい低評価の真偽を尋ねること（「え，そんなに？」）もできる．(21B)で後者の質問が許容されることは，Bが，否定的形容詞「まずい」を含むAの発話を「とてもまずい」と同様に強意的に解釈していることを示す．この一般的特性により，否定的形容詞「やばい」は語用論的に強意解釈を受ける．

　第二段階では，佐野が指摘するように，否定的形容詞「やばい」に対し，「望ましくない」という意味成分の漂白化が起こる．同時に，否定的形容詞「やばい」で語用論的に補われていた強意解釈が，語用論的強化 ("pragmatic strengthening" Traugott (1989)) により，「やばい」の意味成分に取り込まれる．その結果，程度形容詞としての「やばい」が生じる．程度形容詞「やばい」

は，統語的には形容詞句の主要部を占め，意味的には主語の何らかの特性・状態の程度の甚だしさを修飾する．そして，佐野が指摘するように，程度形容詞「やばい」では，具体的な特性・状態の解釈は文脈から補われる．

ここで注目したいのは，程度形容詞「やばい」では，統語的に形容詞句の主要部に対応する「やばい」が，意味的には程度修飾部として機能しているという点である．この対応関係は，統語的主要部と意味的主要部の一対一対応を求める形と意味のデフォルトの対応規則 (cf. Newmeyer (1998)，Culicover and Jackendoff (2005)，Sadock (2012)) に合致しないという点で，形と意味のミスマッチと特徴付けられる．

最後の段階では，程度形容詞「やばい」が活用を失い，[7] 程度を強調する副詞的成分として統語的に再分析 (reanalysis) され，副詞的「やばい」が生じる．副詞的「やばい」は，統語的には形容詞句の指定部を占め，意味的には後続する用言が表す主語の特性・状態の程度の甚だしさを修飾する．この統語的再分析に基づく用法拡張により，副詞的「やばい」は，統語的にも意味的にも非主要部となる．その結果，程度形容詞「やばい」が含んでいた形と意味のミスマッチが解消される．以上が本論が仮定する副詞的「やばい」の派生モデルである．

ここまで説明してきた内容を図にまとめると (22) のようになる．

(22) 副詞的「やばい」の派生モデル：
    i. 否定的形容詞「やばい」
       Syntax: [$_{AP}$ やばい$_1$]
       Semantics: [$_{PROPERTY/STATE}$ UNDESIRABLE$_1$]
       Pragmatics: [$_{PROPERTY/STATE}$ [$_{DEGREE}$ VERY] UNDESIRABLE$_1$]
       ↓ 意味の漂白化，語用論的強化
    ii. 程度形容詞「やばい」
       Syntax: [$_{AP}$ やばい$_1$]
       Semantics: [$_{PROPERTY/STATE}$ [$_{DEGREE}$ VERY$_1$] X$_C$]
       ↓ 活用の消失，統語的再分析によるミスマッチ解消
    iii. 副詞的「やばい」
       Syntax: [$_{AP}$ [$_{Adverbial}$ やばい$_1$] うまい$_2$]
       Semantics: [$_{PROPERTY/STATE}$ [$_{DEGREE}$ VERY$_1$] DELICIOUS$_2$]

---

[7] 3節で述べた理由により，ここでは，「活用の平板化」ではなく，「活用の消失」という用語を用いるが，実質的には佐野の指摘と同じである．

(22) における下付き数字はレベル間の対応関係を表す．(22ii) の「X」は変項を，下付きの「C」は変項の値が文脈によって指定されることを示す．(22) は，(20) の佐野の分析から，意味の漂白化，第二段階に対する程度形容詞「やばい」としての特徴付け，活用の消失の 3 点を引き継いでいる．また，佐野の分析との違いは，(22) では，それぞれの段階の統語的・意味的（・語用論的）情報が明示されている点，変化プロセスに語用論的強化と統語的再分析によるミスマッチ解消が追加されている点である．

(22) の派生モデルを仮定した上で，副詞的「やばい」の公的表現志向性の問題に戻ろう．(22ii) と (22iii) に注目してもらいたい．両段階を比較すると，程度形容詞「やばい」で文脈によって解釈が決まる変項となっている部分 ((22ii) の「X_C」) が，副詞的「やばい」では言語的に具現化されている ((22iii) で「うまい$_2$」と「DELICIOUS$_2$」が対応している) ことが分かる．換言すると，程度形容詞「やばい」では言語化されない部分が，副詞的「やばい」においては言語化されている．このことから，程度形容詞「やばい」から副詞的「やばい」への用法拡張は，統語的再分析による形と意味のミスマッチ解消に伴った，言わない部分を言うようになる変化として捉えられる．そしてこの変化は，結果として，「できるだけ言え」という聞き手志向の語用論的原則 (Horn (1984) の "Q-principle" と Hinds (1987) の "speaker responsibility") を満たす．[8] 以上を踏まえると，副詞的「やばい」の公的表現志向性は，(22ii) から (22iii) への拡張に伴って聞き手志向の語用論的原則が満たされるという，副詞的「やばい」をもたらすプロセスそのものに内在する特性の反映と考えられる．このように，(22) の派生モデルを仮定することで，副詞的「やばい」の公的表現志向性を，恣意的な特性ではなく，動機付けられたものと考えることができる．

(22ii) から (22iii) の段階で起こる形と意味のミスマッチ解消は，形と意味が不可分に結びついた「構文」を文法の基本単位と見なす構文文法 (Goldberg (1995)) の立場を取ると，(23) のように一般化して述べることができる．

(23) 動的ミスマッチ解消 (Dynamic Mismatch Resolution)：[9]
ある言語表現 E (F_1, M_1) が本来の意味的特徴 M_1 に加え新たな意味

---

[8] Hinds は日本語は "hearer responsibility" を重視する傾向にあると指摘している．副詞的「やばい」はこの傾向とは逆の性質を示す現象といえる．5.1 節末の議論も参照．

[9] 動的ミスマッチ解消という考え方自体は新しいものではない．同様の観点は，古くは

的特徴 M_2 を獲得し（E ($F_1, M_1/M_2$)），E 本来の統語的特徴 F_1 と新たな意味的特徴 M_2 の間にミスマッチが生じた場合，E は M_2 と調和する新たな統語的特徴 F_2 を獲得して用法を拡張し，その拡張用法 E (F_2, M_2) において形と意味のミスマッチが解消される．

(23) における「E」は言語表現を，「F」と「M」はそれぞれ当該の言語表現が持つ統語的特徴と意味的特徴を表す．「E (F, M)」は統語的特徴と意味的特徴がペアになった言語表現，すなわち構文を指す．(22) との関連でいうと，E (F_1, M_1) は否定的形容詞「やばい」に，E (F_1, M_2) は程度形容詞「やばい」に，E (F_2, M_2) は副詞的「やばい」に該当する．動的ミスマッチ解消は，形と意味の同型性（isomorphism）を志向する言語一般のデフォルト原理を満たすための一つの調整手段といえる（cf. Francis and Yuasa (2008: 77f.)）．[10]

6. 独立の証拠

6.1. 名詞による変項部分の具現化

程度形容詞「やばい」が含む形と意味のミスマッチ（(22ii)）は，形容詞を副詞的に用いる用法拡張以外の手段によっても解消することが可能である．それは，程度形容詞「やばい」を，叙述的（predicative）にではなく，限定的（attributive）に用いるという方法である．程度形容詞「やばい」を限定的に用いると，叙述的用法で文脈によって解釈を補う必要があった変項部分を名詞（とコピュラ）として言語化することができる．

(24) このサンドイッチはやばい．やばいうまさである．
 (http://www.geocities.co.jp/Playtown-Bishop/5116/diary/diary0703.html)

さらに，(24) のように程度形容詞「やばい」を限定的に用いて変項部分を名詞で具現化した例は公的表現志向性を示す．[11]

 Kajita (1977)，最近では Francis and Yuasa (2008: 77f.) や Traugott and Trousdale (2013: 26f., 52f., 120f.) 等の先行研究に見られる．
 [10] 本節の程度形容詞「やばい」（派生の第二段階）に関する議論も参照．
 [11] (25) と (26) は 2013 年 9 月 6 日時点の検索結果である．

(25) a. "やばいうまさだよ"： Google 検索で 6 件 hit
    b. "やばいうまさだなぁ"：　2 件
(26) a. "やばい辛さだよ"：　3 件
    b. "やばい辛さだなぁ"：　0 件

(25) と (26) では，公的表現標識である呼びかけの終助詞「〜よ」と共起する用例数の方が，私的表現標識である詠嘆の終助詞「〜なぁ」と共起する用例数よりも多い．数は非常に少ないながらも，この差が単なる偶然ではないとすると，(25) と (26) の事実は，程度形容詞「やばい」の変項部分を言語化するプロセスが副詞的「やばい」の公的表現志向性を動機付けるという本稿の分析に関する独立した証拠と見なすことができる．

6.2. 英語における同様の用法拡張

副詞的「やばい」と同様の用法拡張は，他言語においても観察される (cf. Claudi (2006), Heine and Kuteva (2007: 326, 334-335), 阪口 (2013))．

(27) A: Oh, her exact words were, "He's a wicked good kid."
    B: He's a wicked ...
    A: Wicked good kid.
    B: And that in the kid language means he's really a good kid.
    A: A good kid, yeah.
                    (The Corpus of Contemporary American English)

(27) では，本来的には（否定的）形容詞である wicked が形容詞 good の程度を強めており，これは副詞的「やばい」と同様の用法だといえる．
　この副詞的 wicked に関して，以下の記事に興味深い指摘がある．

> When I was a teenager—in a time/galaxy far, far away—and I got together with my friends, one of them would inevitably come out with an opinion on some issue or another, be it a new soft drink or a movie. "It was wicked," he'd say. The rest of us would immediately ask in chorus, "Wicked good or wicked bad?" That's because the adjective "wicked" in the '60s took on another completely different meaning from the one it traditionally held. Of course, "wicked" could still describe something bad, as it had for centuries. But, suddenly, "wicked" now could also mean something really wonderful—though, under those circumstances, it was usually pronounced

"Wick-KEDDD" in a guttural voice that conveyed a good deal of respect. (http://www.theatermania.com/content/news.cfm?int_news_id=4041)

下線部のやりとりでは，"It was wicked" という先行発話で言語化されておらず聞き手が解釈を決定できない部分を，その聞き手自らが副詞的 wicked を含む "Wicked good or wicked bad?" という後続発話で言語化して尋ねている．これは，副詞的「やばい」において，程度形容詞「やばい」では言語化されない部分が言語化され，「できるだけ言え」という聞き手志向の語用論的原理が満たされることと同質であり，本稿の分析を支持する．

7. おわりに

否定的形容詞「やばい」は，程度形容詞化によって形と意味のミスマッチを含むようになり，さらに続く副詞的成分化によって，形と意味の同型性を志向するデフォルト原理の充足に向けた動的ミスマッチ解消を起こす．副詞的「やばい」における動的ミスマッチ解消は，程度形容詞「やばい」で言語化されない部分を他の用言で言語化し，「できるだけ言え」という聞き手志向の語用論的原則を満たす．そして，その反映として，副詞的「やばい」は公的表現志向性を示す．

副詞的「やばい」は，公的表現としての使用が無標であるという語用論的特性を持ち，その特性は一見特異に映るかもしれない．だが，本稿で論じたように，副詞的「やばい」をもたらす用法拡張のプロセス自体に注目することで，副詞的「やばい」の公的表現志向性が，恣意的なものではなく，動機付けられたものだということが明らかになるのである．

参考文献

秋田喜美 (2012)「書評論文―鍋島弘治朗著『日本語のメタファー』」『日本語文法』12:2, 213-220.
Claudi, Ulrike (2006) "Intensifiers of Adjectives in German," *Sprachtypologie und Universalienforschung* 59:4, 350-369.
Culicover, Peter W. and Ray Jackendoff (2005) *Simpler Syntax*, Oxford University Press, Oxford.
Francis, Elaine J. and Etsuyo Yuasa (2008) "A Multi-modular Approach to Gradual Change in Grammaticalization," *Journal of Linguistics* 44, 45-86.

Goldberg, Adele E. (1995) *Constructions: A Construction Grammar Approach to Argument Structure*, University of Chicago Press, Chicago.

Hasegawa, Yoko (2006) "Embedded Soliloquy and Affective Stances in Japanese," *Emotive Communication in Japanese*, ed. by Satoko Suzuki, 209-229, John Benjamins, Amsterdam and Philadelphia.

Heine, Bernd and Tania Kuteva (2007) *The Genesis of Grammar: A Reconstruction*, Oxford University Press, Oxford.

Hinds, John (1987) "Reader versus Writer Responsibility: A New Typology," *Writing across Languages: Analysis of L2 Text*, ed. by Ulla Connor and Robert B. Kaplan, 141-152, Addison-Wesley, Reading, MA.

廣瀬幸生 (1997)「人を表すことばと照応」『指示と照応と否定』, 中右実(編), 1-89, 研究社, 東京.

洞澤伸・岩田奈津紀 (2009)「若者たちの間に広がる『やばい』の新しい用法」『岐阜大学地域科学部研究報告』25, 39-58, 岐阜大学.

Horn, Laurence R. (1984) "Toward a New Taxonomy for Pragmatic Inference: Q-based and R-based Implicature," *Meaning, Form, and Use in Context: Linguistic Applications*, ed. by Deborah Schiffrin, 11-42, Georgetown University Press, Washington, D.C.

池上嘉彦 (2007)『日本語と日本語論』筑摩書房, 東京.

Kajita, Masaru (1977) "Towards a Dynamic Model of Syntax," *Studies in English Linguistics* 5, 44-76.

今野弘章 (2012)「イ落ち:形と意味のインターフェイスの観点から」『言語研究』141, 5-31.

Newmeyer, Frederick J. (1998) *Language Form and Language Function*, MIT Press, Cambridge, MA.

日本語記述文法研究会(編) (2009)『現代日本語文法2——第3部格と構文・第4部ヴォイス』くろしお出版, 東京.

日本語記述文法研究会(編) (2010)『現代日本語文法1——第1部総論・第2部形態論』くろしお出版, 東京.

大堀壽夫 (2005)「日本語の文法化研究にあたって——概観と理論的課題」『日本語の研究』1:3, 1-17.

Sadock, Jerrold M. (2012) *The Modular Architecture of Grammar*, Cambridge University Press, Cambridge.

阪口慧 (2013)「形容詞の肯定・否定のスケール性に関わる意味・機能変化に関する一考察——日本語形容詞『やばい』を中心に」『日本言語学会第146回大会予稿集』, 88-93.

Sano, Shinichiro (2005) "On the Positive Meaning of the Adjective *Yabai* in Japanese," *Sophia Linguistica* 53, 109-130, Sophia University.

佐野真一郎 (2012)「『やばい』の変化を分析する」『はじめて学ぶ社会言語学——ことばの

バリエーションを考える14章』, 日比谷潤子 (編著), 209-226, ミネルヴァ書房, 東京.
Traugott, Elizabeth Closs (1989) "On the Rise of Epistemic Meaning in English: An Example of Subjectification in Semantic Change," *Language* 65, 31-55.
Traugott, Elizabeth Closs and Graeme Trousdale (2013) *Constructionalization and Constructional Changes*, Oxford University Press, Oxford.
山田忠雄他 (編) (2012)『新明解国語辞典』, 第7版, 三省堂, 東京.
矢澤真人 (2005)「やばいよ, この味」『続弾!問題な日本語』, 北原保雄(編), 96-99, 大修館書店, 東京.

(I'm) afraid の文法化とその動機づけ

大村　光弘
静岡大学

キーワード：(相互) 主観化，文法化，モダリティ，発話階層構造，歴史意味論・語用論

1. はじめに

　afraid は情緒的意味を持っているにも拘わらず，regret や sorry などの叙実述語ではなく，think や suppose などの思考述語に近い振る舞いを示す．第 1 に，(1) と (2) に示したように，両者は補文標識 that の省略を許す．

●思考動詞との類似点 1：補文標識 that の省略
(1)　I think that that is what he would do.
　　(=I think that is what he would do.)
　　　　　　　　　　(1957, Christie, *4.50 from Paddington*, ch. 2, 1)
(2)　I'm afraid that one is just as impossible.
　　(=I'm afraid one is just as impossible.)
　　　　　　　　　　(1977, Sheldon, *Bloodline*, ch. 9)

第 2 に，(3)-(6) に示したように，挿入句的に文中や文末に現れる．

●思考動詞との類似点 2：文中・文末での生起
(3)　We're getting into the outskirts, I think.
　　　　　　　　　　(1957, Christie, *4.50 from Paddington*, ch. 3, 1)
(4)　It would be better, I think, to find thebody first.　　(*Ibid.*, ch.5, 1)
(5)　It's rather spidery, I'm afraid.　　(1943, Christie, *Curtain*, ch. 8, 3)
(6)　I've not time, I'm afraid, for conventional attitudes.　　(*Ibid.*, ch.15, 2)

第 3 に，(7) と (8) のように so を用いた文照応や，(9) と (10) のように not を用いた文照応を許す．

●思考動詞との類似点3：文照応
(7) (You think she's capable of it?)
　　I think so—yes.　　　　　(1943, Christie, *Death on the Nile*, ch. 13)
(8) (Do you know if there were any witnesses?)
　　I'm afraid so.　　　　　　(1980, Sheldon, *Rage of Angels*, ch. 5)
(9) (Can any one of us be completelyand entirely eliminated?)
　　I think not.　　(1939, Christie, *And Then There Were None*, ch. 9, 6)
(10) (Is your wife feeling better?)
　　I'm afraid not.　　　　(1982, Sheldon, *Master of the Game*, ch. 32)

このように afraid は，思考動詞とよく似た振る舞いを示す一方で，(12) に示したように，情緒的意味をもつ他の述語同様，いわゆる否定辞繰り上げ (NEG-raising) の効果を示さない．[1]

●相違点：否定辞繰り上げ効果の欠如
(11)　I don't think I can remember exactly.
　　　(=I think I can't remember exactly.)
　　　　　　　　　　　　　(1957, Christie, *4.50 from Paddington*, ch. 15, 1)
(12)　I'm afraid she won't be able to come. (1977, Sheldon, *Bloodline*, ch.9)
　　　(??I'm not afraid she will be able to come.)

以下の議論では，afraid がこれら4つの特徴を示すことを，文法化 (grammaticalization) の過程で生じる意味的・機能的変化の帰結として分析する．また，意味変化が生じる際の動機づけの一つとして，含意 (implicature) とその語用論的強化 (pragmatic strengthening) が関わっていることを提案する．

2. 理論的枠組

2.1. 発話階層構造

機能文法 (Functional Grammar; Dik (1997a, b), Hengeveld (1989), etc.) や中野 (1993)，中右 (1994) 等の意味分析に共通しているのは，発話の意味が，事態を描写する客観的領域と，心的態度を担う主観的領域に二分されるという

---

[1] 「否定辞繰り上げ」という用語を用いるが，文字通り not の統語的な移動が関わっていると は考えていない．

主張である.本稿でもこの基本的想定を踏襲するとともに,発話の意味構造を概略 (13) のように想定する.

(13) 発話階層構造 (The Layered Structure of the Utterance):
  [発話態度 [命題態度 [　命　題　]]]

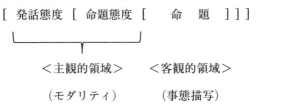

(13) では,発話の意味構造が階層を成しており,中心に命題 (proposition) が,その外側に命題を作用域 (scope) とする命題態度 (propositional attitude) が,その外側にこれらを作用域とする発話態度 (utterance attitude) がある.命題は,言語表現によって記述される事態描写であり,文意味の客観的領域を形成する.命題態度と発話態度は,話し手の心的態度を担う主観的な領域である.本稿では,中右 (1994) の用語を借りて,この主観的領域をモダリティ (modality) と呼ぶ.モダリティの定義は,(14) に示したように,「発話時点における話し手の心的態度」となる.[2]

(14) モダリティ:発話時点における,話し手の,心的態度
(中右 (1994: 42-46))

命題態度は,話し手が発話時点において命題内容に対してとる信任態度のことであり,真偽判断 (truth judgment),価値判断 (evaluative judgment),拘束判断 (deontic judgment) などがこれにあたる.発話態度は,談話領域レベルでの話し手の態度表明を意味し,発話様態 (manner of speaking) に関わる態度や談話形成に関わる態度などがこれにあたる.以下の議論との関連で言うと,I think, I hope, I regret, I'm afraid などの連鎖は,発話時点における話し手の心的態度というモダリティの 3 要件を全て含んでいるので,定義上,典型的なモダリティ表現である.

---

[2] モダリティを形成するこれら 3 要素には重要度の違いがあり,心的態度,話し手,発話時点の順で優先順位が下がる.また,発話時点は瞬間の現在でなくてはならず,習慣の現在など記述的性質が強いものは瞬間の現在から締め出され,定義上,命題成分として分類される.詳細については,中右 (1994: ch. 3) を参照.

2.2. 文法化と主観化

Heine et al. (1991) や Hopper and Traugott (1993) に代表される文法化研究は，文法化に関わる意味変化の特徴として，(15a) 具体的意味から抽象的意味へ変化する，(15b) 語彙的内容から文法的内容へ変化する，(15c) 客観的意味から主観的意味へ変化する (すなわち，主観化 (subjectification))，(15d) 命題的意味から談話的意味へ変化する，などを指摘している．

(15) 文法化の特徴 (Heine et al. (1991), Hopper and Traugott (1993))
　　a. 具体的意味から抽象的意味へ変化する．
　　b. 語彙的内容から文法的内容へ変化する．
　　c. 客観的意味から主観的意味へ変化する
　　d. 命題的意味から談話的意味へ変化する．

本稿でも，afraid の意味変化は，これらの特徴を示す文法化であると主張する．具体的には，(16) に示したように，文法化の初期段階では，I am afraid という連鎖が文補部を従えるようになるとき，これらは命題態度を表すモダリティ表現としての位置づけを得る．何故なら afraid は，話し手が発話時点において命題内容に対してとる信任態度を合図する機能を得たからである．さらに，I am afraid が挿入句的に用いられるようになるとき，これらは発語内効力 (illocutionary force) を限定する機能を拡張させたことを意味する．このことは，afraid の文法化がさらに進んだことを意味する．I am afraid の文法化はさらにもう一段階進行し，発話行為 (speech act) を限定する機能が発達する．談話領域レベルでの話し手の態度表明を合図するこの機能は，話し手の聞き手への配慮を含んでいる．この点において，この (I'm) afraid は Traugott and Dasher (2002) の意味で相互主観的である．

(16) 文法化の過程
事態描写に関わる機能 (he hoped, she was afraid, etc.)

命題態度を表す機能 (I hope that…, I am afraid that…)

命題態度を修飾する機能 (挿入句的 I hop/I am afraid)

発話伝達態度に関わる機能 (I am afraid (to say))

　以下の議論では，I'm afraid の文法化において，この句と結び付いた特定の含意が語用論的に強化される（すなわち，慣習化する）ことで，この句の新たな意味として確立すると分析する (Traugott (2004), Traugott and Dasher (2002))．このことは，特定の言語変化において，含意が語用論的に強化されることが，当該変化の推進力になることを意味する．

3. (I am) afraid の文法化と主観化

3.1. 命題成分からモダリティ成分へ

　OED で afraid の時系列的発達を参照すると，(17) のように単独で用いるか，または (18) のように of 句を伴う用法が基本であったことが分かる．(19) のような that 節を従える用法は，その後で現れる．また，OED の該当例は 16 世紀のものが最も古い．[3]

(17) ＝e Kyng was alle　 affraied.
　　 the king　was wholly afraid
　　 'The king was wholly frightened.'

　　　　　　　　　　　　　　(1330, R. Brunne, *Chron.* 16—OED)

---

[3] OED の初出例が実際の初出例を意味するわけではないが，ここでは that 節補部を取る用法が，(17) や (18) のような用法の後に出現したことが確認できればよい．

(18) He =at of =e white beres So bremli was afraied.
 he that of the white bears so furiously was afraid
 'He was greatly afraid of the white bears.'
（1350, Will. *Palerne,* 2158—OED)
(19) He was afrayed that Ionathas wolde not suffre him.
 'He was afraid that Jonathas would not suffer him.'
（1535, Coverdale, *1 Macc.* xii. 40 — OED)

　afraid はもともと，他動詞 affray 'frighten, alarm'の過去分詞であったが，恐れの心理状態のみを表すように特化されたことで，16 世紀以降 affray から独立した語彙項目として位置づけられるようになった（OED: 222）．したがって，他動詞の過去分詞として用いられていた時代では，(17) や (20) のように行為受け身の解釈が可能だが，that 節補部を取っている (19) や (21) では，形容詞として恐れの心理状態のみを表している．

(20) As man that was affrayed in his herte.
 as man that was afraid in his heart
 'As man who was frightened at heart'
（1393-1400, Chaucer, CT (Skeat), *The Nonne Preestes Tale,* 458)
(21) I am afraide y this Generallcounsaile must be holden at Geneua.
 'I am afraid that this general council must be held at Geneva.'
（1590, Nashe, *An Almond for a Parrot* (Mckerrow)), vol.3, 370)

　afraid が that 節補部を取るようになったことで注目したいのは，(21) のように，主節が I am afraid の連鎖を形成した場合である．このとき，主節は発話時点における話し手の心的態度というモダリティの 3 要件を全て満たすことになり，定義上，モダリティ表現として位置づけられる．もう少し具体的に述べれば，I am afraid は，価値判断の命題態度を合図するモダリティ表現である．

　ここで，(21) のモダリティ成分としての afraid と，(17)-(19) のような命題成分としての afraid を比較すると，前者は主観化されており，したがって文法化されていると言える．因みに，afraid が命題成分として機能している (17) の意味表示は (22) として，afraid がモダリティ成分として機能している (21) の意味表示は (23) として，それぞれ記述することができる．

(22) [$_{UA}$ SAY [$_{PA}$ TRUE [$_P$ =ekyng was alle affraied]]]

UA=Utterance Attitude; PA=Propositional Attitude; P=Proposition; SAY=I say to you; TRUE=Truth Judgment

(23) [$_{UA}$ SAY [$_{PA}$ I am afraide [$_P$ this Generall counsaile must be holden at Geneua]]]

3.2. 価値判断を表す要素から真偽判断を表す要素へ
3.2.1. 〈恐れ・心配〉から〈推定判断〉へ

(19) や (21), (24)-(26) の補文を見ると, そこに法助動詞や動詞の原形が用いられているのが分かる.

(24) I am afraid she wil yerke me, if I hit her.
 'I am afraid she will beat me, if I hit her.'
(1584, Lyly, *Sapho and Phao*, I, i)
(25) I am afraid there be many ashamed of their studies, ...
(1589, Nashe, *The Anatomy of Absurdity* (Mckerrow), vol. 1, 31)
(26) I am afraid, sir, do what you can, yours will not be entreated.
(1596, Shakespeare, *The Taming of the Shrew*, V, ii)

この状況は, 中英語期に始まった屈折の水平化 (leveling of inflection) の影響が大きい. 古英語では, (27) のように, 恐れを表す述語の補文が仮定法で標示されていた. 屈折の水平化によって仮定法の形態が失われると, 恐れの対象となる (未実現の, あるいは不確かな) 事態を描写する手段として, 法助動詞や動詞の原形が用いられたと考えられる.[4]

(27) Ic me onegan mæg = æt me wraðra sum   wæpnes ecge for
 I me dread may that me hostile some weapon edge for
 freondmynde   feore beneote.
 amorous intention life   deprive(SUBJ)
 'I dread that some hostile men, longing for you, would slay me with a sword.'   (9c, *Genesis A* (Doane), 1829-31)

つづいて注目したいのは, 仮定法の形態が消失した後, (28)-(31) のように, afraid の補文において事態の蓋然性を合図するために直説法が用いられ始めたことである.

---

[4] afraid の補文命題を表現する他の統語形式については, 大村 (2002) を参照.

(28) I am afraid his thinkings are below the moon, not worth his serious considering. (1596-97, Shakespeare, *Henry VIII*, III, ii)
(29) I am afraide the Welsh Knight has giuen me nothing but purging Comfits. (1602, Dekker, *Satiro-mastix*, 1591-2)
(30) Alack, I am afraid they have awaked, and'tis not done.
(1606, Shakespeare, *Macbeth*, II, ii)
(31) I am afraid myboy's miscarried.
(1607, Beaumont, *The Knight of the Burning Pestle*, II, v)

ここで提案したい仮説は，(32) に示したように，話し手にとって現実性を帯びた事態描写が基盤となって「傾き」が生じ，結果として，I am afraid に話し手の認識的判断を合図する機能が発現したというものである．「傾き」とは，命題内容が真であることへの（話し手の）見込みを意味する（宮崎・安達・野田・高梨 (2002: 182))．

(32) 現実性を帯びた事態を直説法で描写することによって「傾き」が生じ，〈恐れ・心配〉の心的態度が〈推定〉の心的態度に推移した．

(32) に基づいて，I am afraid の当該変化を図示したのが (33) である．初期近代英語期において，話し手は，直説法標示された補文を用いて現実性を帯びた事態を描写できるようになった．現実性を帯びた事態は「傾き」を発生させ，次にこの「傾き」が語用論的に強化（=慣習化）されると，結果として，推定判断を表す I am afraid がもたらされることになる．

(33) a. [$_{PA}$ [$_{FEAR}$ *I am afraid*][$_{P}$ (a state of affairs likely to be true/realized)]]
⇩
b. [$_{PA}$ [$_{TRUE}$ *I am afraid*][$_{P}$ ·····]] (A simple version of (40))

(33b) で示したように，I am afraid が思考動詞と類似した意味構造を持つのであれば，17 世紀から現れ始める (34)-(38) のような文照応の事例に説明を与えることができる．(34)-(36) は肯定極性値 (affirmative polarity value) に焦点を置いた文照応の事例であり，(37) と (38) は否定極性値 (negative polarity value) に焦点を置いた文照応の事例である．

(34) (You shall find my words are true.)
Mass, I am afraid so.
(1614, Middleton, *More Dissemblers Besides Women*, VI, i)

(35) (but don't you think bilk and fare too like a hackney-coachman?)
I swear and vow, I am afraid so.
(1693, Congreve, *The Double Dealer*, III, x)

(36) (I am afraid there's nothing to be made of thee.)
I am afraid so too.
(1749, *Chesterfield's Letters* (The Scott Library), 117)

(37) D'ye think he'll love you as well as I do my wife? I am afraid not.
(1693, Congreve, *The Double Dealer*, II, ii)

(38) (If you are in earnest, you are undone.)
I am afraid not. (1722, Defoe, *Moll Flanders*)

このような文照応の事例が17世紀頃から現れ始めたことを考慮すると,推定判断を合図するI'm afraid は,17世紀頃に確立した(=慣習化が進んだ)と推測できる.

つぎに,否定辞繰り上げ効果に議論を移すことにする.think や suppose 等の思考動詞とは異なり,afraid には否定辞繰り上げ効果が観察されない.たとえば,(39a)の主節を否定形にして,さらに従属節を肯定形にした(39b)は許されない.[5]

(39) a. I'm afraid I have not shone over this matter.
(1934, Christie, *Three Act Tragedy*)
b. ??I'm not afraid I have shone over this matter

この事実を説明するために,推定判断を表すI'm afraid((33b)参照)に対して,(40)の複合モダリティを想定してみよう.(40)では,TRUE 成分が話し手の真偽判断を,FEEL P UNPLEASANT 成分が,話し手が命題内容 P に対して抱く懸念を,それぞれ表している.とりわけ,TRUE 成分に * が付いているのは,この真偽判断が「傾き」から派生していることを意味している.

(40) [$_{PA}$*TRUE + FEEL P UNPLEASANT [$_P$ .....]]

TRUE 成分が「傾き」(すなわち,命題内容が真であることへの話し手の見込み)を核として成り立っているのであれば,*TRUE は本質的に否定を許容し

---

[5] 文法判断に協力してくれた情報提供者は全員,そもそもモダリティ否定(= I'm not afraid (that) ...)は許されないと言っている.

ないことになる.⁶ このことから，(39b) のようなモダリティ否定が存在しないことが導かれる．

3.2.2. 断定を弱化する機能

afraid に関して，補文標識 that が省略されている例が 16 世紀から頻繁に見られるようになる．実際，本稿で例文としてあげている afraid の例のほとんどが，that の省略に関わっている．補文標識 that の省略は，口語的であるというだけでなく，主節と補文の統語的・機能的境界を弱め，結果として主節の意味変化に与した可能性がある．もう少し具体的に言うと，もともと (41a) の意味構造において命題態度という主役を演じていた I'm afraid が，(41b) に示したように，他の命題態度を修飾する助演的役割に転じたという提案をしたい．

(41) a. [_PA _I am afraid_ [_P ······]]
　　　⇩
　　b. [_PA TRUE [_P ······]]
　　　　　↑
　　　　　└────── _I am afraid_ (mitigation)

この変化には 2 つの要件が関わっている．第 1 の要件は，補文標識 that の省略により，I'm afraid とその補文が線形的に隣接することである．第 2 の要件は，afraid の意味が〈恐れ・心配〉から〈推定判断〉に推移することによって，〈断定〉を緩和する機能を発現する準備が整うことである．⁷ これら 2 つの要件が満たされると，主節と補文との統語的・機能的境界が弱められ，(41b) の断定緩和機能が含意として生じる．もう少し具体的に言うと，「推定判断を合図する I'm afraid が補文標識の省略下にあるとき，文頭にありながら，意味的にも統語的にも主節のように感じられる補文に対して，挿入句的な解釈を受けるようになった」というものである．実際，(39a) の補文を I have not shone over this matter. のように独立文として用いた場合，I'm afraid I have not shone over this matter. と比べて，話し手の確信の度合いや情緒的意味合いの有無と

---

　⁶ 因みに，think や suppose 等の思考動詞の場合，主節を否定したモダリティ否定でも，補文を否定した命題否定でも，事態の発生が否定される．結果として，(11) のように，否定辞繰り上げの効果が観察される．

　⁷ 〈恐れ・心配〉から〈推定〉に推移する際に，afraid の情緒的意味は希薄化している．このような意味の漂白 (semantic bleaching) 現象は，文法化に付随して生じる現象の一つである．

いう点で違いがあるものの，真偽判断を行っているという点では変わりない．

変化の初期段階における I'm afraid の挿入句的解釈は，本質的に含意であり，この含意が十分慣習化したとき，発語内効力緩和機能を持った I'm afraid が発現する．(42)-(46) は，この変化が語順の変化として現れたものである．

(42) The pollicie is base I am affraide.
'Thepolicy is base, I am afraid.'
(1598, Greene, *The Scottish History of James IV*, III, iii)
(43) Faith, when all's done, we must be fain to marry her into the north, I'm afraid. (1604, Middleton, *Michaelmas Term*, I, i)
(44) I shall e'en melt away to the first Woman, a Rib again, I am afraid.
(1614, Johnson, *Bartholmew Fair*, II, ii)
(45) That way's too plain, too easy, I'm afraid.
(1620, Middleton, *Hengist, King of Kent*, V, i)
(46) You have made him, sir, so valiant, I am afraid.
(1633, Shirley, *The Gamester*, V, i)

that が省略されていても，I'm afraid が文頭にある限り，(41) の意味変化がどの程度まで進行しているのかを判断するのは困難である．しかし，発語内効力を弱める挿入句的機能が十分慣習化したとき，文法化した I'm afraid は，文頭以外の場所から主節の発語内効力を限定できるようになったと考えられる．この想定が正しければ，問題としている意味機能が確立（＝慣習化）したのは，17 世紀頃だったと推測できる．また，この時期は，前節でみた I'm afraid の推定判断機能の慣習化の時期と一致している．このことは，両者が相関関係にあることを支持する証拠である．

3.3. 発話伝達態度を表す機能（相互主観的機能）の発現

前節では命題態度に関わる afraid の文法化を論じたが，ここではさらに議論を進め，話し手の発話伝達態度に関わる機能を論じる．先ずは，現代英語の例から見てみよう．(47) と (48) の I'm afraid は，発話行為を限定する，話し手の心的態度を合図している．

(47) I'm afraid to say Mr. Crouch isn't well, not well at all.
(=I'm afraid Mr. Crouch isn't well, not well at all.)
(2000, Rowling, *Harry Potter and the Goblet of Fire*, ch. 61)

(48)　　... he hasn't got his father's talent, I'm afraid to say.
　　　　(=he hasn't got his father's talent, I'm afraid.)
　　　　　　(2003, Rowling, *Harry Potter and the Order of the Phoenix*, ch. 23)

(49) と (50) では to say が表現されていないが，I'm afraid は全く同じ機能 (=話し手の発話行為を限定する機能) を果たしている．

(49)　　I'm afraid I'm going to have to fail you.
　　　　(=I'm afraid to say I'm going to have to fail you.)
　　　　　　　　　　　　　(1995, Sheldon, *Nothing Lasts Forever*, ch. 8)
(50)　　I'm afraid I have some bad news. Dr. Hunter is dead.　(*Ibid.*, ch. 34)
　　　　(=I'm afraid to say I have some bad news.)

大村 (2002) にしたがって，I'm afraid の発話行為限定機能を明示すると，(51) の譲歩節に相当するものとして記述することができる．この譲歩節は，話し手自身の発話行為 (すなわち，聞き手にとって不快な情報を伝えること) を限定し，つづく発話内容についての保留条件を言い添えている．因みに，この I'm afraid の意味機能は，話し手の聞き手に対する配慮を含んでいるので，Traugott and Dasher (2002) の意味で，相互主観的である．

(51)　　Although you may feel X unpleasant, I (dare to) say (X) ...
　　　　　　　　　　　　　　　　　　　　　　　　(大村 (2002))

発話行為限定機能は，命題態度の意味機能と比べてより抽象的であり，より機能的でもある．したがって，現代英語における (47)-(50) の実例は，afraid の意味が命題態度に関わる機能から更に文法化した機能へと推移したことを意味している．

　ここで，命題態度から発話伝達態度への意味拡張を図示してみると，(52) のように記述することができる．((52b) のモダリティ成分 YOU FEEL P UNPLEASANT は，(86) の譲歩節に相当する．)

(52) a.　[_UA SAY [_PA *TRUE + FEEL *P* UNPLEASANT [_P·····]]]

　　 b.　[_UA SAY + YOU FEEL *P* UNPLEASANT [_PA TRUE [_P·····]]]

つぎに，この意味変化がどのようにして動機づけられるのか，という問題に議論を移そう．着目したいのは，話し手が聞き手に対して働きかける際の方略と

して，(51) の保留条件を用い始める文脈である．話し手の聞き手に対する働きかけとは，話し手の聞き手に対する配慮を意味し，(52b) のモダリティ成分 YOU FEEL P UNPLEASANT に相当する．このモダリティ成分において主体としての YOU が指定されているのは，話し手が，聞き手の心的態度的あり方を目当てにしていることを意味している．因みに，思考の心的作用は本質的に聞き手を想定しないため，(52a) のモダリティ成分 FEEL P UNPLEASANT には主体が未指定であり，文脈によって話し手にも聞き手にも解釈可能である．

命題態度成分 FEEL P UNPLEASANT に主体としての YOU が指定され，(52) に示したように，命題態度成分から発話態度成分に推移する具体的文脈として，話し手が聞き手に対して行う〈忠告〉，〈非難〉，〈拒否〉等を提案したい．このような発話行為は，Brown and Levinson (1987) の意味でのフェイス侵害行為 (Face Threatening Act) に相当し，フェイス侵害行為の度合を緩和する機能をもつ I'm afraid は，ポライトネスの方略の一例である．[8]

具体例に基づいて，話し手の聞き手への配慮が発話態度のモダリティ成分となる過程を解説してみよう．(53) の補文命題は，聞き手の間違いを指摘する内容である．このとき I'm afraid は，(54a) のように，命題内容に対する話し手の遺憾表明を合図することもできるが，(54b) のように，命題内容を聞き手に伝えるにあたっての保留態度を合図することもできる．このように，ある命題内容が聞き手のフェイスを侵害する恐れがある文脈では，話し手の聞き手への配慮が，発話行為の保留条件として機能しやすくなることが分かる．

(53) I'm afraid you are mistaken there.
(54) a. I'm afraid (to think) that you are mistaken there.
　　　b. I'm afraid (to say) that you are mistaken there.

---

[8] 人は誰でも「他人に邪魔されたくない，自由でいたい，他人から何かを課されたくない」というネガティヴ・フェイス (negative face) と，「相手からよく思われたい，自分の個性を認めてもらいたい」というポジティヴ・フェイス (positive face) を持つ．通常，人間はお互いにフェイスを保ちながら社会生活を営んでいるが，コミュニケーション活動にはフェイスを脅かす可能性が常在する．たとえば，忠告や非難などは相手のネガティヴ・フェイスを傷つけることになるし，拒否は相手のポジティヴ・フェイスを傷つけることになる．Brown and Levinson (1987) は，このような行為をフェイス侵害行為と呼び，相手のポジティヴ・フェイスまたはネガティヴ・フェイスに働きかけることでフェイス侵害の度合いを緩和する方略として，それぞれポジティヴ・ポライトネス（の方略）とネガティヴ・ポライトネス（の方略）を想定している．

私が発見した該当例の一部として，(55)-(59) を取り上げたい．年代が新しくなればなるほど，発話態度を限定する解釈が強く感じられる例が発見できた．

(55) I am afraid yo are mistaken concerning the Commissin of the Peace.
(1748, *The Correspondences of Henry and Sarah Fielding*, 68)
(56) I am afraid I never shall do that. (1847, Brontë, *Jane Eyre*, ch. 8)
(57) Well, I am afraid I can't help you, Lestrade.
(1904, Doyle, *The Adventure of Charles Augustus Milverton*)
(58) Then I'm afraid I must go. (1919, Wolf, *Night and Day*, ch. 31)
(59) I am Inspector Neele. I'm afraid I have bad news for you.
(1953, Christie, *A pocketful Full of Rye*, ch. 7)

本稿の調査が I'm afraid の意味変化を正しく捉えているならば，当該変化において，発話事象の中で生じた含意が，実際のコミュニケーションの中で強化され，慣習化されたことになる．おそらく，発話伝達態度を合図する I'm afraid は，(文脈上この意味が強く感じられる例が頻繁に現れるようになる) 19 世紀後半から 20 世紀にかけて確立した（＝慣習化した）と思われる．

4. 結語

本稿は，(I'm) afraid の意味変化を通時的に分析したとき，第 1 に，それが主観的方向に進行した（主観化）と同時に，機能的方向（事態描写→命題態度→発話態度）に進行したことを実証した．これらの特徴は，文法化現象に見られる特徴と一致している．すなわち，afraid (の意味機能) は文法化の過程を経て発達したことになる．[9] 第 2 に，当該変化をミクロ的に眺めたとき，個々の変化の初期段階において含意が生じており，それが語用論的に強化され，言語表現の意味となるという一連の過程（Traugott (2004), Traugott and Dasher (2002)) が観察されることを示唆した．最後に，冒頭で指摘した思考述語との振る舞いの類似点及び相違点が，本稿の調査・分析の帰結として説明できることを論証した．

---

[9] 現代英語において，発話態度を表す I'm afraid は，極めて形式的に（すなわち社交辞令的に）用いられることがよくある．つまり，話し手の側に，聞き手への配慮や共感の気持ちが無くても，語気を和らげる目的で用いられることがしばしばある．このことは，afraid の意味が更に機能的になっていることを意味している．

参考文献

Brown, Penelope and Stephen Levinson (1987) *Politeness: Some Universals in Language Usage*, Cambridge University Press, Cambridge.
Dik, Simon (1997a) *The Theory of Functional Grammar, Part 1: The Structure of the Clause*, 2nd ed., Mouton de Gruyter, Berlin.
Dik, Simon (1997b) *The Theory of Functional Grammar, Part 2: Complex and Derived Constructions*, Mouton de Gruyter, Berlin.
Heine, Bend, Ulrike Claudi and Friederike Hünnemeyer (1991) *Grammaticalization: A Conceptual Framework*, University of Chicago Press, Chicago.
Hengeveld, Kees (1989) "Layers and Operators in Functional Grammar," *Journal of Linguistics* 25, 127-157.
Hopper, Paul J. and Elizabeth Closs Traugott (1993) *Grammaticalization*, Cambridge University Press, Cambridge.
宮崎和人・安達太郎・野田晴美・高梨信乃 (2002)『モダリティ』くろしお出版,東京.
中右実 (1994)『認知意味論の原理』大修館書店,東京.
中野弘三 (1993)『英語法助動詞の意味論』英潮社,東京.
大村光弘 (2002)「afraid の意味機能推移からみた言語変化の方向性」,『IVY』第35巻, 31-58.
Traugott, Elizabeth Closs (2004) "Historical Pragmatics," *The Handbook of Pragmatics*, ed. by Laurence Horn and Gregory Ward, 538-561, Blackwell, Oxford.
Traugott, Elizabeth Closs and Richard B. Dasher (2002) *Regularity in Semantic Change*, Cambridge University Press, Cambridge.

第VI部
言葉と認知

〈いま・ここ〉の内と外
―外の世界への注目と仮想世界への入り込みを中心に―*

深田　智

京都工芸繊維大学

キーワード：主体性，〈いま・ここ〉，自己・他者，消失表現，仮想世界への入り込み

1. はじめに

　「主体性」(subjectivity) という用語は，認知言語学の観点から言語を分析する際のキーワードの1つとなっている．本稿では，「主体性」を身体性と関連づけ，「日常の具体的な身体経験を通して立ち現れてくるもの」と規定して議論を展開していくことにする．これは，「主体」を，「身体を介して外部世界と直接インタラクトし，それに基づいて世界を解釈していく存在」とする認知言語学の基本的な考え方に依拠している．
　第2節では，まず，熊谷 (2006) が提示した「四段階発達モデル」を中心に，主体（〈自己〉）の認識世界の広がりが発達心理学の分野でどのように論じられているかを概観する．続く第3節では，このモデルの段階IIに焦点を絞り，〈自己〉の認識世界が〈いま・ここ〉の外へと広がり，言語によって〈自己〉と〈他者〉の視座のずれを埋めていかなくてはならなくなる最初の段階で，実際にどのような言葉が用いられているかを明らかにする．第4節では，段階IVで見られるとされる，現実の〈いま・ここ〉から離れた世界，すなわち仮想世界の理解に注目し，この世界に入り込んで理解するという現象がどのような現象で，それがどのような言語的あるいは言語外的要因によって生み出されるのか

---

　* 本稿は，筆者の近年の研究成果とその意義を，学際的な視点から捉えようとしたものである．本稿の作成にあたり，坪本篤朗先生，田村敏広先生，大森隆司先生，本多啓先生から，本稿の根幹に関わるような貴重なコメントをいただいた．ここに記して感謝したい．尚，本稿の一部は，文部科学省科学研究費基盤研究 (C) (24520541, 代表：谷口一美) の助成を受けて行った研究である．

を検討する．第5節では，本稿で規定した「主体性」とこれに基づく第4節までの議論を，三木清の『歴史哲学』における「主体性」との関連で考察する．

2. 〈自己〉の現れと認識世界の広がり

〈自己〉の成り立ちや〈自己〉の認識世界の広がり，及び，それに深く関わる〈他者〉の認知や〈他者〉の心の理解などに関する発達過程は，発達心理学の分野で詳細に記述されてきている．それによれば，0〜4ヶ月頃には「〈私〉—〈他者〉」の二項関係が，また，5〜9ヶ月頃には「〈私〉—〈もの・こと〉」の二項関係が形成され，1歳前後には，この2つの関係を結合して，共同注意に基づく「〈私〉—〈他者〉—〈もの・こと〉」という三項関係が成立し，4歳頃には「心の理論」が成立するとされている（熊谷 (2004), 小松 (2010) 参照）．[1] 熊谷 (2006) は，三項関係の成立から初期の「心の理論」の成立までの約3年間に焦点を絞り，図1のような発達段階のモデルを提示している（以下，熊谷 (2006) にしたがって，これを「四段階発達モデル」と呼ぶ）．第3節，第4節での議論は，このモデルを基軸として展開するため，以下では，この各段階における特徴を，熊谷 (2004, 2006) の議論に Tomasello (1999) の研究成果や筆者自身の解釈も加えて論じる．

---

[1] 小松 (2010: 6) は，「中核自己」(core self) が1歳前後に形成されると述べているが，同時に，言葉の現れに先立つこの種の「自己」が，多分，研究者や養育者といった大人の「解釈」によることも認めている（小松 (2010: 8)）．

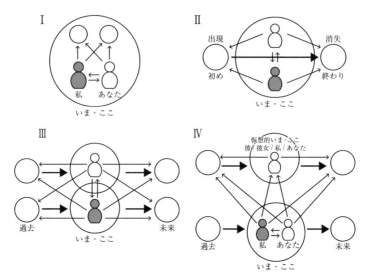

注：➡は時間の方向，——は視点の方向，○はもの・こと・場所
図1　三項関係の段階的発達モデル（熊谷（2006: 186）より）

段階Ⅰは，生後8ヶ月頃に見られるとされる．図1-Ⅰでも示されているように，〈いま・ここ〉という閉じた時空間が子どもの世界のすべてである．[2] しかし，この時期の子どもにとって最も近い〈他者〉（〈あなた〉）は養育者であり，養育者は，他者でありながら子どもに寄り添うスタンスを取る特異な存在である点を考慮するならば，「〈私〉—〈もの・こと〉」の二項関係に続く段階Ⅰの最初期に見られる状況とは，おそらく図2のような状況であろう．[3] 養育者がこのようなスタンスをとってくれるからこそ，子どもの視座と養育者の視座とは一致し，〈いま・ここ〉という目の前の閉じた時空間内に存在する同一対象を同じように見ることが可能となる．したがって，この時期の子どもにまだ言葉が芽生えていないのは，対象物が目の前に存在し，その〈見え〉が〈他者〉である養育者と共有されているためである．

---

[2] 熊谷（2006: 187）によれば，この時期の子どもにはまだ時間意識はないということである．

[3] この図は，熊谷（2004）の図も参考にしている．

図 2　段階 I の最初期の状況

　もちろん，この頃の子どもにも，何かをしたいという欲求はある．それが自分ひとりでは叶わない場合には，この欲求を満たすために，声を出したり泣いたり，見せたりといった行為を通して，養育者にその手助けとなる何かを要求してくる．この事実を考慮するならば，この時期の子どもも自分とは異なる（自分にはできないことができる）〈他者〉がいることをすでに理解していると考えられる（本多，私信）．[4]　〈他者〉（〈あなた〉）は，こうして，次第に〈自己〉（〈私〉）と分離して意識されるようになり，熊谷 (2006) の指摘する図 1 の段階 I のような関係が成立する．

　さらに，歩行可能になると，子どもの視座が大人の視座とずれることも多くなる．子どもの活動も〈いま・ここ〉の内という閉じた空間に収まらなくなり，段階 II へと移行する．段階 II は，1 歳半頃から見られる．対象物は，〈いま・ここ〉の外にまで追跡されるようになり，出現や消失が問題となる．また，〈いま・ここ〉の外にある対象物を，共同注意の対象とするために，言葉が出てくる．言葉を通して事前事後の出来事も指示できるようになり，さらに過去の過去，未来の未来も分かるようになると，段階 III に移行する．

　段階 III は，3 歳頃から見られるとされる．この段階では，〈他者〉の中に他の子どもも入ってくる．自分と対等の関係にある他の子どもは，養育者のよう

---

　[4] 多賀 (2002: 180-182) によれば，少なくとも生後 3 ヶ月の段階で，自分とは異なる他者の存在が認識されているということである．また，Mandler (2005) によれば，生後 6 ヵ月頃には，〈自律的移動〉(SELF-MOTION) と〈使役移動〉(CAUSED-MOTION) のイメージ・スキーマが，他の空間関係や空間移動に関するイメージ・スキーマとともに形成され，Tomasello (1999) によれば，他者は，乳児期には生きて動く主体 (animate agent) として，1 歳頃には意図を持った動く主体 (intentional agent) として，そして 4 歳頃には心を持った動く主体 (mental agent) として理解されるという．

に自分に寄り添って世界を共有してくれはしない．また，他の子どもは，自分の知らない過去や未来を持っている．言葉は，他の子どもとの間に存在するこの種のギャップを埋めていくための1つの重要な手段として積極的に用いられるようになる．また，この時期の子どもは，遊びを通して他の子どもと〈いま・ここ〉を共有しながら，相手の行動を読むようにもなる．しかし，自分の〈いま・ここ〉から視座を移すことはまだできない．これができるようになるのは，「心の理論」が生まれる段階IV（4歳半頃）である．

　Tomasello (1999) によれば，この段階IVへの移行には，他者との言語的なコミュニケーション，及び，これを介した意見の不一致や誤解，コミュニケーションの失敗やその修復といった経験が欠かせないということである．他者の言葉の意味を理解するためには，他者の立場に立って，他者が何をどう見ているかという心の状態をシミュレートしなくてはならない．また，意見の不一致や誤解，コミュニケーションの失敗やその修復といった経験は，他者が自分とは異なる心を持つ存在であることを子どもに理解させる．こうして，〈いま・ここ〉にある自分の視座を，仮想的に〈他者〉あるいは過去や未来の〈私〉や〈あなた〉に移し，そこから出来事を見つめながら，それまでの経験をもとに，自分や他者の心情を想像することができるようになる．[5]「人間一般に共通するストーリーの理解」（熊谷 (2006: 192)）もできるようになり，物語をはじめとする仮想世界への関心も高まる．[6]

3. 〈いま・ここ〉の外の世界に向けた視線の移動

　本節では，四段階発達モデルの段階II，すなわち，〈自己〉の認識世界が〈いま・ここ〉の外にまで広がっていく最初の段階で，具体的にどのような言語表現が観察されるかを，先行研究の指摘とCHILDESコーパスを使った英語の移動事象表現の習得に関する調査結果から明らかにする．第2節でも述べたように，生後1歳半頃から見られる段階IIは，子どもが，〈いま・ここ〉の外にまで対象物を追跡し，視座のずれつつある他者とこの対象物への共同注意を維持するために言葉を用いるようになる段階である．したがって，この時期の子ど

---

[5] 他者の視座からの見えが分かるようになれば，他者の心情も分かるということに関しては，宮崎・上野 (1985) も参照．
[6] おそらくこの時期に，詳細な自己モデルや他者モデルもできるのであろう．他者モデルに基づくインタラクションのモデル化とその評価に関しては，石川ら (2003) を参照．

もの言語表現を調査することで，子どもの世界が〈いま・ここ〉の外へと拡大しはじめていることが分かると思われる．

熊谷 (2004) は，野地 (1977) の記録例から初期 (1;5〜1;8歳) の発話を取り出し，その多くが〈いま・ここ〉の内外に関わる発話であることを指摘している．具体的には，「アッチ・イッタ」が早くから何度も現れ (32例)，これと「〜キタ」(2例)「〜シタ」(62例) が初期の2語以上の発話の半分以上を占めていたということであるが，これらとともに取り出された「ナイ」(34例)「アッタ」(18例) も合わせて考慮した場合，過去 (〈いま・ここ〉の直前) を表す「〜シタ」に続いて，対象物が移動して見えなくなったことを示す「アッチ・イッタ」や対象物の消失を表す「ナイ」が（「アッタ」や「キタ」よりも）多く見られることが分かる．[7]

生後1歳半頃に対象物が見えなくなることを示す発話が多く出現するという指摘は，Clark (2003: 183-184) にも見られる．Clark は，5人の英語母語話者の子ども (1;6〜1;8歳) それぞれが用いる2語文の発話パターンを頻度順に10パターン挙げ，このうちの4人に，モノの欠如を表す No+X パターン ("No birds" など) か，モノの消失を表す X+gone パターン ("Cat gone" など) が見られることを指摘している．

以上の特徴は，数名の子どもに限って見られるわけではない．CHILDES コーパスのデータ (NA 及び NA-mor) を分析してみると，1;11 歳まで（すなわち2歳になる前まで）に，37名の子どもが "all gone." や "gone." といった発話を用いていた (1;11 歳までの gone を含む発話の総事例数は 310 例，初出例は "all gone." で 1;1.29 歳)．[8] 同様に，何かがどこかに行って見えなくなることを表す GO+ away パターンについても調査した結果，1;11 歳までに 12 名が（総事例数は 40 例，初出例は "Daddy went away." で 1;6.21 歳），また，2;11 歳までには，さらに 32 名がこのパターンを使用していた．[9]

---

[7] 1歳半になると，対象の永続性が理解され，「イッタ」モノや「ナイ」モノも，消滅したのではなく自分には見えない状態になっただけであること（すなわち，今もどこかに存在していること）が分かっているということである（熊谷 (2004: 82) 参照）．

[8] 2歳になる前の gone を含む発話には，他に "Mommy gone." や "Gone home." も見られた．2歳を過ぎても，やはり "all gone." や "gone." の出現頻度は高いが，主語のバリエーションは増加し，gone が疑問文や make X gone という使役構文内で用いられる場合も見られた．さらに，gone の後に，in the house や away などが付随する場合も増え，gone が単なる消失ではなく移動の意味でも用いられ始めていることがうかがえた．

[9] 本稿で英語の動詞を大文字で示した場合には，原形だけでなく，過去形，過去分詞形，現在分詞形も調査対象となったことを意味する．

加えて，英語が衛星枠付け言語（satellite-framed language）である点を考慮して，移動様態を表す動詞の中でも発達の初期の段階から用いられる *run* に注目し，対象物が〈いま・ここ〉の中に入ってくることも表しうる RUN+in と，対象物が〈いま・ここ〉の外へと出ていくことをも表しうる RUN+away や RUN+out の 2;11 歳までの出現事例数と初出年齢を調査してみると，RUN+in は 24 例（初出 1;11 歳），RUN+away は 52 例（初出 1;11 歳），RUN+out は 7 例（初出 2;0 歳）という結果が得られた．COCA の出現頻度検索で，RUN+in, RUN+away, RUN+out よりも上位に来る RUN+for と RUN+by が，年齢を限らずに調査しても，それぞれ 12 例，4 例と非常に少ない点を考慮するならば，子どもにとっては，対象物の出現や消失が，また，この 2 つの中でもとりわけ消失が，興味の対象となりやすく，言語化もされやすいと言える．

　以上のように，段階 II では，それまで自分の〈いま・ここ〉の中に存在していたはずの（そして，おそらく，自分にとって注目に値する）モノが，どこかにいってしまう（あるいは，いってしまった）という経験をもとに，子どもの認識世界が〈いま・ここ〉の外にまで広がることが，彼らの用いる言語表現からうかがえる．〈いま・ここ〉の外の世界への注目のきっかけは，自分にとって大切な人やモノの欠如や消失であるということであろう．

4. 仮想世界の理解：入り込みとその認知的基盤

　第 2 節で述べたように，物語などの仮想世界の理解は，段階 IV になって可能になるとされる．物語あるいは語りの世界の理解は，現実世界と語られた世界との間の事物の対応づけ，すなわち，現実世界と仮想世界との概念的な統合（conceptual integration ないしは conceptual blending）を介して可能となるとされる（Sanders and Redeker (1996), Rubba (1996), Sweeter (2012), Langacker (2008) などを参照）．また，物語や小説などでは，語り手の〈いま・ここ〉を反映した語り手のスペース（story-viewpoint space）と物語が展開する物語スペース（main narrative space）とが存在するだけでなく，この物語スペースの中に，さらに，様々な物語スペース（narrative space）が存在する場合もあり，その場合には，複数のスペース間の相互関係を俯瞰した視座から捉えていく必要がある（Dancygier (2012) 参照）．[10] いずれにしろ，この種の理解

---

　[10] どのようなスペース間の事物の対応関係を考えるかは，どのような語りを扱うかで異なる．

は，現実世界を反映したスペースと物語スペースをはじめとする複数のスペース間の相互関係に関するメタ的・客観的な認知を介して可能となる理解のプロセスである．

しかし，物語や語りの理解には，その世界に入り込んで，その中で起こる出来事を疑似体験するという，ある意味非常に主体的・主観的な理解の仕方も存在する．本稿では，この種の理解を，上述したようなメタ的・客観的な理解の前に起こる，感覚的・体感的な理解のプロセスであると考えて論を進めていく．この感覚的・体感的な理解においては，〈私〉は，現実世界と仮想世界の双方を俯瞰する視座を取れてはおらず，登場人物の存在する仮想世界を現実世界と区別しないまま，両者を融合して捉えていると考えられる．[11] 〈私〉は，この融合した世界の〈いま・ここ〉に身も心も置いて，その中の出来事を身体全体で捉えていく．これは，四段階発達モデルの段階Iに相当する状況である．

以下では，この仮想世界への入り込みの過程で，自己の身体的経験や他者（語り手あるいは登場人物）の言動がどう関与してくるかを，絵本の世界への子どもの入り込みと授業への児童の入り込みの2つの事例から考察する．[12] この試みは，言葉の意味の理解それ自体，あるいは，想像力の働きそれ自体を解明していく試みの1つとなると同時に，やまだ (1987: 322) が指摘する「脱中心化へ向かう〔ここ〕から出て行くはたらき」とともに明らかにすべき，もう一方の方向への発達，すなわち「自分の居場所にとどまり，そこへ中心化する方向への発達」の一部を解明する試みとしても位置づけられる．[13]

4.1. 絵本の世界への入り込み

絵本は，発達の極めて初期の段階から子どもに提供される．絵本は，絵（視覚イメージ）とことばの相互作用を介して仮想世界を提示し，その内容は，子どもが幼い時には，養育者の読み聞かせを通して伝えられる．絵本の理解は，絵本の中で展開する出来事が子どものそれまでの日常経験とどの程度類似して

---

[11] ここでは，あえて「融合」という言葉を用いることにする．「一致」とした場合には，仮想世界と現実世界の双方を外から客観的に眺めて対応づけていくという手続きが必要となる．これは，仮想世界に入り込んで主体的にその世界を捉えていく心の状態とは異なる．

[12] 日本語母語話者の子どものほうが，英語母語話者の子どもよりも登場人物になりきることが多いという指摘もよく聞かれる．入り込みを促す言語的要因を探ることで，この種の違いが生じる理由も見えてくるかもしれない．

[13] この背後には，自己の視点から離れる脱中心化こそ発達であるとする考え方がある（やまだ (1987: 322) 参照）．

いるか，あるいは，登場人物の行動が子どもがそれまでに形成した他者モデルとどの程度一致しているか，で異なると考えられる．

　子どもによる絵本の理解を考える上で，中川 (1982: 95) が述べている，絵本『しろいうさぎとくろいうさぎ』に対する保育園児たちの反応の変化は注目に値する．[14] 中川によれば，園児たちははじめ，くろいうさぎがなぜ物思いに沈んでいるのか分からず「ハテ？」と事態を傍観するだけだったようであるが，何回か読むうちに，くろいうさぎの切ない気持ちが自分のものになり，しろいうさぎがくろいうさぎの告白を驚きつつも受け入れる場面にくると喜び，二匹のうさぎが「いつも　いつも，いつまでも」と手を握り合うと安堵のため息をもらすようになったということである．くり返しこの絵本を読み聞かせられることで，園児たちがこのお話の世界に入り込み，2匹のうさぎ（どちらかと言うと，くろいうさぎ）の傍で事の成り行きを見守る（おせっかいな友だちのような）視座を取るようになったことがうかがえる．[15] しかし，なぜこのような変化が起こったのであろうか．

　一つの可能性として，この現実世界の中でくり返し何度も読み聞かせられることで，この絵本の世界が単なる仮想世界としてではなく，日常経験の一部として子どもの中に取り込まれていったことが考えられる．現実世界と連続する世界となったこの絵本の世界の中で，クライマックスの場面まで時折見せるくろいうさぎの暗い表情は，おそらくすでに他者の心的状態にも注意を向けられるようになっているであろう子どもたちにとっては非常に気にかかる〈他者〉の表情となる．[16]

　園児たちが絵本の世界に入り込んで理解していくこの過程に，保育士の，園児たちの心をつかむような読み聞かせ方は無視できない．[17] 具体的な読み聞かせの事例に関する詳細な分析と検討は今後の課題とするが，ここでは，『しろい

---

[14] 絵本『しろいうさぎとくろいうさぎ』は，1958年に Harper Collins Publishers から出版された Garth Williams の *The Rabbits' Wedding* の日本語訳版（まつおかきょうこ（訳），福音館書店，1965）である．実際に何歳の園児に見られた変化であるかは示されていないが，中川氏が勤めていたみどり保育園には，二歳から就学前までの園児がいたということである（中川 (1982: 177)）．

[15] 中川 (1982: 27-32) は，子どもたちが想像力を働かせて絵本の世界に入り込み，そこに収まったまま，登場人物と一緒になって様々な体験をすると述べている．

[16] 筆者の息子も少なくとも1歳8ヶ月の段階で，筆者が暗い表情や辛い表情を見せた時には気にして，どうしたものかと困惑していた．

[17] 岩崎ら (2014) は，保育士が子どもを遊びに引き込んでいく際に（おそらく無意識に）用いる戦略をモデル化している．

うさぎとくろいうさぎ』も含めて日本語の絵本が持つ2つの特徴，すなわち，(i) 直接話法がよく用いられる，(ii) 引用節が引用助詞の「と」や「って」を伴わずに表される場合が多い，という2点に注目して論じてみたい．

　直接話法では，登場人物の言葉がそのまま引用節で示される．保育士をはじめ，これを読み聞かせる大人は，たいてい，この登場人物になりきってこの言葉を発する．現実世界にいる保育士の言葉（声）が，そのまま登場人物の言葉（声）として提示されるということは，絵本の世界が現実世界の〈いま・ここ〉に具現化すること，言い換えれば，絵本の世界と現実世界の〈いま・ここ〉とが保育士の言葉（声）を介して融合することを意味する．加えて，引用助詞の「と」や「って」が現れないということは，引用節と伝達節とが（引用節が伝達動詞の補文であるというような埋め込みの関係ではなく）対等の関係として提示されることを示す．読み聞かせの際にはおそらく，両者の違いは（引用節が口語体であるために）韻律の差となって表されることになるのであろうが，この事実は，引用節が，物語を展開させていく上で伝達節あるいは地の文と同程度，またはそれ以上の役割を担っているということを示していると考えられる．

　また，保育園で毎日一緒に絵本を見ている子どもたちは，絵本の世界をごっこ遊びとして体現化するという中川 (1982: 27-32) の指摘も，子どもたちの絵本の世界への入り込みを考える上で重要である．[18] ごっこ遊びとは，〈いま・ここ〉という現実世界の中にいながら，その世界の中に仮想世界を作り出し，登場人物の一人になり代わって，その中の出来事を体験することである．伴・菅野 (2010: 79, 83) によれば，このごっこ遊びの増加は，4歳以降に見られ（段階IVとほぼ同時期ということになる），これを介して，登場人物の心情をシミュレートするだけでなく，一緒に遊んでいる他者の心情も理解していくようになるという．

　さらに，絵本が何度も読み聞かせられる場合には，通常，一日に何度もではなく，日をおいて何度も読み聞かせられることになる．この点を考慮するならば，その間に，子どもたちが，「誰かに思いを寄せて物思いに沈む」とはどういうことか，自分のそれまでの経験の中でこれと類似する経験はないか，などを自分で考えたり，人に聞いたりしながらなんとなく判るようになっていくということもあるのかもしれない．いずれにしても，繰り返し読む行為とその期間

---

[18] 中川 (1982) はまた，これらの観察に基づいて，子どもたちが「空想と現実のあいだをいともたやすく出たり入ったり (128)」するとも述べている．

の中で，子どもたちは，仮想世界を日常経験の一部として取り込み，仮想世界と現実世界とを融合させながら，はじめは理解できなかった登場人物の心情を理解するようになっていったと考えられる．

4.2. 授業への入り込み

本節では，入り込みのもう1つの事例，すなわち，児童の授業への入り込みについて考察する．分析データは，京都府立大学の大学生が，京都市内のある小学校の4年生の児童を対象に行った食育の授業『エコと精進料理』(2011年11月24日，於：京都府立大学) の一部 (大学生による講義の部分) である．[19] 児童は，これが授業であることを承知しているため，真面目に取り組む必要がある，静かに聞く必要がある，などといった心の準備や構えはできている．しかし，本節で取り上げる講義の場面では，ここからさらに一歩進んで，児童が次第に，主体的・積極的に授業に取り組むようになる．すなわち，授業が進むにつれて徐々に授業に入り込み，授業に集中して，自分たちなりに思考し活動するようになっていく．

注目すべきは，この食育の講義が，児童の大半に親しまれている人気アニメ『ポケットモンスター』のストーリー (ポケモンマスターになることを目指した冒険の旅で，ポケモンとの出会いと育成，ライバルとの対決，などが含まれる) とキャラクターを利用し，講義内容に合わせた新しいキャラクターも登場させながら展開されるという点である．[20] すでにアニメを通して『ポケットモンスター』に慣れ親しんでいる (ゆえに，この仮想世界がすでに頭の中に構築されている) 児童にとっては，現実世界からこの仮想世界に視座を移し，そこで展開する出来事を理解することは，おそらく容易である．

また，この授業でさらに興味深いのは，この仮想世界が，劇とパワーポイントのスライドの両方を使って提示される点である (資料1参照)．[21]

---

[19] 筆者の実習見学を快く受け入れ，その様子を認知言語学的な観点から分析することを承諾してくださった京都府立大学生命環境学部食保健学科食事学研究室の大谷貴美子先生，松井元子先生，村元由佳利先生に，この場を借りて深く感謝いたします．

[20] 『ポケットモンスター』は，アニメあるいはゲームを通して，子どもたちに親しまれてきている．ポケモンのかわいらしさはもとより，現実世界に似た架空世界をポケモンと一緒に冒険する楽しさや，キャラクターの成長，バトルの面白さなどが『ポケットモンスター』の人気を支えているようである．『ポケットモンスター』というアニメあるいはゲームへの入り込みに関しては，今後の課題とする．

[21] 第4節のはじめに述べたように，語りの世界の理解は，メンタル・スペース理論の枠組みを使って説明されることもある．本節で取り上げる事例は，仮想世界と〈いま・ここ〉という

資料1　大学生による食育の授業の様子

　『ポケットモンスター』という仮想世界の主人公である「サトシ」は，この授業では，児童の目の前で展開される劇の登場人物として登場する．また，サトシは，演じている大学生の立場からすれば，本来教師側の存在であるが，劇中では，児童と同じようにエコな食生活とは何かを学ぶ存在となっている．この特異な立場にあるサトシは，登場してすぐの段階から児童との対話を開始する．この対話によって，観客であるはずの児童は，サトシの対話者として劇の中に組み込まれていくことになる．実写として登場したサトシは，その存在の特異性，及び，その言動によって，『ポケットモンスター』という仮想世界を，児童の〈いま・ここ〉に融合させていく．

　以下では，サトシの言動に注目して，児童の授業への入り込みを考えていく．第1に注目すべきは，サトシが，登場時からほぼずっと，児童のほうに体ないしは顔や視線を向け続けているという点である．Sweetser (2012) によれば，アメリカ手話（American sign language）を用いる話者は，ある仮想世界の登場人物になりきって出来事を語る際には，自分の体の向きを対峙する聞き手から少しずらして語るということである．聞き手に体を向けている場合には，聞き手に対して直接言葉を投げかけているとするならば，児童に対するサトシの身体の向きは，児童と積極的にインタラクトしたいというサトシの気持ちを表していると考えられる．[22]

現実世界とが，実際に融合していくという点で，非常に特異な，しかしながらそれゆえに，非常に興味深い事例となっている．

[22] Fukada (2013) は，小島ら (2013) の実験結果を受けて，絵本の絵と文の相互作用に関す

第2に，サトシは，児童にプリント（「ポケモンずかん」と呼ばれる冊子）の空欄を埋めさせたり，質問を投げかけてそれに答えさせたりしている．このサトシの言動に反応することで，児童は，サトシと同じ目的を持ち，サトシと一緒にこの『ポケットモンスター』という架空世界を旅する存在となって，身体を介して，文字通り主「体」的にこの世界を捉えていくことになる．

お話の世界をどの程度主体的に（自分も関与していることとして）捉えているか，すなわち，お話にどの程度入り込んでいるかという点に関しては，少なくとも次の3つのパターンがあると考えられる．

① お話の中の登場人物と一体化している場合
② お話の世界に入ってはいるものの，特定の登場人物と一体化することなく，登場人物の傍で登場人物どうしのやりとりを見守る第3者的な視座を取っている場合（例えば，4.1で見たくろいうさぎを応援する園児のような視座を取っている場合）
③ お話の世界を理解するための心の準備や構え（これには，お話の世界を理解する上で重要となる知識の獲得も含まれる）ができている場合

お話の世界への入り込みの程度は，①から③の順に低くなる．食育の講義では，児童がサトシと一体化することはないが，徐々に，サトシの仲間となって，サトシと一緒に，『ポケットモンスター』の世界を旅するようになる．登場人物の仲間になるというこの状況を段階①の特殊バージョンであるとするならば，講義が進むにつれて，児童の立場は，③から②へ，そしてクライマックスとなる敵との決戦の場面では①へと移行していったと言える．

③から②への移行期には，サトシの登場，サトシと児童との直接的なインタラクションの開始，『ポケモンずかん』への書き込みなどが見られる．(1)は，ずかんの配布のために壇上から降りてきたサトシの，児童との対話の様子である．

(1) サトシ： ［ポケモンずかんを配布しながら］まだ開かないでね．まだ開かないで〜．
　　児童： 名前書いていいですかー？
　　サトシ： はい？

るより詳細な考察を行っている．それによれば，正面を向いた（すなわち，読者に対峙するような形で描かれた）登場人物の絵は，本文と連携して読者を絵本の世界に引き込む力を持っているということである．

児童： 名前書いていいですかー？
サトシ： … 名前書いていいよ．中はちょっと見ないでほしいな～．

入り込みの初期の段階であるから，サトシと児童との間にはまだ「仲間」意識は成立していない．これは，児童が敬体を使っていること，また，児童からの質問に対してサトシが「はい？」と丁寧な言葉で返答していることからも了解される．

ずかんを配布し終わったサトシは再び壇上に上がるが，サトシが自分の手持ちポケモンについて話す場面（（2）参照）になると，児童の視線は一気にサトシに集中し始める．手持ちポケモンについての情報は，『ポケットモンスター』という仮想世界を旅する上で非常に重要な情報だからである．

(2) サトシ： 俺はエコリンっていう手持ちポケモンを持っているんだけど，みんな，エコリンって知ってる？
　　児童数名： 知らな～い．
　　サトシ： 知らないよね．
　　児童数名： 知らな～い．
　　サトシ： …じゃああ，エコリンのこと…みんなで一緒に呼んでみようぜ．いくよ，せ～の．
　　サトシと児童（多数）： エコリ～ン．

(2)のやりとりからも分かるように，壇上に戻った後も，サトシは，児童に対して「みんな」と呼びかけたり，「よ」や「ね」といった終助詞を用いたりして，児童と直接インタラクトする存在のままであり続けている．[23] また，児童に質問したり，「一緒に～してみよう」という勧誘表現を使ったりして，児童の劇への積極的な参加を促してもいる．この一連のやりとりを介して，児童は次第に，サトシを友だちと見なし，サトシと目的を共有する存在へと変わっていく．その様子は，児童が敬体を使わなくなった点からも，また，児童の多くが，サトシと一緒に映像内のエコリンを呼んだという事実からもうかがえる．エコリンの登場によって，児童とサトシの〈いま・ここ〉は融合しはじめ，映像が

---

[23] 神尾（1990）は，終助詞「ね」が，本質的に仲間意識や連帯感を与える要素であり，「話し手の聞き手に対する〈協応的態度〉を表す標識である（71）」と述べている．また，終助詞「よ」は一般に，聞き手が知らないと考えている情報を話し手が提示する際に用いられる．いずれの終助詞も聞き手の知識や心情に配慮した言葉で，Matsui et al.（2006）によれば，日本語母語話者の子どもは，この終助詞の意味の違いを比較的早い段階で理解しているということである．

その外となる．児童のいる場所とサトシのいる檀上との境界は曖昧になり，児童は，壇上で繰り広げられる劇に，知らず知らずのうちに入り込んでいくことになる．

この後，児童とサトシは，大学生のお姉さん（「お姉さん」と呼ばれている）から精進料理について学ぶ．児童は，お姉さん，映像，サトシ，手元のずかんを交互に見ることになり，映像や劇で示される『ポケットモンスター』という架空世界と自分やずかんが存在する現実世界とを行き来することになる．これによって，児童は，サトシとともに架空世界と現実世界を自由に行き来する存在へと移行していく．

さらに，これに続く場面では，サトシと児童が，映像内のポケモン「カモナスビー」の解説を通して京野菜について学ぶ．カモナスビーは，サトシと会話するだけでなく，児童に対しても積極的に質問をする．これによって，児童の存在する現実世界は，劇が展開していく檀上とだけでなく，カモナスビーの存在する映像の世界とも融合していくことになる．

そして，決戦の場面を迎える．この決戦の場面では，児童は，サトシに促されながら，映像内の存在であるロケット団の出したクイズに答えていく．児童は，制限時間内にクイズの答えをずかんに書き込むように促され，児童全員が書き終わると，サトシは，「せ～の」という掛け声をかけて一斉にそれを答えさせる．その答えに，映像内の存在であるロケット団が反応する．このやりとりを繰り返す中で，ロケット団の存在する映像の世界は，児童とサトシの〈いま・ここ〉の内に入ってくる．この変化は，ロケット団が，児童とサトシの両方を指して「あんたたち」という二人称を使っていることからもうかがえる．児童は，おそらく，自分たちがインタラクトしている相手が映像内の存在であることを意識することなく，このやりとりを行っている．児童の興奮した様子なども考慮するならば，この段階において，児童は完全にお話の中に入り込み，このお話の中の出来事を身体を介して直接経験していたと考えられる．[24]

以上のように，児童がこの講義に入り込む要因として，サトシの言動は無視できないほど大きい．中でもサトシが用いた言葉の多くが，聞き手である児童の心的状態に配慮した，児童全員に向けられた言葉であった点は注目に値する．例えば，サトシは，(3) に示すように，児童に対して「みんな」と呼びかけ，これに続いて「～かな？」と質問したり，「～してくれ」と要求したり，「～

---

[24] このクイズの場面では，児童を駆り立てるような音楽が効果的に用いられていたことも注目に値する．

してみよう」と勧誘したりしている．この種の言語表現は，児童全員をサトシと同じ方向（あるいは，同じ目的ないしは同じ行動）に向かわせる機能を担っていると考えられる．(3) のような言語表現は，決戦の場面で最も多く発せられていたが，これは，児童全員が自分と一緒になって決戦に挑むことを望んで，おそらく無意識に用いられたものである．[25]

(3) サトシ： ［児童に向かって］みんな，6ページを開いて『食材をむだにしない』って書き込んでくれ．

また，サトシの発話には，終助詞の「よ」や「ね」，「な」が多用されているが，これは，サトシが，聞き手である児童の心的状態に常に気を配っていたことを示唆している．さらに，サトシは，児童の言動が自分の目的の手助けとなっている場合には，児童に対する感謝の言葉（「ありがとう」「みんなが分かってくれたおかげで …」など）や児童をほめる言葉（「いいよ」「すごいな」など）を用いて，これを明示的に示している．これによって，児童は，サトシの目的達成に関わる行動を「よし」と見なすようになり，サトシと目的を共有するようになる．

以上のように，児童とのインタラクションの際に用いられていたサトシの言葉は，児童を仮想世界に引き込み，その中で展開する出来事に主体的に関与させていく力を持っていたと考えられる．〈他者〉と〈自己〉とがほぼ同じ視座に立って，同じ方向を見るという状況は，四段階発達モデルの段階Iの最初期の状況（図2参照）と同じである．サトシの言葉は，その行動とともに，（おそらくサトシ自身は意識してはいなかったであろうが）この状況を現実世界の中に作り出す手段となっていたと言えよう．

5. 哲学における「主体性」と本稿の意義

本節では，本稿で規定した「主体性」とこれに基づく第4節までの議論が，哲学における「主体性」の概念と様々な点で結びついてくることを示す．[26] 伊藤 (2014) は，「主体性」という日本語に込められた意味合いを，この用語の最も早い用例である三木清の『歴史哲学』から明らかにしている．それによれば，

---

[25] この場面の「みんな」の使用頻度は 2.3 回/分であるが，他の場面では 0.6 回/分である．
[26] 言語研究の成果を主体性や純粋経験等に関する哲学の知見と積極的に関連づけて論じているものとしては他に，坪本 (2006, 2009) や中村 (2009) 等がある．

主体性とは「対象化・客体化される以前の原的経験，意識化される以前の『現在』(16)」である．「原的経験」とは本稿で言う直接的な身体経験に，また，「意識化される以前の『現在』」とは，〈いま・ここ〉の内にとどまったままの主体が自らの身体を介して感じる〈いま・ここ〉に，それぞれ相当すると考えられる．さらに，「原的経験」が対象化・客体化される以前であるということは，〈私〉の視座が身体経験の内に没入しているということ，すなわち，〈私〉は，自身の身体経験と未分化な状態にあるということ，と同じであると思われる．第4節までの議論では，三木が際立たせたとされる「主体性の行為的性格ならびに身体性・環境規定性 (16)」の一端を，具体的な言語事例の観察・分析を通して論じてきたということになるのかもしれない．

また，伊藤は，三木の「主体性」が「己れ自身を己れ自身によって支える自己のあり方，その支えとなる虚構物［＝語り］を生み出していく運動 (19)」であり，主体が自己の存在としての歴史を成立させるために，自らの内に置かれているはずの過去を構成していく枠組みを産出することである，とも述べている．自分の存在を支えるために，事実の中に没入してはいられない主体の側面が浮かび上がる．これは，第2節で見た，〈いま・ここ〉の外へと出ていくことが〈自己〉の分化・成立と深く関わっているという事実を思い出させる．

以上のように，本稿のアプローチは，主体性という概念の本質において，また，そこから広げて論じられる主体性の諸側面において，三木の主体性概念と多分に接点がある．第4節までの議論は，期せずして，三木の考えを認知言語学的な観点から支持するものとなっていたと言えよう．

6. 終わりに

本稿では，「主体性」を，日常の具体的な身体経験を通して立ち現れてくるもの，「主体」を，身体を介して外部世界とインタラクトし，それに基づいて世界を解釈していく存在（〈私〉）と捉えて議論を展開してきた．これは，「言葉の世界は，根源的に［主体の］感性・身体性にかかわる要因によって動機づけられている」（山梨 (2000: 2)）とする認知言語学の考え方に基づいている．第2節では，発達心理学的な知見をもとに，〈自己〉と〈他者〉の分化や〈いま・ここ〉の内と外の形成，〈いま・ここ〉の外の世界の広がりの過程を概観した．この認知発達の過程を前提として，第3節では，〈いま・ここ〉の外に目が向けられ，他者との視座のずれが大きくなる段階IIにおいて，具体的にどのような言語表現が見られるかを明らかにした．続く第4節では，段階IVで可能となると

される仮想世界の理解，とりわけ仮想世界への入り込みに注目し，この入り込みを促す〈他者〉の言動や仮想世界と〈いま・ここ〉という現実世界との融合に焦点を当てて考察した．第5節では，第4節までの議論を哲学的な見地から検討した．

主体性の問題を認知発達的な観点も絡めて検討し，言語現象を中心に，これまで認知言語学の分野で，そしておそらく，それ以外の分野でも，その複雑さゆえに取り立てて論じられることのなかった，お話への入り込みも研究の射程に入れながら，主体性と身体経験，及び，言語の相互関係の一端を明らかにしようとしたという点で，本稿は，他の認知言語学的な研究とは異なる．しかし，主体性を基軸として言葉と日常経験の相互関係の全容を解明していくためには，哲学，発達心理学，認知科学をはじめとする関連分野の研究成果を幅広く理解し，積極的に取り込んでいく必要がある．また，お話への入り込みや登場人物との一体化は，（言葉の）理解のプロセスや想像力とも深く関わっており，このモデル化には，認知科学的な検証や実験も必要となろう．いずれも今後の課題である．

参考文献

伴碧・菅野幸宏 (2010)「幼児期におけるふりの心的表象と行為との関連の理解について」『弘前大学教育学部紀要』第104号，77-84．
Clark, Eve V. (2003) *First Language Acquisition*, Cambridge University Press, Cambridge.
Dancygier, Barbara (2012) *The Language of Stories: A Cognitive Approach*, Cambridge University Press, Cambridge.
Fukada, Chie (2013) "Entering the Imaginary World of Picture Books: How Words and Pictures Affect the Reader's Viewpoint," Paper presented at the 12 International Cognitive Linguistics Conference, Edmonton, Canada.
石川悟・大森隆司・遠山修司・森川幸治 (2003)「他者モデルを用いたインタラクション過程のモデル化」『FAN Symposium'03 in Hakodate 講演論文集』53，200-205．
伊藤徹 (2014)「主体性の概念とその淵源」『京都工芸繊維大学学術報告書』第7巻，13-25．
岩崎安希子・下斗米貴之・阿部香澄・長井隆行・大森隆司 (2014)「他者を引き込んでいく戦略的インタラクションのモデル化」『2014年度日本認知科学会第31回大会発表論文集』，118-121．
神尾昭雄 (1990)『情報のなわ張り理論：言語の機能的分析』大修館書店，東京．
小島隆次・深田智・田中哲平・杉本匡史 (2013)「絵本読者の視座・視線に本文が及ぼす

影響——絵本『しろいうさぎとくろいうさぎ』を用いた眼球運動測定による検討——」『日本認知心理学会第 11 回大会発表論文集』, 64.
小松孝至 (2010)「第 1 章 ことばの発達と自己」『生きた言葉の力とコミュニケーションの回復』(シリーズ子どもへの発達支援のエッセンス 第 1 巻), 秦野悦子(編), 3-27, 金子書房, 東京.
熊谷高幸 (2004)「『心の理論』成立までの三項関係の発達に関する理論的考察:自閉症の諸症状と関連して」『発達心理学研究』第 15 巻, 第 1 号, 77-88.
熊谷高幸 (2006)『自閉症 私とあなたが成り立つまで』ミネルヴァ書房, 東京.
Langacker, Ronald W. (2008) *Cognitive Grammar: A Basic Introduction*, Oxford University Press, Oxford.
MacWhinney, Brian (2000) *The CHILDES Project: Tools for Analyzing Talk*, 3rd ed., Lawrence Erlbaum Associates, Mahwah, NJ.
Mandler, Jean M. (2005) "How to Build a Baby III," *From Perception to Meaning: Image Schemas in Cognitive Linguistics*, ed. by Beate Hampe, 137-164, Mouton de Gruyter, Berlin.
Matsui, Tomoko, Taeko Yamamoto and Peter McCagg (2006) "On the Role of Language in Children's Early Understanding of Others as Epistemic Beings," *Cognitive Development* 21, 158-173.
宮崎清孝・上野直樹 (1985)『視点』東京大学出版会, 東京.
中川李枝子 (1982)『本・子ども・絵本』大和書房, 東京.
中村芳久 (2009)「認知モードの射程」『内と外の言語学』, 坪本篤朗・早瀬尚子・和田尚明(編), 353-393, 開拓社, 東京.
野地潤家 (1977)『幼児期の言語生活の実態 I』文化評論出版, 広島.
Rubba, Jo (1996) "Alternate Grounds in the Interpretation of Deictic Expressions," *Space, Worlds, and Grammar*, ed. by Gilles Fauconnier and Eve Sweetser, 227-261, University of Chicago Press, Chicago.
Sanders, José and Gisela Redeker (1996) "Perspective and the Representation of Speech and Thought in Narrative Discourse," *Space, Worlds, and Grammar*, ed. by Gilles Fauconnier and Eve Sweetser, 290-317, University of Chicago Press, Chicago.
Sweeter, Eve (2012) "Introduction: Viewpoint and Perspective in Language and Gesture, from the Ground Down," *Viewpoint in Language: A Multimodal Perspective*, ed. by Barbara Dancygier and Eve Sweeter, 1-22, Cambridge University Press, Cambridge.
多賀厳太郎 (2002)『脳と身体の動的デザイン』金子書房, 東京.
Tomasello, Michael (1999) *The Cultural Origins of Human Cognition*, Harvard University Press, Cambridge, MA. [大堀壽夫・中澤恒子・西村義樹・本多啓 (訳) (2006)『心とことばの起源を探る——文化と認知』勁草書房, 東京.]
坪本篤朗 (2006)「『語り』の認知意味論——〈対称性言語学〉の試み (その 1)——」『ことばと文化』(静岡県立大学英米文化研究室) 第 9 号, 81-114.

坪本篤朗 (2009)「〈存在〉の連鎖と〈部分〉/〈全体〉のスキーマ―「内」と「外」の〈あいだ〉―」『内と外の言語学』, 坪本篤朗・早瀬尚子・和田尚明(編), 299-351, 開拓社, 東京.
やまだようこ (1987)『ことばの前のことば:ことばが生れるすじみち I』新曜社, 東京.
山梨正明 (2000)『認知言語学原理』くろしお出版, 東京.

可能表現と自己の境界

本多　啓

神戸市外国語大学

キーワード：可能表現，能力可能，状況可能，原因帰属，自己概念

1. はじめに：本稿の目的

　本稿は認知言語学ないし認知意味論の立場から，日本語のある方言における可能表現の振舞いの分析を通じて，当該方言話者の持つ「自己」概念の一端を明らかにする試みである．具体的には，永澤 (2004) で報告された式根島方言における能力可能と状況可能[1]の形式の使い分けから，「自己の境界」についての当該話者の認知モデルを探ることになる．

　可能表現の分析が自己概念の分析につながる機構については議論の過程で明らかになる．以下，本稿の議論は，理論的な枠組みを「能力可能と状況可能の区別についての確認」「アフォーダンスとエフェクティヴィティについての確認」「原因帰属との関係の提示」という順序で提示していく．それを踏まえたうえで，可能表現に現れる自己概念について考察する．

2. 理論的な枠組み

2.1. 能力可能表現と状況可能表現

　日本語の方言研究においては可能表現が適用される対象に関して伝統的に，可能／不可能となる要因・条件ないしは行為を可能にする要因に基づいて，大きく「能力可能」「状況可能」の 2 種に分類することが行われてきた．それについて渋谷 (2002: 8) は次のように解説している．

---

[1] 後者は永澤自身の用語では「一般可能」であるが，本稿では後述の理由により「状況可能」を用いる．

(1) a. 能力可能： 動作主体のもつ能力によって動作の実現が可能・不可能であることを表す．
    b. 状況可能： 動作主体を取り巻く外の条件によって動作の実現が可能・不可能であることを表す．

標準語の「着（ら）れる」「着ることができる」はどちらも能力可能・状況可能の区別なく用いられるが，方言では能力可能と状況可能に対して異なる形式が存在して両者を表現し分けていることがある．

各地方言における可能の分節状況（能力・状況）		
地域	能力可能	状況可能
東北地方北部	キレル	キルニィー
東北地方日本海側	キレル	キラレル
中部地方	キーエル	キレル
近畿地方	ヨーキル	キレル
九州地方北部	キキル・キーユル	キラレル
沖縄本島	チーユースン	キラレル

(渋谷 (2002: 8))

渋谷 (2002) も指摘しているようにこのアプローチには問題もある．可能表現における行為を可能にする要因の分類項目として「能力」「状況」の2つでは不十分であるということである．渋谷 (2002) は次の4分類を提示している．

(2) a. 心情： 主体内部に永続的に存在する心情（性格）的な条件（性格や気持ち，勇気など）によって可能・不可能であることを主観的に述べるもの否定文の場合，「〜したくない」といった意味に近い［以下本多により省略］
    b. 能力： 主体内部にほぼ永続的に存在する能力的な条件によって可能・不可能であることを客観的に述べるもの．この場合の能力には，生得的なもの，学習によって獲得されたものなどがあり，さらに下位分類ができる．
    c. 内的条件： 主体内部の，病気や気分などの一時的な条件によって可能・不可能であることを述べるもの
    d. 外的条件： 主体外部の条件による可能・不可能を述べるもの（［略］状況可能に相当）

しかし現実の諸方言の可能表現にはこの4分類でもなお捉えきれない事例が観察されている．

また，これはアプローチの問題ではないが，可能表現の形式の数は方言によってバラバラである．たとえば宇和島方言には4つの可能形式が存在していて，(2) に示した4分類では適切に捉えられない要因（たとえば本人の努力）に特定的に言及するものがある（工藤 (2010))．その一方で本稿で扱う式根島方言は実質2つの可能形式を持つ．

式根島方言に存在する可能形式が実質2つであるということは，1つの形式が (2) のうちの2つ以上の場合に適用されて用いられうるということであり，これを本稿の立脚する認知意味論の観点からまとめておくと，次のようになる．

(3) 式根島方言の話者は可能表現において行為を可能にする要因ないし条件を2つに分節（カテゴリー化）している．

本稿ではこの2つのカテゴリーを担う可能形式をそれぞれ「能力可能表現」「状況可能表現」と呼んでいるわけである．

2.2. アフォーダンスとエフェクティヴィティ

可能表現の研究は一般にモダリティ研究の枠組みで行われることが多いが，それとは別に，生態心理学の観点を導入するアプローチもある（本多 (2005, 2006, 2013a))．その場合，状況可能表現と能力可能表現の区別にアフォーダンス理論が適用されることになる．

アフォーダンス (affordance) とは「環境の中で事物が知覚・行為者としての動物に対して持つ意味」のことである．たとえば空気はヒトに対して呼吸をアフォードするが，魚には呼吸ではなく窒息をアフォードする．一方で大量の水はヒトには窒息をアフォードするが，魚には呼吸や移動をアフォードする．椅子は人間に対して座ることをアフォードし，ドアは開ける，通過する，閉める，といった行為をアフォードする．このようにアフォーダンスとは一方で知覚・行為者に対して事物が提供する「行為の可能性」であり，他方で事物がもたらす「害の可能性」でもある．可能表現は基本的に行為者にとって望ましい事態に関して用いられるものなので，ここではアフォーダンスを「行為の可能性」と見なして差支えない．

一方エフェクティヴィティ (effectivity) とは「アフォーダンスを知覚して行為を行うことを可能にする，知覚・行為者の属性」である．たとえば「空気は

人間に対して呼吸をアフォードするが魚にはしない」「水は魚に対して呼吸をアフォードするが人間に対してはしない」ということをエフェクティヴィティの問題として見直せば,「人間のエフェクティヴィティとしては,空気中では呼吸ができるが,水中ではできない」「魚のエフェクティヴィティとしては,空気中では呼吸ができないが,水中ではできる」ということになる.

　環境の中の同じ事物が異なる知覚・行為者に対してもつ異なるアフォーダンスを,ここではヒトと魚という生物学的に大きな違いがある動物に関して見たわけであるが,この違いは,別の生物種の間でのみ見られるものではない.同一の生物種の異なる個体間,あるいは単一の個体の異なる時点における異なる状態に関しても見られるものである.たとえば,高い位置に取っ手が取り付けられた重たい鉄のドアは成人には「開ける」「閉める」といった行為をアフォードするであろうが,背が低く力も強い幼児には「開ける」「閉める」はアフォードしないだろう.

　以上から,生態心理学の言葉で言えば,能力可能表現はエフェクティヴィティに聞き手の注意を向けさせる表現であり,状況可能表現はアフォーダンスに聞き手の注意を向けさせる表現ということになる.アフォーダンスとエフェクティヴィティは相互に規定しあう関係にあることでつながっており,それに動機づけられて状況可能表現と能力可能表現の間にもつながりが成立するのである.

　繰り返しになるが,環境の属性(アフォーダンス)と知覚・行為者の属性(エフェクティヴィティ)は相互に規定しあっている.そして行為の実現にはつねにアフォーダンスとエフェクティヴィティの双方が関わっている.このことを次の事例で具体的に見てみる.

(4) a. 私は体が健康なので支障なく歩くことができる.
　　 b. 今日は親しい友人が集まっているので楽しく食事ができる.

　一見したところ,(4a)の「歩くことができる」は純粋に個体に帰属される能力のように見えるかもしれない.また,(4b)の「楽しく食事ができる」は「親しい友人が集まっている」という状況によって成立するものであるから,個体の属性は無関係であるかに見えるかもしれない.つまり両者は質的に違うように思われるかもしれない.しかし生態心理学の見方によれば両者の違いは質の違いではなく,観察者の注意の向けられやすさの違いということになる.

　「歩く」という行為が成立するには,直立した姿勢が維持できるような広くて固い面(地面,床など)が必要である.人間は自分の背丈以上もあるような水

の中や何もない空中を「歩く」ことはできない．水の中では「泳ぐ」なり「溺れる」なりすることになるし，空中では通常は「落ちる」ことになる．つまり「歩く」という行為の実現は広くて固い面の持つアフォーダンスに支えられている．これは，「楽しく食事ができる」ということが「親しい友人が集まっている」という状況に支えられて成立することと同じ構造である．

　反対に，(4b) の「楽しく食事ができる」にも，状況だけでなく個体の属性が関わっている．親しい友人が集まっているからといって，必ずしも楽しく食事ができるとは限らない．たとえば「体調が悪い．そしてそのために友人に心配をかけさせることはできるだけしたくない」という時などは，親しい友人が集まっているからこそ，逆に気を使ってその場を十分に楽しむことができない，ということもありうる．したがって (4b) のように一見純粋に状況の問題であるかに見える場合であっても，個体の属性は関わっているわけである．

　したがって，(4a, b) において個体の属性（エフェクティヴィティ）が行為の実現に寄与するかどうかは程度の違いであって，「寄与があるかどうか」の違いではない．同じように状況（アフォーダンス）がどれほど寄与するかも程度の違いである．そしてその程度の違いとは，実質的には，観察者ないし概念化の主体である人間にとってアフォーダンスとエフェクティヴィティのどちらが目立ちやすく注意をひきやすいかの違いである．このことが次節で導入する原因帰属の議論につながる．

　以上の議論のもう一つの帰結として，いわゆる「能力」が純粋な個体の持ちものではないということがある．この観点はいわゆる「能力」を一意的に個体に帰属させる考え方を棄却する方向の観点であり，いわゆる「個体能力論」的な考えを棄却する方向の観点である．このような方向性で可能表現を研究することが持つ意義については本稿末で述べる．

　まとめておくと，(4a) のようないわゆる「能力可能」に一意的に該当するかに見える事態であっても状況の寄与がかならず存在しており，(4b) のようないわゆる「状況可能」に一意的に該当するかに見える事態であっても個体の属性がかならず寄与している．そして個体の属性と状況のどちらに注目するかは概念化の主体としての人間の問題である．

2.3. 可能表現と原因帰属

　前節で述べたような，可能表現の分析に生態心理学のアフォーダンス理論を導入する考え方には有効性があると思われるが，一点問題がある．それは，前節のアプローチを不適切な形で適用すると，認知意味論が棄却したはずの指示

対象意味論あるいは客観主義的な意味論に戻ってしまう可能性があるということである．

アフォーダンス（あるいはアフォーダンスとエフェクティヴィティの相互関係）は，知覚・行為者を含む環境に客観的に存在する構造である．したがって，もしかりに「能力可能表現はアフォーダンスを指示する」と言ってしまった場合には，それは「「塩」という語は食卓で用いられる塩化ナトリウムを指示する」と言うことと近いことになる．[2]

認知意味論では，言葉の意味を指示対象の構造だけに求めるのではなく，その対象を話し手がどのように捉えているかを重視する．[3] 実は前節では，暗黙のうちにこのことも踏まえ，能力可能と状況可能の規定に「聞き手の注意を向けさせる」を含めてある．これは話し手・聞き手の捉え方の一側面としての「注意を向ける」を組み込んだ規定であったわけである．しかしながらここでは，アフォーダンス理論の洞察を活かしつつも，より明確に「捉え方」と関連づけたアプローチを採用したい．

能力可能と状況可能の区別をあらためて見直すと，これは行為を可能にする要因に基づく分類である（渋谷 (2002: 8)）．これを話し手による捉え方と関連づけて考えなおせば，能力可能・状況可能の区別は，行為を可能にする要因についての話し手の捉え方の違いに基づく区別ということになる．

出来事の原因についての人間の捉え方については，心理学とくに社会心理学で「原因帰属（causal attribution）」の名目のもとに膨大な研究の蓄積がある．このことと関連づけるならば，能力可能と状況可能の区別は次のように捉えなおされることになる．[4]

(5) a. 能力可能表現：　話し手は，行為の成否の原因を行為者に求める捉え方をしている．
　　b. 状況可能表現：　話し手は，行為の成否の原因を行為者以外に求める捉え方をしている．

これを踏まえて，前節で (4) との関連で述べたことを別の表現で確認してお

---

[2] 本多 (2002, 2005) に提示した英語の中間構文の分析はこの点から考えると問題を含んでいる可能性がある．

[3] 「塩」と「塩化ナトリウム」を筆者がどのように考えているかについては本多 (2003, 2013b) を参照されたい．

[4] 可能表現と原因帰属の関係については他に本多 (2008, 2009a, 2009b) を参照のこと．

きたい.

現実の世界においては，一つの事態の原因としては通常複数の要因が関わっている．たとえば

(6) 暗くなったら帰ることができない

においては，帰れないことの原因として少なくとも次の事柄が関与している．

(7) a. 周囲が暗い
b. 自分には暗い中を（安全に）歩いていく能力ないし勇気がない

これらのうち，「周囲が暗い」は行為者の属性以外に該当し，「自分には暗い中を（安全に）歩いていく能力ないし勇気がない」は行為者の属性に該当する．現実世界のあり方としてはこれらの両方が合わさったものが帰れないことの原因である．しかし話し手の捉え方としては，これらのうちのいずれかをとくに重視して注目することがある．というより，能力可能と状況可能を区別する言語ないし方言の話者はそのようにせざるをえないわけである．「周囲が暗い」を重視して注目すればこの事態は状況可能表現によって表現することになるし，「自分には暗い中を（安全に）歩いていく能力ないし勇気がない」を重視して注目すればこの事態は能力可能表現によって表現することになるわけである．

この場合，通常人間の注意が向きやすいのは状況の方であろうが，行為者の属性に注意が向くこともないわけではない．したがって本稿の枠組みから導かれる予測として，この場合，状況可能が優勢であるが，能力可能も使用不可能ではない，つまり使用可能かどうかに関しては状況可能と能力可能表現の両方が使用可能である，ということになる．

実際，この予測は正しい．松田（2005）は大分方言における (6) の表現に関して次のように述べている．

(8) …「外的条件可能」と思われる「暗くなったら帰ることができない」を帰りキランという例もある（西国東郡真玉町　1956 年に 13 歳女　上巻 390 ページ）．　　　　　　　　　　　　　　（松田 (2005: 83)）

ここで言われている「外的条件可能」とは本稿で言う「状況可能」のことであり，またキルは大分方言においては「能力可能」の表現として用いられる形式である．すなわち，(6) においては，状況可能の表現が優勢であるが，能力可能も使われることがある，すなわち状況可能の形式と能力可能の形式の両方

が使用可能である，ということである．

永澤 (2004) が報告する式根島方言の特性の中には人間の原因帰属の傾向として社会心理学で共通理解になっているもので直接に説明可能なものがある．だがそれを見るまえに，まずは永澤 (2004) にしたがって式根島方言における可能表現を素描していく．

3. 式根島方言の可能表現

3.1. 永澤 (2004) による概要

永澤 (2004) は式根島方言の可能表現についての大変優れた記述研究である．この方言の可能表現について本稿に提示する情報はすべてこの論考によっている．以下，まずは式根島方言の可能表現を素描する．

式根島方言には実質的に iu 形と ju: 形という二つの可能形式がある．[5] 両者の分布は次のようになっている．

(9) 「行為を可能にする要因」と iu 形・ju: 形の適否

		行為を可能にする要因	適否	
			iu 形	ju:形
iu 形可	I.	個々人の能力	○	○
	II.	生物学的能力	○	○
	III.	身体の状況（中・長期的）	○	○
	IV.	経済力	○	○
	V.	身体の状況（短期的）	○	○
iu 形不可	VI.	外的条件	×	○
	VII.	自発的心情	×	○
	VIII.	動作対象や道具などの属性	×	○

(永澤 (2004: 176))

これはまとめると次のようになる．

---

[5] 厳密にはこのほかに，五段動詞に限って可能動詞があるが，可能動詞は表す意味が ju:形とまったく同じであること，母語話者の感覚では可能動詞より ju: 形を使う方が普通とされていること，そして実際調査の際に話者が発した形式の中に可能動詞がなかったことから，永澤は可能動詞を分析の対象から除外している．

(10)

行為を可能にする要因	適否	
	iu 形	ju: 形
動作主の能力	○	○
動作主の能力以外	×	○

(永澤 (2004: 178))

　これらをもとに永澤 (2004: 184-185) は，iu 形を「能力可能」を表す形式とし，ju: 形に関しては「一般可能」を表す形式としている．後者に関して，永澤は次のように述べている．

(11) 一方，ju: 形については，3.2 で，能力の有無にかかわらず，一般的な可能に制限なく使えることをみたが，ju: 形の本質的機能というものを規定することは難しい．可能の意味を記述する伝統的な枠組みに，「能力可能」とペアになる「状況可能」というものがあるが，式根島方言においては，iu 形と ju: 形が意味領域を二分してはおらず，iu 形は「能力可能」の領域に限るが，ju: 形は一般的な可能を広く表し，「状況可能」の領域に限るわけではないため，この枠組みを用いて記述することもできない．つまり，意味領域の特化した iu 形とは違い，ju: 形の機能を積極的に規定することができないわけだが，本稿では，ju: 形が，可能／不可能一般を表せることを基に，「一般可能」を表す形式とするのが最も妥当と考える．　　　　　　　　　　　　(永澤 (2004: 184-185))

　このように，永澤 (2004) は式根島方言の iu 形を「能力可能」を表す形式とし，ju: 形を「一般可能」を表す形式とする．以上が永澤の論の論理的な骨子である．
　永澤の論考の優れたところはその事実観察の精密さにあるが，具体的な事例の観察に基づく本稿の展開は後の節に譲るとして，まずは「一般可能」と「状況可能」についてコメントしておきたい．

3.2. 「一般可能」か「状況可能」か

　永澤が「一般可能」と呼ぶものを本稿では「状況可能」と呼んでいる．それは本稿の議論が正しければ，永澤の言う「一般可能」の事例を「状況可能」の事例と考えることに障害がないことになるからである．

生態心理学の考え方では，アフォーダンスとエフェクティヴィティは相互に規定しあうものである．先に (4) との関連で述べたように「健康なので歩くことができる」という場合にも能力だけでなく状況も関わっているし，「親しい友人が集まっているので楽しく食事ができる」という場合にも状況だけでなく能力も関わっている．したがって生態心理学の見方からは，原理上，あらゆる事態に能力可能表現と状況可能表現の双方が使用可能であることが予測される．

ただし実際には，能力可能形式と状況可能形式には制限がある．それは概念化の主体ないし話し手の捉え方として，アフォーダンスとエフェクティヴィティのどちらに注目が向きやすいか，話し手がどちらを重視して注意を向けるかが個々の事態で異なるからである．ここから能力可能形式と状況可能形式の使い分けが生まれることになる．

以上の議論が正しいとすると，たとえば大分方言において「暗くなったら帰ることができない」に状況可能形式だけでなくキルも使用されることがある ((6), (8)) からと言って，もともと能力可能を表していたキルがここでは状況可能を表す形式に転化して用いられているという根拠にはならない．この文は「自分に能力ないし勇気が欠けているためにその状況では帰ることができない」ということに注目した文である可能性が高く，その解釈の元ではこの場合のキルは能力可能の形式として使われていると考えることが妥当だからである．

同様の議論は状況可能形式に関しても成り立つ．したがって，今のところ，式根島方言における ju:形を「状況可能」と考えることを妨げる積極的な根拠はないことになる．

4. 原因帰属の特性と式根島方言: 行為者・観察者効果

本稿では可能表現の認知的基盤として原因帰属を想定している．実際，永澤 (2004) が報告する式根島方言の特性の中には人間の原因帰属の傾向として社会心理学で共通理解になっているもので直接に説明可能なものがある．

原因帰属の特性の一つとして社会心理学でよく知られているものに「行為者・観察者効果」と呼ばれるものがある．以下，心理学関係の用語辞典から解説を引用する．

(12) 行為者＝観察者の相違とは，同一の行動に対して，行為者本人とその行動を見聞きした観察者との間で，帰属が異なるということであり，一般に行為者は，自分の行動の原因を外部の状況要因に帰属しがちである

のに対して，観察者は，行為者の性格や態度などの内的な特性要因に，原因を帰属する傾向がある．

(外山みどり「帰属の誤り」『心理学辞典 CD-ROM 版』1999)

(13) 行為者・観察者効果（actor-observer effect）
行動を行った本人（行為者）は自分の行動の原因を外的要因（環境や他者）に帰属しがちであるのに対して，それを見ていた観察者は，その行動の原因を内的要因（行為者の性格）に帰属しやすいという傾向のこと．このような差異が生じる原因としては，a) 行為者は観察者にはわからないような情報（そのときの感情状態など）も入手できる，b) 行為者は外部の環境に目が行きやすく，観察者は行為者に注目しやすいことなどが挙げられている．[関連語] 基本的帰属のエラー

([執筆者] 高比良美詠子『認知科学辞典』2002)

これは，ある事態の生起に関して，行為者自身は周囲の状況に原因を求めがちなのに対して，他人は原因を行為者自身に求めがちであるということである．たとえば「遅刻」という事態を例にして考えてみる．この場合，遅れた本人は「道が混んでいたから遅刻もやむを得ない」のように考えがちな傾向があるのに対して，他人は「道が混んでいることくらいあらかじめ想定して早めに家を出るべきであった．それをしなかったのは本人の怠慢」のように考えがちな傾向があるということである．[6]

このことが可能表現に対して持つ意味合いとしては，次のような予測ができるということがある．

(14) 可能表現には緩やかな人称制限がある．具体的には，行為者が話し手自身ないし一人称を含む場合には状況可能形式が使われやすく，行為者がそれ以外の場合には能力可能形式が使われやすい場合がある．

式根島方言にはこの予測に合致する現象がある．具体的には永澤の言う「心情自制力」の事例である．[7]

(15) a. ラブレターなんか恥ずかしくて書けない．
b. ゴキブリのような気持ち悪い虫はつかめない．

---

[6] 言うまでもなくこれは傾向の問題であって，行為者および観察者がつねにかならずこのように考えるというわけではない．

[7] 本節では例文を標準語訳で示す．

この場合に関して永澤 (2004: 179, 181) は次のように報告している．

(16) a. 三人称主語の場合は迷わず iu 形が選ばれる．
　　 b. 一人称主語の場合については，話者が優先度の判断に迷った．

　iu 形は能力可能の形式であるから，三人称主語の場合には迷わず能力可能の形式が選ばれたということである．一方主語が一人称の場合には，状況可能形式が選ばれる可能性が出てくるということである．これは (14) に合致している．
　「帰属」を用いてこれを言い換えれば，話し手自身が行為者でなく行為者が他人である場合には，話し手は「書けない」「つかめない」ことの原因をもっぱら行為者に帰属するのに対して，話し手自身が行為者の場合には原因を行為者以外に帰属する可能性が出てくるということである．
　永澤の言う「自発的感情」になるとこれはより明確に現れる．

(17) a. 私，こんな派手な服，とてもじゃないけど着られない．
　　 b. あの人は信頼できるから，あの人（に）なら腹の底から何でも話せる．

　「自発的感情」とは，「当該行為を実行に移すか否かをめぐって動作主が抱く心情（そうしたいと思うかどうか）をさす．これらの文は，基本的に，動作主内に自然に湧き上がる心情を動作主自身が直接表す一人称文である」（永澤 (2004: 176)）というものであるが，この場合には状況可能形式のみが容認される．
　これらは感情の表現であるにも関わらず状況可能形式が用いられるため，指示対象意味論では不可解に見えるかもしれない．しかし原因帰属という形で話し手の捉え方を取り込んだ見方では，行為者・観察者効果の自然な現れと見ることができる．これは一人称行為者と状況可能形式の使用の相関が明確に出る場合と言える．
　さらに以上に準じて考えることができる現象として，永澤が「生物学的能力」と呼ぶものに関しての人間と人間以外の動物の対比がある．

(18) a. カラスは飛べる．
　　 b. ペンギンは飛べない．
(19) 　人間は飛べない．

　(18), (19) のすべてにおいて，能力可能形式と状況可能形式の両方が可能で

ある.ただし,動物の場合と人間の場合では優先度に違いがある.動物が主語の場合には,話者の判断に迷いがあるものの,能力可能形式（iu 形）が優勢である.他方,人間が主語の場合には,やはり話者の判断に迷いがあるものの,状況可能形式（ju: 形）が優勢である.

話し手自身は言うまでもなく人間であることを考えると,これは行為者・観察者効果が「自分か他人か」という人間個体の違いのレベルではなく,「人間か他の動物か」という生物種レベルで現れたものと解釈してよいと思われる.

以上,本節では原因帰属の特性として社会心理学で共通理解となっている「行為者・観察者効果」によって説明できる現象が式根島方言に存在することを見た.これは可能表現の認知的基盤として原因帰属を想定する本稿の立場を補強する事実である.

次節から,本稿の主たる目標である,可能表現と自己概念の関係についての考察に移る.

5. 可能表現と自己概念をつなぐ原理

以上見たように,本稿では原因帰属理論の立場から能力可能表現と状況可能表現について次の立場を取っている.

(5) a. 能力可能表現： 話し手は,行為の成否の原因を行為者に求める捉え方をしている.
 b. 状況可能表現： 話し手は,行為の正否の原因を行為者以外に求める捉え方をしている.

これは,「表現の使い分けがどのようになっているか」を解明するための原則を「話し手が事態をどのように捉えているか」を基盤として解明しようという試みから導かれたものである.しかしここでこれに基づいて逆の観点から言語現象を見るならば,今度は次のことが言えることになる.

(20) a. 能力可能表現を用いている場合,話し手は,行為の成否の原因を行為者の属性に求める捉え方をしている.
 b. 状況可能表現を用いている場合,話し手は,行為の成否の原因を行為者以外に求める捉え方をしている.

これに基づいて言語現象を見ることは,これまでとは逆に,「表現の使い分けがどのようになっているか」を基盤として「話し手が事態をどのように捉えて

いるか」を解明しようという試みになる．ある場合に能力可能表現が使われるか状況可能表現が使われるかを見ることが，行為を可能にする要因を話し手が行為者自身に帰属しているかそうでないかを知る手掛かりになるということである．つまり，ある要因が能力可能表現で捉えられていれば話し手がその要因を行為者自身の一部と捉えていることになり，ある要因が状況可能表現によって捉えられていれば話し手がその要因を自己の一部ではないと捉えていることになる．したがって，行為を可能にする要因が能力可能表現と捉えられるか状況可能表現で捉えられるかを見ることで，自己と非自己の境界についての話し手の暗黙の捉え方の一端が分かるわけである．

以上が，本稿の冒頭で予告した，可能表現の分析が自己概念の分析につながる機構である．

これをもとに，次節で式根島方言の具体的な事例に関して検討する．

6. 式根島方言の可能表現に現れた自己概念の一端

行為を可能にする要因として永澤は以下のものを想定している．[8]

(21) a. 個々人の能力／生物学的能力（動物／人間）／身体の状況（中・長期的）／経済力／身体の状況（一時的）／外的条件（＋能力）
   b. 外的条件／自発的感情／動作対象や道具などの属性

すでに述べたように状況可能形式である ju: 形はすべての場合に使用可能なのに対し，能力可能形式である iu 形は下にある「外的条件」「自発的感情」「動作対象や道具などの属性」の3つには使われない．また，両方が使用可能な場合であっても，能力可能形式（iu 形）と状況可能形式（ju: 形）のどちらが優先されるかに違いがあり，さらに優先度の判断において話者に迷いが見られたかためらわずに判断されたかにも違いがある．

そのデータの一端をまとめて提示すると次のようになる．

---

[8] これは実質的には角田 (1990, 2009)，Tsunoda (1996) の「所有傾斜」の中の「属性」を細分化したものに当たる．

(22) 「行為を可能にする要因」と iu 形・ju: 形の優先度

行為を可能にする要因		適否（○×）と優先度（不等号）	
		iu 形	ju:形
I.	個々人の能力	◎＞○	
II.	生物学的能力（動物）	○≧○	
II'.	生物学的能力（人間）	○≦○	
III.	身体の状況（中・長期的）	○≦（≧）○	
IV.	経済力	○≦○	
V.	身体の状況（一時的）	○＜◎	
VI'.	外的条件（＋能力）	○＜◎	
VI.	外的条件	×	◎
VII.	自発的感情	×	◎
VIII.	動作対象や道具などの属性	×	◎

（永澤（2004: 180-181））

(23) I～VIII が「動作主の能力」と解釈される度合いと iu 形・ju: 形の優先度

I 個々人の能力	II 生物学的能力（動物）	II' 生物学的能力（人間）	V 身体の状況（一時的）	VI 外的条件	
		IV 経済力		VII 自発的心情	
		III 身体の状況（中・長期的）	VI' 外的条件（＋能力）	VIII 動作対象や道具などの属性	
高い ←「動作主の能力」と解釈される度合い → 低い				ゼロ	
iu ＞＞ ju:	iu ≧ ju:	iu ≦ ju:	iu ＜＜ ju:	ju: 形のみ	

（永澤（2004: 183））

ここから自己概念のあり方がうかがえるということを具体的に見てみる．たとえば「身体の状況」は「中・長期的」と「一時的」に分けられている．これらについて例を見てみる．

(24) III. 身体の状況（中・長期的）
    a. ora: tairjoku ga nakuti soko madiikiine:/ikaine:
      〈私は体力がなくてそこまで行けない．〉
    b. saikiN mi ga waruku natta kara ci:saizi wa jomiine:/jomaine:
      〈最近，目が悪くなったから小さい字は読めない．〉

c. asi ga mada naottine: kara arukiine:/arukaine:
　　　〈足がまだ治ってないから歩けない。〉
(25)　V.　身体の状況（短期的）
　　a. kjo: wa cukareteiu kara ojogiine:/ojogaine: na
　　　〈今日は疲れているから泳げない。〉
　　b. kjo: wa karada no cjo:si ga i: kara soki: ikiiu/ikaju:
　　　〈今日は体の調子がいいからそこへ行ける。〉

　(24a, b) に関しては優先度の判断に迷いがあるが，能力可能形式（iu 形）が優勢である．それに対して（24c）に関してはやはり優先度の判断に迷いがあるが，状況可能形式（ju: 形）が優勢である．(25) の場合には，優先度の判断に迷いがなく，かつ能力可能形式（iu 形）の優先度は非常に低く，状況可能形式（ju: 形）を使うのが普通である．
　これは，「体力がない」「目が悪い」といった今後も恒常的に続くと見込まれる状態は行為者自身の一側面として分節されやすいことを示していると解釈でき，「今日は疲れている」といったような可変的な状態は行為者それ自身の側面としてではなく，状況の一側面として分節されるのが普通であることを示していると解釈できる．つまり，体力がないとか目が悪いとかいった状態は自己の側面として分節されやすいと解釈できるのに対して，疲労などは自己の側面ではないとして分節されやすいと解釈できる．そしてこの場合の足の不調のように，中長期的な状態であってもやがて「治る」と期待される不調は，中間的であるが，どちらかといえば行為者それ自身の側面というよりは状況の一側面として分節されやすいということである．
　このように，「目が悪くなった」「足がまだ治っていない」「疲れている」という 3 種の状態は，どの程度自己の側面として捉えられるかが異なるということが，このデータから読み取れるわけである．
　さらに付け加えておくべきことは，これらのすべてにおいて，能力可能形式（iu 形）と状況可能形式（ju: 形）の双方が可能である（少なくとも不可能ではなく，容認される）ということである．ということは，自己の一部であるかないかに関して，同じ一つの状態がどちらにも分節されうるということである．これを言い換えると，自己と非自己の境界は固定したものではなく，揺らぎがあるものとして概念化されるということである．
　詳細な議論は省かざるをえないが，このような観点から (22), (23) を見直すことで，式根島方言話者がもつ自己の境界についての素朴モデルを明らかに

することができる．それは，すでに述べたことからも明らかなように，以下のものを含む．

(26) a. 異なる属性は異なる度合いで自己の一部と見なされたり見なされなかったりする．
b. 自己と非自己の境界は固定したものではなく，揺らぎがある．

7. まとめ

　以上本稿では，認知言語学ないし認知意味論の立場から，式根島方言話者の持つ「自己」概念の一端を明らかにすることを試みた．

　まず分析のための理論的な枠組みとして，次のような議論を行った．日本語方言研究で伝統的に受け入れられてきた「能力可能」と「状況可能」の区別を確認したのち，これが人間の知覚・行為の構造としてのアフォーダンスとエフェクティヴィティに究極的な基盤があることを述べた．そしてそれを認知意味論の観点から見直すと，可能表現の認知的な基盤が原因帰属にあると言えることを示した．原因帰属の観点から能力可能と状況可能を見直すと，能力可能表現を用いているとき話者は行為を可能にする要因を行為者自身のうちに求めていることになり，状況可能表現を用いているときには話者はその要因を行為者自身の外に求めていることになる．ここから，ある要因に関して能力可能表現が使われるか状況可能表現かを見ることにより，話者がその要因を自己の一部と分節しているか自己の外にあるものと分節しているか解釈できることを示した．

　以上の議論を踏まえて式根島方言の可能表現についての永澤 (2004) の記述を検討した結果，少なくとも (26) にまとめたようなことが成立すると結論づけられた．

　本稿はいくつかの認知言語学的および認知科学的な意義を持つと考えられる．認知言語学的な意義としては，可能表現の意味の基盤を原因帰属という認知過程に求めることで，可能表現について指示対象意味論ではなく認知意味論的な観点から議論するための理論的な枠組みを示したと言える．

　また本稿の議論は，「ある言語表現が容認されたり容認されなかったりする背後にある仕組みを認知過程に関連づけることにより明らかにする」という意味論的な議論にとどまるものではない．言い換えれば本稿は「なぜそのような言い方ができるのか」という言語学的な問題意識に応えるだけのものではな

い．それに加えて本稿は，「ある言語の話者の持つ自己概念はどうなっているのか」を言語表現の分析を通じて検討する議論でもある．すなわち話者の持つ自己についての概念構造ないし素朴理論を明らかにする試みでもある．[9] これが本稿の持つ認知科学的な意義の一つである．

本稿のもつ認知科学的な意義の第二として，本稿の議論が二重の意味で個体能力論的な発想を棄却したものであることが挙げられる．まず第一に，アフォーダンスとエフェクティヴィティに基づく議論は，能力が個体だけに一意的に帰属されるものではないという考えに連なるものである．第二に，「異なる属性は異なる度合いで自己の一部と見なされたり見なされなかったりする」「自己と非自己の境界は固定したものではなく，揺らぎがある」という話者の自己概念の構造（(26)）は，話者の暗黙の素朴理論においても，自己と非自己の境界が身体に固定されて捉えられているわけではないことを示している．このような脱個体能力論的な議論は認知科学における"extended mind"という考え方や"enclothed cognition"に関わる知見などとも親和性を持つものである．

可能表現と原因帰属の関係，そして自己概念との関係についてはまだまだ述べるべきことは多いが，本稿はこれをもって閉じることにする．

参考文献

Tsunoda, Tasaku (1996) "The Possession Cline in Japanese and Other Languages," *The Grammar of Inalienability: A Typological Perspective on Body Part Terms and the Part-Whole Relation*, ed. by Hilary Chappell and William B. McGregor, 565-630, Mouton de Gruyter, Berlin and New York.

『心理学辞典 CD-ROM 版』(1999) 有斐閣，東京．
『認知科学辞典』(2002) 共立出版，東京．
大西拓一郎（編）(2002)『方言文法調査ガイドブック』科学研究費補助金報告書．http://www2.ninjal.ac.jp/takoni/DGG/DGG_index.htm より入手可．
工藤真由美 (2010)「愛媛県宇和島方言の可能形式——努力による実現を明示する形式を中心に——」『国語語彙史の研究二十九』，国語語彙史研究会（編），275-291，和泉書院，大阪．
渋谷勝己 (2002)「可能」大西（編）(2002)．
角田太作 (1990)「所有者敬語と所有傾斜」『文法と意味の間——國廣哲弥教授還暦退官記念論文集——』，國廣哲弥教授還暦退官記念論文集編集委員会（編），15-27，くろしお

---

[9] とは言っても，認知意味論の可能性をこのように考える立場は決して新しいものではなく，認知意味論の始祖と言える Lakoff や Talmy は明確にこの方向の問題意識を持っている．

出版，東京．

角田太作 (2009)『[改訂版] 世界の言語と日本語: 言語類型論から見た日本語』くろしお出版，東京．

永澤済 (2004)「式根島方言の可能形式2種の意味領域――「能力可能」と「一般可能」」『日本語文法』4:2, 169-185, 日本語文法学会．

本多啓 (2002)「英語中間構文とその周辺――生態心理学の観点から――」『認知言語学1: 事象構造』，西村義樹(編)，11-36, 東京大学出版会，東京．

本多啓 (2003)「認知言語学の基本的な考え方」『認知言語学への招待』，辻幸夫(編)，63-125, 大修館書店，東京．

本多啓 (2005)『アフォーダンスの認知意味論――生態心理学から見た文法現象』東京大学出版会，東京．

本多啓 (2006)「助動詞のCanの多義構造――〈能力可能〉と〈状況可能〉の観点から」『英語青年』152:7, 426-428.

本多啓 (2008)「現代日本語における無標識の可能表現について」『動的システムの情報論 (7)――自然言語のダイナミズム――』，高木拓明・宇野良子(編)，81-90, 統計数理研究所，東京．

本多啓 (2009a)「日本語の無標識可能表現と英語の中間構文」関西言語学会第34回大会 (2009年6月6日) 口頭発表．

本多啓 (2009b)「日本語の無標識可能表現について――原因帰属理論の観点から――」国際シンポジウム「認知言語学の拓く日本語・日本語教育の研究と展望」(北京大学) における口頭発表 (2009年10月18日)．

本多啓 (2013a)「言語とアフォーダンス」『倫理: 人類のアフォーダンス』，河野哲也(編)，77-103, 東京大学出版会，東京．

本多啓 (2013b)『知覚と行為の認知言語学――「私」は自分の外にある――』開拓社，東京．

松田美香 (2005)「日本語の中の「九州方言」・世界の言語の中の「九州方言」8: 表現が生まれるとき――可能表現――」『日本語学』24:14, 76-87.

現代英語に観察されるラベリング現象に関する一考察

武田　修一

静岡県立大学

キーワード：ラベリング現象，焦点名詞構造，連鎖型動詞表現，be 動詞構文，認知リンク

1. 序論

　言語の存在は人間の様々な精神活動の成立条件となる．言語使用者は，日常生活の中で，自分にかかわる多種多様な世界の一部を切り取り，それを言語化している．その際に様々な認知操作が運用される．これらの認知操作の反映の一つとして「ラベリング」（言語化の過程で様々な種類の対象物・行為・状況にラベルを付与すること）という現象がある．[1] 本稿は，現代英語に観察されるラベリング現象の仕組みとその認知基盤を明らかにしようとしたものである．

　ラベリング現象について考察する際に，言語一般の特徴として，次の二つの仮説的論点に留意する必要がある．

(A)　言語化の過程で運用される認知操作はその適用に関して一つの表現領域に限定されない．

(B)　言語化の過程で前提となっている基本意味概念を展開・言語化する表現形式が存在する．

ラベリングは個別的・局所的な言語現象ではなく，複数の表現領域を横断して存在する言語現象で，一定の認知基盤に支えられていると考えられる．

　論点（A）については，焦点名詞構造と連鎖型動詞表現を具体的な事例として考察する．焦点名詞構造とは「焦点名詞（fact, possibility 等々）＋that 節」

---

[1] 言語使用者がかかわる多種多様な世界の構成部分に対して，以下，「対象」という一般性の高いことばを主に用いるが，細分化が必要な文脈では「対象物」，「行為」，「状況」などのことばを用いる．

という形式を持った名詞表現のことである．一方，連鎖型動詞表現とは，拙論(2009)で論じられているように，'X and Y'（XとYは動詞表現）という形式を持ち，XとYの間に一定の認知リンクが成立する動詞表現のことである．その具体的な事例として「慣用的動詞表現＋and＋動詞表現」という形式を持った動詞表現がある．これら二つの表現形式は異なる表現領域に属するが，基本的には同一の認知操作が関与しており，ラベリング現象の拡張的な事例とみなすことができる．焦点名詞構造と連鎖型動詞表現に観察されるラベリング現象は，いずれも，名詞表現のプロトタイプが持つ認知特性の一つとして位置付けられるラベリング操作が認知基盤となっていると考えられる．

　拙論（2000, 2002）において，名詞表現の様々な特性を「認知的循環」の中で分析・説明するという仮説を提示した．名詞表現を「認知的循環」の中でとらえると，名詞表現はおおよそ3種類に分類される．「認知的循環」の第1段階に位置付けられる名詞表現の典型は，自然界を構成する対象を表す名詞表現である．自然界に存在する対象は，一定の形を持ち，輪郭の明瞭な対象もあれば，一定の形を持たず，輪郭の不明瞭な対象もある．ここでは，前者のような対象を表す名詞表現が最もプロトタイプ的であると考える．この種の名詞表現にラベリング現象の基本形が観察される．

　一定の形を持った対象の認知方式は集束的であり，一定の形を持たない対象の認知方式は拡散的である．特に，集束的認知に基づく名詞表現は，「認知的循環」の第2段階と第3段階に位置付けられる名詞表現の認知特性が形成される過程でプロトタイプとして機能する．[2] 第1段階に位置付けられる2種類の名詞表現について，どちらの名詞表現がよりプロトタイプ的であるのかという課題については議論の余地があるが，一定の形を持った対象は明瞭な輪郭を持つため，一定の形を持たない対象よりも認知しやすいことが予想される．認知しやすい対象が「認知的循環」の中でプロトタイプとしての位置付けを持つと考えるのは十分に自然な見方であると思われる．

　例えば，〈本〉という対象物に対して英語ではbookというラベルが付与される．これがラベリング現象の基本形であるが，この認知操作が名詞表現の領域外においても拡張的に運用される．本稿では，名詞表現領域内のラベリング現

---

　[2] 本稿で取り上げる焦点名詞構造は，「認知的循環」の第2段階に位置付けられる典型的な名詞表現である．「認知的循環」の第3段階では，認知の方向が名詞的概念または動詞的概念のいずれか一方に集束する．この段階に位置付けられる代表的な名詞表現としては制限的関係詞節を伴った名詞表現がある．詳しくは拙論（2000, 2002）を参照されたい．

象のもう一つの事例として,「認知的循環」の第2段階に位置付けられる焦点名詞構造について考察し,名詞表現領域外のラベリング現象の事例として連鎖型動詞表現について考察する.

論点 (B) については be 動詞構文を事例として考察する．言語運用は一定の基本意味概念を前提として進行するが，その意味概念そのものを展開・言語化する表現形式が存在する．例えば，Taro threw the book at me. という文は,特定の人物（Taro と呼ばれる人物と〈私〉）と特定の本の存在を前提として言語化が実行されている．この〈存在〉という基本意味概念についてはそれを直接的に展開・言語化する言語表現がある．いわゆる there 構文がその例である．

言語化の過程で前提となる基本意味概念の展開・言語化に関する議論は〈存在〉という意味概念についてだけ当てはまるものではない．例えば，よく知られているように，Taro regrets that Hanako isn't here. という文は，話し手および Taro が that 節の内容が事実であると考えているという前提を伴う．つまり, that 節が表している状況が現実のものであることを前提として Taro についての記述が行われている．Taro knows [または I know] that Hanako isn't here. という文の存在からもわかるように，ここでもまた，前提となっている〈知〉という基本意味概念を展開・言語化する表現形式が存在している．

ラベリング現象についても同様で，ラベルが付与された対象とラベルとの意味関係（以下,「ラベリング認知リンク」と呼ぶ）を直接的に展開・言語化する表現形式が存在する．be 動詞構文がまさにその役割を果たしていると言える．このことは決して自明のことではなく，認知現象の全体像を解明するうえで極めて重要な認識であると思われる．

2. ラベリング現象

2.1. 焦点名詞構造

言語表現は，一般に，形と意味の側面とから成る．この図式が最も素朴な形で観察されるのが，対象物とその名称の結び付きである．自然界の対象物が認知され，それに名称が付与されるという過程は当然起こりうる状況だと思われる．ここで留意すべきことは，このような現象が自然な形で生ずるのは，一定の形を持つことで認知が容易な存在物についてであるという点である．すでに言及した「認知的循環」の第1段階に位置付けられる名詞表現に観察されるラベリング現象である．

ラベリング現象が拡張的な事例として観察されるのは第2段階の名詞表現

の場合である．状況を表す that 節にその状況に対する評価を表す名詞が付帯した名詞表現である．第 1 段階における対象物認知に加えて，対象物間の相互関係が認知されると，状況を表す表現が構成される．この状況に対して様々な評価を行うことが可能である．例えば，〈事実〉として評価される場合もあれば，〈可能性〉として評価される場合もある．この評価は，状況に対するラベル付与として特徴付けられる．これが焦点名詞構造の認知的動機付けである．この場合，焦点名詞と状況との間にラベリング認知リンクが成立していると考えてよい．

典型的な焦点名詞の一つである fact の用法を認知論的な視点から検討してみよう．

(1) a. Royal jelly is a glandular secretion produced by the nurse bees to feed the larvae immediately they have hatched from the egg. (i) <u>The pharyngeal glands of bees produce this substance in much the same way as the mammary glands of vertebrates produce milk.</u> (ii) <u>The fact is of great biological interest</u> because no other insects in the world are known to have evolved such a process. (Dahl, *The Collected Short Stories of Roald Dahl*: 88)　［下線は筆者による］
  b. I lived in a neat cottage with six other boys, and except for the fact that I was restricted to campus and constantly supervised, I was subjected to no hardships.　(Abagnale, *Catch Me If You Can*: 17)
  c. The company has struggled recently, but the fact is that they are still making a profit.　(*Merriam-Webster*)

(1a) における (ii) の the fact は，前方照応表現として機能しながら，同時に，先行文脈内の (i) で記述された状況に〈事実〉という評価を与えている．また，(1b) における焦点名詞 (the) fact は，後続する that 節で記述された状況に付与されたラベルとして機能している．さらに，(1c) の the fact は，ラベリングの対象となっている状況を言語化している．つまり，論点 (B) の事例と考えられる．

焦点名詞 possibility についても同様の認知論的議論が成立する．次の例に見るラベリング現象について検討してみよう．

(2) a. As they walked out of Mildreth Faulkner's flower shop, Della Street said to Mason, "Do you suppose he knew all the time (i) <u>it was I who</u>

tried to cash that check?"
Mason said, "He evidently had considered (ii) that possibility. He trumped my ace—damn him!"
(Gardner, *The Case of the Silent Partner*: 161) ［下線は筆者による］
b. A *good* lawyer would have seen that the police never had a chance to consider the possibility that such evidence wasn't conclusive.
(Gardner, *The Case of the Sulky Girl*: 106)
c. Another possibility is that we'll go to Mexico instead.　　(*MEDAL*)

(2a) における (ii) の that possibility は，前方照応表現として機能しているが，同時に，先行文脈内の (i) によって記述された状況に〈可能性〉という評価を与えている．また，(2b) の焦点名詞 (the) possibility は，後続する that 節で記述された状況に付与されたラベルとして機能している．さらに，(2c) は，ラベリングの対象となっている状況を言語化した表現である．この例もまた論点 (B) の事例として位置付けることができる．

「認知的循環」の第 2 段階に位置付けられる名詞表現は，その深層に文概念を含む．つまり，状況の認知が前提となる．この名詞類については，認知の方向が状況の評価概念に向けられる．この意味で，認知方式は集束的であり，その方向は，名詞的概念と動詞的概念の統合によって生じた複合概念上に向けられる．この現象の動機付けが第 1 段階の名詞に見る集束的認知であると考えれば，焦点名詞構造に観察されるラベリング現象は，プロトタイプ的なラベリング操作が拡張的に運用された事例と考えることができる．

2.2. 連鎖型動詞表現

'*X* and *Y*' (*X* と *Y* は動詞表現) という形式を持った動詞表現について言うと，*X* と *Y* が同等の意味的な位置付けを持つとは限らない．例えば，「慣用的動詞表現＋and＋動詞表現」という表現形式において二つの動詞表現間にラベリング認知リンクが観察されることがあるが，この場合，二つの動詞表現が同等の行為を表しているとは言えない．bite the bullet, take the initiative, take a chance などの慣用的動詞表現と行為を表す動詞表現の結合がその好例である．次の一連の例を検討してみよう．

(3) We need to bite the bullet and make some budget cuts.
(*Merriam-Webster*)
(4) a. ... as I explained to you, Mr Mason, all effective tactics are founded

　　　　on taking the initiative and doing the unexpected.
　　　　　　　　　　　　(Gardner, *The Case of the Phantom Fortune*: 77)
　　b. The sergeant was injured and so the corporal took the initiative and
　　　　led the platoon out of the danger area.　　　　　　　　　　　　(*WW*)
(5)　So I decided to take a chance and put this ad in the paper. Then, with
　　　my female operative, I went to the hotel and sat in front in a taxicab.
　　　　　　　　　　　　　　(Gardner, *The Case of the Fabulous Fake*: 29)

(3) における bite the bullet は後続する and の直後にある make some budget cuts が表す行為の特徴付けを行っており，ラベリング認知リンクが成立している．(4a) の taking the initiative, (4b) の took the initiative, (5) の take a chance も同様で，それぞれ，後続する doing the unexpected, led the platoon out of the danger area, put this ad in the paper が表す行為の特徴付けを行っている．いずれの場合もラベリング現象の事例とみなすことができる．(3)–(5) において実行されているラベリングによる特徴付けの内容は，それぞれ，〈思い切った行為〉((3) の例)，〈自発的な行為〉((4a) と (4b) の例)，〈可能な行為〉((5) の例) と考えることができる．これらのラベルの意味概念は，第 1 等位項である動詞表現から予測される．上記の例においてラベル表現として機能しているのは動詞表現であるが，後続する動詞表現が表す行為の特徴付けに関与しているのは，ラベル動詞表現によって含意される名詞的概念と考えることもできる．[3]

　ラベル表現としての動詞表現から抽出される名詞概念は courage, initiative, chance などの名詞として言語化することが可能であるが，興味深いことに，これらの名詞は動詞表現と並置されることがある．

(6)　I didn't have the courage to admit I was wrong.　　　　(*MEDAL*)
(7)　'The family domicile,' she said, smiling faintly, 'was a restaurant. I
　　　waited on tables. It was in a pitifully small town. There were no
　　　opportunities. One never met anyone except a few awkward, shy
　　　young men who lacked the courage and initiative to get up and get out.'
　　　　　　　　　　　　(Gardner, *The Case of the Vagabond Virgin*: 150)
(8)　Participants are given the chance to learn another language.　(*MEDAL*)

---

[3] ラベル表現とその機能については更なる議論が必要であるが，ここでは，ラベル表現の簡略化という認知操作が働いていると考える．

(6) の (the) courage, (7) の (the) courage と (the) initiative, (8) の (the) chance は，それぞれ，to admit I was wrong, to get up and get out, to learn another language が表す行為の特徴付けとなっている．

さらに興味深いことに，ラベル動詞表現から抽出された中核的な意味概念と結び付いた行為は，不定詞に限らず，様々な表現形式で言語化する．

(9) a. She has shown immense courage <u>in opposing a corrupt and violent regime</u>.　　　　　　　　　　　　　　　　　　　(*MEDAL*)
　　b. It takes courage <u>to stand up for your rights</u>.　　(*Merriam-Webster*)
(10) The initiative focuses on <u>raising aspirations among young people</u>.
　　　　　　　　　　　　　　　　　　　　　　　　　(*MCDLE*)
(11) Mason said, "Look here, Paul. Our only chance is <u>to mix this thing all up, so the D.A. doesn't know just what to go after, and then grab the facts we want out of the scramble</u>."
　　　　　　　　　　　　(Gardner, *The Case of the Rolling Bones*: 80)
　　　　　　　　　　　　　　　　　　　　　　　　［下線は筆者による］

どの例においても，ラベル動詞表現から抽出された中核的な意味概念を言語化したラベル名詞表現と具体的な行為とが認知的に関連付けられている．下線部は，すべて，ラベル名詞表現による特徴付けの対象となっている行為を記述している．これらの例は，言語運用においてラベリング認知リンクが強く作用していることを示しているように思われる．

以上の観察から，連鎖型動詞表現においては，行為とその特徴付けとの間に認知上のリンクが成立し，より精密な動詞概念の記述が可能となっていることがわかる．これは，ラベリングという認知操作に基づくもので，名詞表現に観察される認知現象の特性に起因するものと考えることができる．[4]

2.3.　be 動詞構文

焦点名詞構造と連鎖型動詞表現については，すでに見たように，ラベリング操作を道具として利用しながら言語化が実行される．焦点名詞は状況記述表現

---

[4]「焦点名詞 + that 節」という形の表現と連結型動詞表現の相違は，ラベル表現とラベリングの対象を言語化した表現との間の「意味的主従関係」の差にあると思われる．前者においては，二つの表現の間の意味的主従関係に有意味な差はないのに対して，後者においては，and の直後にある動詞表現のほうが相対的に「主」の位置付けを持つと考えられる．

と結び付いて新たな名詞表現を形成する．言語使用者は，その名詞表現を利用しながら複雑な表現行為を実行する．連鎖型動詞表現では，行為にラベルを付与することで行為の特徴付けが行われる．言語使用者はその複合的動詞表現を利用しながら複雑な意味概念を言語化する．

　ここで問題となるのは，言語化の過程で前提となっている基本意味概念としてのラベリング認知リンクを展開・言語化する表現形式が存在するという仮説的論点である．本節で議論の対象とする be 動詞構文は，この論点にかかわる．'X is Y.' という be 動詞構文について言えば，この構文は「X には Y というラベルが付帯している」という意味で，X と Y との間のラベリング認知リンクを表出する．be 動詞構文は，主語で表された対象にどのようなラベルが付与されているのかを言語化する表現形式であると言える．例えば，The house is for sale. という表現における for sale のラベルとしての位置付けは，売り家であることを示す 'FOR SALE' という看板の存在からも推測できる．

　be 動詞の意味機能は，よく知られているように，様々である．特に，'X is Y.' という構文における X と Y の意味関係は，下記の一連の例に見るように，多岐にわたる．文中の括弧内の表現はラベルとして機能している．それぞれの文の後ろに添えられた説明は be 動詞構文の意味機能にかかわる基本情報である．

(12) a.　Taro is [fairly tall].〔対象物の性質〕
　　 b.　Taro is [not well].〔対象物の状況〕
　　 c.　Taro is [a doctor].〔対象物の種類〕
(13)　　Taro is [in the library].〔対象物の位置〕
(14) a.　It's [7 o'clock].〔時間の指定〕
　　 b.　It's [10,000 yen].〔価格の指定〕
(15) a.　Taro is [my brother].〔対象物間の同一性〕
　　 b.　Three plus two is [five].〔数の一致〕
(16)　　The movie is [tomorrow night].〔対象の成立時の指定〕
(17) a.　It was [stolen from a suitcase in his room].〔対象物に向けられた行為〕
　　 b.　I was [working in his office].〔対象物の進行中の行為〕
(18) a.　The best is [still to come].〔対象の未来における成立〕
　　 b.　The information was [to be given to Taro].〔対象のあるべき状況〕

これらの例に見る be 動詞は，分類上は，(本)動詞，助動詞などとして扱われる

ことがある．例えば，(12)-(16) は（本）動詞としての be の例であり，(17)，(18) は助動詞としての be の例である．本稿では，このような形式上の分類よりも，be の意味機能について考察する．

be 動詞の意味機能については，これまでに様々な興味深い議論が提示されている (Halliday (1967), 安井 (1980), Quirk et al. (1985), 小西 (1985), 今井 (2010) 等々)．どの議論も，多様な用法の共通部分と相違部分に注目したものである．本稿では，拙論 (1981) において提案されている「言語的文脈に対する依存・非依存」という概念を利用しながら be 動詞の基本特性を考えてみたい．

言語的文脈に依存したレベルでの be 動詞の機能は，ラベル表現の導入である．'X is Y.' という be 動詞構文は「X には Y というラベルが付帯している」という意味を表す．具体的には，(12)-(18) の一連の例は，主語で表された対象に付帯しているラベルを提示したものである．個別的な意味機能は，ラベル表現の意味特性と言語的文脈に依存しない言語外の要因との間の相互作用によって決まると考えることができる．多様な意味機能を持つ be 動詞の共通特性と個別特性については興味深い研究がこれまでに行われてはいるが，二種類の特性の位置付けが必ずしも明確であるとは言えないように思われる．

be 動詞の基本義を「存在する」と考え（小西 (1985) などを参照），'X is Y.' の中核となる意味を，例えば「X が Y の状態で存在する」というように定めることも可能であるが（今井 (2010) などを参照），このようなアプローチを追究していくと，be 動詞の意味機能が多岐にわたるため，be 動詞の個々の具体的な意味と中核となる意味との距離があまりにもかけ離れてしまい，説明の明示性が失われてしまう可能性がある．一例を挙げると，(16) などの用例を体系的に説明することは難しい．be 動詞の機能をラベルの提示に限定し，X と Y の意味関係，つまりラベリング認知リンクの内容は，Y の意味特性と言語外の要因の相互作用によって決定づけられると考えるのが妥当だと思われる．

上記 (12)-(18) の例について注目すべき点は，ラベル表現の特性である．言語的な文脈から独立したレベルでは，多くの相違が観察される．特定の指示対象とのかかわりという語用論的な視点から分類してみると，(12a) と (12b) では形容詞表現がラベル表現として使われているが，指示的な名詞表現を含んでいないという点で記述的である．(12c) の a doctor における不定冠詞 a は存在限量詞としての機能を持たないため，記述的と考えてよい（拙論 (1977, 1998) を参照）．(13) のラベル表現 in the library は，指示的な名詞表現 the library と位置を表す前置詞 in の存在，そして発話状況によって〈位置〉の意味

が理解される．(14a) と (14b) では，それぞれ，時間と価格を導入する it を主語とし，時間と価格の具体値がラベル表現として表されている．(15a) と (15b) では同一性が意味されているが，my brother は指示表現であり，five は数概念である．どちらの場合も発話場面で特定性が高く，ラベルとして機能していると同時に，話し手は一定のイメージを持って同一性の概念把握を行っている．(16) の場合，主語で表された対象と時の概念との結び付きは言語外情報によって確保される．「映画」は上映時間の存在を語用論的に含意するし，特定の映画が上映される時間が文脈の中で話題となっている可能性もある．(17a) と (17b) のラベル表現には特定の対象物を指す名詞表現が含まれており，主語として表されている対象物は過去の状況の中で参加者の役割を果たしている．(18a) と (18b) では，to 不定詞がラベル表現となっている．to は「状況に向かう方向性」の意味を持つので，主語との関連性から，それぞれの表現は，「（未来における）可能な状況」，「（過去における）あるべき状況」を表す．

　ここで be 動詞を伴った慣用表現について検討を加えておく．慣用表現については，具体的な発話場面に存在する対象に依存することは通例なく，結果として，記述性が高いということになる．次のような例を考えてみよう．

(19) a. I wanted to try talking with Hardisty, to be reasonable about it, but Martha was [all business].
　　　　　　　　　　　　(Gardner, *The Case of the Buried Clock*: 201)
　　 b. Old Mr Small and young Mr Fields are [worlds/poles apart in their attitudes]: one belongs to the older generation and the other to the new.　　　　(*UI*) ((be) worlds/poles apart が慣用表現)
　　 c. As I told the story, my daughter was [all ears]. (*Merriam-Webster*)
　　　　　　　　　　　　　　　　　　　　[括弧は筆者による]

この場合も，括弧内の表現はラベル表現である．記述性が高いということは，慣用表現に関する言語使用者の知識が重要であるということで，外界照応的な要因が関与する可能性が低くなるということを意味する．言語使用者は，慣用表現の意味情報に基づいてその運用を実行している．

　このように，be 動詞構文は，ラベリング認知リンクを直接的に展開・言語化する表現形式である．つまり，ラベル表現を用いて主語が表している対象についての特徴付けを行う．ラベル表現の解釈は，話し手の意図をはじめとして様々な語用論的な要因に依存している．'X is Y.' における X と Y の関連性が語用論的な要因によって左右されることは be 動詞構文の曖昧性からも予測さ

れることである．例えば，Halliday (1967) によれば，(20) は (21a) と (21b) で示される二通りの解釈が可能である．

(20) The result was a failure.
(21) a. The result failed.
　　　b. A failure resulted.

(Halliday (1967: 70))

この曖昧性は be 動詞の解釈の相違ではなく，a failure に対する話し手のとらえ方の相違に起因すると考えられる．(21a) の解釈における a failure は特定の指示対象を持たない記述的な名詞表現であり，(21b) の解釈における a failure は一つの具体的な状況を表す名詞表現である．ラベリング操作においては同等であっても，ラベル名詞表現のとらえ方に多様性があるためである．このような特性は，言語的文脈から独立したレベルで規定されるべきものである．

'X is Y.' という be 動詞構文において，X と Y の意味関係は，Y の意味特性と言語外の要因との相互作用によって決定づけられる．このような現象は他の表現領域においても観察される．例えば，「名詞+名詞」という形の表現における名詞間の意味関係は様々であるが，明示的には言語化されていない．この意味関係は，それぞれの名詞が表す対象に関する情報から予測されることになる．例えば，door knob における door と knob との意味関係は「全体と部分」のスキーマによって認知される．「形容詞+名詞」という形の表現における形容詞と名詞の関係も，この表現によって意図された現実世界の情報に基づいて探知される．例えば，fast horse のおける fast と horse との意味関係は〈馬〉の行動とその様態の結び付きによって復元される（Vendler (1967) を参照）．このような事例に注目すれば，be 動詞をめぐるラベリング現象の仕組みは孤立した特別なものではないと言える．

3. 結論と課題

本稿では，現代英語に観察されるラベリング現象について認知論的な視点から考察した．言語使用者は様々な種類の世界の一部を切り取り，それを言語化するが，言語化の過程で多様な認知操作が実行され，語の連鎖の意味構造に反映される．つまり，言語使用者は，利用可能な認知手段を道具として有効に利用しながら言語運用を行っている．本稿で取り上げたラベリング現象はその好

例である.

　ラベリング現象は様々な表現領域で観察されるが，本稿では，焦点名詞構造，連鎖型動詞表現，be 動詞構文に見るラベリング現象について考察した．ここで留意すべきことは，ラベリング現象が，(A) 言語化の過程で運用される認知操作はその適用に関して一つの表現領域に限定されない，(B) 言語化の過程で前提となっている基本意味概念を展開・言語化する表現形式が存在する，という二つの仮説的論点（第 1 節で提示）を支持する事例となっているという点である．このことから，論点 (A) と (B) は，言語一般の重要な特徴として位置付けられる可能性が高いことがわかる．

　焦点名詞はラベル表現の典型例の一つであるが，すでに論じたように，名詞表現の「認知的循環」の中で位置付けが与えられる．具体的な対象物の認知と対象物間の相互関係の認知のうちどちらが先行するのかという論点については，今後，注意深い議論が必要であるが，以下の引用に見る Langacker (1991) の示唆的な指摘が正しいとすれば，焦点名詞構造にかかわるラベリング現象が連鎖型動詞表現に拡張したと考えることも可能である．

> Finally, an interaction does not exist independently of its participants. Though we can perfectly well conceptualize an object separately from any interaction involving it, the conception of an interaction inherently presupposes some reference—however vague or schematic—to the entities through which it is manifested. Objects are therefore **conceptually autonomous**, and interactions **conceptually dependent**.
> (Langacker (1991: 14))

　連鎖型動詞表現に関する議論によって，ラベル表現の特性について一つの課題が浮き彫りになる．ラベル表現は，簡潔性を重んじるラベル本来の特性からも予測できるように，簡略化という操作を受ける可能性がある．2.2 節で論じたように，連鎖型動詞表現においては，第 1 等位項としての動詞表現がラベルとして機能しているが，実質的には，その動詞表現によって一定の評価概念が含意される．この含意は「動詞表現→名詞表現」というラベルの簡略化として具現化されることがある．この現象の仕組みの解明は今後の課題である．

　be 動詞構文は，焦点名詞構造，連鎖型動詞表現などで基盤となっているラベリング認知リンクを展開・言語化する表現形式として特徴付けることが可能である．'X is Y.' という be 動詞構文について言えば，「X には Y というラベルが付帯している」という意味を表す．X と Y の意味関係は，Y の意味特性と言語

外の要因の相互作用によって決定づけられる.

'X is Y.' という be 動詞構文におけるラベル表現 Y が前置詞句の場合,X と Y の関連性は,通例,前置詞の意味に大きく依存する.この論点と関連する現象が Langendoen (1970) で指摘されている.例えば,次の (22a) と (22b) に対して,それぞれ,(23a) と (23b) のような文が存在する.

(22) a. This poem is about the war.
　　 b. This sonata is by Beethoven.
(23) a. This poem concerns the war.
　　 b. Beethoven wrote/composed this sonata.

(Langendoen (1970: 99))

Langendoen によれば,主語と前置詞の目的語との意味関係は be 動詞ではなく,前置詞とのかかわりで決まってくる.この主張は,be 動詞の機能をラベル表現の導入という単一の機能に限定する本稿の主張とうまく合致するように思われる.

ラベリング現象は,言語表現に関係する意味のネットワークの中に位置付けられることになる.今後の課題として,意味のネットワークと認知操作との関係について実証的,理論的な研究の必要性が示唆される.特に,上記の仮説的論点 (A) と (B) の妥当性を具体的な事例研究によって論証する必要がある.ラベリング現象の解明は,この動機付けに基づくものでもある.

参考文献

Carden, Guy and David Pesetsky (1977) "Double-Verb Constructions, Markedness, and a Fake Co-ordination, " *CLS* 13, 82-92.
Halliday, M. A. K. (1967) "Notes on Transitivity and Theme in English, Part 1," *Journal of Linguistics* 3, 37-81.
今井隆夫 (2010)『イメージで捉える感覚英文法』開拓社,東京.
小西友七(編) (1985)『英語基本動詞辞典』研究社出版,東京.
Kuno, Susumu (1970) "Some Properties of Nonreferential Noun Phrases," *Studies in General and Oriental Linguistics*, ed. by R. Jakobson and S. Kawamoto, 348-373, TEC Company, Tokyo.
Langacker, Ronald W. (1991) *Foundations of Cognitive Grammar*, Vol. II, Stanford University Press, Stanford.

Langendoen, D. Terence (1970) *Essentials of English Grammar*, Holt, Rinehart and Winston, New York.
中右実 (1994)『認知意味論の原理』大修館書店,東京.
Quirk, Randolph, Sidney Greenbaum, Geoffrey Leech and Jan Svartvik (1985) *A Comprehensive Grammar of the English Language*, Longman, London and New York.
Radden, Günter and René Dirven (2007) *Cognitive English Grammar*, John Benjamins, Amsterdam/Philadelphia.
武田修一 (1977)「限量化と不定冠詞について:特に総称不定冠詞の機能をめぐって」『英語学』第17号, 32-45, 開拓社.
Takeda, Shuichi (1981) *Reference and Noun Phrases*, Libel Press, Tokyo.
武田修一 (1998)『英語意味論の諸相』リーベル出版, 東京.
武田修一 (2000)「名詞表現の生成に関する認知意味論的考察 (1)」『ことばと文化』3号, 25-38, 静岡県立大学英米文化研究室.
武田修一 (2002)「名詞表現の生成に関する認知意味論的考察 (2)」『ことばと文化』5号, 15-26, 静岡県立大学英米文化研究室.
Takeda, Shuichi (2009) "On the Cognitive Dependence Phenomena Observed in English Expressions," *Germanic Languages and Linguistic Universals*, ed. by J. O. Askedal et al., 145-161, John Benjamins, Amsterdam/Philadelphia.
Vendler, Zeno (1967) *Linguistics in Philosophy*, Cornell University Press, Ithaca.
安井泉 (1980)「英語の be 動詞の多義性——四つの be の等質性と異質性——」『英語学』第24号, 40-67, 開拓社.

辞 典

Clark, John O. E. (1988) *Word Wise: A Dictionary of English Idioms*, Harrap Ltd., London. (*WW*)
Heaton, J. B. and T. W. Noble (1987) *Using Idioms: A Learner's Guide*, Prentice Hall, New York. (*UI*)
Perrault, Stephen J., ed. (2008) *Merriam-Webster's Advanced Learner's English Dictionary*, Merriam-Webster, Incorporated; Springfield, Massachusetts. (*Merriam-Webster*)
Rundell, Michael, editor-in-chief (2007) *Macmillan English Dictionary for Advanced Learners*, Second Edition, Macmillan Education, Oxford. (*MEDAL*)
Rundell, Michael, editor-in-chief (2010) *Macmillan Collocations Dictionary for Learners of English*, Macmillan Education, Oxford. (*MCDLE*)

用例出典

Abagnale, Frank W. (1980) *Catch Me If You Can*, Broadway Books, New York.
Dahl, Roald (1991) *The Collected Short Stories of Roald Dahl,* Penguin Books, London.
Gardner, Erle S. (1964) *The Case of the Phantom Fortune*, Pan Books Ltd., London.
Gardner, Erle S. (1969) *The Case of the Rolling Bones*, Pocket Books, New York.
Gardner, Erle S. (1971) *The Case of the Vagabond Virgin*, Pan Books Ltd., London.
Gardner, Erle S. (1983) *The Case of the Buried Clock,* Ballantine Books, New York.
Gardner, Erle S. (1985) *The Case of the Silent Partner,* Ballantine Books, New York.
Gardner, Erle S. (1992) *The Case of the Sulky Girl,* Ballantine Books, New York.
Gardner, Erle S. (2000) *The Case of the Fabulous Fake*, Fawcett Books, New York.

言語産出研究の「内」と「外」
── 言い間違い分析の視点から ──*

寺尾　康

静岡県立大学

キーワード：言い間違い，言語産出，音韻的交換エラー，音節・モーラ，日本語・朝鮮語

1. 序

　自然発話に生じる言い間違いは，突発的で稀な言語現象であるにもかかわらず，100年以上にわたって言語学，心理学の領域において興味・関心を集めてきた．特に，1970年代からは言語単位の実在性を検証するための資料であると同時に，発話の意図から調音までの過程で何が起こっているのかを解明しようとする言語産出モデル構築のための手がかりとして重要な役割を果たしてきた (Fromkin (1973), Garrett (1975))．その背景には，言い間違いは意識による統制が及ばないところでの言語産出処理の齟齬が原因であるとみなされるため，もしそこに規則性があれば，その処理の規則性を反映していると考えるのが自然だという仮定があった．1970年後半から90年代にかけて言い間違い研究は方法論において大きな転換点を迎える．それは二重の意味で実験的アプローチが進展したことによる．1つは言い間違いを実験によって引き出す手法が開発されたこと (Baas (1992))，もう1つは様々な実験から提案された言語産出モデルと言い間違い研究から提案されたモデルとの比較，統合が行われたことである (Levelt (1989))．また，ほぼ時を同じくしてコネクショニズムが台頭したことも忘れてはならない．双方向的，並行処理的な考え方に基づ

---

　* 本論の一部は筆者が 5th International Conference on Morphology and Phonology（2014年7月 Chonnam National University）において行った招待講演の内容を加筆・修正したものである．指定討論者，フロアから寄せられた有益なコメントに改めて感謝したい．また，本論の一部には名古屋大学国内研究員（2014年7月～9月）として研究を行った成果も含まれている．ここに記して感謝したい．

いたネットワーク型言語産出モデルも提案され (Dell (1988), Stemberger (1985)), その発想は今日に至るまで影響力を残している. 言い間違いは, 言語産出モデルを構築するための資料というだけでなく, いかにこの現象を説明できるかがモデルの優劣を決めるという試金石の役割も担うようになっていったといえる. さらにこの時期から, 分析対象とする言語が広がり始めたことも注目に値する. それまでの英語, ドイツ語といったいわゆるゲルマン系言語に加えて, アラビア語, 日本語, 朝鮮語等の類型論的に異なる言語の言い間違いも分析されるようになったのである (Sausa del Viso et al. (1991), Hassam Abd-El-Jawad et al. (1987), Kubozono (1989), Jeon (1980))). こうした研究を積み重ねて, 2000年代以降は, 言語理論からの知見, 言い間違いをはじめとする観察的手法, そして実験的手法を同時に用いる言語産出研究が現れてきており, 興味深い進展をみせている (Schütze and Ferreira (2007)). このように, 言語産出に関する研究が様々な形で広がりを見せる中, 言い間違いおよびその分析は, ほぼすべての場面で途切れることなく研究の一翼を担ってきている. ただ, このままでは「何でもあり」とでも言うべき方向性のない議論に陥ってしまう虞がある. そこで本論では, 音韻的交換型と呼ばれる言い間違いをとりあげ, この現状を言語産出研究の「内」と「外」という観点から整理すると, これまで幾度となく分析されてきて新鮮味は劣るかもしれない資料にさえ, もう一段階詳しく分析するための切り口がみつかるのではないかという提案を行う.[1]

　ここで考えている「内」と「外」とは, 1つには言語産出の最終段階である調音部門から言語音が「外」に出てしまう直前までの「内」の段階である音韻部門-音声部門に係わる要因を明らかにすることで, 言語産出過程と「外界」とのインターフェイスの特性を浮き彫りにしたいということが挙げられる. もう1つは, これまでの言い間違い研究で取りあげられることが少なかった, いわば周辺 (「外」) に置かれてきた言語および言語現象に注目する, ということである. 具体的には前者の候補として日本語と朝鮮語, 後者の候補として吃音と歴史的に定着した音位転換を視野に入れている.

---

[1] 音韻的交換型の分析はこれまで筆者自身も寺尾 (2002), 寺尾 (2005) 等で行っているが, 今回は対象実例数も増えており, 新たな観点からの分析も加えられている.

2. 音韻的交換型の言い間違い

2.1. 資料と収集方法

　言い間違いとは，『成人の，健常な言語運用力を持つ，日本語を母語とする話者が故意にではなく行った発話からの逸脱をさす．これに読み間違いやごく打ち解けた場面での不正確な発音は含めない．（寺尾（2002）一部改）』と定義される．本論で取りあげられる資料は筆者がこの定義に基づいて収集し，データベース化した日常生活における日本語の言い間違い約 3200 例の中に観察された音韻的交換型の言い間違い 149 例である．全体の約 80％は，言い間違いに遭遇した際に，できる限り速やかにその前後の文脈と共に実例を書き取る，という方法で収集された．ただ，この方法は収集者の聞き間違いや研究遂行上のバイアスを含む可能性もあるので，[2] それを補う形で，残りの 20％はテレビ，ラジオ番組を録音し，書き起こした実例を収録している．

2.2. 実例

　音韻的交換型とは，文字通り発話中の 2 つの音韻要素の位置が交換されてしまった言い間違いである．まず実例をみていこう．下線部は誤り，括弧は話者の意図を示している．

(1) a. すれび台　　（←すべり台）
　　b. みなも，身の回り
　　c. お昼ご飯におやなみ　　（←お悩み）
　　d. あのな　　（←穴の）
　　e. すがるシャトル　　（←駿河シャトル）
　　f. そいざん感　　（←存在感）
　　g. しってかったる道　　（←勝手知ったる道）
　　h. さんとくかんにん　　（←監督三人）

　言い間違いにおいて，「動いた」要素は産出の過程での処理単位に一致する可能性が高いとされる．注意深く観察すると，（1）においてそれぞれ交換された音韻要素が少しずつ異なっていることがわかる．たとえば，（1a）は子音が交換

---

[2] 収集者にとって都合の良い実例として収集され，解釈される虞を取り除くことは難しい．この危険性は Cutler（1982）で指摘されている．理想的にはすべての言い間違いの実例が録音・録画されていることが望ましいが，その場合は収集にかかる時間と労力が問題となる．

されているのに対し，(1b) では母音が，さらに (1e) ではモーラが交換されている．詳細な分析とタイプごとの頻度は次章で述べる．

2.3. 交換型の言い間違いの利点

言い間違いにおいて交換型は，起こる頻度は決して高いとはいえないものの，研究の初期の頃から取りあげられることが多かったタイプである（Garrett (1975), Shattuck-Hufnagel (1979))．その理由は誤りが起こった箇所とその原因となった源の箇所の同定が容易だからである．次の (2) をみてみよう．

(2) a.　ものがね歌合戦　（←ものまね）
　　b.　ジャパンパップ　（←ジャパンカップ）

(2a) では後続要素の <gassen> の <g> が先取りされて <mane> の <m> のところに侵入し，予測型の代用の間違いが起こったと解釈される．言い間違いにはこのように間違いの源が文脈中に現れていることが多く，特に音韻的な言い間違いにこの傾向は顕著である．[3] ところが，(2b) の例ではこのような解釈は簡単には行えない．<kappu> の <k> のところに侵入した源が <pan> の <p> である保続型なのか <kappu> の <p> である予測型なのか曖昧であり，方法論上の弱みを露呈してしまう．その点，交換型の誤りであれば，定義上お互いが誤りであると同時に源でもあるので，誤りは当該 2 音の間で起こっていると判断できる．ここから，交換された要素の音声的類似性，所属していた音韻環境と統語環境，両者の間の距離といった言語産出処理を探る上で重要な情報がより確かな基盤のもとで手に入れることができるという利点が生じる．

3. 交換された要素の音韻的特徴

3.1. 交換された単位

まず，言い間違いによって交換された要素の言語単位との対応をみていこう．前述したように (1) にあげられている実例は交換されたとおぼしき単位が少しずつ異なっている．(1a) は分節音の子音の交換，(1b) は母音の交換である．それぞれ C 型，V 型と呼ぶことにしよう．これらの中には (1c) と (1d) のような誤りも含まれている．その特徴は子音，母音が交換されている

---

[3] このようなタイプは文脈的誤りと呼ばれ，筆者のデータベースでは音韻的言い間違いの約 7 割を占める．

が，後続，先行する母音と子音が共通しているために，モーラが交換されたのか分節音が交換されたのかあいまいであるという点である．それぞれ MC 型，MV 型と呼ぶことにする．(1e) と (1f) はモーラを単位とする誤りで，M 型と呼ぶ．両者の違いはいわゆる自立モーラ同士の交換か，特殊モーラ同士の交換かというものである．交換された単位があいまいである可能性を残す点では，(1g) と (1h) も同じで，(1g) はモーラの交換なのか音節の交換なのかがあいまいであり，(1h) はそれに加えて子音の交換の可能性もあるという 3 通りにあいまいな交換であるとみることができる．それぞれ，SM 型，SMC 型と呼んでおこう．上記各タイプ語との頻度をとると，次の表 1 のようになる．

表 1. 交換された単位別のタイプとその頻度 (N=149)

交換された単位	頻度	略称	実例
子音			
子音単独	21	C	(1a)
モーラ／子音	79	MC	(1c)
音節／モーラ／子音	5	SMC	(1h)
母音			
母音単独	6	V	(1b)
モーラ／母音	5	MV	(1d)
モーラ			
モーラ単独	28	M	(1e), (1f)
音節／モーラ	5	SM	(1g)

この表からは次のことが読み取れる．(i) 交換される要素は同じ範疇に属する．基本的には同じステイタスの要素，母音は母音と，子音は子音と関係する．母音-子音間の交換かと一見例外のようにみえる (1f) も，同じ特殊モーラ節点の下にあるもの同士の交換である．(ii) 子音が交換されやすいようにみえる．特に同じ母音が後続する場合に交換される頻度が突出して高い．反対に母音が交換される頻度は不釣り合いなほど低い．(iii) あいまいな例を除けば，重音節以上の重さを持った要素が交換されることはない．これらは発話のメカニズムの音韻・音声部門を考える上で説明されなければならない．

3.2. 交換が起こった環境

続いて，交換された要素が属していた統語環境をみてみよう．まず交換が起こった場合，語の境界をまたぐか否かを調べてみると，次の表 2 のように

なる．

表2. 交換された要素が属していた統語環境 （*N*=149）

タイプ	実例数
語内	133
語境界をまたぐ	16

日本語の音韻的交換は圧倒的に語の内部で起こりやすいことは明らかである．そして，それらの語の統語範疇はすべてが内容語であった．さらに，次の (3) に示すような語の境界をまたぐ実例は少数派であった．

(3) a. ちばなをひらす　（←火花を散らす）
　　b. かてのたいてん　（←縦の回転）

ただ，このタイプで興味深いのは，1つは節の境界を越えては交換されないこと，もう1つは，内容語間の交換の場合は構造的に対応する位置である先頭のモーラに属する要素が交換されていたことで，これは (4) のような，スプーナリズムと呼ばれる英語の頭子音交換の言い間違いに対応する．

(4) a. heft lemisuphere （← left hemisphere）
　　b. Jom and Terry （← Tom and Jerry）

いわゆるゲルマン系言語の言い間違いを扱った先行研究では，語の先頭の位置は誤りが起こりやすい位置であるといわれている．[4] 日本語の音韻交換では語内で起こる誤りはその傾向は認められなかったものの，語間の交換においてはその傾向が認められた．

次に少し視点を変えて，交換された要素間の距離を測ることにする．その結果は言語産出における何らかの処理が及ぶ射程と関連すると考えられる．交換された要素間に介在するモーラ数で計測した距離を以下の表3に示す．

表3. 交換された2要素間の距離 （*N*=149）

介在モーラ数	0	1	2	3以上
語内交換	88	34	6	5
語間交換	3	2	7	4

---

[4] 音韻的な言い間違い全体を見回してみても，オンセットが係わる誤りは8割を超えるという (Stemberger (1985))．

距離ゼロ，すなわち隣接するモーラ間という環境で60%を超える交換が起こっていることがわかる．さらに介在モーラが特殊モーラの場合，つまり隣接する音節間という環境で割合をとると77%となる．音韻的交換において系列的な近接性は重要な要因であると言える．

3.3. 音韻的諸特徴の持つ言語産出研究への意味合い

　ここで，これまで観察されてきたことが持つ言語産出モデル研究への意味合いを考えてみよう．まず3.1.にまとめた表1の観察結果 (i) からの示唆として，発話の音韻部門においては，候補となる分節音がスペルアウトされるルートとは別に音韻語，音節（オンセット，コーダ等の音節内構成素含む），モーラ等が階層をなす韻律構造の枠組み作りが並行して進むルートが必要である可能性が高い (Levelt and Wheeldon (1994))．また分節音にはどの音節内構成素と結びつけられるかという位置の指定もされていると考えられる (Roelofs (2000))．このように想定すると，言い間違いが起こっても音節構造は崩れないことと同時に同じ内部構成素同士が交換されやすいことも説明できる．[5] (ii) については，反復音素効果として広く認められているものであるが，これは分節音と音節節点との結びつけが行われる際に，同じ母音節点とつながっている子音同士はその節点からの活性化を受けて競合しやすくなるとすると説明がつく (Dell (1988), 寺尾 (2002))．その際に音節を構成する主要素である母音の方が安定性が高く，間違った動きをしにくいと考えれば，母音を含んだ交換の頻度が低いことも納得できる．問題になると思われるのは，(iii) の説明である．比較的単純な音節構造を持つモーラ（軽音節）が繰り返されると同時にそれらが等時リズムを刻む役割も担う日本語の特性は当然考慮に入れなければならない．また重音節以上の重さを持った要素が日本語においても交換されにくいのは，それだけの要素が動くと，もともと意図されていた語の音節構造が変わってしまうために音韻部門内部のモニターがはじいてしまうので表面には出て来にくい，ということも関係しているのかもしれない．

　表2および表3の観察結果は，交換が起こるレベルの処理のスパンは，同一句内の隣接する語，あるいは隣接する音節というきわめて小さいものだということを示唆している．交換ではなく，代用型の音韻的誤りではこれよりやや広い範囲で起こることがわかっているので（寺尾 (2002)），その違いがどこから来るのかを考慮することもモデル構築の手がかりになろう．

---

　　[5] この制約は音節位置制約 (syllable position constraint) と呼ばれる．

4. 音韻的交換型に係わる音声的特徴

4.1. 交換された 2 音の類似性

本章では，具体的にどのような母音あるいは子音が交換に係わったのか，という音声的な特徴について述べていく．まず，MC, SMC 型において交換された 2 音の類似性を音声素性値の異なりによって調べた結果を表 4 に示す．[6]

表 4. 交換された 2 音の音声的類似性 （N=84）

音声素性の異なり数	1	2	3	4 以上
頻度	24	28	19	13

60％超が音声素性の違い 2 つ以内に収まっており，誤りに類似性が何らかの役割を果たしていることが窺える．[7]

4.2. 方言に定着した音位転換における有声性

次の (5) に示すような方言に定着した音位転換を分析した上野 (2013) は，そこで交換されている 2 音のほとんどは有声音同士であったと報告している．

(5) a. あるば　（←油：金沢方言）
　　b. かだら　（←体：近畿方言）

では，言い間違いではどうであろうか．交換の左側要素を横軸に，右側要素を縦軸にして，有声性という観点から調べてみると表 5 のようになった．

表 5. 交換された 2 音の有声性 （N=84）

左側 ＼ 右側	＋有声	－有声
＋有声	45	1
－有声	7	31

数値の偏りとしては有声音同士だけでなく，無声音同士の交換の頻度も注目さ

---

[6] 音声的特徴については，後続母音を含む音声環境を統一するため，この 2 タイプに限って類似性を調べた．

[7] Stemberger (1982) は，英語の語内交換エラーでは 57.6％が素性の違い 2 つ以内であったと報告している．

れる．単に「有声音同士」というより，「有声性」についての値が共有されていることが重要であり，この結果は，音韻・音声部門において音声特徴の果たす役割について考慮する必要があることを示しているようにみえる．

4.3. 調音様式か調音位置か

続いて，交換された2音の類似性がきわめて高いとされたもの，つまり値の違いが1つだけだった素性の内容を調べ，交換に係わったのは調音様式，調音方法どちらであったのかをみると，次のような結果となった．

表6. 値の違いが1つだった実例で共有されなかった素性（N=24）

共有されなかった素性	調音位置	調音様式
頻度	23	1

表6が明らかに示しているのは，「類似した2音」とは調音位置だけが異なる音であったことである．これは他言語の言い間違いを分析した先行研究の結果とも一致しており，Clements (1985) が提案するように素性の表示は平板なものではなく階層を持っていることを窺わせる．

4.4. 反復母音の特徴

既に表1で明らかになっている通り，日本語の音韻的交換は同一の後続母音を持つ子音間で生じることが圧倒的に多い．では，その母音の頻度はどのようになっているのだろうか．それを調べた結果が表7である．

表7. MCおよびSMCタイプに生じた反復母音（N=84）

反復される母音	a	i	u	e	o
実例数	47	5	7	5	20

反復される母音の種類には大きな偏りが認められた．/a/ が反復される際の交換が突出して高く，続いて /o/ が続く．この2つの母音と /u/, /i/, /e/ との間には差がみられる．そしてこれら上位の母音は [+後舌性] という素性を共有する点に特徴がある．この類似性が誤りと関係するという見方もできる．ただ，ここで注意しなければならないのは，日本語語彙においてそれぞれの母音が反復して現れる確率が必ずしも均一とは限らないことである．そこで，複数の大規模発話コーパスから母音が反復して現れる頻度をカウントした氏平・太田（準備中）の観察を考慮に入れてみると，反復される環境に現れる母音の頻度は

次のようだったという.

(6) a, o >> u, i ≧ e

この序列は表7の結果と一致する．したがって，現段階で言えるのは，[+後舌性]という素性が交換を起こしやすくした，と決めてしまうのは尚早で，もともと反復される環境で生じる母音の頻度をそのまま反映した誤りが観察された可能性も十分考えられるということであろう．ただ，なぜ後舌母音は反復されやすいのか，という課題は残る．有標性理論に基づけば，後舌母音は無標とされるが，それを反復して現れやすいという事実と結びつけること，さらに言語産出のメカニズムに類似性と有標性がどのように関係するのかを明らかにすることは今後の重要な課題であろうと思われる．

4.5. 音声的諸特徴の持つ言語産出研究への意味合い

ごく粗い言い方になってしまうが，前章の音韻的諸特徴をふり返ると，音韻部門で交換に効いているのは「近接性」（ごく近くにある要素は交換されやすい）と「構造性」（同じ構造的位置を占める要素は交換されやすい）であり，分節音が挿入される枠作りは実在性が高いということになろう．加えて本章で観察した音声的諸特徴をまとめると，交換には分節音の類似性が多角的に係わっていることが明らかであり，音韻部門は「類似性」を扱える術を備えていなければならない，ということになる．これを言語産出モデルに取り込むとなると，少々頭を悩ます問題が生じる．寺尾 (2008) がまとめているように，現在広く認められている Roelofs (2000) の音韻産出モデル WEAVER++では，音韻的言い間違いは音韻部門から音声部門（その言語で適切とされる音節が，調音準備がなされた状態で貯蔵されている）への指標付けの失敗と説明される．しかし，そこで活躍するのは音節単位であって，ある音節とある音節のオンセットが類似しているであることを示す情報は乏しい．[8] 素性の表示，あるいは個々の素性の活性化のような段階を加えることができる相互活性化モデル (Dell (1988)) のようなデザインならば対応は可能であるが，この点は今後の課題である．

もう1つの問題は，もし表6の観察が一般性を持つなら，音声的な類似性

---

[8] たとえば，<red sock> を <sed rock> と間違ってしまった例では [sed] も [red] も英語の音節としては適切である，したがって競合が生じた，という説明がなされ，[r] と [s] の類似性をモデルが「知る」術は明確ではない．

は，ほんのわずかな調音位置のいわば「ずれ」に帰着されることになる．また一見音韻的交換にみえて，実は音声的再解釈が関係する例があるという分析もある．[9] その場合，モデルの音声部門は調音運動そのものも視野に入れる必要が生じてくるので，産出の「内」と「外」をつなぐインターフェイス部門としての難しさを抱えることになろう．

5. 言い間違いと吃音への類型論的アプローチ

　本章ではこれまでの日本語の音韻的交換の分析から明らかになった言語産出モデル構築への示唆および課題を異なる角度から検討する．言い間違いと吃音の分節ポイントを類型論的にみてみようという試みである．

　(4)で英語の頭子音交換型の言い間違いを紹介したが，音韻的交換は他の言語でも起こる．そしてそれらは表1の観察でみたように同じ音節内構成素同士が交換されるという制約を守ることが広く認められている．次の(7)では，(7a)と(7c)は末子音同士，残りは頭子音同士の交換である．

(7) a. greep grane　(← green grape)　英語
　　b. Kallaverie　(← Kavallerie)　ドイツ語
　　c. damin bit　(← damit bin)　ドイツ語
　　d. en la pejor mareja　(← mejor pareja)　スペイン語
　　e. jeon gi jang ci　(← jeon ji gang ci)　朝鮮語

ところがこの中で，朝鮮語には興味深い交換が生じることが報告されている．Jeon (1980)は，朝鮮語も原則としては(7e)のように音節位置制約を守るとしながらも，次のような例外的な交換も観察されたという．

(8) a. geup gok　(← geuk bok)
　　b. jeop gan ha jang　(← jeok ban ha jang)

これらはいずれも末子音と頭子音の交換であり，他の言語では報告例があまりない．Jeon (1980) は代用型の言い間違いの分析とカジュアルスピーチでの末子音消失等の証拠から，朝鮮語末子音の音韻変化を受けやすい不安定な振る舞いも指摘し，核母音と末子音の間に主要な境界が来るCV/C型の基本音節構造

---

[9] 上野 (2013) では，「ふんいき」→「ふいんき」は「んい」の部分が雑に発音された場合，鼻母音の影響でより安定した「いん」に再解釈された例であるという提案を行っている．

を提案しているので，その不安定さが (8) のような稀な交換に一役かった可能性もある．そこで，異なる観点からも分節単位の検証をすべく言い間違いとは似て非なる，しかし情報量が豊かな逸脱現象として注目される吃音の分析を加えてみたい．吃音において反復される単位とその言語の音節構造内の主要な境界との間には密接な関係があることが知られている．氏平 (2008) では，日本語，英語，朝鮮語，それぞれの吃音者，非吃音者が語頭の CVC 音節で反復を行った場合，音節内のどこに分節ポイントが出現したかをまとめている．次の表8をみてみよう．

表8. 語頭の CVC 音節における分節ポイント（氏平 (2008)）

分節単位		C|VC	CV|C	CVC|	計
日本語	吃音者	9(6.8%)	118(89.4%)	5(3.8%)	132
	非吃音者	2(0.8%)	244(93.8%)	14(5.4%)	260
英語	吃音者	84(62.7%)	41(30.6%)	9(6.7%)	134
	非吃音者	44(39.7%)	54(48.6%)	13(11.7%)	111
朝鮮語	吃音者	58(35.3%)	64(39.3%)	41(25.2%)	163
	非吃音者	0(0%)	31(55.4%)	25(44.6%)	56

日本語と英語の吃音者の反復単位をみると，それぞれ CV と C であり，両言語の主要音節内境界と反復単位は一致していることがわかる．ところが，朝鮮語の場合は反復単位の頻度がどの範疇にもまんべんなく現れていて，境界が明確ではない．非吃音者の数値から Jeon (1980) の提案する CV/C 説にやや分があるかのようにみえるが，朝鮮語には幼児の言い間違いや成人の同化に頭子音と核母音の間に渡り音が「割り込む」かのような例がみられるという．[10] このことと，前述の (8) の誤り，さらに吃音者の資料と合わせると朝鮮語の音節内境界は C/V/C のように．音節内構成素同士の結びつきがきわめて弱い構造になっているのかもしれない．

ただ同時に，(8) のような例はこれまでの報告によると，隣接する /k/-/p/ という限られた環境でしか現れていないことも注意すべきであろう．前章までにみてきたように，音韻的交換には音声的類似性という要因も働くことがわかっているので，この場合は，「音声的類似性」と「音節内位置」という要因が競合

---

[10] たとえば，kwai (← kawi), myogok (← mogyok) といった例があげられる．これらは東ソウル大学高須陽子氏の教示による．

した結果，音声的類似性が勝った例であると解釈することもできるからである．つまり，朝鮮語に生じた一見例外に見える末子音と頭子音の交換は例外ではないということになる．いずれにしても，実験的アプローチも含めて今後さらなる検証を重ねていく必要があろう．

この他に，表8では，非吃音者の分節頻度まで含めると，日本語の場合は吃音者においても非吃音者においてもCVという自立モーラを形成する単位の強固さが目を引く．一方，英語の場合はC/VCという基本構造に反して非吃音者ではCV分節が半数近く現れている．これはストレス付与が関与していると考えられる．英語で母音が強勢を与えられない場合は，頭子音が孤立せずにCVがまとまることが多くなると予想される．

最後に，朝鮮語の振る舞いについてふれる際に文字の影響は無視できないのではないかという予想をあげておきたい．ハングルは音節の内部構造と調音方法を同時に視覚化している文字である．言語発達研究では音韻メタ意識が読み書きの獲得を促進することは広く認められているが，ハングルと音韻単位の表示との関連は興味深い課題である．

6. 結論にかえて

本論では，音韻的交換型の言い間違いの観察と分析を中心に，言語産出の「内」と「外」をつなぐインターフェイスの諸特徴を述べてきた．最後に，結論にかえて，今後の課題をまとめておきたい．

まず，今回確認された音韻的要因と音声的要因がどのような位置関係・系列関係で働いているのかを明らかにすることは興味深い課題である．分節音の選択とそれらが挿入されるべき枠（音節あるいはモーラ）の生成は別ルートで行われるとして，両要因は同時には働くがお互いに関係し合わないのか，それとも何らかの影響を与え合うのだろうか．もう少し具体的に言えば，たとえば『調音しやすい』といった音声的要因は音韻処理に影響を与えうるだろうか．[11] この課題はモデルのデザインとも関係するので，より詳細な観察と実験的手法の導入によって解決されなければならない．また，そもそもフォーム[12]と呼ばれる語彙の形態・音韻的情報と音韻部門の連結で働く単位は何か

---

[11] 寺尾・村田 (1998) は2モーラ連続間の調音容易性という考えを導入して音韻的交換は不自然な音列から自然な音列へのシフトであるという提案を行っている．

[12] 意味的・文法的情報を担うレマと語彙項目エントリーにおいて対をなす (Levelt

という課題も重要である．Kureta et al. (2006) は，それは日本語においてはモーラであることをプライミング実験によって示しているが，Tamaoka and Terao (2004) は音読潜時測定実験によって音節という単位の関わりを述べている．両者がモデル内の異なるレベルで働いている可能性もあり，今後の議論の進展が期待される．

参考文献

Baars, Bernard J. (1992) *Experimental Slips and Human Error*, Plenum, New York.
Clements, G. N. (1985) "The Geometry of Phonological Features," *Phonology Yearbook* 2, 225-252.
Cutler, A. (1982) "The Reliability of Speech Error Data," *Slips of the Tongue and Language Production,* ed. by A. Cutler, 7-28, Mouton, Amsterdam.
Dell, G. S. (1988) "The Retrieval of Phonological Forms in Production: Tests of Predictions from a Connectionist Model," *Journal of Memory and Language* 27, 124-142.
Fromkin, V. A., ed. (1973) *Speech Errors as Linguistic Evidence*, Mouton, The Hague.
Garrett, M. F. (1975) "The Analysis of Sentence Production," *Psychology of Learning and Motivation* Vol. 9, ed. by G. Bower, 133-175, Academic Press, New York.
Hassam Abd-El-Jawad and Issam Abu-Salom (1987) "Slips of the Tongue in Arabic and Their Theoretical Implications," *Language Sciences* 9:2, 145-171.
Kubozono, H. (1989) "The Mora and Syllable Structure in Japanese: Evidence form Speech Errors," *Language and Speech* 32:3, 249-278.
Kureta, Y., T. Fushimi and I. F. Tatsumi (2006) "The Functional Unit in Phonological Encoding: Evidence for Moraic Representation in Native Japanese Speakers," *Journal of Experimental Psychology: Learning, Memory and Cognition* 32, 1101-1109.
Levelt, W. J. M. (1989) *Speaking: From Intention to Articulation*, MIT Press, Cambridge, MA.
Levelt, W. J. M. and L. Wheeldon (1994) "Do Speakers Have Access to a Mental Syllabary?" *Cognition* 50, 239-269
Roelofs, A. (2000) "WEAVER++ and Other Computational Models," *Aspects of Language Production*, ed. by L. Wheeldon, 71-114, Psychology Press, East Sussex.
Sang-Beom Jeon (1980) "Phonological Interpretation of Lapsus Linguae," *Lamguage* 5: 2, 15-32, Linguistic Society of Korea.
Shattuck-Hufnagel, S. (1979) "Speech Errors as Evidence for a Serial Order Mechanism in Sentence Production," *Sentence Processing*, ed. by W. E. ooper and E. C. T.

(1989)).

Walker, 295-342, Lawrence Erlbaum, Hillsdale, NJ.
Schütze, Carson T. and Ferreira, Victor S., eds. (2007) *The State of the Art in Speech Error Research, MIT Working Papers in Linguistics* 53.
Stemberger, J. P. (1982) "The Nature of Segments in the Lexicon: Evidence from Speech Errors," *Lingua* 56, 235-259.
Stemberger, J. P. (1985) "An Interactive Activation Model of Language Production," *Progress in the Psychology of Language* Vol. 1, ed. by A. W. Ellis, 143-186, Lawrence Erlbaum, Hillsdale, NJ.
Tamaoka, K. and Y. Terao (2004) "Mora or Syllable? Which Unit Do Japanese Use in Naming Visually Presented Stimuli?" *Applied Psycholinguistics* 25, 1-27.
寺尾康（2002）『言い間違いはどうして起こる？』岩波書店，東京．
寺尾康（2005）「自然発話に生じた音位転倒の心理言語学的分析」『実験音声学と一般言語学』，206-217，東京堂出版，東京．
寺尾康（2008）「言い間違い資料による言語産出モデルの検証」『音声研究』第12巻3号，17-27．
寺尾康・村田忠男（1998）「2モーラ連続環境における調音可能性とその言語産出研究への意味合い」『音韻研究』，第2号，109-116．
氏平明（2008）「言語学的分析からの吃音治療の展望」『コミュニケーション障害学』第25巻2号，129-136．
氏平明・太田貴久（準備中）「同母音の出現パターンの集計方法について」
Wheeldon, L., ed. (2000) *Aspects of Language Production*, Psychology Press, East Sussex.
上野善道（2013）「「フンイキ」～「フインキ」から音位転換（メタテシス）について考える」国立国語研究所講演会（2013年3月）資料．

主要部内在型関係節とパラドクス
——〈波〉と〈粒子〉の言語学——*

坪本　篤朗

静岡県立大学

キーワード：自己関係性，パラドクス，copy-cleft，アクチュアルな時間，相補性

0. 「永久に平行線を辿る」の議論

「永久に平行線を辿る」議論というのがある．(1), (2) のような例にある，いわゆる主要部内在型関係節構文に関することである．事情を簡単に説明しよう．

(1) a.　部長は [山田が帰ろうとする] のを呼び止めた．
　　b.　[雨が激しかった] のがやんだ．
(2) a.　不思議なことに，[今まで身体の関節が非常に痛かった] のが，飛び起きると同時に忘れたように軽くなった．　　　　　(坪本 (1995))
　　b.　[村井にメモを残しておこうと思っていた] のが，あれやこれやで，すっかり忘れてしまった．　　　　　　　　　　　　(三原 (1994))

いわゆる，主要部内在型関係節構文 (以下，HIRC) の例について，坪本 (1991, 1995, 1998) および黒田 (1998) では，(1) のように，格の一致があることを内在節成立の前提とし，格の一致がないものをすべて副詞節であるとするのに対して，三原 (1994), 三原・平岩 (2006) (ここでの議論の対象とするのは，三原健一氏担当) は，(2) のように，内在節には格の一致が見られないものもあることを指摘して，いわゆる内在節はすべて副詞節であると主張する．(3) のような例に対しても，三原は次のように言う．「例えば，(34) [=(3)] で「が」が標示されている内在節は結果述語における直接目的語の制限 (Direct

---

*　本研究は，科学研究費 (基盤研究 (C) 課題番号 25370556) の助成を得て行なわれた．ここに記して謝意を表す．

Object Restriction) に合致しないが，黒田は，おそらく主節中に pro を設定し，「の」節は内在節と同型の副詞節であると主張するであろう.」補足すると，坪本・黒田は pro の有無によって項と副詞節を区別するのに対して，副詞節説では pro を一貫して仮定するということである．ここにおいて，「議論は永久に平行線を辿る」ことになり，「そうであれば,筆者が指摘する文例は凡てそのような処遇を受けてしまい，それ以上何を言ってもむだであろう」(三原・平岩 (2006: 166))，ということになる．

(3) ［ピカソの絵が壁にかけてあった］のが，太郎がズタズタに引き裂いてしまった． (三原・平岩 (2006: 166))

この小論の目的は，上記のような例には，三原氏の言う「永久に平行線を辿る」議論を誘発する，内在的な理由があることを主張することである[1]（筆者は，同じ問題を別のところでも論じたが，本論では，矛盾あるいはパラドクスとの関連から取り上げ，再考する）．1 節ではパラドクスとの関係から次元の相違と自己関係（言及）性について，2 節では，HIRC が通常の副詞節とは異なる振る舞いをすること，3 節では HIRC に働く認知処理の問題を copy-cleft 文との関係から考え，ここにパラドクスの一面が表面化することを見，4 節では「自己関係性」との関連から，HIRC の成立条件と「いま」あるいは現在との関係を考える．5 節は結論である．

1. パラドクス

図 1 は，ペンローズの立方三角形である．ペンローズの立方三角形は，その部分を一つずつ辿っていっても異常を発見することはできない．しかし全体としては成功不可能である（それ故これは逆理三角形といわれる）．こうしたパラドクスは，M. エッシャーによる不思議の環に応用されている．

---

[1] 他に副詞節説の対極をなすものとして，「の」を含む全体の連鎖を項あるいは補語とみなす名詞句分析（DP 分析）がある（例えば，長谷川 (2002)）．

図1

次は，図形ではないが，(4) のような例を見てみよう．

(4) 次の文は誤りである．
　　前の文は正しい．

(4) では，ひとつひとつの文はどちらも問題ない，無害の文であるが，問題は両者がたがいに指示しあうそのしかたにある．ここでも部分（各文にあたる）には問題がないが，それらが全体にまとめられるしかたが不可能性をもたらす．

このようなパラドクスには，共通の犯人がいる．それは「自己言及性」(あるいは「自己関係性」)，あるいは「不思議の環」性である．そこでこうしたパラドクスを解消するには，自己関係性とそれを引き起こすものを追放すればよいということになる．例えば，(4) のような場合，2つの文は互いに指示しあう関係にあるが，第1文は次の第2文について語っているので，第2文よりも高次レベルにあり，こうした文は，そもそも異なる次元のものを同一の平面に並べることは不可能なので，これらの文は「無意味」ということになる．このように考えれば，パラドクスが予防される．

実際，次元レベルの違いを用いてパラドクスを解消する試みをあげてみよう．他でもなく，有名な「うそつきパラドクス」として知られる (5) のような場合である．

(5) この文はうそである．

パラドクスには，「自己関係性」及び次元の問題が関わっている．このパラドクスの解決の試みにはいくつかあるが，この小論の議論の関係からタルスキによる考え方を取り上げてみよう（タルスキによる階層化の議論を批判したものとしてクリプキの議論が有名である）．このパラドクスに「自己関係性」が関与

しているというのは，文自身を主語Sとして設定し，先取りした命題自体を当の命題で否定することによって，(6)のような形式をしていることになるからである（荒谷(2008)）を参考にした）．主語Sとして先取りされたものが，それ自身において直ちに否定するという形になっているということである．

(6)　S＝『Sは偽である』

タルスキの考え方は，「語る言語」と「語られる言語」を区別することで，内在する自己関係性を回避しようとする試みである．つまり，「Sは偽である」と語るときの言語の階層と，その「語られる言語」の中において「S」と対象化された「Sは偽である」という文の階層を区別するべきだと主張したのである．すなわち，対象として「語られる文『S』」を「S1」とすると，S1について「語る」言語階層はS1よりひとつメタレベルの次元になり，(7)のように標記してみると，Sの自己関係性によって発生していたパラドクス自体が何らのパラドクスではなかったことになる，というわけである．

(7)　S2＝『S1は偽である』　　　（「語る言語S」はS2と表示してある．）

このような議論をのっけから持ち出したのは，(1)-(3)の構文に関して，「永久に平行線を辿る」議論と密接に関係していると思われるからである．しかし，「永久に平行線を辿る」といったような半ば諦めの境地のような言がなぜ生まれるのか，どうしてこのようなことになっているのか，その根元のところを考える必要がある．そうすることによって，この構文の持つ，本質に近づくことができると思われるからである．まず，「永久に平行線を辿る」議論の正体を明らかにするための指針として，①自己言及性，②次元の問題の2つの観点から，この種の構文を考えてみたい．

2. 副詞節説再考──やっぱり「平行線」

(1)，(2)のような例と比較すると，(8)のような例は，因果関係等を中心として，客観的に述べられているものであり，前者の例に見られるような，2つの事象間にある独特の時間の意味合いが消失している（ちなみに，三原があげた(3)のように「のが」を用いた場合では「それがどうなったのか」，「のを」を用いた場合には，「それをどうしたのか」といった事態の展開が予想されるように思われる．いずれにせよ，(3)の「の」節は主節の事態の背景状況をあらわす）．この独特の時間の意味合いをタイミング（「間合い」と言ってよい）

と呼んで，すでに論じたことがあるので（坪本 (2011, 2014)），ここでは，副詞節としただけでは説明できない現象を一つ二つあげるだけで満足しなければならない（以下の議論に関する詳細は，坪本 (1995, 1998, 2001, 2011, 特に2014) 参照）．

(8) a. 部長は [山田が帰ろうとする] <u>ので</u>呼び止めた．
    b. [雨が激しかった] <u>が</u>やんだ．
    c. 不思議なことに，[今まで身体の関節が非常に痛かった] <u>が</u>，飛び起きると同時に忘れたように軽くなった．
    d. [村井にメモを残しておこうと思っていた] <u>のに</u>，あれやこれやで，すっかり忘れてしまった．　　　　　　　　　（三原 (1994)）

三原は，年来の主張を修正しながら，HIRC の構造を (9) のように規定している．今までと異なるのは，(9a) のように内在節を主要部 [N の] とし，(10) と同じように，全体を副詞節としている点である（主節に pro が仮定されていることに変わりはない）．私の考えは，この構文には具体的な構造として，(10) のように 2 つの場合があるとするものである．三原の副詞節説では，(11) のようになる．(10b) における pro と副詞節説では，pro の指示対象の扱いが違うことに注意されたい．ここでの考えでは，pro（ゼロ代名詞）は，「個体・状況」を指示しうる性質をもつもので，「それ」によって表すことができると考えている．副詞節説では，例えば，先行文脈における「リンゴ」という「個体」（もの）を指示する．

(9) a. [$_{NP}$ [$_{TP}$ 太郎が来た] [$_N$ 時／の]]
    b. [$_{NP}$ [$_{TP}$ 大阪に引越した] [$_N$ 翌日／の]]
　　　　　　　　　　　　　　　（三原・平岩 (2006: 166) 一部改変）
(10) a. [[リンゴが皿の上にあるの] pro] を取って食べた．（非分離形式）
    b. [リンゴ$_i$ が皿の上にあるの]$_j$ を [pro／それ]$_{i/j}$ を取って食べた．
　　　　　　　　　　　　　　　　　　　　　　　　　（分離形式）
(11) [リンゴ$_i$ が皿の上にあるの] を [pro]$_i$ 取って食べた．

ただし，(10) の 2 つの形式は，派生によって関連づけているのではない．インデクスによる標示は，便宜的なものである．

ここでの「それ」は，次のような一連の「それ」の用法のうちの一つであり，(12b) として位置づけられるものである（詳細は，坪本 (1995, 1998, 2001, 2011, 2014)）．

(12) a. 《個体指示》:
　　　すみません，それを取ってください．(「それ」は「本」などの個体)
　　b. 《個体・状況指示》
　　　出て行こうとする太郎．部長はそれを呼び止めた．〈ト書き連鎖〉
　　c. 《状況指示》
　　　A: 肩がこっている．B: それは血圧が高いからではないか．
　　d. 《接続機能》
　　　今日の繁栄は私の経営能力に負うところが大きいんだ．それを，その一部でもあんな犯罪者にむざむざ渡すつもりはない．

　上のような「それ」の用法について以下のように考えられる．「それ」は本来，「個体」としても「状況」としても用いることができるが，文脈によって「個体」と「状況」のいずれかに傾斜すると考えることができ，ここでの議論にかかわる「個体／状況指示」の用法はその中間用法あるいは，英語 (it) やドイツ語 (es) のような非人称代名詞であり，「それ」としか言えない用法と考えられる．(12b) の「それ」は「太郎」(個体) とも「太郎が出ていこうとする」(状況) のいずれをも意味しうる「両義性」を持っている．
　副詞節 (例えば，(9) のように仮定したとしても) との違いを示す例として，(13) の例と関連して (14)，(15) のような例をあげることができる．

(13) a. 株を譲渡した側は,何らかの見返りを期待をして…
　　　　　　　　　　　　　　　　　　　　　　(TV ニュース 1988/9)
　　b. せっかく作った設備をどのようにして活用をしていくか，ということが問題です．　　　　　　　　　(TV 対談 1988/9)
(14) a. [斬り合いをした武士の手が刀の柄から離れない] のを，指を一本ずつひらいてやって，やっと離させる芝居を見たことがある．
　　　　　　　　　　(江戸川乱歩『月と手袋』，坪本 (1998: 178))
　　b. [斬り合いをした武士の手が刀の柄から離れないの] の指を一本ずつひらいてやって，やっと離させる芝居を見たことがある．
(15) a. [体力が少しずつ衰えていくの] をギリギリの部分を残したいと思って，…　　　　　　　　　　　　　　　(テレビコメンテーター)
　　b. [体力が少しずつ衰えていくの] のギリギリの部分を残したいと思って，…

　(13) は，「二重目的語制約」に違反する例として，影山 (1993: 313) のあげ

た例であるが，二つの「を」がついた名詞句の間には，それぞれ「見返りの期待」，「設備の活用」(「N1 の N2」) という関係が成立していることが見てとれる．(14), (15) は実例であるが,ここでも，HIRC に関連する「二重ヲ格」の分離形式と「N1 の N2」形式とを関係づけることができる．(14a) では,「武士の手」と「指」の間に「武士の手の指」という関係が，(15a) では,「体力」と「部分」との間に「体力の部分」という関係が成り立ち，それぞれ (14b), (15b) のように黒田 (1999) のいう「N1 の N2」の形式が成立する．先に取り上げた,「二重ヲ格」の (15a) も「N1 の N2」と関係づけられた．(16a) はもともと黒田 (1999) が別の意図で取り上げた「N1 の N2」形式だが，(16b) のように二重ヲ格にしても言えそうに思われる．少なくとも,通常の副詞節でこのような関係は見られない．

(16) a. 画学生が [日本人観光客がエッフェル塔を見上げているの] の似顔絵を描いている．(⇒日本人観光客の似顔絵)
  b. 画学生が [日本人観光客がエッフェル塔を見上げているの] を似顔絵を描いている．

このような例を見ると，HIR 構文には，分離形式においては，(17a) のような場合に加えて，(17b) のように，「それ」と「の節」はひとつのセットになっているような側面があることがわかる．(矢印については，3 節参照.)

(17) a.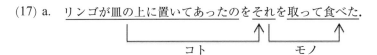

  b.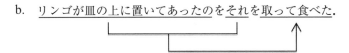

黒田 (1999: 49) は，(18a, b) にみるように，HIRC の構造的な可能性として空主要部（空範疇説）にふれているが,「自己言及性」と関係づけることができる．

(18) a. ... [[... NP$_i$ ...]$_S$ Pro$_i$]$_{NP}$ ...
  b. [[駅で酔っ払いが騒いでいたの]$_S$ が pro]$_{NP}$ 警官に捕まった．

黒田は,「そいつ」と置き換えられないことから pro でなく PRO だとし，さら

にしかるべき構造的位置にないということから，PROの可能性を排除している．しかし，この構造に「自己言及性」が関係しているとも考えられる．すなわち，自己の中に自己自身を含んだ構造である．上で論じたように，HIRCに(10a)の「非分離形式」，(10b)の「分離形式」2つの可能性があり，「非分離形式」を「分離形式」における内在節と「それ」(個体・状況指示であり，「そいつ」のような個体指示でない)とが融合したものだとすれば，(18a)のようにproを位置づけることは可能であり，i-within-i条件 (*[... a_i ...]$_i$) に觝触しない．同時に，「個体・状況」指示の「それ/pro」に見るように，HIRCには構造的観点からだけでは律しきれないものがあることを示している．

　本論の立場は，三原や長谷川 (2002) (黒田 (1999) も含む) のように，内在節を含む句をそれぞれ副詞句（節)，あるいはDP構造（内在節は関係節）とするように，副詞句（付加詞句）か項／補語のいずれかに決めつけるのではなく，本節で見たように，(10b)「分離形式」(三原のいう副詞句と区別されるべきもの) と (10a)「非分離形式」は相互に関係しあうHIRCの2つの側面であり，HIRCにはこうした2つの構造を可能にする「両義性」が内包されているのではないか，ということである（三原の副詞節説は，ここでいう「分離形式」の極端な場合ということになる．また項としての用法も4節で見るように逆方向の極端な場合と考えられる).

　問題は，こうした2つの側面を動機づける本質的（潜在的）な性質はどういうものであり，それはどこから来るのかということである．パラドクスというのは，「外」から事象を見ているからであり，その事象の現場に立って，「内」からその事象とともに動くという観点に立てば，パラドクスでもなんでもない．こうした観点に立って，次節では，HIRCの成立条件である「関連性の条件」(relevancy condition) との関連で，「同時性」(あるいは「同一場所」) の問題を取り上げ，(10) の2通りの構造的可能性を動機づける．ここでも「それ」の性質が鍵となるはずである．

3. パラドクスの解消？

　さて，1節でパラドクスの存在が「自己言及」および次元に関係することを見たが，そこからパラドクスを解消する一つの手段として次元の違いを活用することを指摘した．HIRCの「永久に平行線を辿る」議論を，本論では，パラドクスの問題とみなしている．例えば，「矛盾とは，内部をつくりあげている次元の異なる概念同士が同じ平面に並べられたときに発生する．だから，矛盾する

概念を並べても，平らな平面をつくりだすことはできない」(中沢新一『芸術人類学』132). 確かに，HIRC は，内在節の事態と主節事態との関係は，このままでは成り立たない. 連鎖はあくまで，主節述語が求める「もの」としての対象に「こと」を表す事態が関係しているように見えるからである. したがって，副詞節説が主節に pro を仮定することは，言ってみれば，この次元の異なりを解消する方策なのである. しかし，この方策によって，何かが失われるか，逆に本来のもの以上の何かが加えられる結果になっているとも言える（欠落するもので重要なものが，時間感覚である). 坪本 (2011, 2014) 参照).

　三原氏によれば，内在節は，概ね「～について言えば」という aboutness 機能を有するとされる. しかし，この機能は pro との関係から導かれたものと言ってよい. 本論の立場では，(17) の「分離形式」における「それ」は，この種の構文のもっている「二重性」が顕現したものである，ということになる. 繰り返し大文字，太書きで強調したいのは，この「それ」は，副詞節説などで言われている，いわゆる内在主部を単純に指示するものではない. それでは，HIRC のもつパラドクスはどこから来るのだろうか. 以下では，この問題を取り上げる. その中で，三原氏のいう，「～について言えば」といった機能も位置づけられることになるだろう.

　さて，パラドクスと次元に関する問題である. 出来事を「図」(Figure) と「地」(Ground) として特徴づける場合,「地」は前提あるいは背景化された出来事,「図」は断定あるいは前景化された出来事として，一度ずつ標示されるのが普通である. 例えば，(19) のような例にあって，主節は「図」すなわち断定ないし前景化されたものとして，従属節 (after 節) は「地」, すなわち前提ないし背景化したものとされるのが普通である. だから，(19) を聞いた聞き手が (20) のように異議を訴えることは可能である. つまり，(20) の話し手は聞き手が「彼女が家に帰る前に店に立ち寄った」ことを知っていると思っていたが，そうではなかった，ということである.

(19) She went home after stopping at the store.　　　(Talmy (2000: 382))
(20) "Oh, I didn't even know she'd stopped at the store in the first place."

ところがこのように「図」と「地」の機能がそれぞれ前景（断定），背景（前提）として固定的に対応しているのではなく，したがって文構造も固定された，単文，複文，等位文などの分類に収まりきらない場合がある. そのような連結構造を考えることは，意味の配列を辿る (the tracking of semantic alignment) 方法に関係している. Talmy (2000: 382) では,そのような構文連鎖として,

copy-cleft 構造が提案されている．(19) に対して，(21) のような例がそれである．[2]

(21) She stopped at the store, and <u>then</u> she went home.

(Talmy (2000))

　(21) を「図」と「地」によって特徴づけると次のようになる．copy-cleft 文の特徴は，意味の配列を辿る (tracking する) という認知的処理を与えてくれることで，複雑なタイプをより処理しやすい部分に分割することになる．したがって，(21) にあっては，まず最初の文は聞き手が始めて聞くもので，新しい情報として断定されるが，then を用いることによってその情報はすでに聞き手に知られ定着した既知情報として，後続する文に対する「参照点としての地」(reference-point Ground) となって，後続文ではさらに別の命題が断定される．したがって，(19) と違って，(20) のような抗議を (21) は受けることはない．なぜならまず最初に第 1 の文は，新しい情報として情報提示 (断定) されており，聞き手にとっては手順を踏んだかたちで情報の処理が適切に行なわれているからである．

　さて，Talmy (2000: 383) では，「並列的」(paratactic) なタイプの copy-cleft 文として (22b) のような日本語例があがっている．(22a) は複文である．

(22) a. 複文
　　　　本業を持っていて，John は副業を持っている．
　　　b. 並列的 copy-cleft 文
　　　　John は本業を持っている；その上に副業を持っている．

　話を HIRC に戻す．ポイントは，(23a) は並列的構造としての copy-cleft 文であり，「図」と「地」の間に，認知的処理として動的な過程を内包しているのである．HIRC (23b) は，(23a) の 2 つの節が融合したものに相当する．逆に言えば，(23a)（(17) も同様）は HIRC のもつ (10a, b) の「両義性」が 2 つの事態の並列構造として具現したものということである（以上の議論は，坪本 (1998, 2004: 44) などで文連結の連続性として述べたものを copy-cleft 文として捉えなおしたものである）．(17) のように「それ」を用いた例は，(23a) と (23b) の中間に位置づけられる．

---

[2] 以下の議論は坪本 (2014) に基づく．

(23) a. リンゴが皿の上に置いてあった; それを太郎は取って食べた.
　　b. [[リンゴが皿の上に置いてあった] の] を太郎は取って食べた.

　以上を要するに，次元の異なりが HIRC に関係しているとしたのは，意味配列の処理による，「図」と「地」の交替が起こっているということである．つまり，copy-cleft 文では，「図」と「地」の重なりが，意味配列にそった認知処理によって段階的におこなわれているものが，HIRC では，次元の異なる2つの節を同じ平面に並べた関係にあり，そこに〈ズレ〉あるいは矛盾が内在していることになる．ここに構文機能の「曖昧さ」の理由のひとつがあると考えられる．副詞節説のように，ゼロ代名詞（個体指示）を介在させるのは，以上見てきたような次元の違いを明示する最極端な手段とみなすことができ，補語（項）なのか副詞節なのかといったパラドクスを解消していることになる．三原・平岩 (2006) の HIRC の内在節の機能を「～について言えば」というのは，ここでいう「分離型」の構文機能に対応して，意味配列にそった認知処理における「地」としての側面を強調したものということができる．しかし，人工的手段によるパラドクスの解消は，もともとの文が持つ意味合いそのものを変えてしまう可能性がある．
　ここまでパラドクスとその解消という問題を，次元・階層と自己関係性（一部 (18) との関連で述べた）の関連で取り上げてきたが，次節では自己言及性あるいは自己関係性（これはまた，次元の問題でもある）に関わる現象として「時間」の問題を取り上げたい．

4. 「アクチュアル」な時間と「自己関係性」

　HIRC の成立条件「関連性の条件」(Kuroda (1975-76: 86)) は，(i) 主節の語用論的な内容と直接関連するように，「の」節は語用論的に解釈される必要がある．(ii) 2つの節の内容は，語用論的に密接に連結されて，ひとつの super-event を構成する，というのが当初の規定である（しかし Kuroda (1975-76) 自身，この概念に関して明確な規定をしていない）．これに加えて (iii) (a) 同時性，(b) 同一場所での生起といった性質を提案した Tsubomoto (1981) に対する，Nomura (2000) の批判に答える形で，坪本 (2014) では，「同時性」について新しい考え方を提案し，HIRC には「超時間的意識」によるひとつのゲシュタルト（全体）が，superevent であるとした．「超時間性」は，次のように規定される．

(24) 言語主体にとって2つの出来事の「あいだ」が「生き生きとした時間」であれば，すなわち，時間・場所の間隔の大小に関わりなく，その間が主体にとってアクチュアルであれば，「いま－ここ」とみなされる．

つまり，アクチュアルな時間にあっては，《私と世界とは完全に膚接しており，「いま」の時間と「わたし」と言いうる行為主体が完全に一つのものとして生きられている》．したがって，昨日の事件も明日の予定も，アクチュアルな時間の中ではいまのわたしの思い出であり，いまのわたしの期待である．(木村(2000: 16)) こうした時間のことを「タイミング」ということばを用いて表したが，タイミングといった意味には，(25) のように典型的には「瞬間性」が密接に関係している．しかし瞬間は永遠にも通じるように点としてでなく，幅がある (タイミングからの HIRC 分析の詳細は，坪本 (2014) 参照)．

(25) a. 中国チームが強烈な球を打ち込んできたのを（即座に）日本チームは打ち返した．
b. 朝青龍が千代大海が突っ張ってきたのをかいくぐって，けたぐりで負かした．
c. もう梅雨に入ったのであろうか，その日も朝から薄暗い細雨にけむっていたのが，ようやくぱっと晴れて，美しい日の光が庭の樹々をかがやかせたときがあった．　　　　　　（「眼中の悪魔」）

リアルな時間とは一本の流れとして表象できる．この流れの上に未来・現在・過去が並んでいる．しかし，このような途切れることのない流れの中では，現在「いま」という定点を捉えることができない．我々が「今」というとき，それは「いまはもう…でない」とか「いまはまだ…でない」のように過去と未来の両方向に向かって開かれている．いまは豊かな広がりとして体験され，決して未来と過去とのあいだに非連続な切れ目を感じさせない．いまが以前と以後への両方向に向かって広がっているということは，未来と過去とがまずあってその両者の「あいだ」にいまが位置しているというのではない．いまが未来と過去をそれ自身から生み出す根源という意味で未来と過去のあいだに位置している，ということである（木村 (1982))．(24) で言っている「アクチュアルな時間」「生き生きとした今」「生ける今」というのは，このような「いま」のことである．

時間には，「内包量」としての時間と「外延量」としての時間があると言われる（例えば，檜垣 (2011)．「外延量」としての時間は，等質的で空間的に分割

されて計測される量のことであり，「部分」が積み重なって「全体」を形成する．端的に言って，時計で計測可能な時間のことである．一方，「内包量」としての時間は，異質的で連続的な流れのなかで相互浸透的に展開される質的なもので，時間の分割不可能な連続を示す量のことである．端的に言えば，時計で測れない時間であり，先の超時間的な「生きいきとした時間」のように，いわば「語りえぬ」側面をもっていると言うことができる．

次のような例を見てみよう（詳細な議論は，坪本（2014）参照）．

(26) a. ［ミカンが裏山で採れた］のを家族そろって家で食べた．
b. ［2年前見た時にその物件が売られていた］のが今日見たらまだ売れ残っていた．
c. ［朝市でイカを買ってきた］のを晩御飯の時に刺身にして食べた．

(尾谷（2001））

(26)のような例では，一見すると「同時性」とか「同一場所生起」といった条件がHIRCの成立条件として不必要であるように思われる．確かに，この文全体を構成する2つの出来事は，時間的にも場所（空間）的にも隔たっている．しかし，言語主体の意識において，この2つの出来事は，2つでありながら1つになっている．ここで注意するべきことは，まず2つの出来事があって，それが（記憶論でいう連合（association））のように）1つになったというのではなく，言語主体の家族と一緒にミカンを食べるという行為（経験）を媒介して，切り分けられない事態が一気に与えられているのである．その場合，切り分けられないといっても，無差別に溶けあっているわけではなく，例えば，(26a)なら「ミカンが裏山で採れたこと」と「それを家族でそろって食べたこと」に切り分けられるような差異を含む一連の運動である．(26B)では「2年前に売りに出されていた物件」と「今日売れ残った形で見た物件」とが，時間の隔たり（差異）が一気に捉えられる．(26c)ならば，おそらくは自ら買い物に行き，それを晩ご飯として刺身として食べたという一連の出来事が（自ら関わったからこそ）時間の隔たりを超えて，当事者にとってはひとつの出来事である．[3] そ

---

[3] こうした意味の違いは，(26)のようなHIRCに対して，例えば，(26c)と(i)のような通常の連体修飾節による名詞句を比較するとよく分かる．
 (i) ［朝市で買ってきた］イカを晩御飯の時に刺身にして食べた．
(i)ではイカを買ってきたのは刺身にして食べた人と別人である可能性があるが，(26c)では同じ人間と解釈されるのが普通であろう．いずれにせよ，(26)の各文が1つの出来事とみなされているのに対して，(i)のような文では2つの出来事である（坪本(2014)）．

れは，異質的な連続性として規定されるものであり，それらは相互浸透的に結びついて時間的に展開されていき，「現在」の範囲を形成していると言える．つまり，「内包量」としての時間にほかならない．

　こうした内包量としての「不可分離的」な時間において事態の差異を捉えるということは，その差異がそれ自身に帰ってくる，自己対比的な円環的な性質を持っていると言ってよい（この点については，すぐ以下で立ち戻る）．意識について言えば，時間的に前後して別々に考えられる2つの意識が，同じ1つの意識の連続であるということである．こうした自己同一性があるからこそ，変化ということが言われうるのである．例えば，(27) である．自己同一の自分があってはじめて，場合に応じた側面をもつことができるのである（cf. 坪本(2009: 338)）．

(27)　森の空気や生き物の息遣いを感じて歩いていると，忘れていた自分を取り戻していく．　　　　　　　　　　　　　　　　　　　　　　（「朝日新聞」）

　こうした自己同一性は，人間の自己に限られるものではない．例えば，(28a) のような例では，オタマジャクシがカエルに変わったとしても，それは同じ生き物の状態変化である．(28b) の場合でも，黒砂糖が溶けて形態が変わったとしても，もともと物体の状態が変わっただけで，その同一性に変わりはない，ということである（言語主体は事態に直接関与する当事者）．

(28)　a.　[[オタマジャクシがカエルになった] の] が庭を跳ねている．
　　　b.　ジョンは [[黒砂糖を溶かした] の] を団子につけて食べた．
　　　　　　　　　　　　　　　　　　　　　　　　　　　(Tonosaki (1996: 32))

　HIRC との関係でいう「自己関係性」とは，(24) のようなアクチュアルな時間と密接に関係する．(29) を考えてみよう．

(29)　a.　すると<u>不思議な事に，今まで頭の上で，たしかにどたばた暴れていたのが</u>，急に静まり返って，人声どころか足音もしなくなった．
　　　　　　　　　　　　　　　　　　　　　　　　　　　　　　（『坊ちゃん』）
　　　b.　<u>雨が激しかったのが</u>おさまった．
　　　c.　<u>おじいちゃんがおもちゃを買ってくれたのが</u>，もう壊れてしまった．
　　　d.　<u>土地と株券が少しばかり残っていたのが</u>，値上がりして相当の額になった．
　　　e.　<u>光秀が天下を取ったと喜んでいたのが</u>，あっという間に殺された．

(29) の場合，(a) では寄宿舎での状況の変化であるが，それは同時にそれを経験している主体（ここでは坊ちゃん）の，同じ一つの意識の連続である．(b) では，降り方に変化はあったが，それは別々の異なる「雨」の変化ではなく，同じ「雨」の変化である．ここにも，言語主体の意識の連続とが相即している．(c) のような場合でも，壊れてしまって形は変わってしまっても，同じ「おもちゃ」である．(d)，(e) の場合においても，所有する土地や株券の価値の変化であり，光秀の身の上の変化である（言語主体は物や事態と一体化する）．

以上の例は，いわば他のものとの比較ではなく，同じものの異なる状況が比較されているもので，「自己対比」と呼ぶことができるだろう．自己対比との関連で，Bolinger (1975) の (30) のような「後置修飾」を考えてみよう．

(30) a. the star visible
b. the visible star. (Bolinger (1975))

(30a) は，一時的な星の状態を表し，変化する状態の「いま」における星の位相を捉えたものであり，(30b) は「見えない星」に対して恒常的で星のタイプとして「見える星」を表すと言われる．つまり，「自己対比」とは自己自身との差異であるような差異を含むということである．ここに，「自己関係性」を見ることができる．

(31) のような場合，(30a) の該当連鎖は構文的には，「名詞句」(NP) とも (小) 節 (small clause) ——すなわち「もの」と「こと」——としても位置づけられる（「もの」と「こと」の二重性については坪本 (2009) などを参照）．

(31) a. There's a star visible in the sky.
b. There's the star, visible in the sky. (坪本 (2009: 317))

(31b) は直示の there であるが，(32) の 2 つの節から成る「二重節構文」であり，HIRC と同じように，ここにも構文上のあいまいさが現出している (cf. Lakoff (1987))．

(32) a. There's the star.
b. The star is visible.

以上のような HIRC の成り立ちを図式化したのが (33) である．

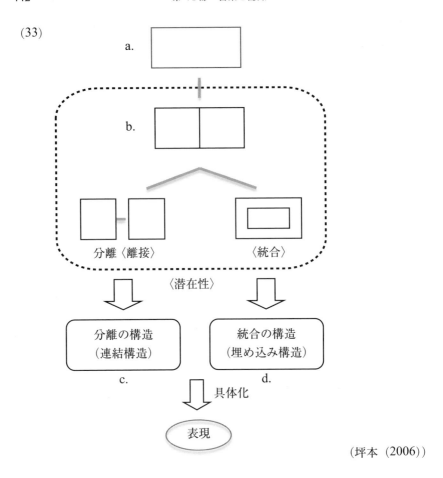

(坪本 (2006))

　(33) のスキーマにあっては，いろいろな解釈が可能であるが，(33b) のスキーマはここでは，「不可分離的な」リアルな時間の流れ (33a) と言語により分節化されるレベル (33c, d) を媒介する中間レベルである（坪本 (2009) 参照）.[4] (33b) のスキーマは「以前」と「以後」の両方向（それぞれが2つの出来

---

　[4] 坪本 (2009) では，丸山 (1983) にならって，〈ことば〉で表現されるレベルを〈言分け〉と呼び，「リアルな世界」とを媒介する中間レベル (33b) を〈身分け〉とした．このレベルは，本文で述べたように，タイミングと呼ばれる間主観的な出会い（われわれの世界との出会い，他者との出会い，自分自身との出会いなど）に際して，言語主体が現場に立ち会って現場と一体化した極めて「場所」的な表現と結びついたものであり，主観と客観とが明確に分離されていない．〈言分け〉のレベルにおいて，主観と客観の区別が明確になるのであるが，HIRC は，

事，前節と後節の出来事に相当する）に開かれた「いま」を表している．すなわち真中の「くさび」による切断による部分化は，同時に全体としての広がりのある「いま」を生成する，という関係にある．別言すれば，〈非連続〉（部分化，分節化）と〈連続〉（全体化）が相即あるいは共生しているということである．これは，全体を固定した実体として捉えるのではなく，起こりつつある変化を，われわれは〈時間〉に浸された存在として，内側から知覚・想起するという立場からの見方によるものである．すなわち，部分間の差異は全体の差異と相即し，部分化によってはじめて全体が生成するような関係である．これは，先の自己対比に他ならない．(33b) のスキーマは，こうした「自己関係性」と呼応して，両極化のパラドクスを示す．すなわち，それは構文機能の 2 極化という形に反映して，離接的に連結する方向とそれらを統合する（構造的には，埋め込み）方向の両義性を示している．この二つの方向が，それぞれ，上記の分離形式 (33c) と非分離形式（統合形式）(33d) に対応していることになる．あるいは，副詞節説と名詞句説（補語／項とする立場）とは，客観主義的観点からこの両極化の一方の側に極端な形で立った分析ということができる．しかし，そこから何かが欠落するもの——「語りえぬもの」とも言えるナイーブな意味——に私はこの構文のもつ面白さがあると思う．

5. 結語

　本論では，いわゆる，主要部内在型関係節構文について，三原・平岩 (2006) が「永久に平行線を辿る」議論であるとしたことを受けて，その要因は，「自己関係性」がこの構文の成り立ち自体に内在するものであり，それはちょうど次元の違う位相をひとつの平面にした場合に見られるパラドクスあるいは矛盾といったものに通じることを論じた．副詞句説は，内在するこの構文のパラドクスという「ゆれ」を一気に解消しようとするところにある．副詞句説を擁護しようとして提案された議論はなかなか興味深いが，HIRC が項（補語）か付加詞句（副詞節）かという問題は，この種の構文に内在する「内包量」としてのアクチュアルな時間的性質の現れであり，次元・階層による方法——例えば，ゼロ代名詞を設定することによって主節と従属節を明示化する——によってパラドクスの解消をはかろうとしても，本質的に内在する，「不可分離的」なこの構文の性質から，やはり「永久に平行線を辿る」議論になる宿命を帯びているこ

(33b) のスキーマで表される性質が保持された形で具体化した構文である．

とになる.

　HIRCは2つにして1つ, 1つにして2つの性質を持つと言えば,「常識に反するかもしれないが」(ペンローズ), 観点を変えれば世界の見え方が変わるだけで, 実際は, どこにも矛盾はないのである. 図2のような太極図, 図3のようなキュビズムと比較してもよい. 太極図は, 量子論における「波」と「粒子」のように, 相反する性質が相補性をもって, 全体としてひとつの体系をなしていることを示している(坪本(2009)). キュビズムは, 対象を同時に把握する, 複数の異なる視点を前提にしている. 絵巻物に見られる「異時同図法」にも似て, この絵の中に「動き」を読むことができる. HIRCには, 部分の総和は全体ではない, あるいは全体は部分の総和以上の意味をもつという側面があり, 部分化して初めて全体が生成するという側面があり, 2つにして1つ, 1つにして2つといった性質をもつ. HIRCをスキーマ的に表せば, (33b)の「両義性」は, 連結スキーマと統合スキーマに対応して分節することになる. この2つの方向の極端な場合として, 前者が副詞節分析, 後者が項(または補語)の場合でDP分析にあたる. (33b)のスキーマが意図していることは, つねに移りゆく「いま」が定点を獲得して自身が限定したとき, そこから分節化, 差異化ひいては対象化が始まる原点としての性質をもつものであり, そこにパラドクスが生じる根源があると考えられる.

図2

図3

参考文献

荒谷大輔 (2008)『西田幾多郎——歴史の論理学』講談社, 東京.
長谷川信子 (2002)「主要部内在型関係節: DP分析」*Scientific Approaches to Language*, No. 1, 1-33, 神田外語大学, 言語科学研究センター.
檜垣立哉 (2011)『西田幾多郎の生命科学』講談社, 東京.

ホフスタッター, R・ダグラス (1985)『ゲーデル, エッシャー, バッハ—あるいは不思議の環』(野崎昭弘・はやしはじめ・柳瀬尚紀(訳)), 白揚社, 東京.
影山太郎 (1993)『文法と語形成』ひつじ書房, 東京.
木村敏 (1982)『時間と自己』中央公論社, 東京.
木村敏 (2000)『偶然性の精神病理』岩波書店, 東京.
Kitagawa, Chisato and Claudia Ross (1982) "Prenominal Modification in Chinese and Japanese," *Linguistic Analysis* 9:1, 19-53.
Kuroda, Shige-Yuki (1975-76) "Pivot-Independent Relative Clauses in Japanese," (II) *Papers in Japanese Linguistics* 4, 85-96.
黒田成幸 (1999)「主部内在型関係節」『ことばの核と周縁』, 黒田成幸・中村捷(編), 27-103, くろしお出版, 東京.
Lakoff, George (1987) *Women, Fire and Dangerous Things*, University of Chicago Press, Chicago.
丸山圭三郎 (1983)『ソシュールを読む』岩波書店, 東京.
三原健一 (1994)『日本語の統語構造』松柏社, 東京.
三原健一・平岩健 (2006)『新日本語の統語構造』松柏社, 東京.
Nomura, Masuhiro (2000) "The Internally-Headed Relataive Clause in Japanese: A Cognitive Grammar Approach,"Doctoral dissertation, University of California, San Diego.
尾谷昌則 (2001)「主要部内在型関係節の成立条件とプロミネンスによる項選択」*KLS* 21. www.i.hosei.ac.jp/odani/KLS_2001.pdf
Talmy, Leonard (2000) *Towards a Cognitive Semantics*, 2 vols., MIT Press, Cambridge, MA.
Tonosaki, Sumiko (1996) "Change of State Head—Internal Relative Clauses in Japanese,"『言語科学研究』2, 31-47.
坪本篤朗 (1995)「文連結の認知図式—いわゆる, 主要部内在型関係節の形式とその解釈」『日本語学』, 3月号, 79-91.
坪本篤朗 (1998)「文連結の形と意味と語用論」『モダリテイと発話行為』, 中右実(編), 99-193, 研究社, 東京.
坪本篤朗 (2001)「モノとコトから見た文法」筑波大学学位論文.
坪本篤朗 (2006)「〈語り〉の認知意味論——〈対称性言語学〉の試み——(1)」『ことばと文化』第9号, 81-114.
坪本篤朗 (2009)「存在の連鎖と〈部分〉/〈全体〉のスキーマ——「内」と「外」の〈スキーマ〉」『「内」と「外」の言語学』, 坪本篤朗・早瀬尚子・和田尚明(編), 299-351, 開拓社, 東京.
坪本篤朗 (2011)「いわゆる主要部内在型関係節の形式と意味と語用論」*Ars Linguistica* 18, 95-111, 日本中部言語学会.
坪本篤朗 (2014)「いわゆる主要部内在型関係節の形式と意味と語用論——その成立条件を再考する」『複文構文研究』, 益岡隆志他(編), 55-84, ひつじ書房, 東京.

坪本篤朗教授　略歴・業績一覧

学　歴

昭和43年3月　　大阪府立生野高等学校卒業
昭和44年4月　　関西学院大学理学部入学
昭和48年3月　　関西学院大学理学部卒業
昭和48年4月　　神戸大学教育学部入学
昭和51年3月　　神戸大学教育学部卒業
昭和52年4月　　筑波大学大学院博士課程文芸言語研究科入学
昭和55年3月　　同単位取得退学

職　歴

昭和55年4月　　東海大学文学部英文学科専任講師
昭和59年4月　　同助教授
昭和61年12月　　同退職
昭和62年1月　　兵庫教育大学教育学部言語コース助教授
平成3年3月　　同退職
平成3年4月　　静岡大学人文学部助教授
平成5年4月　　同教授
平成9年4月　　静岡大学人文学部大学院人文社会学科教授（大学院新設）
平成11年3月　　同退職
平成11年4月　　静岡県立大学国際関係学研究科教授
平成27年3月　　同定年退職

受賞歴

昭和57年5月　　第5回日本英文学会新人賞（英語学部門）

学　位

平成 13 年 7 月　　博士（言語学）筑波大学「モノとコトから見た文法——文法と意味の接点」

学会活動・社会活動

日本英語学会会員（評議員（1992-），*English Linguistics* 編集委員（2008-2011））
日本認知言語学会会員
日本英文学会会員
日本言語学会会員
日本英語語法文法学会会員
日本中部言語学会会員（*Ars Linguistica* 編集委員（2000-），理事（2013-））
国立国語研究所プロジェクト「日本列島と周辺諸言語の類型論的・比較歴史的研究」（研究分担者）

研究業績一覧

〈著書・編著書〉

1998 年　『日英語比較選書第三巻』『モダリティと発話行為』（赤塚紀子氏と共著）第二部「文連結の形と意味と語用論」東京：研究社出版．pp. 99-193．

2001 年　『意味と形のインターフェイス』（上巻・下巻）（武田修一・坪本篤朗・廣瀬幸生・竹沢幸一・加賀信広 共編）東京：くろしお出版．

2009 年　『内と外の言語学』（坪本篤朗・早瀬尚子・和田尚明 共編）東京：開拓社．

〈学術論文一般〉

1979 年　「談話の流れはどのように保たれるか：エンパシーとの関係について」『英語学』20，開拓社．pp. 78-95．

1980 年　「有標の位置と含意」『英語学』21，開拓社．pp. 28-44．

1981 年　「数量詞の遊離：その機能的側面」『東海大学紀要文学部』34．東海大学文学部．pp. 85-97．

　　　　「句の話題と与格 NP」『現代の英語学』（安井稔博士還暦記念論文集編集委員会 編）開拓社．pp. 319-332．

"It's All *no*: Unifying Function of *no* in Japanese" *CLS* 17 (*Papers from the 17th Regional Meeting of the Chicago Linguistic Society*). pp. 393-403.

1982年 "Toward a Unifying Principle of Complementation in English and Japanese" *Kansai Linguistics Society* 2 (*Papers from the 6th Meeting of Kansai Linguistic Society*). pp. 73-83.

「名詞性と島の制約——補文化子の意味と統語的性質」『英文学研究』59. 日本英文学会. pp. 245-263.《日本英文学会第5回新人賞受賞論文》

1984年 「文の中に文を埋め込むときコトとノはどう違うか」『國文学——解釈と教材の研究』29.6. 学燈社. pp. 87-92.

1985年 "The Syntax and Semantics of Free Relatives in Japanese" *English Linguistics Today*, Kaitakusha. pp. 379-399.

「and とト——文連結のプロトタイプと範疇化——」『応用言語学講座2 日本語と外国語』(林四郎 編) 明治書院. pp. 172-197.

1986年 「発話行為と文連結」『現代英語学の諸相』(武田修一 編) オセアニア出版. pp. 42-57.

1987年 "The Syntax and Semantics of Expression: the E node" 『兵庫教育大学紀要』10. 兵庫教育大学. pp. 109-124.

"Null Subject Phenomena in Japanese: Incorporation, Null Expletives, and Topic-Agreement" *English Linguistics* 6. 日本英語学会. pp. 130-149.

1988年 「談話構造の局所性——統語構造と談話構造の平行性」『兵庫教育大学紀要』10. 兵庫教育大学. pp. 101-110.

1989年 「制限的when節:接続機能と既定性」『ことばの饗宴——うたげ』(西光義弘他 編) くろしお出版. pp. 483-493.

1990年 「主要部内在型関係節」『現代英語学の歩み』開拓社. pp. 253-262.

1991年 「提示文と現象(描写)文」『文化言語学——その提言と建設』(石綿敏雄他 編) 三省堂. pp. 564-578.

1992年 「関係節と疑似修飾——状況と知覚」『日本語学』2月号. 明治書院. pp. 76-87.

「時と条件の連続性:時系列の背景化の諸相」『日本語の条件表現』(益岡隆志 編) くろしお出版. pp. 99-130.

1993年 「副詞句と副詞的付加詞——いわゆる,主要部内在型関係節」『人文論集』静岡大学. pp. 155-175.

1994年 「文連結と認知図式」『日本語学』3月号. pp. 79-91.

1995年 「場面の認知論:ト書き連鎖の日英語比較」『英語青年』3月号. pp. 617-

619 & 640.

「語順と転位文」『英文法への誘い』（原口庄輔他 編）開拓社. pp. 182-197.

1996年 "Starting Sentences: A Preliminary Study"『人文論集』静岡大学. pp. 75-87.

「多義性と文法化：認知論と語用論の接点」『言語文化の歴史的発展に果たした辞書の役割に関する特定研究』静岡大学人文学部. pp. 51-65.

「中間構文と動詞分類」The Quiet Hill 12. 静岡大学英文学会. pp. 221-238.（熊谷滋子と共著）

1997年 「文連接の基本原理」『人文論集』47-1. 静岡大学人文学部. pp. 187-208.

「「語り」の文連結：when と before」『人文論集』47-2. 静岡大学人文学部. pp. 105-123.

「文のタイプと日本語「ト書き」連鎖」『人文論集』48-1. 静岡大学人文学部. pp. 311-324.

1998年 「日本語 amalgam 構文の形と意味と語用論——状況と知覚の連鎖——」『人文論集』48-2. 静岡大学人文学部. pp. 109-129.

「主題が後置された文——日英語比較とその問題点——」『人文論集』49-1. 静岡大学人文学部. pp. 175-195.

1999年 「モノとコトから見た文法——主要部内在型関係節とト書き連鎖——」『日本語学』1月号. pp. 26-40.

2000年 "Bare Subject Inversion Constructions in Japanese" *Syntactic and Functional Explorations: In Honor of Susumu Kuno*, Ken-ichi Takami, Akio Kamio and John Whitman (ed.). Kurosio Publishers. pp. 249-274.

"A Type of Head-in-Situ Construction in English," *Linguistic Inquiry* 30:4. pp. 176-183. (with John B. Whitman)

2001年 「モノとコトから見た文法：文法と認知の接点」筑波大学学位論文.

「"It is X."と「これは X だ」——「二重節構文」の形式と意味」『英語青年』8月号. pp. 292-293.

「認識動詞構文の形式と意味－文法と認知の接点」『意味と形のインターフェイス 上巻』くろしお出版. pp. 435-449.

2002年 「モノとコトから見た日英語比較」『国際関係・比較文化研究』1-2. 静岡県立大学. pp. 57-78.

「再び，主要部内在型関係節構文」『ことばと文化』6. 静岡県立大学. pp. 27-44.

2004年 「「提示」と「叙述」の形式と意味——there 構文と主要部内在型関係節構文

の認知図式—」『ことばと文化』7．静岡県立大学．pp. 27-53．

2005年 「「読むこと」を〈時間〉から考える」『英語青年』6月号．pp. 144-145．
「付加詞句の中の主要部内在型関係節」『ことばと文化』8．静岡県立大学．pp. 31-54．

2006年 「「語り」の認知意味論—〈対称性言語学〉の試み（その1）—」『ことばと文化』9．静岡県立大学．pp. 81-114．

2007年 「「ト書き連鎖と後位修飾」—〈対称性言語学〉の試み（その2）—」『ことばと文化』10．静岡県立大学．pp. 11-21．
「ト書き連鎖，主要部内在型関係節および後位修飾—構文の〈身体性〉と〈自己同一性〉—」Ars Linguistica 14．日本中部言語学会．pp. 42-72．

2008年 「N after N 構文と日本語の関連構文」『ことばと文化』11．静岡県立大学．pp. 67-79．
「〈部分〉と〈全体〉から見る日英語の接続—when 節の多様性」『英語語法文法研究』15．英語語法文法学会 編．pp. 5-19．

2009年 「知覚と使役の形と意味—〈はだか不定詞〉と〈to 付き不定詞〉」『ことばと文化』12．静岡県立大学．pp. 1-15．
「〈存在〉の連鎖と〈部分〉—〈全体〉のスキーマ」『「内」と「外」の言語学』（坪本篤朗・早瀬尚子・和田尚明 編），開拓社．pp. 299-351．

2010年 「いわゆる，〈語り〉の when 節と関連する構文—偶然と必然—」Ars Linguistica 17．日本中部言語学会．pp. 60-80．

2011年 「いわゆる主要部内在型関係節の形式と意味と語用論—〈もの〉と〈こと〉の言語学—」Ars Linguistica 18．日本中部言語学会．pp. 95-111．

2012年 「トートロジと否定」Ars Linguistica 19．日本中部言語学会．pp. 91-113．

2013年 「量に基づく会話の推意と「反対称」」『ことばと文化』16．静岡県立大学．pp. 49-64．

2014年 「主要部内在型関係節構文とパラドクス—「永久に平行線を辿る」議論の根源—」『ことばと文化』17．静岡県立大学．pp. 55-70．
「いわゆる主要部内在型関係節構文—その成立条件を再考する」『日本語複文構文の研究』ひつじ書房．pp. 55-84．

2015年 「〈語りえぬもの〉を語る—「連鎖」と「表現」」『ことばと文化』18．静岡県立大学．pp. 1-29．

〈語法研究〉

1986年 「and と and then はどう違うか」『英語青年』5月号．p. 61．
1988年 「遊離数量詞の語法」『英語青年』3月号．p. 632．
1991年 「when 節のなかの形容詞」『英語青年』9月号．p. 293．

1997年 "影山太郎著『動詞意味論:言語と認知の接点』(1997, くろしお出版)『英語青年』 (1997年6月号). p. 50.

〈辞書項目執筆〉
1984年 『例解新国語辞典』(外来語担当) 林四郎 (代表) 編. 三省堂.
1986年 『英語正誤辞典』荒木一雄編. 研究社出版.
1987年 『例解現代英文法事典』安井稔 編. 大修館書店.
1992年 『現代英文法辞典』荒木一雄・安井稔 編. 三省堂.
1993年 『小学館ランダムハウス英語辞典』小西友七・国広哲弥・安井稔 編. 小学館.
1996年 『コンサイス英文法辞典』安井稔 編. 三省堂.
2005年 『新版日本語教育事典』仁田義雄他 編. 大修館書店.

〈文献解題〉
2000年 『英語学文献解題 第4巻 文法論Ⅰ』(「機能主義」担当) 研究社.

これからのために

　ここに編集された論文集の話は，2013年12月の日本中部言語学会の帰り，コーヒーでも飲もうと立ち寄った喫茶店で，田村君から聞いた，思いもよらない提案に始まります．私のようなものがという思いが強かったけれど，私も含め，縁のある研究者の方々と一緒に論文集を作るというきっかけになるなら，という気持ちで，そのご好意に甘え，動き出したのです．そもそも編者の役をかってでてくれた深田智さん，田村敏広君，西田光一君からの申し出がなければ，ことが始まらなかったことを思うと，開拓社の川田（賢）さんに，「いい学生をもちましたね.」と言われたとおり，まさにその言葉につきます．特に，先頭になってやってくれた深田さんに感謝したい．しかし，何よりも，中右先生をはじめ，論文を寄稿していただいた方々がいなければこのような形にならなかったし，だからこそ一緒にこのような論文集を作り上げることができたことに対する喜びとともに，これらの皆さんへの感謝の気持ちが湧き起こってきます．編者の三人は静大と県大で出会った方々です．

　ささやかではあってもどのような人間にも歴史があります．今から思えば無謀なことだと思いますが，医者になろうと大学受験をしたものの失敗，仕方なく理学部に入ったものの実験ベタはどうしようもなく，その間英語のペーパーバックにはまり込んでいるうちに，いつの間にか英語をやりたいと思いたち，それが今に続く道になりました．英語に専攻を変えた年に，丁度（当時）文部省による将来教師を目指す学生に海外留学の機会を与えるという制度ができ，うまい具合に試験に合格して1年間カリフォルニア州立大学（ロングビーチ校）に行くことができました．それが英語学，言語学を勉強したいと思うきっかけになります．

　その後，私にとってかけがえのない，先生・先輩・友人に出会えたのは幸運でした．すべての方々の名前をあげたい気持ちをおさえて，そのなかでどうしても名前をあげないと収まらない方々がいます．神戸大の筧（寿雄）先生，西光（義弘）先生を介して（当時）大阪外大の林（栄一）・寺村（秀夫）先生の合同ゼミや，大阪市立大学での大沼（雅彦）先生の談話会などで，いわば言語学の乱取り稽古を見る思いを味わいました．そこで，出会った人の中で，特に，益岡隆志さん，三原健一君，大橋秀夫君の名前をあげないわけにはいかない．

益岡さんと接していて，言語学・英語学の面白さや楽しさが伝わってくる思いがしました．三原君は，この論集には事情で参加してもらえなかったのですが，何とかここまでやって来られたのも，彼の存在が大きいと思います．大橋君は，言語の話もできる兄弟のような関係と言ったらいいでしょうか．

　筑波大の大学院には多くの著名な先生がおられた．安井稔先生の授業には常にピリピリした，学問をすることの緊張感がありました．林四郎先生の授業は，先生の人間性が出た，自由な発想に満ちた，忘れられない時間です．先生を通して，ジョン・ホイットマン（John Whitman）のチューターをする役目を依頼されたのがきっかけで，今に至る二人の関係になっています．また，日常生活も含め身近な存在としてご指導頂いたのは中右実先生です．当時，先生は独自のモダリティ論を開拓されている過程にあり，その現場の一端に立ち会えたことは幸運なことでした．また，院生仲間として，武田修一さんをはじめ，廣瀬幸生君や関茂樹君らとの出会いも私の財産です．

　研究の面では，特に，2001年に筑波大学に博士論文を提出して以降，急激に哲学志向の考え方によってその内容を再考察することになります．一言で言えば，流れとしてのリアリティ，「生きいきとした時間」とか瞬間とかいった，「語りえぬもの」を何とか言語学的に語ろうとするもので，認知言語学とはひと味違った形で世界と人間の関係を捉えようとするものです．ヴィトゲンシュタインなら「沈黙しなければならない」といったことを，何とか語ろうとする無謀なことを意図しているのかもしれません．具体的には，主要部内在型関係節構文とト書き連鎖と呼ぶ構文で，どこか矛盾を抱えているところがあります．こうした構文のパラドキシカルな振る舞いや構文上の曖昧さの出自を明らかにするためには，これら構文そのものの成り立ちの根底を探る必要があると考えるのですが，それは潜在的なものにこそ実在があるという考えがあるからです．人は，曖昧さに対して嫌悪し，いずれかに決めてかかるところがあるが，そうした区別の根底に，量子論における量子が「波」と「粒子」といった相矛盾する振る舞いをしながら，相補的に全体としてひとつのものをなしている，といったものとの類似性を捉えようとしているのです．それは，身体とか，「（無）意識」のレベルと関係しますが，具体的な言語現象（表現）を理解するには，前言語的，前概念的なレベルの問題を考える――つまり，分節化する前の未分化な事態を重視する――ということです．面白いことに，この論文集には，編者の一人の西田君が，わたしの「ト書き連鎖」について批判をしている論文が含まれています．私の議論を真摯に取り上げた批判を読むことによって，どこに誤解が生じ，どうしてこちらの意図が通じていないのか，自分の考えを再度考え

るきっかけを与えてくれました．西田君の批判に対する返答は，『ことばと文化』（第 18 号，2015 年，静岡県立大学）にあり，ご興味ある方は読んでいただけるとありがたいです．

　考えてみれば，出身大学を含め勤務した大学はすべて山が身近にあります．定年を迎える県立大学の研究棟の窓から見えるのが富士山というのは，象徴的です．富士山は，やはり日本一のお山です．乱れた心を穏やかにしてくれたり，人間というものの小ささを想い起させます．そして何よりも前向きに生きなければという念いを感じさせてくれます．

　書いたものが気になって，すぐに書き直したいという性癖からなかなか著書という形で表すことができないのですが，近いうちに，これまで考えてきたことをまとめます．ありがたいことに身近に若い友人がいます．大いに刺戟を受け，またこちらも与えられるように，やっていければと思います．

　平成 26 年 12 月　新しい年を目前にして

坪本　篤朗

執筆者一覧
(論文掲載順)

中右　実	筑波大学名誉教授
益岡隆志	神戸市外国語大学
福安勝則	鳥取大学
堀内裕晃	静岡大学
岩田彩志	関西大学
加藤雅啓	上越教育大学
大橋秀夫	中京大学
廣瀬幸生	筑波大学
加賀信広	筑波大学
西田光一	下関市立大学
大室剛志	名古屋大学
大竹芳夫	新潟大学
John Whitman	国立国語研究所・コーネル大学
木村宣美	弘前大学
澤﨑宏一	静岡県立大学
関　茂樹	大阪市立大学
内田　恵	静岡大学
竹沢幸一	筑波大学
田村敏広	静岡大学
和田尚明	筑波大学
早瀬尚子	大阪大学
今野弘章	奈良女子大学
大村光弘	静岡大学
深田　智	京都工芸繊維大学
本多　啓	神戸市外国語大学
武田修一	静岡県立大学
寺尾　康	静岡県立大学
坪本篤朗	静岡県立大学

言語研究の視座
(Perspectives in Linguistic Research)

編　者	深田　智・西田光一・田村敏広
発行者	武村哲司
印刷所	萩原印刷株式会社／日本フィニッシュ株式会社

2015 年 3 月 23 日　第 1 版第 1 刷発行ⓒ

発行所	株式会社　開 拓 社	〒113-0023 東京都文京区向丘 1-5-2 電話　(03) 5842-8900（代表） 振替　00160-8-39587 http://www.kaitakusha.co.jp

ISBN978-4-7589-2211-1　C3080

JCOPY ＜(社)出版者著作権管理機構　委託出版物＞
本書の無断複写は，著作権法上での例外を除き禁じられています．複写される場合は，そのつど事前に，(社)出版者著作権管理機構（電話 03-3513-6969, FAX 03-3513-6979, e-mail: info@jcopy.or.jp）の許諾を得てください．